一外交官の見た明治維新

アーネスト・メイスン・サトウ
鈴木　悠　訳

講談社学術文庫

訳者まえがき

本書は、十九世紀後半から二十世紀初頭にかけてイギリスの外交官として活動したErnest Mason Satow（アーネスト・メイスン・サトウ）の回顧録*A Diplomat in Japan*（ア・ディプロマット・イン・ジャパン）を和訳したものである。

サトウは一八六一年、十八歳のときにイギリス外務省に入省し、北京の在清国イギリス公使館で若干の時間を過ごしたあと、一八六二年に在日イギリス公使館の通訳生として来日、賜暇を得て一八六九年に一時帰国するまで駐在した。そのころには、単なる通訳ではなく正規の外交官としての仕事も任されるようになり、一九七一年に日本に戻ると一八八二年まで公使館で勤務し続けた。シャム（タイ）（一八八四〜八七年）、ウルグアイ（一八八九〜九三年）、モロッコ（一八九三〜九五年）においてイギリスの外交的代表を務めたあと、一八九五年に駐日公使に任命され、一九〇〇年まで在職。一九〇〇年から一九〇六年まで清国駐在公使を務めたあとに引退したが、一九〇六年には枢密院顧問官を務め、一九〇七年には第二次ハーグ平和会議のイギリス副代表に任命されている。本書は、彼が最初に日本で勤務した、一八六二年から一八六九年までの経験をつづったものである。

サトウは外交官として活動していたあいだ、いくつかの赴任地で勤務しているが、その中で過ごした時間が最も長かったのが日本だった。日本の地理や自然、そして文化への関心も深く、それらに関連する研究を多く残していたこともあって、サトウの文献は彼の生前から日本の学者によって取り上げられることもあった（サトウは一九二九年に亡くなった）。[1] そして、一九二一年にロンドンの Seeley Service（シーリー・サービス）社から出版された本書の英文原著は、一九三八年に維新史料編纂事務局によって、そして一九四三年に塩尻清市氏によって和訳された。[2] ただ、これらの訳書は編集の過程で原著の内容が大幅に省略されており、原文の意図にそぐわない意訳も見受けられ、何よりも出版されたのが日中戦争・太平洋戦争中だったこともあって政府の検閲も多かった。原著に忠実な訳書は、戦後しばらく経った一九六〇年に坂田精一氏の和訳によってようやく刊行されたのである。[3] また、この訳書が刊行されたことによって、それまで一部の研究者を除いてほとんど知られていなかったこの回顧録が、日本国内のさまざまな読者の手に届くようになった。

一九五〇年代から六〇年代になると、イギリスの史料管理及び公開体制が整えられたこともあって、歴史学研究者が以前と比べてより容易にサトウの関連史料にアクセスすることができるようになった。サトウは、自身の日記や家族や知人とのあいだで交わした書簡などを保存しており、これらは死後彼の遺言に基づいてイギリス公文書管理局（現在のイギリス国立公文書館）に譲与されていたのだが、より多くの研究者がこれらを閲覧することができるようになり、サトウに関する研究も活発になっていった。[4] 英語圏では、一九六〇年代から本書原著の復刻版が何度も出版されており、[5] 日本においてはサトウ研究の大作である萩原延壽氏の『遠い崖　アーネスト・サトウ日記抄』が発表された。[6]一九九〇年ごろからは長岡祥三氏、庄田元男氏らによってサトウ関連文献の和訳も進められ、サトウの日記・私文書の編纂にも精力的なイアン・ラックストン氏や、幕末期のサトウや彼の周辺にいた人物たちに注目し、またこの回顧録についても詳細に検証している楠家重敏氏などが多数の研究を発表している。[7]そして、生前サトウが刊行した文献の編纂・刊行作業も同時進行で進められた。[8]サトウは幕末を題材とした歴史小説やテレビドラマなどでもたびたび登場しているので、一般における認知度も高い。本書は、坂田氏による訳書が刊行されてからの六十年で蓄積された研究を踏まえ、新たに翻訳したものである。さらに、末尾に付け加えた解説においては、関連する史料や研究者による著書・論文などをもとに、幕末維新史研究におけるこの回顧録の位置づけに関して論証を試みた。これらを通じてより多くの方の関心を喚起することができれば幸いである。

　本書の原著のタイトルは、*A diplomat in Japan: The inner history of the critical years in the evolution of Japan when the ports were opened and the monarchy restored, recorded by a diplomatist who took an active part in the events of the time, with an account of his personal experiences during that period* である。十九世紀のヨーロッパで育った人物による著書らしく、非常に長い副題がついているが、これを訳すると『日本における一外交官――日本において開港がなされ王政復古が達成されるまでの重要な時期に起こった、一連の出来事に関与した一外交官による当時の内実の記述と、この時期における個人

的経験の回想』となる。岩波版の訳書につけられた『一外交官の見た明治維新』という邦題は、主題と副題の内容を上手くまとめた題名であり、過去六十年間にわたってサトウの回顧録の邦題として一般的になっているので、本書もそれを踏襲した。

目次

一外交官の見た明治維新

凡例

・本書においては、「十九世紀のイギリス人の記述」を日本語にすることを意識して翻訳した。そのため、原著で音訳されていないかぎりは日本特有の固有名詞は用いず、一般的な名詞を用いるということを基本方針とした。たとえば、原著において the government of Tycoon と記されている箇所は「大君の政府」と訳し、Bakufu と記載されていないかぎりは「幕府」という単語を用いることは控えた。同様の例として、Bugio と記されていないかぎりは「奉行」という訳語を用いず、奉行のことを governor という単語で記している場合は「総督」や「長官」などと訳した。

・原文における日本語音訳のうち、サトウの認識を示すなど意義があると思われる箇所や、人名等の固有名詞のうち音訳が特徴的なもの（誤認ないし誤記と思われるものを含む）について片仮名ルビを付した。加えて、単に難読固有名詞についても、原文の音訳を片仮名ルビで付した。

・＊印で示される注はサトウ自身がつけたものである。それ以外の、数字によって示される注はすべて訳者によるものである。

・本文中の（　）付きの補足はサトウ自身によるものである。訳者による補足は〔　〕付きで示した。

・イギリスにおいて騎士叙勲を受けた人物が得る Sir（サー）という称号を、「卿」と翻訳する訳書が少なからずあるが、「卿」とは本来は貴族家系出身者の尊称 Lord（ロード）の対訳として使われるべき語句である。騎士叙勲は国家に貢献したと認められた人物であれば貴族でなくても得ることができる栄誉であり、したがって、「サー」を「卿」と訳すことはイギリスの社会制度上適切ではない。本書では、Sir となっている箇所はそのまま「サー」と音訳する。この表記は、本書においては非常に頻繁に出てくるので、留意されたい。

・また、英語圏の男性に対する一般的な敬称は「ミスター＋名字」だが、騎士叙勲を受けた人物に対する敬称は「サー＋名前」になる。例を挙げると、アーネスト・サトウは一八九五年に騎士叙勲を受けるまでは「ミスター・サトウ（サトウ氏）」と呼ばれたが、そのあとは「サー・アーネスト」と呼ばれるようになった。この表記も、本書において何度も出てくる。

・本文中「イギリス」と「イングランド」が混在するが、原文の Britain と England にそれぞれ対応する。第二章注5も参照されたい。

・原著の中には、当時の社会習慣や価値観に基づく、現在においては差別的と言わざるを得ない表現が含まれる。これらが不適切であることは論を俟たないが、サトウ自身が書いた文章や、その背景にある彼の考え方、そして彼がこの著書を書いたときの社会的背景をできるかぎり正確に伝えるため、あえて原文どおりに訳した。読者の皆様には了解されたい。

一外交官の見た明治維新

序文

この著書の初めの部分は、私が在バンコク公使として勤務していた一八八五年から一八八七年に、余暇の合間をぬって執筆したものである。一八六二年九月から一八八二年十二月まで、二度本国で休暇を過ごしたときを除いてはずっと日本に滞在していたので、バンコクで勤務していたときには日本での二十年間の経験はまだ記憶に新しかった。この部分は、一八六一年十一月に本国を出発してからほとんど絶やさずに記していた日記がもとになっており、日記に記されていなかった箇所は記憶を通じて補った。

この本は、私が外交官として勤務した四十五年のあいだに世界中で経験したことを紹介するためのものではなく、その中で最も印象深かった出来事について叙述することが主旨となっている。その出来事とは、最終的に古代からの日本の君主に六百年ぶりに政治の実権が戻るという結末をもたらした一連の事件のことである。また、この変化の過程で、日本という国の存在がまだ西洋文明に知られていなかったときからこの国の首都であった京都に代わって、まだ比較的新しい都市であった江戸が首都となり、その後東京へと改称された。

私は一八八七年にシャム〔タイ〕から離れると、未完成の原稿をそのまま放置し、長いことこれを顧みなかった。だが、一九一九年九月にこれを若年の親戚に見せると、これを完成させるように勧められたので、未完成部分の執筆にとりかかった。この部分も、基本的には私の日記がもとになっているが、日記に記されていない部分については、私が当時作成した報告書の中で外務省によって機密書類に指定され、保管されていた文書などで補った。私の上官であったサー・ハリー・パークスに向けて送った手紙も現在一部が出版されているので、それらも使用している。また、日記に記載し忘れていた詳細部分を補完するために、当時母親に向けて送った手紙も役立てた。

この著書には、友人であった故リーズデイル卿[1]の回想録に酷似していると感じられる部分が何ページかあるかもしれない。これは、彼がその出版にとりかかった際に、我々がともに日本で過ごした日々について、私の日記に記述されている部分を借り、それを参考に執筆したからである。だが、私はこの著書を執筆するにあたって、彼の回想録を参考にしてはいない。

アーネスト・サトウ
オタリー・セント・メアリーにて
一九二一年一月

追記——日本語の単語を述べる際、子音は英語と同じように、母音はほとんどの場合イタリア語と同じように発音する。硬音のGは、単語の最初に出てくる場合を除き、ngと発音する。

第一章　江戸の通訳候補生を拝命（一八六一年）

最初に日本に興味を持ったのは、まったくの偶然がきっかけだった。十八歳のとき、兄が貸本屋のミューディーズから借りてきた[1]、ローレンス・オリファントによるエルギン卿使節団の中国・日本訪問に関する回想録を読んだのである[2]。この本によって、日本とは空が常に青く、太陽が常に照り続けている国で、男たちはバラ色の唇と黒い瞳を携えた魅力的な乙女たちに伴われて座敷に寝そべり、築山のある小さな庭を窓越しに眺めながら毎日を過ごしているという色鮮やかなイメージをかき立てられた。つまりは、現世のおとぎの国である。このときには、神の祝福を受けたかのようなこれらの島々を訪れる機会を得られるとは、さすがに夢にも思わなかった。だが、そのあと間もなく、エルギン卿使節団よりも前に日本を訪れたペリー提督の遠征記を読む機会を得た。それは、よりずっと冷静な体裁・筆致で書かれていたが、それでもオリファントの回想録から得た印象を確固たるものにするには十分であった。以後、他のことは考えられなくなった。

ある日、当時学んでいたユニバーシティ・カレッジの図書館に入ると、学長の名の下で本学から中国・日本への通訳候補生を外務省に推薦するので、希望者を募るという内容の告示がテーブルの上においてあった。長いこと渇望していた機会が訪れたのである。これに応募することに両親は少なからず難色を示したが、何とか許可を得ることができ、試験を首席で合格した私は日本行きを希望した。中国に行くことには、まったく興味がなかった。応募可能年齢の下限もぎりぎりで満たしていた私は、一八六一年八月に正式に通訳候補生としての任を拝命し、十一月に多くの希望を胸にイングランドを後にした。

当時は日本語を学ぶにはまず中国語を勉強する必要があると信じられていたので、私は同じく通訳候補生であったR・A・ジェミソンとともに、最初に数ヵ月間北京の在中国公使館での勤務を命じられた。一八六二年には、これまた日本公使館付きとなったラッセル・ロバートソンも合流している。中国ではいくつか興味深い体験をしたが、同地のことについて詳しく知るためにはあまりにも時間が足りなかったので、この場でそのときの経験について述べることは控えたい。だが、このときに数百字の漢字を覚えたことが後々大いに役立つことになったのは事実であり、またこの機会に満州語の勉強もはじめたのであった。

北京滞在は、江戸から送られてきた書簡によって突然短縮された。日本の政権中枢にいる人物たちによって書かれたこの書簡を、中国人は誰も理解できなかったのである。この出来事をきっかけに、中国語を理解していれば日本語もすぐ習得できるという当時の通説に疑問符が投げかけられた。たしかに漢字を学ぶことは日本語能力の上達に役立つところもあるが、日本語を勉強しようとしている者にとっての中国語というものは、スペイン語やイタリア語を勉強しようとしている者にとってラテン語がそうであるように、必要不可欠と言うほどではないと思われた。そして、今でもそう思っている。そのようなことがあったので、我々はすぐさま日本へと送られたのである。

当時北京の在中国公使館に通訳候補生として赴任していた八人のうち、一八八五年現在で外交官として活動しているのは、H・J・アレン、C・T・ガードナー、W・G・ストロナックの三人だけで、彼らはみな一八七七年に領事に昇進した。全員とも、私と同時期に試験に合格した者たちだった。試験を受けた者の中で三人はすでに死亡しており、次点で合格した者は一八六七年に依願退職を認められた。受験者の中でいちばん有能だった人物は、不思議なことに試験の順位が下から一番目か二番目だったが、彼は一八七二年に中国海関総税務司での職を得て、現在は要職に就くまで出世している。試験というものは、少ない人数を対象としたものであっても、各々の能力まではなかなか反映しないものである。その後、より多くの人材が試験制度によって公職に採用されるようになったが、これに合格した者がみな有能であったかと言われれば、少なくとも日本での経験から言えばそうではない。他でも同様ではないだろうか。

試験制度の最大の問題は、受験者の徳性が反映されないことである。たとえば受験者がユークリッドの定理を正しく書け、古代ギリシャの学者が書いた文章を翻訳できたとしても、彼が優れた作法や精神を有する紳士であることの証明にはならない。このような試験は、愚かであってもコツさえつかんでしまえばいい成績を出すことはできてしまうので、受験者の知性を試すには不適切である。最近、公職試験を受ける者は誰もが、必須科目の内容を詰め込むために専門の教師に数ヵ月間つく。試験に成功した者とは、このような指導を上手に受けただけにすぎないのだ。このような勉強法で無理矢理得た知識は、一時的にしか生徒に残らない。試験で成功する者とは、このような勉強法を効率よく伝授されているだけにすぎないのである。また、ほとんどの場合、このような経験は快いものではなく、勉学に対する意欲を失うきっかけになってしまいがちである。中国語、シャム語、日本語などの言語に関して言えば、公職に採用されてからもかなり勉強に励まなければならないにもかかわらずである。また、試験では受験者の言語的素質を測ることができず、外国語がまったくできない人物を採用してしまうことも多い。私が試験でいい成績を残せたのは、他の受験者と比べてまだ学校を出てから日が浅かったからだろう。

私が北京にいたとき、公使のブルース氏が不在のあいだ公使館に滞在していたヴィクトリア司教[3]が、通訳候補生全員を夕食に招いたことがあった。このとき、中国語の勉強が知性にどのような影響を及ぼすのかという点が話題に上り、司教は我々に、退屈で生産性のない勉強をしていると、知性が衰弱するように感じないかと尋ねた。少なくとも、彼は自らの経験からそのように感じていたようである。興味深い発言であったが、彼の会話の内容はその発言を立証しているように感じられた。もっとも、当時の我々の中に自分たちも同じ印象を受けていると告白できる者は誰もいなかったが。

北京での生活については、興味深い出来事がたくさんあったので、できることなら詳しく語りたいものである。毎朝行った、都の北の平原への乗馬。打ち捨てられてなお美しかった夏宮跡[4]への小旅行。都の西の青い山々の中にあった寺院。町の城壁の内外に建っていた、壮大な寺の数々。雨天のときの街路の泥や、青天のときの砂塵。大理石の橋がかかる池に浮かぶ、ピンク色の蓮の花。「可憐(コーリエン)、可憐(コーリエン)、賞一箇大(シャンイコタ)」と叫ぶ物乞いたち。前門(チェンメン)の外で行われていた蚤の市には、面白そうな店がたくさんあった。天壇。黄、茶色、緑などさまざまな色をした瓦屋根に覆われ、また木々に囲まれていた城壁の眺め。轍が深く刻まれた石の舗道を、音をたてながら進む荷車。学校、あるいは母親の抱っこ紐を離れたばかりの少年たちに囲まれながら過ごした、東洋での不思議な日々。そして、イギリス公使館として使用するために新築された、良公府(リャンコンフー)の秀麗な建物。これらの記憶は、私の脳裏から消え去ることはないだろう。だが、北京でのすべての経験について述べられるほどの時間はないので、これくらいにして本題に戻ろう。

当時の公使で、後にサー・フレデリックという敬称で呼ばれることになるブルース氏は、五十歳ほどの長身の男で、[5]気品のある額と褐色の瞳を持ち、灰色の髭を生やした、風貌の立派な人だった。中国語書記官は、これまた後にサー・トーマスと称せられるようになるウェード氏で、彼は素晴らしい中国学者であったが、非常に短気なことでも知られており、我々は畏怖の念を以て彼を見ていたものである。当時、彼が上官とともに中国の大臣たちを訪問し、議論が白熱してかっとなったときの話がよく知られていた。それによると、総理衙門(がもん)の責任者が「しかし、ウェードさん。ブルースさんはそれほど怒っていないように見えますが」と言うと、ウェード氏は「聞きましたか、ブルースさん。彼らはあなたが怒っていないと言っています」と語りかけた。これを聞いたブルース氏は善良な笑顔と温厚そうな表情を浮かべ、「おお、私は大いに怒っていると、彼らに伝えてあげなさい」と述べたとのことである。

ジェミソン、ロバートソン、そして私は、八月六日の早朝に公使館を発ち、河西務（ホシウ）という町にて一晩を過ごした後、翌日天津に到着した。その後、舟に乗って太沽（タク）に至り、そこでギブソン副領事の厚意にあずかり、彼のところで数日を過ごした。彼は後ほど台湾に転任させられ、そこで中国人の官吏と悶着が起きると、軍艦を一隻呼びよせて、艦長に税関局を砲撃するように要請したが、これに対して外務省は賢明にも譴責処分を下した。このすぐ後に彼は亡くなったが、この事件によって相当気落ちしたことが原因だったのではないかと言われている。これは、いわゆる「砲艦外交」が時代遅れになりはじめていた時代に起こった出来事であり、残念ながらギブソンはその激しい気性によって自らの首を絞めることになってしまったのだ。

上海で、ジェミソンと袂（たもと）を分かった。彼は、外交官として働くより新聞を始めたほうがいいと判断したのである。ロバートソンと私は汽船ランスフィールド号に乗船して、九月二日に日本に向けて出港した。中国沿岸を離れてはじめて見た陸地は九州南岸沖の火山島である硫黄島で、七日には深い霧の中を進み、気がついたときには伊豆半島に接近していた。幸運なことに霧が一時的に晴れ、この航路での経験が浅かった船長は航路を変更し、船は島々のすぐ横を走った。翌朝早く、我々は青い波をかき分けながらフリース島[6]の東側を航行し、右手側に鋸山（のこぎりやま）の森林を、左手側に浦賀の小さな入り江を、正面に広い湾を望みながら横浜へと進んでいった。

日本では快晴の日が多いが、この日はまさにそんな天気だった。江戸湾に入りながら、この景色に勝るものは世界中どこにもないだろうと思ったものである。南岸にはイレギュラーな形をした数々の丘があり、それらは深緑の木々に覆われていた。そしてその背景には、微かな残雪を湛えた一万二千フィートの壮大な富士の尾根がそびえたっていた。西側の平野には大山をはじめとする数々の気品ある丘があり、それとは対照的に右手側には砂浜が広がっており、それは首都のある方向へと延びながら水平線の向こう側へと沈んでいった。

無彩色の木材を緩やかに結び合わせ、四スクエア[7]ほどの小さな帆を掲げた鴨のような形をした小舟が、きらきらと光る海上を埋め尽くしていた。我々の船は、日焼けで肌が赤胴色になった漁民のすぐ横を何度も通り過ぎ、彼らの様子をうかがうことができた。そのほとんどは腰巻にしていた白い布の他には何も纏っておらずほぼ裸だったが、中には鼻のまわりに青いぼろきれを巻き、目と顎しか見えないような人もいた。そうしているうちに、ようやくミシシッピー湾[8]の白い崖が近く、鮮明に見えるようになった。我々はトリーティー岬[9]を迂回しながら進んで碇泊地のすぐ沖合に投錨した。一年の時を経て、私はようやく望んでやまなかった目的を達成できたのである。

第二章　横浜の官民社会（一八六二年）

横浜に到着したときには、一八五八年の条約により日本が開国されてからすでに三年が過ぎ去っており、長崎と横浜の港には多くの商人が居を構えていた。条約では箱館も開港地に指定されていたが、日本の政治の中心からかなり離れていたこともあって商人たちを惹きつける要素に乏しく、そのため他の居留地に蔓延していた騒々しい雰囲気とは無縁だった。

長崎においては、西日本の諸侯のほとんどが拠点を設けていた。彼らの家臣たちは、領地で農民から納められた米穀などの物品を売却し、また外国人の商館を訪ねて武器、火薬、蒸気船などを購入していたのである。このような交流を通じて、日本人と外国人のあいだにはある程度の友好的な感情が生まれ、その感情は若い武士階級に英語を教えたアメリカ人宣教師たちの尽力によってさらに深化した。宣教師たちは授業を通じて自由な思想も伝授し、これはのちに日本で起こったことに少なからぬ影響を与えることになる。

だが、横浜において外国人商人が相手にしなければならなかったのは、ほとんどが資本に乏しく、商業に対する知識もほとんどない投機家であり、契約違反や違法行為などは日常茶飯事であった。このような怪しい輩を信じて、準備できるはずもない物品のために大量の前金を払ったり、逆に注文を受けても本国から製品が送られてきてから勝手な都合で商品の受け取りを拒否されたりしたため、外国人商人が損失を被るということが後を絶たなかったのである。また、絹の生糸にはよく砂の混ぜ物がされており、紙の紐で固く結ばれていることも多かったので、代価を支払う前に商品を一つ一つ注意深く確認しなければならなかった。茶の製品も、見本と比べて質がよくないということがよくあった。日本の商人が外国人の商人によって同様の仕打ちを受けることもあったが、それでも外国人商人が損害を被ることのほうが圧倒的に多かった。そのため外国人のあいだで日本人商人は不誠実であるという印象が強く確立し、友好的な感情が生まれることは不可能であった。

　税関の官吏は極めて腐敗しており、輸入税から逃れようとする外国人から賄賂を求め、時が経つにつれてより多くの金額を要求するようになった。特にひどかったのは、ワイン、ビール、醸造酒、日用品などにかからなければいけないはずの輸入税を「私用のもの」と偽って免除するということが横行していたことである。

　現地の行政は、税関で働いていた多数の官吏たちが担っていた。そこには、長官に相当する奉行（ブギョー）という役職の者が二人、そして副長官に相当する組頭（クミガシラ）が二人いた。その他には、監査役の目付（メツケ）という者が二人、そして取締役に相当する調役（シラベヤク）と会計を担当する定役（ジョーヤク）が数人いた。定役は書記、通訳、入港管理人、警吏を配下に従えており、黒か緑のローブを着ていた。現地人で英語を勉強したことがある者はほとんどおらず、外国人の中で日本語が理解できる者も片手の指で数えられるくらいしかいなかったので、口頭・文面の両面において、オランダ語が共通言語として使用されていた。それでいて、たがいに相手の言語で使われる言葉や言いまわしをわずかには知っていたものだから、それらを混ぜ合わせた言語が発明され、貿易の現場で使用されたのである。この新しい言語では、マレー語の「ペケ」や「サランパン」[1]といった単語が重用され、また外国人はこぞって「アナタ」や「アリマス」といった単語を用いて自分たちは難しい商談を成立させることができる有能な人物であると見せつけようとした。だがこれは、話者の社会的地位によって言いまわしが変化し、動詞の活用も複雑な日本語という言語の特徴をまったく反映していないものであった。言うまでもなく、これは居留地の外ではまったく通用しなかった。このような言語を用いたために外国人が「蛮族」と軽蔑されたということも少なからずあったのではないだろうか。

条約においては、当初神奈川という場所がヨーロッパ人の居留地に指定されていたのだが、この場所は江戸と京都をつなぐ東海道(トーカイドー)という重要な幹線道路の上に位置していたので、ここを開港地にしたら、日本の諸侯の武装した家臣たちと外国人居留者のあいだで衝突が起こることは目に見えていた。これを避けるべく、大君[2]の政府は、神奈川から浅い湾を挟んで南側に位置していた横浜という漁村に、税関と木造の小屋を数軒建てたのである。列国の外交官の中には、現地の官吏やヨーロッパ人商人の便宜よりも条約の内容を忠実に履行するほうが重要であると主張して、この対応に強く反対する人もいた。だが、より投錨地に近く、また安全であるなど、実利が多かったので、商人たちもこの対応を支持するようになり、横浜は開港地として受け入れられた。もっとも、そのような事情があったので、領事たちは現在約十万人の人口を抱えるこの安全な港に居を構えながらも、今日に至るまでそこから送られる公文書の発信地を神奈川と記載しているのである。当時、ヨーロッパから横浜宛てに送られた荷物と神奈川宛てに送られたものの運賃に差があるという、奇妙な話をよく聞かされたものだった。

外国人居留地は、その安全のために幅の広い堀に囲まれ、その上に何本かの橋がかけられていた。それを渡って居留地を出入りする人々は、屈強な護衛の兵士によって厳しく監視され、この兵士たちは居留地への危険人物の侵入を阻止すると同時に、居留地内へと運び込まれる製品にかけられた関税を徴収する任務も担っていた。開港当初は、居留地内の土地は申請すれば無償で得られ、各国の領事館職員の中にも土地を所有する者がいたのである。だがその後彼らは、後から開港地にやってきた者に対して土地を売るという、本来であれば許可されていないはずの行為を行うようになり、これによって利益を得るということが広く見受けられるようになった。そのため、後に居留地が拡張されたときには、土地を欲する者は商人であれ公人であれ相応の代金を支払わなければならないという決まりが作られたのである。さらに後になると、地券が作られるようになり、所有者、相続人、管理人、遺言執行者、譲受人などにも交付された。こうして、不動産と動産を同時に兼ねたような、イングランド人の慣習において例を見ない土地管理制度ができあがったのである。

居留地には道路が作られたが、その過程において公共的利便性はほとんど考慮されず、長期的な計画性は皆無であった。当時日本において馬車は使われておらず、荷車が通れるような道であれば十分であり、そのため後にこの町が日本の経済の中心地へと成長すると、五十年前のロンドンの商業中心地やイタリア王国歴代の首都さながらの交通渋滞に常時苦しめられることになる。当時の外国人居留地の建物はほとんどが木造の小屋であり、一八六二年後半の時点では二階建ての建物などは六軒もなかった。

　居留地の背後には、新しく埋め立てられたばかりの「沼地」と呼ばれた土地があり、そこにはまだ競馬場の走路以外は何もなかった。そしてそのさらに背後には、もう一つの汚い沼を挟んだ向こう側に遊郭[3]のみだらな建物をはっきりと見て取ることができた。そこは、ある高貴な公爵が議会において「若い女性の教育の場所」と婉曲に表現した場所であった。また、何も知らないある田舎の司教が、その地の責任者である老婆に名刺を渡したという話が居留地のあいだで広まったことがあり、若く不遜な外国人居留者たちはたいそう面白がったものである。そのころ、住民はみな若かったのだ。

　居留地には、カトリックとプロテスタントの教会が一軒ずつ建てられ、それとは別に外国人のための墓地が居留地の外に作られた。居留地における西洋人の健康状態は良好で、この墓地に埋葬されたのは、日本の侍（サムライ）（二本差しの男たちのこと）の行き先の間違った危険な愛国心の犠牲となった、ロシア人の軍人数名と二人のオランダ人商船長だけだった。晴れやかな日本の美しい気候の下で病気にかかって死んだ者は、この時点ではまだいなかったのである。

　当時の横浜における外国人社会を見たイングランドのある外交官は、「ヨーロッパの掃きだめ」という少々過激な言いまわしでそれを表現した。たしかに、本国の社会的束縛から突然解放され、東洋の誘惑に晒された男たちの多くは、神学校の生徒のように自らを厳しく律することができなかった。だが、彼らが他の地における同胞たちと比べて著しく劣っていたとは思えない。住人各々の行動がおたがいに筒抜けで、秘匿という行為が重要視されていない小さな社会だからこそ、他の場所においては密かに行われて明るみに出ずにすむような悪徳が目立ってしまったというだけのことである。

また横浜には、資本をほとんど持っていないにもかかわらず、苦労せずに生計を立てる、もしくは大金を稼ぐことを目的として渡ってきた者が少なからずいた。彼らは洋銀を携えて日本にやってきて、それを現地の貨幣と取り換えて商業を行おうとしていたのだが、十分な量の貨幣がまだ日本にはなかったので、彼らの要求は日本の財政当局を大いに圧迫したのである。最終的には、外国の商人は市場の為替相場に基づいて一分銀（イチブ）を購入できることになったのだが、その一方で公人たちは、持っているメキシコ銀を差し出せば、それと同じ重量の一分銀を購入できると定められた。この交換の過程で公人は自分の給料と同じくらいかそれ以上の額の現地の貨幣を手にすることができたので、当然のことながら人々はたいそう立腹した。これは一般の外国人を不利益に晒すれっきとした条約違反であるにもかかわらず、公使館および領事館職員や陸海軍人たちは、一般の外国人よりも有利な条件を提示されて買収されており、ゆえにこれを黙認しているのだと糾弾した。だが、この批判は的を射ていない。このような事態になってしまったのは、貨幣制度の誤った理論が原因であり、これに公人たちの個人的な利害が重なった結果、政治経済の法則に適さない制度が採用されてしまったのである。

一八六二年九月の交換レートは、本来であればメキシコ銀百ドルに対して二百十四の一分銀が得られるはずであったが、条約では同様の額に対して一分銀を三百十一得られると決められていた。各国の外交使節は、職員への給料やその他の経費の支払いに必要な現地の貨幣を手に入れるため、毎月いくらかのメキシコ銀を一分銀に交換していたのだが、同時に条約で定められた鋳造にかかる費用として百ドルごとに一分銀を十三、差し引かれていた。百ドルの給料を得ていた職員は一分銀を二百九十八支払われ、これを再度両替すれば百三十九ドル二十五セントになるので、四〇パーセントほどのもうけが生じる。特に、一年で三千ドルもの給料を得る公使などは、両替だけで莫大な利益を得ることができた。それだけではない。為替によって生じた利益は一度回収され、そこから必要経費などを差し引いたあと、職員たちの給料に比例する額が各々に再分配された。よって、我々は公式に受給する額は少なかったにもかかわらず、小柄な馬を飼ったりシャンパンを買ったりするぐらいの余裕ができたのである。

時間が経つにつれて、日本国内に流通する一分銀の数も増え、その価値が下がったので、条約で定められたレートと同等になった。そうなってようやくこの制度自体が廃止されたのである。公人たちのポケットに入った金がどこから生まれたのか、ということは、経済に精通している者であればよく理解できるであろう。私個人の意見としては、当時行われていたことは、恥ずべきことであったと言わざるを得ない。私はまだ公使館の中では下っ端にすぎず、当時の給料を取り巻くからくりに気づけるほど実務経験がなかったので、与えられた給料を何の疑問もなく受け取ってしまったということが、このような利益を享受してしまった言い訳である。

当時の横浜の社会に関しても少し話をしよう。居留地に女性は少ししかいなかった。日本はヨーロッパから非常に遠く、汽船の定期便もできておらず、武器を持った階級がいたことから、そこでの生活は決して安全ではないと思われていた。中国における二大商社のジャーディン・マセソン商会とデント商会は、当然横浜にも代理人をよこしていたが、後者は私が来日して一年か二年した後に倒産した。当時上海で隆盛を誇ったフレッチャー商会や、バーネット商会も支社を持っていたが、その存在はとうの昔に忘れ去られている。それ以外には、日本のみで商売を行っていたイギリスのアスピナル・コーンズ商会やマクファーソン・マーシャル商会、アメリカのウォルシュ・ホール商会という会社もあった。ドイツ、フランス、オランダの会社は存在しないものとみなされていた。

当時は随分と金まわりがよかったようで、住人はみな一、二頭の小柄な馬を所有し、住民の親睦や娯楽のための催しは頻繁に行われて、そこではシャンパンが無料でふるまわれた。競馬は毎年春と秋に開催され、そこでは「本物の」馬が出走することもあった。また、日曜日になると、みなこぞって東海道を下って川崎まで馬に乗って散歩し、昼食を食べてから夜までに戻るということをしたものである。ときには金沢、鎌倉、江ノ島まで足を延ばすこともあったが、条約で保障されている遊歩区域はそこまでだったので、それより外にあった八王子や箱根まで足を延ばしたことのある人は大胆な冒険心を持つ者であるとみなされた。横浜から二十五マイル以上外に出るということは外交官にしか許されておらず、そうでない外国人が江戸に入るには、公使の許可の下、公使館職員の一人という仮の肩書きを得なければならなかった。このような特権を享受した人々に対し、それを得られなかった者は強い嫉妬の念を抱き、公使は彼の同胞をみな首都に招待するべきだと大声で不満を述べるようになった。当時、そしてあるいは今も、公職員というものは横浜の極めて小さな社会が共有する下僕のように考えられており、主人の望みがかなえられていないと思えば、下僕たちを陰で中傷することをまったくためらわなかった。

「ヨーロッパの掃きだめ」というあんまりな言葉で表現された社会に住んでいたイングランド、スコットランド、アイルランド出身の人々は、公使館員や領事館員に対して非常に強い敵意を抱いていた。外交官は主にイギリス人商人を中心に形成された横浜クラブに入ることを許可されず、このような関係は日本におけるイギリスの外交使節団が大きく変わった一八六五年まで続いた。商人たちの小さな社会と、それを束ねるべき立場にある者のあいだにそのような関係ができあがってしまったことに対する言い訳としては、前者がまだ総じて若く無知であったということが言えるだろう。狭い商人社会に住む者は、若いうちは誰もがみな世間に対して疑心暗鬼を募らせ、他者はみな自分を陥れようとしていると思い込みがちなのだ。人は年齢を重ねるにつれてそのような被害妄想から自らを解き放つだけの経験を得ることができるが、それができるようになるのは中年期に入ってからであるし、人の精神は母国において過ごした日々に成長するので、商人社会が東洋の地にある場合、その中に住む人の精神的成長は見込めない。地球の反対側において過ごした日々は、人の精神と徳性の成長のために費やすことはできないのである。

条約を通じて外国の外交使節は江戸に居を構えるということが決定され、日本の慣習に則り、四つの仏閣が英仏蘭米四ヵ国にあてがわれた。サー・R・オールコック*は高輪郊外にある東禅寺に居を構え、デ・フラーフ・ファン・ポルスブルック氏はもう少し町に近い位置にあった長応寺に住み、デュシェーン・ド・ベルクール氏は済海寺を住居とし、そしてハリス氏は麻布の善福寺に落ち着いたのである。[4] だが、その後いくつかの危険な事件が起こったので、ヨーロッパからの外交使節はみな横浜に拠点を移し、唯一アメリカ公使のみが、日本政府が自分たちの安全を守ってくれることに全幅の信頼を置いていると宣言して江戸に残った。彼は、一八六二年九月にはすでに公使の職を離れており、後任のプルイン将軍も前任者の姿勢をしばらく踏襲したが、後に火事によって彼の家が焼失すると首都から退かざるを得

＊当時の公人たちは、ほとんどがその後昇進して現在は公称が変わっているため、当時どのように呼ばれていたかを正確に描写しようとすると却って混乱を招く。そのため私は、この回顧録の最後の段階での公称で登場人物を表記することにする。

なくなった。この火事が単なる事故なのか、それとも悪意を以て起こされたものなのかはわからない。

イングランド公使館[5]は、一八六一年に凶暴な襲撃を被り、この事件で書記官のローレンス・オリファント氏とG・C・モリソン氏が負傷した。襲撃者の多くは水戸の大名の家臣だったが、それ以外の大名の下に所属する者も含まれており、その内数名はまだ存命である。この事件を機にサー・R・オールコックは、日本政府がよこした兵士によって入口を護衛され、諸外国の軍艦が監視の目を光らせる横浜の町へと公使館を移すことを決めた。彼が一八六二年初頭に休暇のために公使館を離れると、先の襲撃を経験しておらず、その危なさを理解していなかった臨時代理公使のニール大佐[6]は公使館を東禅寺に戻した。だが、彼もまたその後に起こった出来事をきっかけにすぐに考えを改めることになる。

その出来事とは、公使館を護衛していた日本人兵士によって、大佐の寝室を護衛していた衛兵と伍長が殺された事件に他ならない。下手人がこのような行動に打って出たのは、公使館で最も若年の、十五、六歳の無思慮な少年に侮辱されたことが原因だったとのことである。これを受けてイギリス公使館員たちは、重要書類をかき集めて急いで横浜へと戻り、現在グランド・ホテルが建つ場所にあった家屋にその施設を移した。この建物は、ホーイというイングランド人が所有しているのだが、この人物は一八七〇年に就寝中に殺害されており、それは私怨が原因であったと言われている。当時横浜には、ほとんどの国の領事館が置かれていたが、アメリカの領事であったフィッシャー大佐だけは神奈川に残っていた。ハリス氏は、条約で神奈川を開港地とすると明記されている以上、横浜をその代替とすることは認められず、したがって領事を横浜に置くことは許可できないと言い張っていたとのことである。彼は開港地代替を頑なに認めず、抗議の意を込めて横浜に一歩も足を踏み入れないまま日本を去った。

私がその地に到着した際に公使館の書記官を務め、上官が休暇で離れていたときに臨時代理公使を務めた老兵ニール大佐は、サー・ド・レイシー・エバンズによって指揮されたスペイン部隊に従軍した経験があり、ポルトガル海兵隊に外科医として従軍したことがあったサー・R・オールコックを快く思っていなかったという噂だった。彼は文才のある人で、日本政府に対して激烈な文言を用いた書簡をよく送っており、その一部は私の友人であるF・O・アダムズ氏が出版した『日本の歴史』[7]という本を通じて刊行されている。彼は以前ヴァルナやベオグラードで領事として勤務しており、東方の非キリスト教国のほとんどにおいて用いられる、ヨーロッパ人を現地の法律の外に置く「治外法権」という制度の運用に関しては経験が豊富だった。身長はイングランド人の平均よりはかなり低く、灰色の濃い髭を生やし、額には薄い白髪が伸びていて、気難しく疑り深い人物でもあった。

彼の報告書はさまざまな知見に富み、よく書かれたものではあったが、彼は自身が置かれた状況がよくわかっておらず、したがって彼の政治的能力について特に語るべき点はない。これは、人間の有能さは口頭や文面での饒舌さでは測れないということを証明する好例である。だが、彼は機嫌がいいときにはとても気さくであり、記憶していたオペラの一節を吟じろう。て同僚たちを楽しませたものだった。当時彼は五十五歳ほどだった。彼は後にキトにて病死するのだが、恐らく日本にいたときにはすでに、命を奪った病魔に蝕まれはじめていたのだろう。

その次に位の高かったのは、日本語書記官[8]と呼ばれた役職の人物だった。この人物は日本の現地人ではなく、日本語の知識もまったくなかった。この役職は「日本政府との文書の交換を担当する書記官」と理解されるべきである。中国においてもこれに相当する中国語書記官という役職の人物がいたが、これは中国学者に常に与えられたものだった。日本人がまがりなりにも理解できたヨーロッパの言語はオランダ語のみだったので、同地に領事館を設立するとなったとき、外務省はこの難解な言語を扱えるイングランド人を必死に探したのである。やっとのことで四名の人員を見つけ、そのうち一人は最初公使館付きの通訳官に任命されたあとに昇進した。だが、彼の給与の一部は通訳候補生に現地の言葉を教えた場合の報酬として与えられることになっていたので、その分の俸給は得ることができなかったのではないかと思う。彼は八年間この地位にとどまり続けた後、領事のポストの一つに空きができたときに「はしごを駆け上がる」チャンスをつかんだ。彼は考え得るかぎりのすべての美徳を有しており、悪い気質を決して感じさせなかった。

この紳士の次には、第一補佐官がいた。彼は社交的で人物ができており、音楽や芸術の才に富み、いくつかの言語を操れたが、仕事に対して勤勉でなかった。彼の手にかかると、会計処理が十八ヵ月分、公文書の登録作業も数年分滞るというありさまだった。記録管理が彼の主な仕事だったが、彼の仕事を引き継いだ人物は前任者が残した状況を見て、「オージーアス王の牛小屋」[9]のようだと的確に表現した。だが、彼は友人たちから常に洗礼名で呼ばれるような人物で、人間性についてはこれ以上ないほど素晴らしかった。のちに彼は領事に昇進し、若くして外交官を辞めたが、そのとき彼は彼を知るすべての人から惜別の言葉を投げかけられたものである。

公使館職員の中には二人の医師がおり、彼らは同時に記録管理の補佐の業務も行った。そのうち一人はすぐに公使館を辞め、横浜で開業すると、数年のあいだに財産を蓄えて引退した。もう一人は、その人格と公職における貢献度を考えると、より詳しく述べるに値する。その人物とは、私の終生の友人ウィリアム・ウィリスのことである。

彼ほど律義に私生活と仕事に取り組んだ人間はいないだろう。その内科医および外科医としての能力の恩恵にあずかることができた者はみな、彼ほど患者を優しく思いやってくれる人物はいないと感じているに違いない。自らの仕事に真摯に取り組み、医者としてさらに経験を得る機会があるとわかれば迷わずその身を投じた。当時、医者の仕事というものは危険と隣り合わせだったが、彼は自分の能力を常に提供し続け、患者を癒すことに尽力した。記録管理の仕事に関しても、欠かせない存在だった。記録管理係の「オージーアス王の牛小屋」を片づけたのは他でもない彼であり、彼は公文書を順序よく整理し、公文書登録の作業の遅れも取り返した。必要なときに常にそこにいて、仕事に対してとても勤勉であり、上官にも極めて忠実だった。九年間勤務したあと、副領事の地位に昇格したが、このころには日本人も彼の外科医としての能力に非常に感心していたため、外務省が支払っている給料の四倍の額を提示して自分たちのために働いてほしいと懇願した。そして彼も、軽微な刑事事件の始末や、貿易がほとんど行われていないような開港地で通商に関する報告書を書き続けるよりも、自身の優れた能力を活かせる場所を求め、これを受諾したのである。彼の巨大な体軀は日本の開港地におけるヨーロッパ人の中でも特に目立ち、私がはじめて会ったとき彼はまだ二十五歳になるかならないかという年頃だった。自分が行うことに対して情熱をもって取り組み、記憶力にも優れ、生物学に関しても豊かな知識を有していた。大男は心も大きいものだが、彼もその例にもれなかった。彼はこの回顧録でたびたび登場するので、ここではこのくらいの記述にとどめておく。上述の人員以外では、公使館には通訳候補生のラッセル・ブルック・ロバートソンと私がいた。

最後に、我々の護衛を担当した騎兵・歩兵の武官たちについても忘れてはならない。後者は、プライス中尉以下の第六十七連隊によって担われたが、すぐに「公共精神旺盛」であると評判の、スミスという人物が指揮する五十人の海兵に交代させられた。彼に関しては、また後ほど詳しく言述する。騎兵の護衛は軍事訓練所から輩出された十二人ほどの人員が担い、彼らは「豚追い」という名誉ある称号で呼ばれたものだった。指揮官である中尉は目立った問題のない優れた人物だったが、美しい軍服や立派な馬に眼がなかったところが玉に瑕だった。私は軍服に関連する極めて複雑な制度については学んだことがないので、彼が何に熱中していたのかわからなかったが、大胆にも佐官に与えられるはずの勲章をつけていたと噂されており、もちろんもし事実であればそれは重大な規律違反である。だが、彼を彩った燦々と輝く金色の勲章は見目麗しいものであり、公使館員たちが大君に謁見するために赴いた際には、日本人の官吏が護衛である彼を全権だと勘違いし、本来であれば公使に対して行うべきはずである敬礼を彼に向けて行ってしまったということもあった。この勘違いによって彼が感じた快感が、公使が恐らく感じたであろう穏やかならない感情を上回ったかどうか、当時はわからなかった。だが、両者の性格を考慮すると、幸福な感情が不幸な感情を上回っていたと考えられる。そして、功利主義者に対してそれに批判的な者たちから不当に嫁せられている基準、つまり結果がよければ常に正しいという考えに照らし合わせれば、中尉の制服は極めて素晴らしく、称賛に値するものだったと思う。

さて、このようなゴシップめいた話はもうやめて、そろそろもっとまじめな話をしよう。

第三章　日本の政治的状況

私が日本に到着したとき、最終的に封建制を打破して王政復古を成し遂げることになる一八六八年の革命に至る動乱は、すでに始まっていた。外国人は当時の状況をほとんど理解できていなかったが、それでも一、二点ほど感じていることがあった。君主が締結した条約によって、日本に「蛮族」が足を踏み入れることが許され、その神聖な土壌が汚されることに一部の反抗的な諸侯が反発していること。そして、君主が外国との貿易で生じる利益を独占したことに諸侯が不満を抱いており、また、君主とその家臣たちに、諸侯の不満を抑えつけるだけの強さも能力もないこと。以上のような事情から君主と一部の反抗的な諸侯とのあいだで政争が起こっているのだと、外国人たちは推測していた。

当時はまだ、日本の世俗的な君主は条約において元首と記された人物のことであり、帝（ミカド）は日本の聖職者たちの長、もしくは宗教的皇帝にすぎないと考えられていた。日本の政治体制に関するこのような考え方は、ヨーロッパ人がこの国のことをはじめて知った時期に得た見解と、何ら変わらない。たしかにマルコ・ポーロの著書の中でジパングについて記述されている二つの短い章には、日本の政治組織については何も述べられていないが、十六、七世紀に日本で活動したイエズス会宣教師たちは、みな帝は宗教的な権威であると信じていた。彼らは、将軍（ショーグン）こそが真の支配者であると述べ、世俗的な王、そしてときには皇帝と評することもあった。日本に関する記述の中で最もよく知られ、また参考にされているものは、十八世紀初頭にケンペルによって記されたものだが、彼もまた両者を宗教的皇帝と世俗的皇帝と記述しており、現在に至るまで後世の人々は例外なく彼の見解を踏襲している。十二世紀に作られた日本の政治体制は十九世紀の後半が始まったころもまだ健在であり、長い伝統と格式によって確立されたその制度は、国に深く根づいていた。

日本の歴史に関しては、まだまだ書かれなければいけないことがたくさんある。現地には帝や有力者たちの年代記が数多く残っているが、現在の日本は漢文の文学的伝統がその精神にもたらした弊害からようやく自らを解放しはじめている段階であり、また日本の歴史研究という、東洋における普通の仕事とはまったく異なる訓練を必要とする作業を試みたヨーロッパ人も存在しない。二十年ほど前まで日本の文献はヨーロッパ人にはまったく知られておらず、それを解読するための手段も完全に不足していた。日本の歴史を学ぶための文献として、ヨーロッパ人が参考にできたものは、ティチングが現地人のオランダ語通訳の力を借りて翻訳し、クラプロートによって編集された『内裏年代記』[1]という稚拙な書物くらいであり、彼らはまったく目が見えない人々の中で唯一片目が見える人物が抱くであろうものと同じような過剰な自信をもってこの本を著している。これを除けば、ホフマンが翻訳したシーボルトの『日本』[2]に記載されていた年表ぐらいしかなかった。医者が患者の過去の病状を知らなければ診察ができないことと同様に、列国の外交官たちも、日本の歴史が詳しくわからなかったため、条約が締結された直後の政治的問題が正確に理解できなかったのである。

日本の王政がどのように発展したかを詳しく分析するためには、膨大な量の、人々がまだ見たことすらない数々の史料を本格的に検証する必要がある。そうではあるが、簡単に述べておくと、それは国外からやってきた侵略者による神権政治によって始まり、彼らはやがていくつかの部族長と協力関係を築き上げ、それらの部族と征服者たちは単一の民族になった。その後、彼らは中国の法と思想に倣って政体を改革し、土着の英雄や祭祀に対する信仰を捨て、ガウタマの教えを受け入れる。この国の東部と北部にいた蛮族との絶え間ない戦いは、軍事階級の台頭につながり、その中で平氏（タイラ）と源氏（ミナモト）という、ともにもともとは帝の傍流の中でも最下層に位置していた子孫たちを祖とする氏族が誕生し、両者の対立を生んだ。最終的に源の一族とその同盟者たちによって地方の統治は制圧され、それらの土地は彼らに分け与えられたのである。

頼朝が司令官に任命されたことによって、封建制は確立された。京都における古からの組織は継続されたが、それは名目上のものにすぎず、行使できる影響力は皆無であった。十四世紀になるとその存在は、古代の出来事に関心のある学者のみが興味を抱くものに成り下がり、まったくといっていいほど忘れ去られる。東アジアの大帝国から学んだ民法・刑法も使用されなくなり、完全に淘汰された。国は軍政のもとに置かれ、人口の半分は軍属となり、もう半分は軍属のために衣服や食糧を作るという労苦に従事することを余儀なくされた。読み書きといった仕事は、仏僧や、君主として当然の権限すらも剥奪された帝の朝廷に属する貧乏貴族のみが従事できることとなり、その結果この国の文学的な素養は深い眠りにつくことになる。外敵による侵略の心配がなく、強い中央政権の必要性が感じられなかったこともあって、将軍の下の日本では中世のドイツのように国内に諸侯が濫立するようになり、名目上の君主は傀儡にすぎなかった。

このような状況は、十四世紀の第二四半期に、後醍醐という帝が正統なる主君による親政を再興しようと試みるまで続いた。これをきっかけに五十年以上にわたる内戦がはじまり、これは足利家が自らを将軍とする政権を確立するまで続いた。だが彼らもすぐに二つに分裂して内輪もめを繰り返したため、各地方の首長はこのあいだに再度自らを独立させることができたのである。十六世紀中盤、幸運にも武力を以て日本の中心部にある土地を自らのものにすることができた織田信長（オダノブナガ）という人物が、各地で力をつけた戦国大名たちの調停人として台頭した。彼が暗殺されると、より優れた武士であった、太閤様（タイコーサマ）という称号で知られる人物が平定の事業を継続し、彼に抵抗する諸侯はすべて鎮圧させられ、彼が「宮宰」[3]として新しい統治系統を樹立するかと思われた。

しかしながら、彼は自らの地位を確立する前に死に、経験の足りない幼い後継者が残され、その後見人として頼られた人物たちはすぐさま互いに争いはじめた。この中で最も優れていたのは家康という人物で、現在の東京にあたる江戸の周辺に広大な領地を有し、軍の指揮官、そして王国の統治者として必要な素質をすべて兼ね備えていた。彼は太閤様に対抗できた唯一の人物であり、太閤様の死後に国の頂点に台頭したのも当然のことだったのである。二人の前任者が手にしていた権力を自らの下に集約するまで、数年の時間があれば十分だった。彼に敵対する勢力に、成功する術などなかったのである。一六〇〇年に行われた関ヶ原での決定的な戦いによって、国はすべて彼の足元にひれ伏し、これを絶好の機会ととらえた彼は、必ずしも忠実ではなかった大名たちの力を削ぎはじめた。彼は国内の土地を同盟者や配下に分け与えたので、歴史の長い諸侯であっても先祖代々の領地を保ち続けることができたのは、九州南部の島津、最西端の毛利、本州北部諸州の伊達、南部、津軽など、ほんの一握りにすぎなかった。そして家康の息子たちは尾張、紀州、水戸などの土地を得た。家康が死んだ一六一六年には、全国の二十分の十九の土地は彼の仲間によって掌握されていたのである。

こうして日本において、英語圏の読者にわかりやすい表現をするならば、五、六の階級からなる爵位とも言えるようなものが誕生したのである。第一の階級は、家康が最も好んだ息子たちを祖とする三つの家系によって構成された。彼は、もし将軍家の跡取りが途絶えたときはこれらの家族から後継者を輩出するという決まりを定めた（実際に直流が断絶したときに後継者を輩出したのは紀州家だけであったが）。その次が、家康のより若い息子たちを祖とし、将軍家と血族関係にある家系（家門）である。第三は、諸州の領主の家系（国主）であった。これら三つの階級は、一つ以上の州、もしくはそれに相当する広さの領地を有し、相応の収入を得ていた。彼らの下の階級は、代々の臣下（譜代）の家系と、旗持ち（旗本）の家系によって構成されており、彼らはいずれも先に述べたとおり徳川家直属の臣下であった。最後に、外部の諸侯（外様）という階級があり、彼らは先の戦いのあとに家康の下に服従した家系である。大名として認められるためには、一万石（一石は約五ブッシェル）を生産できるだけの土地を有していなければならなかった。旗本は、徳川家の家臣の中で千石以上、一万石以下の収入を得ている者で、その下には普通の家臣（御家人）もいた。

各々の大名の領地は、最初はその家臣たちに分配されていた。大名の家臣たちは、彼らの直接の主君との関係においては家来と呼ばれたが、将軍との関係性を示す上では、将軍を宗主と仰ぐ大名の、さらに下に連なる家臣という意味合いを持つ陪臣という言葉で表現された。大名の家臣の中には侍と足軽という二つの階級があり、前者は帯剣した紳士、後者は一般兵士という意味合いだった。薩摩の侍を除くすべての家臣は、戦時の戦場においてだけでなく平時にも軍人としての仕事を果たすという責任を課され、その見返りとして一年ごとに一定量の米を支給された。薩摩においては、大名の家臣のあいだで領地があまりにも細かく分けられていたため、家臣の最下層に属する者の中には、武士として片手に剣を携えながらもう片方で鍬を手に取った者もいた。封建領主たちは納税の義務を負わなかった。国主と同等の地位の大名は自らの領地の絶対君主として君臨し、農民からは地租を取り、領内の通商に対しても税金を課した。彼らは死刑執行を行った事例について毎年江戸に報告する必要はあったが、それ以外の義務はなく、領民の生殺与奪の権を一手に握った。だが、それ以外の諸侯は彼らほど自由ではなかった。すべての大名は、江戸に妻と子供たちを在住させるための屋敷を建てなければならず、彼ら自身も一年ごとに江戸と領地を行き来しなければならないという決まりだったのである。

彼らは、江戸と領地を行き来する際に常にある程度の家臣を伴わなければならず、道中の宿代も負担しなければならなかったので、これは財政的な重荷だった。大名たちは、江戸に到着したときと同地を離れる際に、厳格なしきたりに則って将軍に謁見し、服従の証として貢物を手渡さなければならなかった。大名同士のあいだで交流はほとんどなく、彼らは女中や使用人に囲まれて世間から完全に隔離された状態で生活した。

彼らの領地における行政は、家老（カロー）や用人（ヨーニン）と呼ばれた世襲の側近たちが担った。彼らもまた外界のことを全く知らずに育ったので、実際に政治の糸を動かしていたのは、彼らの下の役職を自らの実力で勝ち取った下級官吏たちの見えない手であった。世代がいくつか下ると、家康の時代の文官や武官の子孫たちは無能な傀儡に成り下がり、世襲制の弊害は彼らの側近たちにも及んだ。よって、各々の大名を取り巻く状況はハイランドの氏族[4]のそれに似たような状況になり、最大の力は、貧しい貴族階級の意見によって左右されることになった。この現実は、それまで大名が手中に収めていた名目上の権限が、意欲と知性にあふれながらも地位が低かった侍たちに譲渡されるという、驚くべき結果を生んだ一八六八年の革命の伏線になったのである。彼らこそが、実際に氏族を治め、その長がとるべき政策を決定し、彼が公的な場でいかなる態度を取るべきかを助言した人物たちだったのだ。

繰り返し言うが、大名とは取るに足らない人物たちだったのである。彼らは近代の立憲君主ほどの権限も有さず、受けていた教育の内容も影響して知性も平均以下の者がほとんどであった。このような奇妙な政治体制が存続し続けられた理由は、ひとえにこの国が外界から孤立していたからにすぎない。ひとたびヨーロッパの思想が導入されると、この枠組みは棺から運び出されたエジプトのミイラのように崩れて灰になった。

帝の権力の低下が始まったのは、九世紀半ばに九歳の少年が先祖代々の玉座に納まったときまで遡る。彼が成人するまで、彼の義父であった由緒正しき藤原家の家長が国の政治を担い、同時にこの一族にとって都合のいい人物を登用し、そうでない人物を排除するといったことを長年にわたって続けた。同様のことは、すぐに幕府（ショーグネイト）においても起こることになる。頼朝の息子たちの中で、生存していた最後の人物が暗殺されたあと、名目上の国の頭首の座を継承したのは、いずれも年端もいかない少年たちであり、数年後彼らは完全に排除され、政府の実権は頼朝の義父であった北条時政の子孫たちによって担われた。彼らもまた世襲制の禍から逃れることはできず、時代が下ると北条一族も彼らの重臣たちの傀儡に成り下がったのである。親政復活のための革命によってこの政権は打倒されたが、それも短期的なことに過ぎず、足利家の始祖によって幕府（ショーグネイト）が再興された。だが、その権力もすぐに京都と鎌倉によって二分され、それぞれの家長は管領（クワンレイ）と呼ばれ彼らの代理人の役割を担った上杉家と細川家の影響下に置かれたのである。

足利時代の末期になると、将軍は帝と同じように有名無実の存在となり、国は各地方の有力者たちによって分割された。諸州と都の間の交通状況が悪かったことが、このような状況影を落とす。

を生んだ要因であった。家康は、優れた軍事道路を建設したからこそ、はじめて全国的な支配を行うことができたのである。彼によって確立された政治体制は、永続的な平和を可能にするよう計算されたものに見えた。だが、そのような体制にも、世襲制度のよくない部分が影を落とす。

三代将軍の家光は真の男であった。彼は関ヶ原の戦いの四年後に生まれ、彼の祖父が最後の戦いの一年後に死んだときにはすでに十二歳であった。その時点までに彼はすでに兵士としての教育を受けており、また徳川の優位性を確立するという目的を達成することに強い意欲を持っていた。家康とその後継者は、大名たちが江戸を訪れたとき、必ず郊外で彼らと面会していたが、家光は彼らと城の中で謁見した。そこで彼は、もし大名たちの中に現在の徳川の配下としての地位を受け入れられない者がいるのであれば、三年の猶予を与えるので戦いの準備をすればよい、どちらが戦争の苦難に耐えられるか試してみようではないか、と宣言したのである。このように言われて抵抗しようと考えた者は一人もいなかった。

だが、彼の後を継いだのはまだ十歳の息子・家綱であった。家綱の幼年期には、彼が名目上の君主としてふるまいながらも、実際に物事を動かしていたのは代々の家臣たち（譜代大名（フダイダイミョー））によって構成された評議会であり、このときはじめて徳川家の家長の威厳が損なわれた。さらに悪いことに、老中（ロージュー）と言われた評議会は井伊、本多、榊原、そして酒井の四つの大名の家系によって寡占されてしまったのである。

内戦が終わって四代将軍が即位するまでのあいだに、世襲制はそれが常に生み出すものを徳川の政治体制にも投げかけていた。行政の長は自らの意思を何ら持たなくなって、側近の言いなりとなり、その側近たちを糸で操っていたのもまた別の人物たちであった。本当の力は、旗本、もしくは下級の家臣から選ばれた奉行（ブギョー）という地位の臣下たちの下にあり、彼らこそが実際に影響力を有する重要人物だったのである。だが、そのような人物たちですら、能力と意欲のある者に仕事を任せて自らは楽をしたいという願望には抗いがたく、彼らの個人秘書と言える奥御祐筆（オクゴユーヒツ）と呼ばれた人物たちが最終的に徳川家の諸州を運営することになった。組織はとてもよく作られたもので、子供であっても運用することができた。そして、この国の政治的停滞は、安定と誤って認識されるようになったのである。

途中、政府に対する陰謀未遂事件が一、二回ほどあったものの、日本は二百三十八年間という非常に長い間平和を享受したのである。その姿は森で眠る美女に似ており、治安維持を担う者の仕事は、彼女の眠りを妨げかねないハエを扇子で追い払うことに似ていた。だが、意欲に満ちて精力的な西洋によって美女が夢から覚まされると、老いぼれたちは自らの責務を果たすことができず、変化しつつある状況に適応できる男たちにその仕事を譲らなければならなかった。

この国の社会は、二つの階層に分断されており、そのあいだには横断することが不可能なほどに広い溝があった。一方には帯剣を許されたジェントリとも言える階級があり、彼らのほとんどは貧困に喘ぎながらも社会的特権を有していた。もう一つは、農業、労働、商業を担う階級であった。階級の異なる者同士の結婚は固く禁じられていた。前者は礼節に則った行動規範に従うことが課せられており、それを犯した場合は有名な腹切(ハラキリ)という行為を通じて自害することによって自らの名誉を守ることができたのである。だが、後者はより厳しい不文律の下に置かれ、情け容赦なく処刑されることは日常茶飯事であった。彼らは二本差しの階級の忠実で慎ましい従属者であった。

日本は、十六世紀半ばにすでにヨーロッパ諸国との自由な交流を試みており、このころポルトガルの商人や宣教師たちは九州の主要港において歓迎されており、キリスト教が土着の古い宗教にとって代わるかとも思われた。彼らの任務はやがてスペイン、オランダ、イングランドが引き継ぐことになるが、オランダとイングランドは通商のみに専念した。西洋の英語圏社会における宣教師事業の二大巨頭が生まれるのは、だいぶ後のことなのだ。また、一五八〇年にスペインがポルトガルを一時的に併合することも忘れてはならない。

ローマ・カトリック教徒たちは現地の寺社を倒さんと企て、またそれらの寺社の予算を搾取しようとしているとみなした仏教や神道の僧侶たちの怒りを買った。信長は宣教師たちを歓迎したが、イエズス会の主要な庇護者たちは内戦によって倒され、そして新たな支配者となった太閤様は外国人たちへの敵意を露わにした。彼が最も許せなかったことは、キリスト教徒の女児が彼の妾になることを拒んだことであった。家康も敬虔な仏教徒であったことから、前の権力者と同じ宗教的政策を踏襲した。彼のキリスト教に対する不快感は、秀頼の配下数名がキリスト教徒であり、秀頼自身も宣教師たちと友好的な関係にあったことが原因であった。オランダとイングランドが、このころには長年の仇敵となっていたスペインに対して日本人が憎悪を強めるよう煽ったため、迫害はさらに強化された。宣教師たちは根こそぎ探し出され、彼らと彼らの弟子たちは残酷な拷問の末に惨たらしい死を迎えることになった。迫害の狂気は家康が亡くなってからも弱まることはなく、このドラマがようやく終わるのは彼の孫の代のことであった。

各地方の大名による抑圧は、天草という島において反乱を招き、これには何千人ものキリスト教徒が加担した。激しい抵抗のあと、一六三八年二月二十四日に島原の城は攻め落とされ、反乱は鎮圧させられた。その後、三万七千人もの人々が剣にかけられ、その三分の二は女子供であった。この事件に関する現地人の史料を見ると、生活の基盤とする信仰をキリスト教に求めただけの、自らを守る術を持たない憐れな人々が無慈悲に犠牲になった情景が思い起こされ、息が詰まるほどの激しい怒りを覚えずにはいられない。この事件のあと、ポルトガル人は日本に二度と足を踏み入れてはいけないことになった。イングランドも、商業上の競合相手が自分たちよりもはるかに多くの資産を有し、また商人として能力が高いということを悟り、すでに競争から撤退していたので、許可を得たのはオランダのみとなった。

その後、二百二十五年ものあいだ、オランダ人は中国人とともに、長崎沖の出島（デジマ）という小さな人工島に来航することを許された。その貿易の規模は非常に小さく、しかも常に縮小しつつあった。その後イングランドは、一、二回ほど日本の政府に規制の緩和を求め、今世紀の初頭にはロシアも同様の要請を行ったが、それらはすべて徒労に終わった。このときの試みで唯一収穫があったとすれば、ロシア人使節レザノフの要請を日本が断ったことに腹を立てたロシアの海軍士官たちが日本の国土を攻撃し、そのためにゴロヴニンが蝦夷（エゾ）において日本人に捕らえられたことくらいだろう。彼が幽閉中に作成した記録は、現存するものの中ではおそらく最も生き生きと日本の官吏たちの態度を描写しているからである。だがその後、アメリカが一八五二年に試みるまで、日本に接近しようとした西洋の政府は存在しなかった。

第四章　条約、排外精神、外国人の殺害

アメリカが東アジアに使節を派遣したのは、ペリー提督の琉球（ルーチュー）・日本遠征がはじめてではなかった。アメリカは、よく訓練されたイギリスの軍団とそのドイツ人傭兵部隊を戦争で破り、独立を勝ち取った国である。当時植民地には数百万人の人々がいたが、それほどよくまとまってはいなかったので、彼らの戦争における成功はフランス陸海軍による極めて有効な支援があってはじめて達成できたのは言うまでもない。ともかく、アメリカとはこのような過程を経て独立を達成した国であり、この国の人々は大昔の受難をよく覚えていた。そのため、未だかつて見たことのないほどの力を有する商業・海洋大国に抗う術を持たない人々に対して、同情の念を抱くところが強かった。自らの独立を守ろうとしていた東方の人々に同情すると同時に、通商上の権利を得ることをイングランドと同じくらい重要視していたこの国は、この目標を達成するには融和的な態度で接することが有効であると信じていた。

彼らは一八三六年にシャムとコーチシナ[1]に使節を送り、前者とは平和裏に通商条約を締結することに成功した。中国においては、他の西洋諸国と同様に、アヘン戦争の末に進められた交渉の恩恵にあずかることができた。イギリスは西洋諸国に先駆けて中国と交渉をはじめたが、穏便に交渉を進めようとしたにもかかわらず、旧弊を頑なに改めようとしない中国人

官吏に一向に相手にされないという、屈辱的といっていい扱いを受けた。その結果、不本意ながらも武力を行使するに至ったわけだが、随従した他の西洋諸国はこのような苦労を直接経験することなく、イギリスが勝ち取った権利を享受することができたのである。

アメリカは、当時地球上で最大の金の産出地の一つになりつつあったカリフォルニア州から太平洋を挟んで反対側に位置していた日本に、長いこと目をつけていた。これまで「神々の国」を覆う壁を倒そうという試みがことごとく失敗していることに危機感を抱いた彼らは、良識的だが近代兵器を知らない人々に対しては、武力の示威という手段も四海同胞や諸国の義務といった理論に頼るのと同じくらい有効であると考えた。そこで彼らは、機転と意志の強さを有する海軍士官を司令官に任命した。この人物は、極めて理にかなった形でその機転を活用することができるので、意志の強さを用いる必要性がないほどの人物だった。ペリー提督が二度目に江戸湾を訪れたとき、最初の条約としては申し分ない内容のものを比較的簡単に締結することに成功したが、恐らくこれにいちばん驚いたのは彼自身であっただろう。このような結果を生むにあたって、長崎におけるオランダ商館員たちの意見が少なからぬ影響を及ぼしたことは間違いない。また、下級の侍たちが秘密裏に抱いていた、まだ見ぬ外部の世界とより密接に関わりたいという思いは、要職を占めた人々にも共有されていたのではないだろうか。将軍の政府のように旧習を維持することに重きを置く尊大な政権が、恐怖のみを理由に大昔からの伝統であった外国との接触を制限する法を破ったとは考えにくい。

このようにさまざまな事情があったわけだが、いずれにせよ日本人がアメリカの示威行為を前に抵抗しなかったことは、賢明な判断であったと言えるだろう。イングランドとロシアは、当時すでに戦争中でなければ間もなくそれをはじめようとしている段階であったが、この両国もアメリカに倣って条約を締結した。そして、アメリカの総領事は捕鯨船の保護のために下田に居を構え、そのころ中国で起こっていた出来事を巧みに利用して、すでに得ていた権益をさらに拡大するべく将軍の政府と交渉したのである。一八五八年に、中国における戦争の勝利が確実になると、エルギン卿とフランス特命全権大使グロ男爵は、その後すぐさま日本にも向かってハリス氏が得たものとほぼ同じ内容の条約を締結した。そしてその後まもなく、オランダとロシアも同様の権益を得た。一八五九年には、長崎、箱館、そして横浜の港が五ヵ国との貿易のために開放され、日本は新たな時代の始まりを迎えたのである。

アメリカ、イギリス、そしてロシアとの交流を開始した将軍の政府に対して、まったく反対がないわけではなかった。アメリカの船がはじめて江戸湾に錨を降ろしたときには騒動が起こり、また日本の神聖な土壌を犯す侵略者に対して行動を起こさんと考える大胆で短絡的な者も少なからずいた。だがこの当時、そのような不届き者たちにはまだ指導者として頼れる人間がいなかったのである。帝は京都にいた将軍の代理人によって厳しく監視されており、大名たちもまとまりを欠いていた。将軍の最大の政敵は、本来であれば将軍を支え、大きな国難の際には彼に助言するという役割を担っていたはずの、水戸家の旧領主であった。[2]

ペリー提督が来航していたとき将軍家慶は病に倒れ、艦隊が立ち去って間もなく彼は死んだ。彼の二十八歳の息子であった家定が跡を継いだが、彼は人間的にしっかりしておらず、世界に関する知識も持ちあわせていなかった。当時の日本の諸侯が受けていた教育の質を考えれば、それは仕方のないことであった。

一年後、アメリカの船が戻ってくるときに備えて首都の海岸には要塞が建てられ、諸外国による進出に対する準備の指導者として、隠居していた水戸の旧領主が呼び戻された。これはまったくの不思議な偶然だったのだが、当時四十九歳だったこの貴人は、少なくとも建前上は帝が日本における最高権力を有していると長年主張していて、また当時認められていた制限的な国際交流を拡大するようなことは少しも許さない人物であった。

これまで厳格な排外政策を通じて自らの国を外部の侵略から守ってきた日本は、中国が西洋から伝わった宗教が原因で勃発した内戦にあえぎ、またその最中に貿易をめぐる問題から西洋諸国と戦争して辱められたことを目の当たりにした。自らの国の安寧を守り不利な条件の下で西洋と戦うことを避けるためには、二世紀もの間続いた伝統を忠実に守るべきだと考えたとしても無理はなかった。だが、外国の干渉者たちが翌年の初頭に戻ってきたとき、日本はまだ彼らを力ずくで退ける術を有していなかった。そのため、貿易は認めないものの、捕鯨者たちに長崎、箱館、下田の港に降りて必要な補給を受けることを許し、また遭難者も手厚く保護することを約束するという内容の条約が締結された。

このように、日本人たちは妥協を余儀なくされたわけだが、その後も彼らは自分たちが先天的に優秀であると信じていたので、十九世紀における最先端の軍事知識を身につけ、船や兵器を獲得さえすれば、どれだけ外国の軍備が充実していたとしてもそれを簡単に退けられると考えていた。後にわかるように、これは以後の日本の対外政策の根幹をなす考え方となる。しかも、すでにこの時点でこの考えを実行しようと試みて、ペリー提督に彼の旗艦に乗せてくれるよう頼みこんだ二人の日本人[3]がいたのである。だが、彼らは拒否され、彼らの政府は彼らを収監して罰を与えるという形で彼らの情熱に報いた。

ハリス氏が下田に居を構え、さらには首都を訪れたいと要請したことは、将軍の評議官たちにとっては新たな厄介ごととなった。評議会の非公式なメンバーたちによって抗議書が届けられたので、最終的に将軍はこの件に関する自らの立場を強化するため、帝に条約を承認するよう要請したのである。帝に承認を仰ぐというこのやり方は、大昔からの慣習を考えれば画期的といっても過言ではなかった。信長も秀吉も家康も、彼らの行動が帝によって承認されなければならないと考えたことはなく、家康が貿易の権利を与えたとき、彼はそれを彼自身の責任で行い、そのような権利を有しているか否かを疑うことはまったくなかったのである。京都に伺いを立てたということは、将軍の力が弱まっていることを示した最初の兆候だった。

ひとたび帝の優位性が認められると、彼が国事に対して声を挙げる権利を有するということに議論の余地はなくなった。宮廷貴族たちはこの機を逃さず、将軍の政府が行おうとしていることを妨害する態度をとった。このようなやり方は、いかなる社会においても、個人や団体にとって強力な手段となり得る。十二人の中に一人でも十分な意志の強さをもつ者がいて、その者が公的な地位を有していれば、その者は常に他者を退けることができるし、相手が力に訴えてきても動じない。そのため、一方ではハリス氏が条約の改正を要求して神奈川と大坂（オーザカ）の開港を求めるものの、もう一方では朝廷がそれらの要求に対してまったく聞く耳をもたないという状況に陥ったのである。

苦境に立たされた将軍の政府は、家康が最も信頼した家臣の子孫である、彦根の井伊掃部頭（カモンノカミ）という大名を筆頭大臣[4]に任命し、彼は外国人たちから宰相と呼ばれた。先にも述べたように、ハリス氏は中国で英仏連合艦隊が権益を獲得したという事実を示しながら巧みに交渉し、心理的な圧力のみで、内容的に極めて価値のある条約を締結するという大きな外交的成功を収めたのである。イングランド、フランス、ロシア、オランダとの条約もすぐに結ばれた。各国が撤回を認めないであろう開港方針を将軍の政府が堅持したことによって、それまでまとまりを欠いた排外的な集団は結託することとなった。

まだ条約に記された紙のインクが乾ききっていなかったころ、すでに数週間病床に臥せっていた将軍が、跡継ぎのいないまま先祖たちの下へと向かった。将軍家の直系が断絶したことは過去に二回あったが、そのときと同じようにこのときも慣習に則って紀州家の頭首が後継者となった。水戸家の旧領主は、すでに一橋家に養子に出されていた水戸家出身の若い男子を後継者にすることを望み、肥前、尾張、土佐、薩摩、そして四国の小さい領地の領主でありながら有能な宇和島の伊達などの諸侯もそれを支持した。しかし、筆頭大臣の力はあまりにも強大であった。彼は、自らが支持する候補を擁立することを譲らず、政敵はみな隠居を強いられた。ただでさえ将軍の政府がとっていた方針に対する反対が強かった中、この出来事によってこれらの諸侯は筆頭大臣に対して個人的な反感を抱くようになり、諸侯の家臣たちもこの感情を共有するようになった。二年後、血なまぐさい復讐が筆頭大臣に降りかかることになったが、積もり積もった不満は以降も増大する一方となり、最終的にこの体制は完全に滅びることになる。

反対勢力の首領は水戸であり、帝の協力者たちとともに自らの家系の長に対して公然と画策しはじめた。神奈川と横浜に大人数で押しかけた外国人商人たちは、彼らが相手にしていた極めて卑屈な地元商人たちとはまったく異なる気質の、不遜で気の強い侍たちを目の当たりにすることになったのである。

流血沙汰が起こるまで、そう長く時間はかからなかった。イギリスとアメリカの公使館が江戸にできた六週間後の八月二十六日の夜、横浜で補給物資を購入しようとしたロシア人の海軍将校と水兵が、横浜の路上で斬殺されたのである。十一月には、フランス副領事の中国人使用人が横浜の外国人居留地内で襲われ、殺された。二ヵ月後、サー・R・オールコックの日本人通訳が江戸のイギリス公使館の門前に立っていたときに背後から刺され、それから一ヵ月も経たないうちに二人のオランダ人商船長が横浜の主要道路上で惨殺されたのである。八、九ヵ月ほど何もない日々が続いた後、フランス公使の使用人が江戸の公使館の門前に立っていたときに斬りつけられ重傷を負った。一八六一年一月十四日にはアメリカ公使館書記官のヒュースケンが、プロイセン公使館での晩餐会のあと馬に乗って帰宅する途中に襲われ、殺された。そして七月五日には、外国人に対してそれまでにない大胆な試みがなされ、現地人の護衛によって守られていたイギリス公使館が武装した男たちの集団によって襲撃されたのである。当時開港から二年も経っていなかったわりには、かなりの数の事件が起こっていたと言えるだろう。これらはすべて計画的かつ一方的な攻撃であり、帯剣を許された階級の者が下手人であった。被害者たちは、彼らを無慈悲に斬り倒した者たちに対して何ら間違いを犯していない。彼らは政治的な動機から暗殺され、すべての事件において殺人犯たちが罰せられることはなかった。

日本は、自分の身は自分で守らなければならない土地として知られるようになり、住人たちはみな、多くの人が経験した不幸な運命が自らの身に降りかかることを恐れた。私が日本に着任する前、イングランドにいたときでさえ、現地の気候だけでなく、剣の達人たちの手によって不本意な最期を迎える可能性があるということを頭にいれておかなければならなかった。そのため私は拳銃と、十分な量の火薬、弾丸、薬莢を購入した。当時の日本においては、居留地の外に出ていく際には誰もがみな拳銃を携え、寝るときでさえ枕の下においていたので、これらの武器の貿易が大いに盛んであったに違いない。コルトやアダムズといった会社にとっては、忙しい時期であった。

だが、私が日本にいたとき、拳銃によって人が殺されたという話は一度しか聞いたことがなく、しかもその事件は、やや傲慢すぎる態度で労働の対価を払うように要求した大工に腹を立てたフランス人が起こしたものであった。江戸において我々が拳銃を携帯することをやめたのは、たしか一八六九年のことだったと思うが、その理由は、まず拳銃が重くて煩わしかったということと、もし二本差しの血に飢えた紳士が我々の命を奪おうと試みた場合、それを決行する時と場所を選ぶであろうから、弾丸をもってそれに抗うような時間は与えられないであろうと結論づけたことであった。

一八六二年の春、サー・ラザフォード・オールコックは休暇のためイングランドへ戻り、その代理を任されたのはニール大佐であった。すでに述べたように、臨時代理公使は公使館を横浜に移したその道理を理解しようとしなかったため、イギリス公使館としてあてがわれた仏寺に再度居を戻した。先の襲撃が起こってから日本の暦で一年経った記念すべき日には、将軍（ショーグン）の政府の対外関係担当者たちはニール大佐を訪れ、一年間外国人を狙った襲撃事件が起こっていないことに対する祝福の意を述べていた。だがそのあと、彼の寝室の入口で衛兵と伍長が野蛮で血なまぐさい事件の犠牲になったので、その事件を目の当たりにしたイギリス公使館員たちは、日本の政府と将軍の大臣たちは友好的な言葉を投げかけて警戒を解くことで、襲撃を成功しやすくしようとしたのではないか、という疑念と強い怒りを衝動的に抱いた。これは日本人たちが起こした姑息で野蛮な行為であり、当然のごとくこのような行動に及んだ日本人は自らを貶めたので、彼らを文明国とみなすべきではないと考えたのも無理はない。一年前の事件のときにサー・ラザフォード・オールコックを守り抜いた日本人の護衛たちが、この事件が起こる直前に交代させられていたことも、疑念をいっそう強める結果になった。

だが、今この事件を振り返ってみると、そのような疑念は根拠のないことが明確にわかるだろう。暗殺者は護衛の一人であった。二人のイングランド人を殺した後、彼は屯所に戻り、日本の慣習に則って自らを引き裂いて自殺した。もしこの事件が計画的なものであれば、彼が単独で行動を起こしたはずがない。外交使節の不可侵の法則を、無知な将軍の重臣たちは恐らく知らなかったであろうが、彼らも西部の有力諸侯から敵意を向けられている中、列強の武力報復を招きかねない行為は避けたかったに違いない。イングランド公使館員たちを手にかけたこの事件に関して、彼らに責任はまったくないと思う。

一方で、男の同僚たちはこの男のしようとしていることを知っており、また部分的に目標を達成したあと逃走するのを黙認したのではないだろうか。しかしながら、男は被害者の一人に撃たれて負傷しており、庭へと逃走した経路には血の痕が残っていた。自分の身元が明白なものとなり、将軍の政府から処刑を命じられることが避けられないであろうと理解した犯人は、自殺を余儀なくされたのである。他の護衛たちもこの男の意図を恐らく知っていた（我々の法では事前従犯と言う）が、彼らはそれでも加担してはおらず、この事実は私怨によって行われたという主張とも一致している。下手人は、事の後に逃げおおせるように夜に決行したのであろう。その夜は満月の前の晩であり、日本の雨季の真っ最中であった。ウィリスは、起きてあたりを見まわしたとき、あたりは真っ暗だったと述べている。その夜は風が強く、濃く黒い雲が空を漂っていたとも証言している。風が強かったことと夜遅かった（十一時から十二時）ということから、現地の明かりから火が消えていたことも説明できるが、他の護衛が燃え尽きたろうそくを交換しなかったことに対しては、多少の疑念を抱かずにはいられない。

私が公使館に対する最新の襲撃事件について知ったのは、ロバートソンとジェミソンとともに北京から太沽(タク)へと向かっている途中でのことだった。我々は当時、日本で日常茶飯事と言われていた刺激的な出来事を経験できなかったことを、むしろ残念に思ったように記憶している。少なくともそれは我々を驚かせることはなかったし、そのような事件が起こったからといって公使館での仕事をしたくないと思ったことはなかった。だが、ジェミソンは上海においてよりよい条件の仕事を見つけ、残された我々二人は最も早い便を見つけて横浜へと向かったのである。

第五章　リチャードソンの殺害、日本語の勉強

横浜に到着した翌日、私は神奈川に連れていかれ、日本語の口語表現についての本を出版しようとしていたアメリカ人宣教師のS・R・ブラウン牧師と、日本語の辞書を作っていたJ・C・ヘボン医学博士の二人に引き合わされた。ブラウン牧師は数年前にこの世を去ったが、ヘボン博士は現在（一八八六年）もまだ日本におり、*彼の素晴らしい辞書は現在第三版が刊行され、また長年取り組んできた聖書の翻訳も完成している。

当時我々が神奈川に行くためには、現地人の船頭に一分銀（イチブ）を一枚支払って小舟で湾を越えるか、馬に乗って陸路を大まわりするしかなかった。現在その道には鉄道が通っているが、当時はそれがなかったのである。現地の人々が使う乗り合わせの渡し舟もあり、彼らは天保銭（テンポー）（一分銀の一六・五分の一の価値）を一つ渡せば利用できたが、外国人はこの割安な交通手段を利用することが許されていなかった。舟が出発する直前に外国人がボートに飛び乗ると、漕ぎ手は漕ぐことを止めてしまい、招かれざる客が諦めて舟を降りるまで決して動かなかった。それでも、外国人が湾を渡るためには、このように融通の利かない船小屋の連中を頼るしかなかった。私が彼らをようやく論破することができたのは、日本に在住して数年経ち、言語と日本国内における一般的な状況を把握することができてからであった。

当時はどこに行っても、現地の相場とは無関係に恣意的に設定された外国人向けの料金があったのである。劇場に入場するために、外国人は一分銀一枚を渡さなければならず、しかもその後に通されたのは舞台からはあまりに遠く、演者が何を言っているのかまったく聞き取れないことから、「聾者の区画」と称された場所であった。観劇の際にいちばんいい場所は、舞台の目の前にあった土間（ドマ）という場所であった。そのため、私はある日、劇場に上がりこんで土間へと進み、この区画の通常の料金を支払うと劇場の人に対して言ったのである。彼らはそれを承服せず、一分銀を支払って外国人用の区画に行くよう指示した。私は他の人と同じように地べたに座り、靴を脱いだのだから、他の人と同様にここにいる権利があるはずだと食い下がった。だが劇場側は、それならば土間から出るまでは幕を上げないと言い張ったのである。私は、好きにすればいいと返した。外国人一人を苛立たせるために、観劇に料金を支払った他の観客をがっかりさせればいい、と。私は最終的に支配人が折れるまで、頑なに移動することを拒んだ。日本語を操って劇場主を論破した外国人は劇場中の注目を集め、このあと横浜に滞在していた間、劇場において常に座りたい場所に入ることができた。

当時、横浜の劇場は午前十一時ごろに開場し、十二時間開いていた。「忠実な家臣たちの倉庫」を意味する忠臣蔵（チューシングラ）や、「割れた皿の邸宅」を意味する皿屋敷（サラヤシキ）といった演目が最も人気であった。劇場の内装、役者の衣装や演じ方、簡素な舞台背景や照明、そして演目における言いまわしなどは昔からまったく変わっておらず、ヨーロッパとの交流が活発になった現在

＊ヘボン博士は一九一一年に亡くなった。

においても大きく変わったとは非常に考えにくい。現在、演劇の質を向上させ、劇場を若者に道徳と作法を教える場所にするべきだと出版物を通じて提唱する、よき心を持った人々もいるようだが、私が知るかぎり現段階では具体的な行動に移すことができていない。そのため、今後も芝居（シバイ）は、さまざまな年齢の人々が、日々の苦労を忘れさせてくれる娯楽を求めて向かう場所であり続けるであろう。人々は舞台の上で演じられていることがすべての人の涙を誘えるだけ悲劇的であり、また演者たちが滑稽に顔の筋肉を動かす様子が見られれば満足であり、それが現実で起こり得るか、そして起こるべきことであるかということは微塵も考えない。

九月十四日に、上海の商人であるリチャードソンという人物が、この世で考えられるかぎり最も野蛮な殺人行為の犠牲となった。彼は、香港のボラデイル夫人と、ウッドソープ・C・クラークとウィリアム・マーシャルという横浜の住人二人とともに神奈川と川崎をつなぐ街道を乗馬していたとき、大名の家臣の行列と遭遇し、彼らはリチャードソンの一行に対して道を開けるように指示した。そのためリチャードソン一行は道端を進み、そのうちに薩摩の領主の父である島津三郎[1]の乗り物が視界に入ってきた。するとリチャードソン一行は、今度は引き返すように命じられ、そのため馬を旋回させようと試みたのだが、その最中に行列の武装した男たちに襲撃され、鋭利で重い剣で叩かれた。リチャードソンは瀕死の状態で落馬し、他の二人も重傷を負いながら、夫人に「逃げよ、我々はあなたを守ることはできない」と叫んだ。彼女は無事に横浜に戻り、起こったことを伝えたので、居留地に緊張が走った。馬と拳銃を所有していた者はみな、武装して騎乗し殺人現場へと向かった。

イギリス領事のヴァイス中佐[2]は、公使館護衛兵の司令官が指示を出すまで決して動いてはならないというニール大佐の命令があったにもかかわらず、公使館の騎兵を引き連れて先導した。フランス公使のド・ベルクール氏も、六人のフランス人兵士によって構成された公使館の護衛兵を差し向けた。第六十七連隊のプライス中尉も、公使館護衛の歩兵の一部とともに出発し、フランス人歩兵数名もこの部隊に合流した。だが、最初に出発したのは、彼の職務を全うせんという強い使命感ゆえに恐怖という感情をまったく抱いていなかった、ウィリス医師であった。彼は、イングランド人の血の匂いが漂う剣を携えた男たちの行列を横目に、一マイルほど神奈川の街道沿いに馬を進めると、そこで三、四人の他のイングランド人が追いついてきた。そこからさらに生麦まで進むと、街道沿いの木陰に哀れなリチャードソンの遺体を発見したのである。力なく横たわる遺体の首には傷跡が残されていて、体は刀傷だらけで、そのうちどれが致命傷であっても不思議ではなかった。

遺体は神奈川のアメリカ領事館に運ばれた。一命をとりとめたクラークとマーシャルもそこに逃げ込んでヘボン医師の手術を受け、後にはもう一人の医師であるジェンキンス氏も手術に加わった。港にイギリス軍艦は一隻しか碇泊していなかったが、その日の夜に旗艦ユーライアラス号に乗ったキューパー提督が軍艦リングダヴ号とともに到着した。外国人の商人が手にかけられたのはこれがはじめてだったため、居留地の商人社会はかなり興奮していた。日本の剣はカミソリのように鋭利で、恐ろしい創傷を与える。日本人たちは、相手が万に一つも生き永らえぬよう、人を細切りにする術を知っていた。そのことはすべてのヨーロッパ人に多大な影響を及ぼし、二本差しの者は誰もが暗殺者かもしれないと思うようになり、往来で彼らの横を無事に通り過ぎることができたときには生きていられたことを神に感謝するようになったのである。

島津三郎がその夜、横浜から二マイル弱のところにある保土ヶ谷という宿場町に滞在していることは知られていた。居留地の外国人たちは、港にあるすべての軍艦が有する海兵の力を結集して、彼を取り囲み捕らえることは容易だと考え、またそうすべきだと考えた。後に知ることになる当時の日本の政治状況や、復讐を正当な権利とみなす日本人の考え方を踏まえれば、その考えが完全に間違っていたわけではないだろう。当時の日本に、帯剣を許された階級の中で暴徒と化した者たちを取り締まることができるような、統率された警察・軍事組織は存在しなかったので、もし同様のことが他の日本の大名の一団に対して起こったなら、被害を受けた側は当然報復という形で対応したと思われる。外国人たちは、それと同様の状況に置かれていたのだ。彼らは本国の法律の下に置かれており、その法に従うと同時に、その法律を以て自らの身の安全を確保しなければならなかった。

フーパー（W・C・クラークのパートナー）の家で集会が行われ、イギリス領事F・ハワード・ヴァイス大佐が議長を務めた。各国の軍艦に千人の海兵を上陸させるよう要請し、犯人たちを捕らえるべきだという決議案が激しい議論の後に否決されると、居留者の中の有力者数名が会議の内容をオランダ、フランス、そしてイングランドの軍艦司令官に渡すよう委任された。イギリスの提督は彼らの提案を受け入れなかったが、フランス公使の家で翌朝午前六時に行われる次の会議に出席することは約束した。居留者たちの代表は次にニール大佐の下に向かい、彼もまた快く個人的な用事を後まわしにして会議に出席することを約束した。外国人居留者たちは、断固たる対応をとる必要があると考えていたが、ニール大佐にはそのつもりがないとみた。彼らは、ニール大佐は軍人として戦場で従軍した経験があり、またこの事件の事後処理を担当しなければならないという責任があったため、努めて冷静さを保っているのだと理解した。そのため、他国の公使を通じて圧力をかければ、望んでいる方針を採用させることもできるのではないかと考えた。

しかしながら、この期待は裏切られた。外国人居留者たちは、諸外国と条約を締結した大君の政府がこの国の全権を担っているという認識の下で、大君の政府がこの件の責任を取らなければならないという考えでもあった。だが、ニール大佐は、そのような認識の下で交渉を進めれば、日本との戦争に発展しかねないと考え、提案を却下したのである。そしてその判断は、フランス公使からも全面的に支持された。冷静な弁者が議論を制し、外交は彼らに委ねられたが、同時に艦隊の指揮官たちが夜間居留地をパトロールし、有事の際に速やかに連絡が取れるように海岸沿いに護衛艦を碇泊させるという対応をとることも決定された。

この事件が起こってもう四半世紀以上が経つが、当時を振り返ってニール大佐は最善の方針を採用したと確信している。商人たちが支持した計画は大胆だったため人気があり、そしてあまりにも向こう見ずなものであった。たしかに実行すれば、勇猛で知られた薩摩の侍を相手にしても、短期的な成功を収めることはできたかもしれない。だが、大君の領土の中で日本の有力貴族を外国の海兵が捕縛するという事件を起こせば、大君が「蛮族」に対して国を守る力をまったく有していないという事実が白日の下にさらされてしまい、実際に彼が政権を追われたときよりも早く失脚していただろう。当時はまだ諸侯のあいだに何の協力関係もできあがっていない状況で、新しい政権を樹立する準備がまったくできていなかった。このような状況で大君の政権が倒れれば、恐らく国は破滅的なまでの無秩序状態に陥り、外国人との深刻な衝突も頻繁に起こっていたであろう。保土ヶ谷で事を起こせば、恐らく日本人は長崎の外国人居留者たちを虐殺するという形で報復し、それはイングランド、フランス、オランダの連合軍による遠征へと発展し、幾多もの血みどろの戦いのあとに帝の国は解体してしまったかもしれない。そうなれば、我々がそもそも日本にやってきた最大の理由であった貿易は、完全に途絶えてしまったであろう。そして、島津三郎一人のためにどれだけのヨーロッパ人と日本人の命が失われたであろうか？

その昼、ホテルの外で人々が馬に乗って駆けていくのを見て、彼らに何が起こったのかと尋ねた。「イギリス人二人が、神奈川で斬り倒された」と返されたが、少しも動揺しなかった。そのような事件は英語の新聞で頻繁に報道されていたし、北京からの道中でも直近の公使館に対する襲撃について聞かされており、外国人の殺害が日常的に当然のように起こる場所へ行くことへの準備はできていた。また、当時私は、人の体に負わせられた傷から恐ろしいほど血が流れるという光景がいまひとつ実感できず、そのため他の人ほど激しい怒りを呼び起こされることもなかった。この事件についてそれほど関心を抱かなかったことを、密かに恥じたものであった。だが、自分が恐ろしい死と隣り合わせの環境にいると思い知らされて冷静でいられないようであったなら、私は選んだ職業に不向きだったということになるだろう。暗殺も日常のうちであると考えられるようになったことで、倫理観が麻痺していない普通の人であれば極めて危険だと感じるであろう状況においても、安穏としていられるようになったのだ。そして、周囲の人々が興奮しながらヴァイスを讃えてニール大佐を中傷する中、私は静かに書斎に腰を据えたのであった。

当時、日本語の勉強の手引きとして使用できるものは非常に少なかった。J・リギンズ牧師が書いた、長崎の方言をいくつか記載した薄いパンフレット。ウィリアム・メドハースト・シニアがかなり前にバタビアにて出版した、日本語の単語帳。ロドリゲスが著し、ランドレスが編集した日本語の文法の本。ドンケル・クルティウス氏とホフマンによってオランダ語で記された文法の本と、レオン・パジェスによるそのフランス語翻訳版。パジェスは、一六〇三年の日葡辞典の一部も翻訳した。そして、ホフマンによる日本語、オランダ語、英語の会話例文集と、ロニーによる日本語入門[3]。これくらいしかなかった。

そして、この中で日本で入手可能なものは限られていた。私は、言語に関する本を何も持たない状態でロンドンを発った。幸運にも、当時S・R・ブラウン博士が『口語の日本語』

の出版に取り組んでいる最中で、彼は親切に上海の出版社から送られてきたものの最初の数ページを見せてくれた。日本語に翻訳されたメドハーストの単語帳は、弁天通と本町一丁目の角にある日本人の本屋で購入することができたが、すぐにそれは役に立たないということが明らかになった。だが、私は漢字が少しわかり、幸運にもメドハーストの中英辞典も持っていたので、日本の言葉も書き起こせばそれを使って意味を理解することができた。

教師はおらず、近くにボウリング場があったホテルのシングルルームに住んでいたため静謐な環境とも言い難かったので、最初はとにかく大変だった。大佐は我々——ロバートソンと私——に、毎日「職場（当時我々はそこを公文書保管室とは呼ばなかった）」に出勤し、できる作業はないか聞くように命じていた。それは、ほとんどの場合は公文書のコピーや、冗長な会計報告書を作成する作業であった。残念ながら、私の書く文字は平均よりもきれいだったので、このような事務的な作業を、余計に任されるようになっていた。通訳生の第一の仕事は言語を勉強することであるというのが当時の私の考えであり、その考え方は未だに変わっていない。そして、ニール大佐の命令はその必須である仕事の大きな妨げになり、言語をしっかりと理解する機会をうしなってしまうと考えた。私は勇気を振り絞って抗議した。たしか、友人のウィリスがそうするように勧めたのだと記憶している。だが、抗議によって得られたものはなにもなかった。大佐は私がたいそうな怠け者であると思ったらしく、事務作業が勉強の妨げになると言ったところ、両方の仕事がおろそかになるくらいならば、片方だけおろそかになってしまったほうがまだましだと返した。

大佐は、ロバートソンと私のために家を借りるということも当初は考えていたようだが、最終的には当時公使館の建物として使用していた長い二階建ての建物の部屋がいくつかあてがわれた。その建物は、現在はグランド・ホテルがある海岸沿いの通りと小川の角にあり、当時はホーイという人物が所有していた。彼は、私が世間知らずであり、かつ本に目がないと知ると、『ペニー・サイクロペディア』の未完本を、本国であれば完本を買ってもおつりがくるであろうという値段で売りつけたのだ。また私は、当時イギリス軍艦セントール号の大尉であったアルバート・マーカム（北極探検で有名）や、イラストレイテッド・ロンドン・ニュースの絵師兼記者であったチャールズ・ワーグマンと時折ボウリングを楽しんだ。

十月の末に我々は、公費でS・R・ブラウン牧師から二週間の授業を受けられるようにすることと、現地人の「教師」を採用できるようにしてほしいと大佐に要求した。後者に関しては我々が探し、経費は自分たちのポケットマネーから支払うことになった。またニール大佐は、午前を勉強に費やせるよう、一時までは公務をしなくていいと認めてくれた。ここで理解してほしいのは、「教師」とは、必ずしも「教える」ことができる人ではなかったということである。当時、北京だけでなく日本で我々と接していたのは、英語をまったく解せない人々であり、彼らが発した文章の意味を理解するという作業は、ポーの『黄金虫』における暗号解読の仕事に近いものがあった。そのように英語がわからない私のボーイを通じて、かつて医者だったが今は何もすることがないという人物と知り合うことができ、彼は無償で日本語を教えようと申し出た。

最初我々は、漢文の筆談で会話を図った。彼が最初に記した文章の一つは、直訳すると「君は衆人を愛し、私もまた君を主のように敬う」という意味であった。「君」とは、私は「貴人」という意味だと思ったが、「あなた」という言葉の丁寧語であるということを、私は後に知った。彼はすでにドルも一分銀も多く持っているので、無償でかまわないというので、毎日十時から午後一時まで私の部屋に来るということで合意した。だが彼は、最初の面談以降二度と姿を見せなかった。

ボーイはとんでもない悪党だった。私は、漢字に日本語のカタカナがふってある辞書がなるべく早くほしかった。そこで、辞書を買ってくるよう彼を遣いに出したのだが、すぐに帰ってきて、近くにはないが神奈川まで行けばあると思うので行ってくると言った。そして一日外出した後、彼はこれが唯一残っていたものだという本を見せ、一分銀四枚、おおよそ二ドルほどを請求した。これは私が着任して間もないころに起こった出来事であり、この土地のことや物価について無知であった。六週間後、本屋で店主にこの本の値段を尋ねたところ、一分銀一枚半に過ぎないとのことだった。ボーイは、私から一分銀四枚を受け取ると本屋に戻り、私が一分銀一枚以上は払うつもりはないと店主を言いくるめたのだ。三〇〇パーセント弱のもうけを得ておきながら満足しないとは、なんと不届きな輩であろうか！　後にこの男は、椅子やテーブルを購入するために私が大工に支払った代金の多くを着服したことが明らかになった。それが発覚すると、彼は不当に得たもうけを返還するか、他の職場を探すかという選択を迫られる羽目になった。

しばらく経って私は公使館の中に自分の部屋を持つことができ、ここで好きなだけ勉強をすることができた。ブラウン氏から受けた授業は非常に貴重であった。彼は、自身の著書『口語の日本語』を我々が音読するのを聞いてから文法の説明をしてくれただけでなく、『鳩翁道話（キューオードーワ）』[4]という本の序文を読み聞かせ、日本語の構成について理解を深めさせてくれた。我々には二人教師がおり、一人は紀州和歌山の外科医である高岡要という人物で、もう一人の人物の名前は忘れてしまった。後者は頭が悪く、役に立たなかった。一八六三年の初頭にロバートソンが病気療養のため本国に帰ったので、私は高岡要を独占することができた。

当時日本政府とのやり取りは、彼らが唯一知っていたヨーロッパの言語であったオランダ語を介して行われた。そのため、日本の宮中言語はオランダ語であるという、あり得ないことを信じる人も当時はいたのである。それは真実からは程遠い。オランダ語は、長崎のオランダ人居留地付きの通訳のみが勉強した言語であり、神奈川と箱館が外国との貿易のために開港したときに、この通訳たちの一部がこれらの港にあてがわれたのであった。我々も、多少苦労はしたがオランダ語の通訳を集めることができた。それは、イングランド人が三人、ケープ出身のオランダ人が一人、スイス人が一人、オランダ本国からの純粋なオランダ人が一人で構成され、彼らは申し分ない額の給料を受け取っていた。私が日本語の読み書きや会話を覚え、これらの仲介人にとって代わろうという野心を抱いたのも当然だろう。

高岡はまず、読み書きを教えた。彼はまず短い文章を崩し字で書き、これを楷書に書き直して、その意味を教えてくれた。私はそれを翻訳し、それを記した紙をしばらくよけておいた。そして、草書と楷書の両方の文章を再度読んだ。そのあと翻訳された文章を取り出して、記憶をたどってそれを日本語に書き直すというやり方で勉強したのである。このやり方は、ロジャー・アスカムや、私の学生時代の教科書の一つであった故ジョージ・ロング編集の『老年論』の序文において編者が推奨しているやり方である。[5] まもなく私は、いくつかの言いまわしを完全に会得した。当時の文語体は、他者を讃えるための定型的な語句を大量に用いることが作法だったので、これらを覚えたことによって書簡を書くことが極めて楽になった。また、ある書道の老大家に毎日来るよう頼み、文字の書き方を教えてもらった。彼は眼病があり、涙が常に目にあふれていた。私の所作を訂正するために体を傾けるたびに、写本や紙、そしてテーブルに涙がこぼれ落ちた。強い学習意欲がなければ、このことを我慢できなかっただろう。

日本の書道には多数の流派があり、当時は御家流（オンイエリュー）が主流だった。残念なことに、私はこの商人のための流派を学んでしまった。数年後、私は非常に字がきれいな別の人物に教師を替えたが、この人物も御家流であった。一八六八年の革命の後、より筆致に富み自らの好みが反映しやすい唐様（カラヨー）が流行しはじめたので、さまざまな諸侯に書を教え、東京で上位六人に入るほどの書家であった高斎単山（タカサイタンザン）に教えを乞うた。だが、三度も師匠を替えた私は忍耐力が足りなかったのか、字をきれいに書けるようにはなれず、日本人と同じように字を書くことはできなかった。また、七、八年間毎日公文書の翻訳に携わったものの、間違えることなく日本語の文面を作れるようになるには至らなかった。翻訳者の関心は、よい日本語の文章を書くことよりも、原文に忠実な翻訳を作ることにあるので、止むを得ないことだったのかもしれない。日本語の文語的な表現が、ヨーロッパの表現を模倣しはじめてから変化したことについては、またあとで触れたいと思う。

書簡に関する能力を最初に求められたのは一八六三年六月のことで、将軍の家臣から文書が届いたため、書かれていることを正確に理解する必要があった。そのためその書簡は三度翻訳され、まずオランダ語の書簡がユースデンによって翻訳され、続いて日本語の原文をシーボルトがその教師の力を借りながら翻訳し、その次に私が翻訳したのである。あのとき、かけがえのないウィリスが私の翻訳を読んだときにあげてくれた称賛の声を、忘れることはないだろう。この時作成された三つの中でどれが最も優れているか、判断できる者はいなかったが、ウィリスと私からすれば疑いようもなかった。たしかこれ以前に、横浜を離れた我々の同僚に対して日本人が書いた私信を翻訳したこともあったと思う。その手紙はかなり原文に忠実に訳したと記憶しており、「拙者（セッシャ）」という単語を「不肖の私」と訳した。もちろん、それは私の言語能力の向上を公式に示すものとして用いることはできなかったが。

リチャードソン事件のあと、大君の政府は東海道上の外国人遊歩区域に物見台を建て、また大名の行列を迂回させ厚木の町を通るよう命じることを考えていると述べたが、後者は実現されなかった。東海道は、外国人が散策をする際によく使った道路だったが、ロバートソンと私はブラウン氏の日本語の授業を受けに行くときに週に二回必ず通らなければならない道であった。そこで行列に遭遇したとき私は平静を装ったものの、内心では生命の危機に直面していると思ったものだった。また別の折に、余暇の時間に東海道で乗馬していた際、二本差しの長身の人物とすれちがい、その人物は威嚇するように私のほうに向かってきた。私はそのとき拳銃を持っていなかったので危険を感じたが、その人物は外国人を慄(おのの)かせることができたということに満足したのか、そのまま通り過ぎた。記憶しているかぎりでは、侍によって身の危険を感じさせられたのは、このときだけだった。その階級に属する者たちはみな血に飢えているという一般的な認識は、私の意見では極めて根拠のないものであったと思う。だがそれでも、ひとたび日本人が外国人を血祭りにあげると決意したときには、その仕事がかなり手際よく遂行されたということも事実である。

私がはじめて地震を経験したのは、その年の十一月二日のことだった。外国人たちも、かなり大きかったと言っていた。家屋は、まるでとても大柄な人が硬い布地のスリッパをはいてベランダや通路を通ったかのように揺れた。それは数秒続いたあとに少しずつ落ち着いたが、少し気分が悪くなり、長期間の揺れは私が震えていることが原因なのであろうかという考えも頭をよぎった。はじめて地震を経験した人はみな、これと似たような軽い衝撃を覚えるだろう。また、この現象を経験したからといって慣れるということは決してなく、むしろ日本に長く在住している人のほうが緊張を覚えるのである。それには理由がある。家をなぎ倒して地面を割き、一瞬にして何千人もの命を奪うような激しい揺れは、最近では起こっていない。だが、前の大地震から時間が空けばあくほど、そうなる可能性は高くなる。今までそれを避けることができていたが、次こそそのときかもしれない。より大きな被害が出かねないという懸念が徐々に強くなると、最初は長い揺れが起こっているあいだ落ち着いて座っていられた人でも、木造の家がきしみ棚の食器が音を立てるにつれて、わずかな揺れを感じた瞬間に椅子から飛び上がってドアに向かって駆けだすようになる。

日本においては数多くの刺激的な経験をしたが、残念ながら私は大きな地震に遭遇したことはない。この国に日常的に起こる取るに足らない地震に関しては、地震学協会の会誌や、著名な地質学者で私の友人であるジョン・ミルン教授の出版物を参照されたい。彼は、数多くの自然に起きた地震の観測を行っているだけでなく、自然に起こったものとほとんど変わらないような地震を人工的に起こすことにも成功している。

第六章　江戸の公式訪問

一八六二年の後半は、伊藤軍平衛（グンペイ）（衛兵と伍長を殺害した犯人）の事件とリチャードソンの殺害をめぐってかなりの数の公式文書が行き来し、ニール大佐も将軍の重臣たちと会談を何回も行った。このやり取りの外交史的顛末はサー・フランシス・アダムズによってすでに回顧されており、私自身もその詳細に関しては知らされていなかったので、この場で繰り返すことは避けることにする。より重要な対談は江戸で行われたので、大佐は護衛と公使館職員の多くを引き連れてそこへ向かった。一部の者は軍艦に乗って首都に入ったが、他の者は馬に乗って東海道をのぼった。当時、そしてその後もしばらくは、外国人の中で江戸を訪れることができるのは各国の外交使節のみに限られ、公人ではない外国人は、公使館からの招待を受けていないかぎり、神奈川と江戸の中間点にあった六郷の渡しを越えてはならないと条約で規定されていた。

江戸において各国の外国使節が襲われるという危険な出来事が起こってから、彼らはみなその拠点を横浜に移転していた。そのため、我々のような若い職員たちは、まだ見たことのない江戸を訪れる機会を与えられたときには心から喜び、私も十二月の初めに臨時代理公使から江戸への定期訪問に随行するよう命じられたときにはとても嬉しく思ったものである。

ニール大佐、A・フォン・シーボルト、ラッセル・ロバートソン、そして私によって構成され、アップリン中尉に率いられた護衛兵団に付き添われた厳かな使節団は、午後一時ごろに騎乗して出発した。とにかく寒い日だったが、R（ロバートソン）と私は寒さに耐え、神奈川を通過する際に一行と別行動をとってブラウン氏を訪問し、その後馬を走らせて使節団に追いついた。我々が離脱していた間、一行は常足（なみあし）で進行していたのだろう。川崎では、我々がイギリスの臨時代理公使の使節であることが理解できなかった頑固な船頭に、乗船を拒否されるという面倒な目に遭った。渡し舟の番所にいた管理人たちに助けを求めようとしたのだが、近づいて行くと逃げ出してしまった。大佐はたいそう立腹したが、その瞬間、イングランドの臨時代理公使が日本人の随行人を伴わずに出発したということを聞いた官吏が、神奈川から息もきれぎれに馬を飛ばし、我々に追いついた。彼が我々の素性を説明してくれたので、船頭は部下をかき集め、その後さしたる問題もなく川を渡ることができた。

　川から数マイル進むと、有名な梅屋敷（ウメヤシキ）という梅園にたどり着き、そこでかわいらしい少女たちのもてなしを受けた。多少なりとも自己愛を持ち合わせた者であれば、東海道を旅する際は、梅の季節であってもそうでなくてもここに立ち寄り、麦わら色の茶を飲んでパイプを吸いながら、女中と談笑したいという欲求に抗えないのである。そこでは、さまざまな方法で調理された魚料理や、温かい酒（サケ）（米のビールのこと）を頼むこともでき、顔を赤くした現地の紳士たちが、心地いい午後のひとときを過ごしたあと、身をかがめて乗り物に入る姿もよく見かけた。ヨーロッパ人は大抵ピクニック用のバスケットを持参して昼食をそこで食べたが、たとえ出発することが遅れたとしても何かしらの理由にかこつけて、必ずこの絵画のように美しい茶園に立ち寄ったであろう。

最近では、この非凡な民族によって作られた美術品の数々を通じて、イギリスの人々にとっても日本の梅の木はすっかりお馴染みになった。だが、梅の木が生い茂る庭園に実際に足を踏み入れないかぎり、その光景がいかに感動的かを本当に理解することはできないだろう。その木は不思議な形をしており、葉はまったくないが、ほのかな匂いを発する桃色か白の花で覆われている。梅の木の陰で覆われた庭園に足を踏み入れると、花びらが地面を雪のように埋め尽くしているのだ。この木が最も見映えするのは、地面の日陰になっている部分が石のように硬く凍る二月初頭の、よく晴れた穏やかな天気の日である。だが私は、ぱっとしない杉の木を背景にして立つ梅の花を、曇りの日に温かい暖炉の横から窓越しに眺めるほうが好きだった。ただ、そうはいっても十二月では細い枝にできたつぼみしか見ることができなかったが。

そのあと我々は歩を進め、特に問題もないまま品川の郊外にたどり着いた。そこは、いかがわしい店――いや、御殿といったほうが正確か――が立ち並ぶことで悪名高い界隈であり、実際道の真ん中に立ちはだかって怒鳴りつけてきた酔っぱらいがいた。兵士が対応し、日暮れ時ごろに公使館に到着することができた。海路でここまで来た公使館の他の職員たちと歩兵の護衛たちは、一時間ほどあとに上陸した。

公使館として使用された建物は、東禅寺という仏寺の一部であり、その背後には大きな墓地があった。だが、我々が使用した箇所は、実は宗教的な理由で使用するために作られたものではなかった。日本の大きな寺には、公式諸間（ステート・アパートメント）と呼ぶことができる離れがあり、それは年に一、二回何らかの儀式のために使われるだけなのだが、太古の昔から外国から使節が来たときにはこれらの建物に宿泊させることが慣習であった。江戸において、外国の代表の住居となり得る場所は、これらの他にはなかった。基本的に日本人は労働階級を除いてみな自分が所有する家に住むので、ヨーロッパ諸国の首都ほど住居の賃貸が一般的ではない。イギリス公使とその職員たち全員を住まわすことができるほど大きな建物で、非宗教的なものは、大名たちが滞在するときに使用していた屋敷（ヤシキ）というものがあった。だが、外国の公人に住居を提供するためにこれら貴人たちの邸宅を取り上げるという考えは、日本人からすればありえない話であり、恐らく議論すらされなかったであろう。イギリス公使館を新築するための場所を見つけ、それが建てられるまでの間、仮住まいの場所になりえた国有の住居は寺院ぐらいしかなかったのである。

　外国の公使たちはある人物から、外国人たちは神聖な場所を住居にしたことで日本人の信仰心を害したのだと抗議を受けたことがある。だが、そもそも仏寺の離れは主に宗教的な理由ではなく外国の使節を招き入れるために作られているのだから、そのような抗議は明らかに的外れである。日本との交流が始まったばかりのとき、我々は招かれざる侵入者とみなされており、当時日本人たちは仏寺であろうが他のものであろうが、我々にあてがわれた建物はすべて汚されると考えていたのだ。

東禅寺は高輪の郊外にあり、海岸沿いにあった。イギリスの軍艦の中でも最も小型の船は、海岸沿いに大君の政府が作った防御用の砲台のちょうど内側、陸地から一マイル半ほどの位置で碇泊することができたので、連絡を取り合うという意味では非常に便利だった。ただ、湾が浅瀬だったので、干潮のときには陸地に近づくことができず、そのときに一八六一年のときのように急襲されれば、軍艦からの援護を期待することはできなかった。だがそれでも、そう遠くない場所に避難場所があったということは我々を安心させ、また外国の艦隊の侵入を防ぐために作られた砲台の内側に軍艦が目視できるということが、日本の一般の人々に対して与えた心理的な影響は大きかった。もっとも、一八六一年七月に護衛を襲撃した連中のような過激な輩たちは、有事のときに助けを及ぼすことができない軍艦では抑えることはできなかったであろうが。また、東禅寺の背後には、金魚のいる人工の池がある小さな庭があり、その反対側には松の木に覆われた丘が盛り上がっていた。公使の部屋から離れた場所、そして寺の墓地の裏側には、上洞庵（ジョートーアン）という名前の小屋があり、そこは公文書管理役の助手の仕事場所として使用された。二つの建物は高い竹の壁によって分断されていた。

建物の部屋はどれも狭く、また住みやすくするような工夫はほとんどなされていなかった。確か広間には一つか二つの鉄製のストーブがあったと思うが、それ以外で暖を取る手段は赤い木炭が積み上げられた日本式の火鉢しかなく、それは大して暖かくないだけでなく、不慣れな人には耐え難い臭いもした。だが、現地の人々は、厚い服を着てこの器具の前の床に座って、難なく暖をとれていた。両足を自分の体の下にたたんで座るので、椅子に座って足を伸ばすヨーロッパ人よりも外気に晒されている体の部分が少ないのだ。また、彼らは隙間風から自らを守るために屏風を立て、座るときに絹の綿が入った座布団を敷いた。だが、もしヨーロッパ風の生活習慣で日本に住み、冬にそれなりに暖かくありたいと思うのであれば、障子をガラスに張り替え、敷居の上に暖炉かアメリカ式のストーブを置く必要がある。もっとも、これだけやっても、恐らく完全に快適にはならないだろう。床には、雑に作られた板の上に太いわらを編んで作ったマットが敷かれており、北西から切り裂くような風が吹くとそれが足元からせりあがってくるし、木舞（こまい）と石膏でできた壁からも風が突き抜けてくる。このような建物が公使とその職員の住居として適切でないことは住みはじめた当初から明白であり、恒久的に住居として使用できる新たな建物の建設を求めて長いこと交渉した。その結果、立地的にも素晴らしい場所にイングランド式のデザインの建物をいくつか作ることを許可され、しかもその費用は将軍の政府によって賄われた。隣接する土地も、同様の目的のためにフランス、オランダ、そしてアメリカに与えられた。

各国の公使館が建てられた場所は、我々が居を構える前は江戸の人々に人気の行楽地であり、湾の青い海が見え、春にはさまざまな階級の人々が桜の木の下に集ってピクニックを楽しんだ。その場所は御殿山（ゴテンヤマ）と言うのだが、そこは将軍の政府の歴史においても重要な場所であった。徳川の統治が確立されて間もないころには、将軍は御殿山で毎年一回有力大名たちとの面会を行っていたのである。この慣習は三代目の家光が、自らの威光をより明白に示すべく、諸大名との面会を、直属の家来とそうするときと同様に自らの城で行うようになるまで続けられた。このころからすでに、この地の庭園は一般による利用のために開放されていた。しかしながら、外国の代表団が江戸に移ってきたときには、すでに御殿山は当初の目的では使用されなくなっており、山の大部分は品川から運河の反対側までの海岸線に砲台を作るために掘り起こされていた。

イギリス公使の住居は大きな二階建てで、海に面した目をひく建物であり、遠くからだと二棟あるように見えた。非常に大きな木材を使用して建築され、部屋は豪華で広々としていた。床は漆塗りで、壁は趣味のいい和紙で覆われた。建物の背後と下手には日本語書記官のための小屋が建てられ、助手や見習いのための小屋も別の場所に建てられる予定だった。敷地の南側には四十頭の馬を収容できる広大な厩舎があり、その二階の一角はヨーロッパ人衛兵の屯所として使用された。フランスとオランダの公使館も、少しずつ建設されていた。

だが、我々がそこに居を構えることを日本の人々が好まなかったことはわかっていた。官吏も武人も、砲台の様子がしっかりと見て取れるような場所に外国人を入れることに反対したし、一般の人々もかつての行楽地が「外国の蛮族」の住み処となることを快く思わなかった。そこで我々は、できるだけ早く引っ越せるように建設を進めることを強く要求するべきと考えた。その判断は極めて賢明なことであった。一八六一年七月五日に起こった襲撃のような事件の再発を防ぐため、敷地のまわりには深い堀が作られ、内部にも分厚い木製の柵が建てられ、移住の準備が整えばすぐにでもイギリスの旗が掲揚されることになっていた。みなその日が来ることを非常に楽しみにしており、私自身も横浜のような和洋混在の町では満足できなくなっていたので、ヨーロッパ側から眺めることしかできなかったかの有名な都市に住むことができる日を待ち焦がれていた。

大君の政府と交渉するため江戸に滞在していたときには、我々は毎日江戸の郊外で乗馬を楽しんだ。ローレンス・オリファントの本で鮮やかな表現とともに紹介された王子のかわいらしい茶室や、甲州への街道沿いにある十二社（ジューニソー）という名の池、そして、鞠子（マリコ）への道中半ばにある洗足（センゾク）という池なども訪れた。目黒の不動尊にも足を運んだが、その最大の目的は茶室のかわいらしい少女たちに会いに行くことだった。江戸の市中では、当時から現在に至るまで常に外国人訪問者が最も訪問したがる場所である浅草の観音寺や、またもかわいらしい少女たちが塩辛い桜の花を煎じたお茶を出してくれる愛宕（アタゴ）山、そして高台から都市を一望できる神田明神に足を延ばした。だが、芝と上野にある荘厳な将軍の霊廟は、当時は外国人には開かれておらず、そのような状態は一八六八年の革命が起こるまで続いた。

当時浅草から馬に乗って帰路につくと、不忍池（シノバズイケ）の蓮池を微かに望むことができたのだが、現在はヨーロッパ式の競馬場に囲まれており、また帝の庭園として知られる吹上公園や、桜田門から和田倉門までの近道である城の敷地内は、日本の一般人と同様に我々にも開放されていなかった。城のすぐ周辺は大名や旗本の屋敷によって占領されており、持ち主の住居を取り囲むように作られた、二階建ての重々しい建物がひしめき合っていた。愛宕山の頂上に登ってはじめてそれらの建物の内部がそのような造りになっていることがわかり、貴人は城に住むものだという先入観がこの国ではあてはまらないということに、そのときはじめて気づかされた。そこからは不規則に並ぶ低い茶色の屋根と黒い板張りの壁しか見えなかった。愛宕山では、屋敷の中の様子が人々から窺われないよう、望遠鏡の使用が厳禁されていた。出かけるときには、常に騎乗した衛兵の一団に取り囲まれた。我々の身の安全を確保するということがその名目であったが、我々が人々と自由に交流しないよう見張るという任も負っていた。彼らは旗本の若い子息によって編成され、将軍の側近たちによって育成された部隊であり、その数は千人から千二百人ほどであった。彼らは、慣習に則って二本の剣（つまり、ベルトの左側に差された、長短二本の剣）を帯び、藤の蔓でできた円状の平らな帽子を被り、羽織（ハオリ）と呼ばれたマントを着て、袴（ハカマ）と呼ばれた幅広でペチコートのような形をしたズボンをはいていた。彼らと外国公使館員はいっさい交流せず、彼らはほとんどの警察官と同じように十五日間ごとに交代させられ、護衛の騎兵も無作為に各国公使館にあてがわれた。私が自分のための特別な衛兵を得ることでこの規則から自由になれたのは、一八六七年のことだった。

各国の公使館周辺には、衛兵を住まわせるための小さな屯所が点在していた。馬に乗っていようがいまいが、外国人が出かけるようなそぶりを見せようものならば、すぐさま六人ほどの衛兵がやってきてどこまでもついてきた。彼らから逃れることは不可能だった。彼らは、我々が一般市民より上の階級の人物に話しかけたり、人々の私宅に入ったりすることを防ぐためによこされた。あるとき、公使館の二人の職員が、英語を学ぶために我々と同居していた小太郎という名前の若い侍の父親の下を訪問する機会があった。だが、このことは衛兵に報告され、訪問者たちが二度目に向かったとき、そこに住んでいた人たちは都市の中の違う場所に引っ越したということを知った。

我々は店に入って座ることは許されており、興味を抱いたものを買うこともできた。だが、地図や大名・官吏の公式名簿だけは購入を厳禁されていた。[1]我々が買ったものはすべて後日公使館に送られ、日本の外交担当の役所から派遣された公使館付きの官吏に代金を支払い、品物を受け取るという手順であった。だがあるとき、プロイセンの代表であったマックス・フォン・ブラント氏がこの禁則に対して激しく抵抗した。外国人が本を買っていた神明前の岡田屋という本屋で、大名の名簿はないかと聞いたのである。本屋は、在庫にはないと返答した。フォン・ブラント氏は、そこにそれがあることは間違いないと確信していたので、手に入るまで居座ると宣言した。彼は随行者たちを公使館に返し、昼食を持ってくるように命じ、梃子でも動かないという風で店に座り込んだ。衛兵たちは我慢の限界を迎えた。最終的に彼らは、城に使者をやってフォン・ブラント氏を諦めさせることは不可能だということを伝え、日が暮れるころに、今回だけその書物を買うことを許すという通達が届いた。一日の苦労が報われたのである。実はこのような強引な手段に頼らずとも、欲しい地図や印刷された本は日本語の教師を通じて手に入れることはできたのだが。

本を写すことは、いつも大変だった。許可のないものを出版することができなかったので、政務に係わるものもすべて手書きで写すしかなかった。その中には、『家康の百箇条』[2]

という、日本の政府の根幹的な決まりを記していると言われた書物があった。この書物には、家康の時代以後に作られた行政機関や、彼が自ら述べたとされる格言、そしてどのような人物が高官に選ばれるべきであるかという点に関する決まり事や、高官人事に関する過去の実例が記載されていた。また、信頼のおける筆者によって書かれた、行政に関する規則が事細かに記載されている本もあったのだが、これは革命の前に手にすることができず、ようやく手にしたときにはそれはすでに役にたたないものになってしまった。その写本は、現在大英博物館に所蔵されている。

また、禁書を出版するには、その内容を組み壊しができる活字を使って転写するというやり方も用いられた。これは、特に徳川末期から帝の時代の初期に、この時期に起こった政治的な出来事について書き記したり、いくつかの政治的な文章を作成したりするときによく用いられた。当時、時間ができたときに我々がよく向かったのは神明前だった。そこでは、安物の刀、陶磁器、色付きの本、印刷された本、小説などを手に入れることができたからである。当時は版画が世に知れ渡る前であったが、私はまだ蒐集をはじめておらず、そのことを強く後悔している。当時ならば、優れた保存状況の北斎漫画をすべて購入しても二ドルほどだっただろうし、富岳百景も数シリングで買えたであろう。だが私には嗜好品を買うような余裕はなく、所持金はすべて必需品の購入のために費やされた。

江戸に到着して二日後、御老中(ゴロージュー)と呼ばれる将軍の重臣たちを訪ねた。御老中とは「高貴な長老たち」という意味である。外国の代表が彼らに対して「御」という接頭辞を使うのはいささか作法として正しくないことだったのだが、その家臣を取り囲む日本人がこの言いまわしを使っているのを聞いて私はこれを覚えた。そして、長い間この言いまわしで使用されていた「御」は「五」という意味だと思い込んでいた。私が間違いに気づき、その後公使館の正式な通訳になったが、直接語りかけるときなど敬称を用いて丁寧に接するべき場合でないかぎりは、単に老中と呼ぶことにした。

私はこのような状況にふさわしい服装を何も支給されておらず、そのためアップリンから金色の紐がついた略帽を借りなければならなかった。後にこのような安物の装飾品の価値のなさに気づき、「真鍮の帽子」のことも嘲るようになるのだが、一八六二年当時の私はまだ若く、このように自らの階級を示すための装飾に強い憧憬を抱き、同僚の士官と同じような服装ができるようにすぐさま金色の紐を購入したのである。六人の「真鍮の帽子」を被った人員と、立派ないでたちの中尉に率いられた十二人の護衛の軍人による行進の様子は壮観であり、その背後や左右には四十人ほどの日本人の護衛がついてまわった。当時、外国の代表は、随行員もなく半裸の車夫が引く粗末な人力車に乗って、対外関係の大臣の下へと向かうことが一般的だったので、なおのこと人目をひいた。

対談は、老中の一人の屋敷の大部屋において行われた。黒い漆塗りの小さな机が互いの前に一列ずつ並べられており、外国人だけでなく日本人にも椅子が用意されていた。それぞれの机には、土製の火鉢、真鍮の火皿、灰入れのついた黒い漆塗りの煙草盆、日本式の長いパイプ、そして丁寧に切り刻まれた煙草が入ったきれいな黒い箱が置いてあった。三人の大臣は部屋の右側に座り、彼らの横には御目付（オメツケ）と呼ばれる人たちがおり、スパイを意味すると同僚から説明された。私は、検閲役や報告者と呼ぶほうが正確ではないかと思う。その背後には、八人の外国奉行（ガイコクブギョー）と呼ばれた外交担当委員たちが座っていた。かつては彼らのことを外交担当の長官と理解していたが、それは恐らく神奈川の長官も「奉行」と呼ばれていたからであろう。その「長官」は部屋の中央で腰かけ椅子に座り、二人の通訳（そのうちの一人は森山多吉郎[3]）が床に座っていた。椅子と机は日本の官吏の中で最も地位の高い四人にのみあてがわれ、「長官」たちは四角い腰かけ椅子に座り、手をズボンの脇あきに入れていた。

対談の前に、日本の慣習に従って天気や互いの健康状態について言葉を交わした。それが終わると、二列に並んだ青い麻のローブ（我々は上着の上段の部分を「翼」と呼んだものである）をまとった従者たちが、スポンジケーキ数切れと羊羹（甘い豆の練り物）の入った黒い漆塗りの箱を持ってきて、そのあとにみかんと柿もふるまわれた。お茶は、茶葉を普通に煎じたものと、茶葉を粉状に砕いたものを熱湯に入れて溶かされたものの二種類が出された。

我々はオランダ語と英語がわかる通訳を、相手方は日本語とオランダ語を理解できる通訳を伴っており、対話は彼らを介さなければならなかったので、非常に時間がかかった。これはよく誤解につながり、日本側もこの二重の障害を意図的に活用していたところもあったので、ニール大佐の見解は何度も翻訳されなければならなかった。大臣たちは、どのように対応したらいいかわからないという仕草を見せることが多く、そのようなときには「長官」の一人が彼らの下に滑るように進み、何かを耳打ちしていた。その様子は、ラピュタの羽を連想させた。

最も重要な議題は、すでに述べた東禅寺における衛兵と伍長の殺害についてだった。老中たちは、ラッセル卿[4]からの訓令に基づいてニール大佐が要求したものをすべて拒み、特にイギリス政府は暗殺された二人の家族に対して合計で一万ポンドに相当する金貨を支払うよう要求すると彼が述べたときには、彼らはみな目を見開いた。彼らは、三千ドルなら支払えると返答した。ニール大佐は我慢の限界に達した。彼らもそれを狙っていたのだろう。ニール大佐は、非常に強い語句で見解を述べ、恐らく三時間ほど続いたと思われる対談は何の成果も生むことなく終了した。この瞬間だったかは定かではないが、この対談の中でシーボルトは「サン・オブ・ア・ガン」[5]という言いまわしを「鉄砲の息子」と直訳したことは覚えている。この語句の前に発された形容詞に相当する言いまわしは日本語にはなかったので、彼はそれを訳することはなかった。大臣たちは、ある意味では感心すらさせられるほどつじつまの合わないことばかりを言っており、そのようにありもしないことを言う者に対し、誤解しようもないアングロサクソンの言葉を述べたところで、大した効果はなかったが。

ニール大佐は、もちろん川崎で我々を舟に乗せることなく逃げ出した船頭や警備役について抗議することも忘れず、このときユースデンは「ゼー・スローペン・アレ・ヴェフ」[6]と翻訳したので、この退屈な時間のあいだにすっかり凝り固まってしまっていた私の体に刺激が走った。「彼らはみな漕ぎ去ってしまった」と隣に座っていたニール大佐にささやくと、老人は不謹慎な態度の私を恐ろしい形相でにらみつけ、後になって、今後二度とあのような厳かな会には参加させないと私に申し渡したのである。それは幸いなことであると思ったものだが、自分のしでかしたことをもう少し後悔するべきだったであろう。当時十九歳半だった私はまだ少年だったが、年配の人に対してはもういくらか敬意を払うべきであった。

二月の初頭に、その月の一日の夜に御殿山の公使館が全焼したことを報告された。それが起こってから何年も後になってから、主に長州人によって構成されていた排外的な集団がこの事件の最有力容疑者であると聞かされた。そのうちの三人は、国家機関の要職にまで上り詰めている。一人目は一八八六年に総理大臣になった伊藤博文、二人目は井上馨伯爵だが、三人目の名前は忘れてしまった。彼らがすでに外国との交流を拒む思想を改めていることは言うまでもなく、現在は人々が望むように西洋の物事を日本に紹介するために尽力している。

このとき、ウィリスと私は一緒に海岸通りの第二十番にあった、公使館として使用されていた建物の翼廊の一角でともに暮らしており、そこでよく小林小太郎という若い日本の侍と会った。彼は、英語を勉強するために日本の政府によってウィリスの下に派遣されており、善良な少年ではあったが、能力的には平凡であった。イギリス政府が大君の評議会に対して最後通牒を突きつけた一八六三年の春ごろ小林は突如として消息を絶ち、その後彼のことを聞くことはなかった。

教師の高岡要につきっきりで教えてもらうことができたおかげで、日本の公文書を少しずつ読めるようになっていた。居留地から丘を挟んで南側にはある僧侶が住んでおり、日本で使われているサンスクリット文字をある程度読めたので、週に一度か二度勉強しに行ったのだが、戦争が起こるかもしれないという噂のせいで中断を余儀なくされ、そしてその噂は後に現実となった。そして間もなく、私が一人前になったこともあって、ブラウン氏の下での勉強も終わりを迎えたのである。

第七章　賠償金支払いの要求、日本による閉港提議、賠償金の支払い（一八六三年）

リチャードソンが殺害された事件に関する詳細な報告書が、本国の外務省に送付された。そして、その事件だけでなく六月の公使館襲撃事件に対しても日本の政府が満足のいく賠償を行っていないということも、報告された。これを受けて、一八六三年三月に外務省はニール大佐に大君と薩摩の領主の双方から十分な額の賠償金を要求するよう指示した。ニール大佐は四月六日に、ユースデンを軍艦ハヴォック号で江戸まで派遣し、覚書を提出させた。これを通じて大君に対して要求したことは、公使館襲撃事件で殺害されたスウィートとクリンプの遺族に金貨一万ポンドを支払うこと、そのほかの事件に関して十分な謝罪をすること、そして白昼堂々イングランド人が殺害されることを防げず、また犯人を逮捕しようと努力していないことに対する賠償として十万ポンドを支払うことであった。

彼は老中たちの評議会に対し、拒否すれば日本にとって深刻な結果を招くだろうと警告し、二十日以内に返信するよう求めた。長い猶予期間が与えられたのは、三日から大君とその重臣たちが京都へと向かっており、彼らが江戸に不在だったことを考慮したためである。期限までに返信をよこさなかったり、もしくは満足のいく回答をよこさなかったりした場合は、すぐさま強硬手段に出るという手筈になっていた。また当初は、ハヴォック号が江戸から帰還したら、軍艦パール号を鹿児島に派遣し、薩摩の領主に対して、一人以上のイングランドの官人の立ち会いの下でリチャードソンを殺害した犯人の裁判と処刑を行うよう要求し、またリチャードソンの遺族とマーシャル、クラーク、ボラデイル夫人に対して、合計二万五千ポンドの支払いを要求することになっていた。

ユースデンは、イギリス公使館の覚書を受け取ったことを示した評議会からのメモを携え、十日に江戸から戻った。また評議会は、鹿児島に官人を派遣して、領主に対して要求に応じるよう進言することを拒否した。評議会の返事がどのようなものになるかもわからなかったので、パール号を派遣する計画はとりあえず延期されたのである。彼らが頑迷であれば、ただちに持てるすべての力を結集して報復を行い、大君の家臣が要求に応えるよう強制するつもりであった。薩摩に対しては後ほどまた対応するということになり、大佐は大君の政府からの返事を二十六日まで待った。四月二十四日までには、港には大砲三十五門を搭載したキューパー提督の旗艦ユーライアラス号、二十一門搭載のパール号、十四門のエンカウンター号（勇敢なロデリック・デューによって指揮されていた）、十七門のラトラー号、六門のアーガス号、六門のセントール号、そのほか三隻の軍艦が碇泊していた。連絡船レースホース号とリングダヴ号は横浜と上海を行き来して郵便を運び、また香港からコケット号も増援として派遣されていて、その到着が待たれていた。

だが、我々が想定したとおり、評議会は返答期限のさらなる延期を求めてきた。彼らは三十日間の猶予を求めたが、ニール大佐は十五日間しか認めなかった。私の教師である高岡には紀州の領主の屋敷に個人的な知り合いがいたのだが、高岡が言うには、評議会は二週間以上の延期が認められるとは最初から思っておらず、イングランドの臨時代理公使は求めたよりも少ない日数しか認めないだろうと考えていたので、あえてその倍を要求したとのことである。評議会は戦争の勃発は必至の状況であると考えており、猶予を求めたのもその準備のための時間を稼ぐためにほかならないと、高岡は確信していた。現地の人々のあいだでは、期限の延長を求めたのはイングランド側であり、評議会が寛大にもこれを認めたのだというもっぱらの噂だった。そうでなければ、期限が切れたと同時に彼らは攻撃を受けていたはずであると。江戸の住人も戦争が勃発すると考え、家財を都市の外へと移動させていた。若い小太郎も、二十日ごろ母親(ママ)に連れていかれた。江戸湾の入口にある、浦賀という簡易的な荷船が寄港する港は混乱しており、住民は移動可能な財産をすべて東海道沿いの保土ヶ谷に移動させていたとのことである。

他方で、外国人居留地においても少なからず緊張感が漂っていた。集会が開かれ、行政執行官はヨーロッパ人の住人の安全を確保するべきであるという決議が可決された。だが商人たちは、居留地を離れるよう勧告する特別な訓令を大佐が出すまでは、そこを離れることはしなかった。そのような勧告がないうちに居留地を離れ、その間所有物が破壊されても、補償してもらえないのではないかと危惧したのである。一八三九年に広東におけるイギリスの商務総監であったエリオット大佐にアヘンを引き渡したときの先例は、当然彼らの頭の中にあり、賢明にも責任を当局者たちに押しつけたのだった。[1]

五月一日、評議会は返答期限を十五日間延長してほしいと再度要請した。大佐はユースデンを江戸に派遣し、その要求を認めてほしければ評議会は使者を横浜によこし、イギリス当局からの重要な通達を受け取る必要があると伝えさせた。これを受けて、現地の人々は本格的に危機感を抱くようになった。神奈川に店を構えていた人たちは、商品が砲撃によって破壊されないよう、また必要とあれば陸路でさらに内陸に移動できるよう、それらを保土ヶ谷へと移した。現地の官吏は、横浜に住んでいる人々が五月二日以降に所有している資産を江戸に移動させることを禁じていた。政府は賢明にも、戦争は起こらないので警戒する必要はないというお触れを一戸ずつまわしていた。他方で、横浜から二マイル圏内に住んでいる農民に対しては、兵士が使用するために彼らの家を没収するかもしれないという通達もしていたが、その時点ではまだ兵士たちは現場に現れていなかった。

評議会は延長が必要な理由を説明するため、竹本甲斐守（カイノカミ）と竹本隼人正（ハヤトノショー）という二人の外交担当委員を派遣し、四日と五日にイングランドとフランスの代表と提督の同席のもとで長い会談が行われた。[2] この会談で日本の外交担当委員たちは、大名たちの反対が強いのでイングランドの要求に応えることは難しいと言ったようである。そしてこれに対して、条約において求められた義務を大君の政府が遂行できるよう、排外的な一派を打倒する手助けをイングランドとフランスの軍隊にもさせてほしいと、両国の代表は申し出たようであった。さらに報告されたところによると、日本の外交担当委員たちは、イングランドに軍艦を発注するという偽りの名目で得た予算で賠償金を支払い、その艦は後に座礁したことにするつもりであると述べた。だが、京都に向かっていた大君が五月二十三日までに江戸に戻る予定であったことから、イングランドの最後通牒への返答に対する大君自身の承認を得るための時間として、最終的にはその日までの返答期限の延長が認められたのである。

五日の午後に保土ヶ谷まで乗馬をし、その道中で大名の妻の従者たちが行列をなして西へと進んでいく様子を目撃したが、身辺を護衛している人たちを除いて武装している人はいなかった。一万人ほどの兵士が村とその周辺にいるという噂を聞いたのだが、どうやらそれは根拠のないものであったようだ。

五月五日の夜には、外国人居留地で働いていた現地人の使用人たちが一斉にいなくなった。多くの者はこの機会に「エジプト掠奪」を行った。[3] 翌朝、ウィリスと私が起きたとき、朝食を運んでもらうためにボーイを呼んでもまったく返事がなかった。食糧庫に降りて行くと、そこはすでにもぬけの殻となっていた。使用人とコックは、拳銃、日本刀、彼らが銀製だと思ったのであろうスプーンとフォーク数本、そしてテーブルクロスに包まれていた昨晩の夕食をもって逐電していた。この前日、私は使用人に相当な額のお金を持たせ、メキシコ銀に両替するよう命じたのだが、彼はお金を着服することなく正直にこの仕事をこなした。誠実そうな人物に思えたので、この盗難に関しては少し腑に落ちないところがある。だがそうはいっても、使用人たちはこの事件が起こる少し前に半月分の給料の前払いを要求し、その日までの給料を満足そうに受け取っていたので、彼らの挙動に疑う余地はあった。高岡と私の馬丁は忠実であり、また私が当時所有していた小さな貯金箱が盗まれていなかったことを心から喜んでくれた伝書人も同様であった。他の人たちがみな外国人を見捨てるような困難で危険なときであっても、主人についてきてくれた彼らには、心から感謝している。

我々は何とかして卵とスポンジケーキを手に入れ、その後私は税関へと出かけて盗難を報告した。官吏はもちろん盗人たちを見つけ出すと約束したが、その後彼らからは連絡はこず、所有物についても何も聞くことはなかった。その日は、人々が続々と町を去っていった。現地人の町にいくと、ほとんどの家はすでに閉じられており、そうでない家でも持ち物をまとめて移動する準備をしていた。友人であった弁天通の隅の書店の店主も、他の人と同じように逃げ出していた。だが、税関から戦いは起こらないという通達が午後に出ると、多くの人が戻ってきた。

町の中では、現地の人も外国人もみな興奮した緊張状態にあり、早まったフランス人の手によって残念な事件も起こされてしまった。二人の従者を連れた現地の商人が、少額の借金を回収しようとし、それが拒否されると彼らは力ずくでこれを取り立てようとした。これを受けてフランス人は拳銃を撃ち、その場に居合わせたもう二人のフランス人――そのうち一人は副領事だった――も同じようにした。四発の弾丸がこの不幸な人物の体を貫通したが、一命はとりとめた。しかしながら、このことを聞いたフランスの提督は激怒した。その商人はただちに逮捕され、提督の旗艦に連行された。同じころ、二人のアメリカ人が襲撃されるという事件も起こっており、そのうちの一人は八人の男たちに取り囲まれ、鉄の鉤爪がついた槍を顔につきつけられて威圧され、沼地の途中まで連れ去られた。彼は、我々の公使館付きの長身の軍曹によって救助されたが、もしそうされていなければ、外国人の国籍の違いがわからない日本人たちによって袋叩きにされ、殺されなかったとしても重傷を負っていただろう。

十一日、高岡は、江戸にいるある位の高い人物が使者をよこしてきたと教えてくれた。その人物は、大君は三、四ヵ月ほど経たなければ江戸に戻ってこないので、それまでイングランドの臨時代理公使は軍事行動を起こさず待ってくれるか、極秘裏に知りたがっていたらしい。もし待ってくれるのであれば、評議会の有力者であるこの人物は、百日間の期間延長[4]が合意されたと宣言し、横浜に平穏を取り戻すことができたであろう。だが、もし繰り返しの遅延にニール大佐がしびれを切らし、交渉の場所を大坂に移すべきだと判断すれば、この要人は外国人に言うことを聞かせることができなかった罪で腹切（ハラキリ）を強いられただろうから、それは避けたかったに違いない。いずれにしても、私は高岡から伝えられたことをニール大佐に伝えたが、三ヵ月もの長い期間待つことはできないとの答えだった。

評議会は、大君は五月二十四日に帰還すると告知し、ニール大佐も状況を考えて「陛下」が自らの居城に戻って落ち着くことができるだけの時間は与えてもいいと返答した。だが、十六日になって再び、不測の事態が生じたことから大君がいつ江戸に戻れるかわからなくなったという通達が届いた。これらの出来事はすべて、このままでは事態の収束が無期限に延期されかねないということを示唆していたが、それでもなお大佐は忍耐強くあり続けた。日本側の態度は、私の教師が伝えてくれた内容とも符合していた。ちなみに、彼が言っていた位の高い人物とは、尾張の領主であった。ニール大佐の返答が京都に届けられた今、外国人が要求を曲げないのは自分のせいではないと示すことができたので、尾張の領主は自殺を強いられることはないだろうと高岡は言った。

十六日までは、評議会はいずれ折れるだろうと楽観視する者が多かったが、その日に日本側が返答期限のさらなる延長を求めたことによって、果たして本当に事態を平和的に収拾できるのだろうかと疑問視する向きが強くなった。ある日本人の友人は、大君が排外的な大名たちを倒すという目的のために諸外国に力を借りるということは、ありえないことだと述べた。また、将軍の政府が諸外国との条約を履行することを妨げていた帝の威厳を退けるという手段も、不可能であると。もし我々が薩摩を攻撃すれば、帝が望んだように大君と諸大名は力を合わせて戦っていたであろう。当時の諸外国の外交使節たちの総意は大君を支持するということだったと思うが、彼が日本の元首であるかということに関しては、一八六二年にルドルフ・リンダウが帝や一部の大名たちによって構成される排外的な一派に対して書いた「公開状」の中で、疑問符を投げかけていた。リンダウはこの中で、大君は単なる一封建領主にすぎないのではないかと述べている。当時我々は、名目上の元首が実際に有していた権限がどれだけ大きいかわかっておらず、また我々の日本の歴史の勉強もまだそれほど進んでいなかったので、日本でかつて起こった内戦においてはいずれの場合も帝とその威光を掌握したものが勝利したという事実を知らなかった。世界中を見渡しても、日本の古からの皇帝ほど確固たる基盤を有している元首は他にいないだろう。

二十五日、イングランドとフランスの外交官と海軍将官と、竹本甲斐守と新たに派遣された柴田貞太郎[5]のあいだで、再度の会談が行われた。竹本と柴田はまず大君に代わり、外国の代表たちが支援を申し出てくれたことに感謝しながら、それを受けることを謝絶した。将軍の政府と大名たちのあいだに生じた見解の相違は、自らの軍事力と権力を用いて解決しなければならないということが、その理由だった。賠償金に関しては、大君の政府はイギリス側の要求は正当なものであると考えているものの、これを支払えば大名たちが自分たちに対してさらに反抗的になるのではないかと懸念していることを述べた。彼らはこの件があまり明るみに出ないよう分割で支払うことを提案し、詳細については後日詰めたいと申し出た。恐らくニール大佐にとって大事なことは、イギリス政府から受け取った訓令を履行することであり、それがどのようにして成し遂げられるのかということに関してはそれほど重要ではなかったのであろう。そうして、基幹となる部分については合意がなり、外国の代表――より厳密に言えばイングランドとフランス――が排外的な集団から横浜を守るための手段を講じるべきであるとも決められた。

ニール大佐は、上海で指揮していたブラウン少将に、二千人の兵士をよこしてほしいという書簡を送ったが、少将からは拒絶の返信が届いた。彼は、ニール大佐が提案するずいぶん前から、日本に軍隊を増派するなどということはばかげた考えであると嘲っていたらしい。

だが、この拒否は横浜でのイングランド駐屯軍の設置を遅らせただけにすぎず、サー・ラザフォード・オールコックが一八六四年の春に日本に戻ると、少将が考えを改める必要があると反論し、またその根拠も提示した。

　このとき日本においては、浪人（ローニン）と呼ばれるいささか不審な階級の者たちが人々の不安をあおっていた。彼らは、二本差しの階級に属し、大名に対する奉仕の義務を放棄して、二つの目的を達成するための政治的煽動に身を投じた。その目的とは、一つが大君を他の有力大名たちと同じ地位にまで降格させ、帝の地位を復古させることであり、もう一つは「蛮族」を日本の聖なる土壌から追い出すということであった。彼らは、主に国の南部と西部から来ていたが、東部の水戸も多くを出しており、そのほかさまざまな地方の出身者もいた。五月の終わりごろ、彼らが神奈川を襲撃する計画を立てているという噂が広まり、そこにまだ住んでいたアメリカ人たちは住居を横浜に移転することを余儀なくされた。もっとも、彼らも「騒動に対する補償」を約束されるまではそうしなかったが。

　大君の臣下たちは、当然国内の敵対勢力をなだめたいと思っていたため、そのような噂を利用して外国人たちを横浜の限られた空間に閉じ込め、以前オランダ人たちを長崎の半ば監獄のような住居に閉じ込めていたときのように管理したいと考えていた。これが妙案だと思いかねなくなるような事件も、起こっていないわけではなかった。イングランド領事館の補佐官が神奈川の丘の上にある茶室に入ろうとしたときに、二本の刀を帯びた二人の男が暴行を加えようと迫ってきた。補佐官は拳銃を抜いて彼らにつきつけたので、彼らは慄いた。この機を逃さず彼は船着き場まで走り、小舟に乗って横浜に無事戻ることができた。船着き場の官吏たちが彼を乗せることを妨げようとしたという報告もあったが、仮にそれが本当だったとしても、彼らは同時にすでに剣を抜きかけていた襲撃者をなだめることには成功した。当時我々は、侍は血が流れるまでその剣を鞘に納めることは決してないと聞かされていたので、まさに危機一髪の出来事だったと言えるだろう。

六月の初頭に、六人の浪人が横浜に隠れているという噂が流れたことから、別手組（江戸の公使館の護衛兵を提供した集団）と少数の訓練された兵士たちが派遣され、野毛山に新しく建てられた屯所に配属された。彼らはその後もそこに残ったので、一八六八年の革命が起こったあとも長い間現地人の駐在兵がいたのである。すでに述べたとおり、私はこれ以前に江戸を訪問したことがあったが、駐在兵の中にはそのときに友人になった者も数人含まれていた。また、イギリス艦隊にはレパード号とパーシュース号のスループ船二隻が新たに加えられた。我々が薩摩に対して軍事行動を起こせば内戦が勃発しかねない、と危機感を抱いた大君の政府が、薩摩に対して適切に対処したのだと人々は考えており、そのため我々が直接薩摩に要求を押しつける計画は中止されたとみられていた。

六月十四日、外交担当委員の菊池伊予守[6]と柴田貞太郎が、四十四万ドル（十一万ポンドに相当）の支払いの手順について交渉するために横浜の公使館を訪問し、賠償金は六週間にわたって七回分割で支払われ、最初の支払いは十八日に行われることが決められた。だが、その日のうちに評議会から、不測の事態が起こり本日合意されたことを履行できなくなったので、一、二日後に評議会の一員が自ら横浜を訪れて、イングランド臨時代理公使とこの件について協議したいという書簡が届いた。当然のことながらニール大佐は、大君の大臣たちとこれ以上交渉することを拒否し、二日後とうとう事態をキューパー提督の手に委ねた。当時伝えられたところによると、提督はこのときどうすればいいかわからなかったとのことであった。彼は、これまで職務中に大砲から実弾が放たれたのを見たことがなく、日本人が最近購入した蒸気船を押収すべきだと大佐に進言された際には大変困惑した。

だが、江戸の評議会はこのとき本格的に恐怖を覚えた。彼らはできるかぎり交渉を長引かせようと試み、その結果イングランドの高官たちの忍耐力をすり減らしてしまったのである。だがそれでも、彼らは座して諦めるようなことはせず、評議会の一員である小笠原[7]が自ら横浜を訪れ、フランスの臨時代理公使と提督に仲介を頼んだ。だが、後者はこれを拒否し、イギリスの要求に応え、横浜の防衛を彼らに委任するよう忠告した。

小笠原は京都から戻ったばかりだったのだが、帝と首都にはびこる排外的な集団に影響された大君が下した、すべての港を閉鎖するよう諸外国の代表と交渉せよという命令を携えていたのである！　彼自身はこの命令を好ましく思っていなかったようで、フランス臨時代理公使に対して、これに対してどのように返答することが最善かほのめかすような発言さえした。このありえない通達が横浜の外国人社会をどれだけ愕然とさせたかは、一枚のページにどれだけ感嘆符をつづっても足りないくらいであったが、諸国の艦隊が連合して港に碇泊していたため平穏が保たれ、外交官たちが報復行為の決行を承認するに至りかねないような事件は起こらなかった。

外国人たちに横浜からの退去を求めるというありえない通達を携えていたのだから、日本の政府がフランス政府の仲介を得ることに完全に失敗したのも無理はなかった。その後、彼らは別件についての書簡を六月二十四日の午前一時にニール大佐に送り、賠償金を支払う準備ができたがいつそれを受け取られるかと質問した。大佐は、賠償金を分割で支払うという当初の合意は日本の政府が破棄したことから無効になったとみなし、このお金は一日ですべて支払われるべきであると返答した。日本の政府は、イギリス側の要請どおりにこれを行い、ひとつにつき数千ドルが入った箱を載せた荷車が早朝に続々と公使館に到着した。中国人の硬貨鑑定人（東アジアにおいて、商人や銀行家によって使役される、硬貨が本物であるかを鑑定する人々）が駆り集められ、硬貨の鑑定と金額の確認が行われた。公文書記録室は、この知識を有した中国人であふれ返り、彼らは忙しそうに硬貨を互いにぶつけてカチカチ鳴らしていた。そして、艦隊の軍艦が貨幣を運びやすいよう、小包に入れて箱の中に詰め直した。この作業は三日かかった。二十四日にはすでに、ニール大佐は、強硬的な軍事行動を行うという好まざる仕事を行わなくてもいいという手紙を提督に送っていた。

賠償金が支払われたその日、小笠原図書頭（ズショノカミ）（正式な官位に則った呼び名）は書簡をよこし、ニール大佐に対して大君の名の下にすべての港を閉鎖し外国人を追い出すべきだと通達した。このときはじめて、私の通訳官としての能力が活用された。もちろん教師の力を借りる必要はあったが、これまで書簡の文体に関する勉強をしっかりとやっていたので私は構成を理解することができ、公使館で今まで作られたものよりも正確な翻訳を作ることができた。私にとって極めて重要なものとなった書簡の内容は、以下のようなものであった。

書簡を通じて貴下に告ぐ。

大君は、この国の人々は外国との交流を望んでいないので、港を閉鎖し外国人を追い出すべきであるという命を京都より発した。陛下は、この件に関する交渉の全権を私に委ねた。よって、私はまず詳細について会談する前に、書簡を通じてこのことを通達する次第である。

敬意をもって、恐れ多くも申し上げる。[8]

この翻訳は、少し逐語的すぎたかもしれない。最初の文節は、我々がフランス語から拝借した「ムッシュ・ル・シャルジュ・ダフェール」[9]という言いまわしに相当し、最後の節も「アシュアランス・オブ・ハイ・コンシダレーション」[10]と使われ方は一緒である。だが、それ以外の部分は正確であり、日本人が作ったオランダ語の翻訳からさらに英語に翻訳されたもの（外交青書[11]を参照）において記されている、帝のことをほのめかした箇所は原文には全く記載されていない。この回想録では、できるだけ公刊された資料からの引用を避けているのだが、このときのニール大佐の返信に関してはそうせざるを得ない。それは、このように記されていた。

ニール中佐より日本の外務大臣宛

横浜、一八六三年六月二十四日

この書簡の署名者である、イギリス女王陛下の臨時代理公使は、彼の同僚たちとともに、閣下が大君の命を受けて送付した異常な通達を、多大な驚きを以て受け取った。

この通達は、何の説明も伴っていないという意味で異例であるというだけでなく、開港地を閉鎖し条約を締結した国々からの人々を退去させることを強く望むことがどれほど破壊的な結果を招くかということを、この国の精神的な元首と世俗的な元首はどちらもまったくわかっていないという印象を署名者に対して与えるものである。

署名者――つまりイギリス女王陛下の代理――は、自身がやむを得ず強硬的な方針を採用せずにすむよう、この国の統治者たちが、条約において記されている義務を履行することを求める。そして、ただちにすべての合理的で受容可能な手段を用いて、条約において記されている義務を従前よりも確実に履行できるように努めることを求める。あるいは大君と帝の両陛下も内心ではそのようにしたいと考えているのかもしれないが、より強い意志を示さなければ多大な困難がただちに日本に降りかかることになる。

もし閣下の通達が実行された場合、貴下が抱えるすべての思惑を台無しにしてしまうような決断を、女王陛下の政府は下すであろう。このことを、署名者はこの国の統治者たちに厳正に警告する。

同時に署名者は、このたび閣下が送った思慮の足りない通達は、文明国だけでなく非文明国の歴史においても例を見ないものであるということも忠告し、閣下がこれを大君陛下だけでなく帝に対しても通達されると信じる。これは、条約を締結した国々に対する日本の事実上の宣戦布告であり、これがただちに改められなければ最も苛烈で相応な手段をもって対応せざるを得ない。

敬意と熟慮を以て。

エドワード・セントジョン・ニール[12]

第二、三、そして四段落において、[13]三人称であるべき箇所が二人称になってしまっているところを除いては、この書簡はよく作られており、それぞれの文章の長さもちょうどいい。この書簡は、現代の感覚からすれば少し語調が強すぎるところもあるが、圧倒的なほど強い艦隊が背後にいるという状況では、自らの考えを直接的に語る衝動を抑えることは難しいのだ。

筆者が何をもって、英日間の条約が「従前よりも確実に履行」されるために必要な「合理的で受容可能な手段」と考えていたかは、想像にまかせるよりほかない。恐らくそれは、これまで各国の外交官のあいだでも検討された、大君を支援して西部と南部の大名たちを制圧させ、日本の政府が履行していた諸外国に友好的な政策をそれらの大名に強制させること。

もしくは、大君と帝のあいだに公式な協定を結ばせて、後者が条約を批准するよう促すという案のことではないかと思う。たしかに、そのような計画を成功させることができれば、大君は彼の先祖たちが確立した地位を強固なものにすることができ、彼の先祖たちを嘆かせたであろう一八六八年の革命を防ぐことはできたであろうが、それは大量の流血なくして達成することはできず、また日本の人々は諸外国の援護を通じて自らの権力を強化した支配者を憎悪したであろう。そのような方法で地位を確立すれば、彼が自らの地位を保つにはもっとも苛烈な圧制に頼るしかなく、日本には恐ろしい専制政治が長期にわたって展開されたであろう。大君の評議会が、そのような申し出を断れる程度には愛国心を持ち合わせていたことは、たしかに喜ばしいことではあった。日本人は、自らの手で自分たちを救済することを選び、実際に革命が勃発すると、人命や財産の損失は限定的な範囲のうちに留められ、日本という国は文明的で比較的自由な制度を確立することができたのであるが、もし彼らが一部のヨーロッパ人が主張した方針を採用していれば、それは不可能だったであろう。

第八章　鹿児島の砲撃

前章で記されたような形で、本国から通達された訓令のうち一つは遂行され、残された課題は薩摩の領主に対して要求を呑ませることのみとなった。要求の内容を再度説明すると、それはイングランドの官人立ち会いの下でリチャードソン殺人事件の犯人を裁き、処刑すること、そしてリチャードソンの遺族と彼に同行していた三人に対して合計二万五千ポンドの賠償金を支払うことであった。マーシャルとクラーク、特に肩に大きな刀傷を負った後者が重傷だったが、二人とも回復することができた。負傷しなかったボラデイル夫人は、すでに中国に戻っていた。大君の臣下たちは、できれば薩摩の件は自分たちの手で対処したいと考えていたようであったが、ニール大佐に詰め寄られて小笠原もこの件に関して自分たちが無力であることを認めたらしい。これを受けてイギリスの臨時代理公使は、訓令されたとおりに要求を薩摩の領主に提出するべく、自分と部下を鹿児島に送り届けるよう提督に要請したのであった。

提督は当初、二隻以上の軍艦を派遣することを躊躇していたが、最終的にはユーライアラス号、パール号、パーシュース号、アーガス号、コケット号、レースホース号、ハヴォック号のイギリス軍艦による艦隊を構成することを決定した。ニール大佐から私に至るまで、すべての公使館職員が艦隊のさまざまな船に搭乗し、ウィリスと私はルイス・ムーア中佐が艦長を務める外輪つき帆船アーガス号に乗り込んだ。航海中の天候は非常によく、艦隊は八月十一日の午後に鹿児島湾口に到着し、夜に投錨した。翌朝早く我々は湾を上り、町の沖合にたどり着いた。

　要求を記した書類は事前に作成され、シーボルトとその教師によって何とか日本語に翻訳された。それはよくできた書類ではなく、日本語のものは読みにくいように感じられた。すぐに海岸から二人の官吏を乗せたボートがやってきたので、この書類を手渡した。翌日の午後に、他の官吏が数人旗艦を訪れ、いつ返答ができるかはわからないと述べた。このときニール大佐を訪れた一行の筆頭は、伊地知正治（イジチショージ）という名前であった。彼とは、この後江戸において非常に親しくなる。彼と、彼に付き添ってやってきた四十人は、領主と惜別の盃を交わしてからやってきたのであり、イギリスの官人を不意打ちしてできるだけ多くを手にかけ、特に重要人物を殺すつもりであった。旗艦を乗っ取ろうとしていたのである。この大胆な計画は、我々が警戒していなければ成功していたかもしれない。だが、我々は二、三人にしか艦長室に入ることを許さず、甲板に残された他の随行者に対しては海兵たちが厳しく監視の目を光らせた。彼らが乗船しているあいだに、もう一艘の小舟がやってきた。襲撃を成功させるために必要な救援を乗せていたのか、それとも襲撃を中止する命令を携えていたのかはわからない。だが伊地知は、小舟に乗ってきた者たちと会話した後、岸に戻らなければならないと告げてきた。夜になるとイギリスの要求に対する薩摩の返答を記した書簡が届き、返答の内容が受け入れられるようなものであるかどうかを確認するので、翌朝再び旗艦に赴くよう通達した。

その書簡には、受理できない内容が記されていた。殺人者たちを見つけることができず、また本件の責任は、外国人が街道において領主の進行を妨げることを禁じる条項を条約に記載しなかった大君の政府にある、というものだったのである。さらには、下手人が逮捕され、投獄され、処罰されるまでには時間がかかるので、それが終わった後に賠償金について交渉したいということも記されていた。つまり、この件に関しては江戸の政権と交渉するようイギリスの臨時代理公使に促すものだったのである。十四日の朝に使者がやってくると、薩摩の返答は満足のいく内容のものではなく、今後は休戦の旗が掲げられるまで交渉は行わないと通告した。その後、提督はウィルモット岬[2]に碇泊中の、薩摩が所有していた数隻の外国製の蒸気船を視察するため、短いあいだ湾の中を探索し、また湾頭で測量を行った。彼が午後に戻ると、各船の艦長が提督からの指示を受けるために旗艦に招集された。ただちに砲台を攻撃するという意思はなかった。恐らく提督は薩摩が所有している蒸気船の拿捕という形で報復すれば、より満足のいく返答を薩摩がよこしてくると考えていたのだろう。

この作戦を実行するために、パール号のボーレス大佐は、コケット号、アーガス号、レースホース号を引き連れ、蒸気船を拿捕するための行動を十五日の明け方に開始した。抵抗を受けるだろうと危惧されていたので、我々はもちろん大変興奮しており、またせわしなく働いた。だが、アーガス号が薩摩の蒸気船サー・ジョージ・グレイ号に横づけしたとき、船員が一気に反対側へと逃げ出し、すでに降ろしてあった小舟へと乗り込んでいくのが見えた。我々は捕虜を取らなかったが、五代[3]と松木弘安と名乗る二人の人物が、サー・ジョージ・グレイ号に残っていた。旗艦へと送られたときには、彼らは大谷と柏という別名を名乗った。前者はかなり立派な風貌の男性であり、気品のあるたたずまいをしていて、恐らくこの蒸気船の船長だったのであろう。後者の職業は外科医であり、一八六二年ヨーロッパに派遣された日本最初の使節団の一員であり、実は帰国してまだ間もなかった。彼らは二人とも、後によく知られる人物となる。五代は抜け目ない商売人であり、帝の政府から資本を借りて大坂で藍染の事業をはじめた。松木は一八六八年に短期間ではあるが横浜において知事を務め、その後寺島宗則という名前で外務大臣も務めた。彼は現在（一八八七年）も東京において高官の地位に残り続けている。

　我々は押収した船を曳いて、艦隊の下へと帰投した。艦隊は十二日の午後、町の前に設置されていた砲台の射程から外れるために桜島に碇泊しており、ユーライアラス号とパール号は海峡の、我々と砲台の中間あたりの位置にいた。我々はしばらく状況を見守ったが、事態は思ったより早く進展した。当初、日本人は接触しようとするそぶりを見せず、また、陸で何が起こっているのかまったくわからなかった。だが、正午に突然号砲が聞こえ、その瞬間砲台は艦隊に斉射をはじめた。台風のような雨や風が吹いていたが、提督はただちに抗戦するように命じ、レースホース号とコケット号に押収した船に火をつけるよう指示した。これを受けて我々は一斉に押収した船へと殺到し、掠奪をはじめた。私は日本の火縄銃と黒い円錐型の軍帽（陣笠（ジンガサ））を持っていったが、軍人の一部は一分銀や二分金などのお金を発見した。水兵たちは、望遠鏡、酒瓶、長椅子、そして古いじゅうたんに至るまで、運べるものはすべて持ち去った。この狂宴が一時間ほど行われた後、我々は急いで脱出し、船を焼き、その後戦線へと戻った。戦線がどのようにして形成されていたかについては、図面を参照されたい。

日本人が砲撃してから、応戦を開始するまで、かなりの時間が経過していた。旗艦が反撃をはじめるまでに時間がかかった（二時間）のは、賠償金として支払われたドル箱が艦上にあり、これが弾倉の邪魔をしていたからである。また、第九砲台の近くに碇泊していたパーシュース号は難を逃れるために錨を切って逃げ出さなければならなかった。ちなみにその錨は数ヵ月後に薩摩の人々によって回収され、返却された。この軍艦は動き出すことが遅かったため、戦列のいちばん後ろに配置されなければならなかった。砲火の下にさらされるということははじめての経験で、荒れた天候だったこともあって、平静を保つということはまったく不可能だった。戦列全体が湾を少し上がって、そして北側の海岸から四百ヤードくらいの位置で左側に曲がり、その間すべての船が舷側砲を砲台に向けて斉射した。

交戦を開始して四十五分ほどが経ったあと、我々の旗艦が戦線から退き、その次にパール号（この軍艦は他の船から後れをとっていた）も離脱していくのをみた。ユーライアラス号のジョスリング大佐とウィルモット中佐が、第七砲台からの砲撃を受けて戦死したからであった。旗艦は、知らないうちに砲台と日本の砲手が練習用に使っていた的の中間地点に進ん

町のこの部分は、8月16日に焼失した
町のこの部分は、8月15日に焼失した
要塞4
要塞6
要塞3
要塞5
要塞7
要塞8
艦隊員によって8月15日に大砲四門が使用不能にされた
レースホース号座礁
8月15日の午後2時55分ジョスリング大佐とウィルモット中佐が戦死
大型の琉球風帆船焼失
ユーアイアラス号
パール号
2回目の投錨地
コケット号
8月15日に鋳造場と工場が焼失
アーガス号
座礁
8月15日に砲台から攻撃される
パーシュース号
レースホース号
ハウォック号
8月15日の艦隊の経路
3回目の投錨地
要塞9
ユーライアラス湾
ウィルモット岬
サー・ジョージ・グレイ号
コンテスト号
イングランド号
村
8月15日に汽船3隻を焼失させた
サクラシマ
桜島
艦隊員によって8月15、16日に全ての大砲が使用不能にされた
ムコシマという名の場所

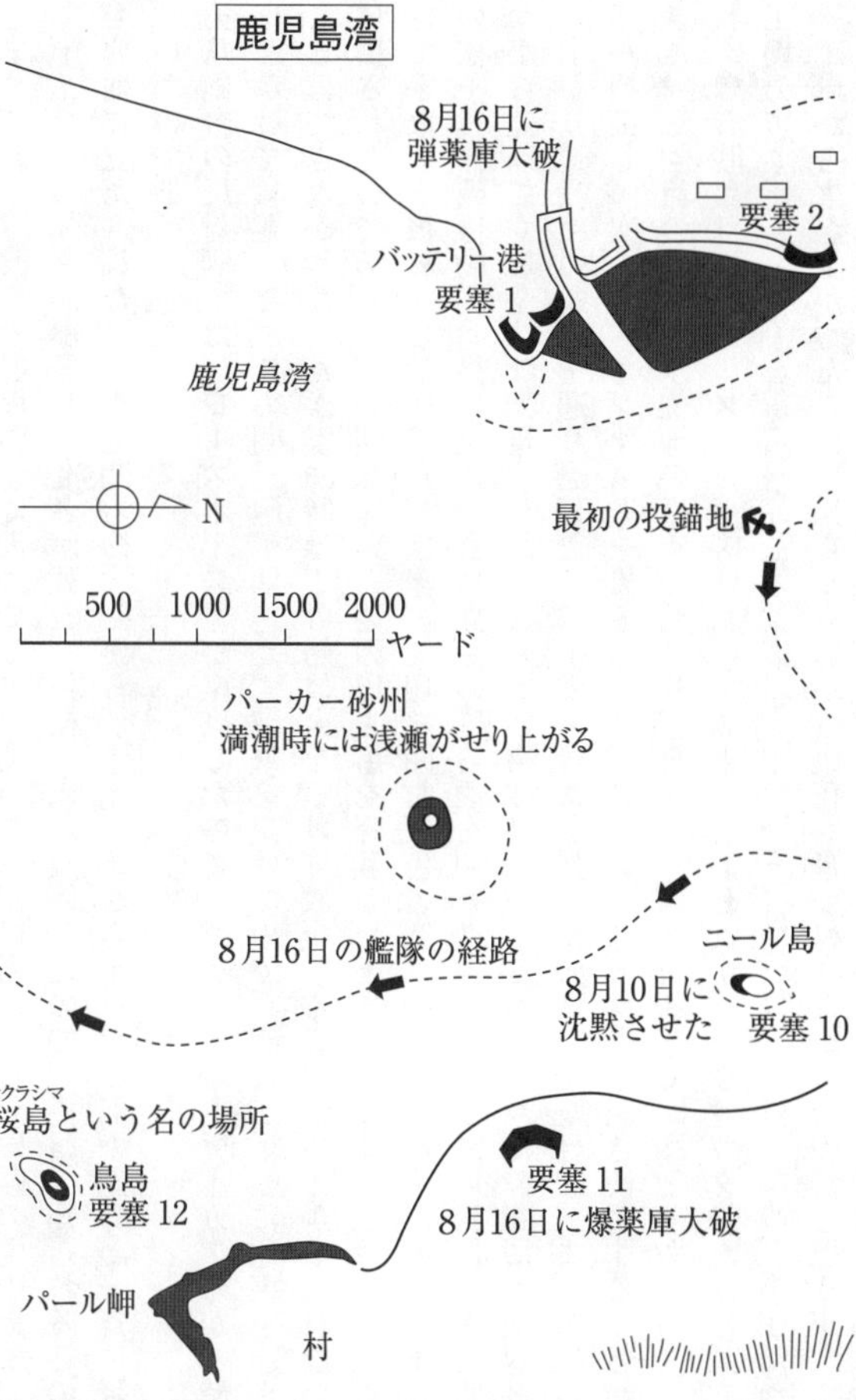

(原著ストーンブリッジプレス社版［2006年］を参考に再作図しました)

でしまっており、彼らの射程距離に入ってしまっていたのだ。同じころ、同艦の主甲板において十インチの弾薬が爆発し、七名が死亡、将校一人が負傷したので、勇猛で知られるこの船も窮地に立たされた。三十七門もの大砲から、十インチから十八ポンドの砲弾が一斉に降り注いだのである。

第八砲台の反対側では、レースホース号が座礁したので、コケット号とアーガス号が一時間ほどかけて救難した。この間、砲手は絶えず砲撃を続けたので、砲台が軍艦に危害を加えることはできなかった。だが、一時はこの船に火をつけて放棄する必要があるかもしれないと危惧されたのである。この興味深い一連の出来事を経験したときの興奮を、私は忘れることはできない。抜錨する前に見た、旗艦の周辺を囲む灰色の空に向かって砲弾が放たれたときの様子。作戦行動開始後に見た、空に立ちのぼる煙を切りさいて、黒く丸い物体が火を吹きながら迫ってくる奇妙な光景。しかしこの黒い物体は、当たるかと思った瞬間に上空へと舞い上がり、我々の頭上を通り過ぎた。アーガス号に着弾したのは三回だけで、まず右舷の通路が損傷し、次いでメーンマストを貫通したが、メーンマストは引き続き使用することができた。三回目の着弾は水位線の近くで起こり、三インチほど貫通して海へと落ちた。

我々は五時にはみなジョスリング岬において無事に碇泊したが、ハヴォック号だけは敵方の工場の近くにあった、五隻の琉球風の小型帆船に火をつけに行っていたため、不在だった。工場から火が上がったのは、恐らく帆船から火花が飛び移ったからなのだと思うが、これもハヴォック号によって焼かれたのだということにされた。町の背後にあった大きな白い建物は領主の城だと思っていたので、これを破壊しようと努めたのだが、これは仏寺であったということが後にわかり、また領主とその父親が射程内にいなかったこともあとで知った。砲弾が放たれたのは、町に火をつけるという目的もあったのだが、これに関しては満足のいく結果を得ることができた。強風が吹き荒れていたので、町の人々の消火活動は無意味だったのである。淡色の炎から上がった煙で空が雲のように覆われる様子は、恐ろしく、それでいて壮大な光景であった。

最初の碇泊地に戻ったとき、拿捕した船はまだ燃えていた。百四十トンもの石炭を搭載していたので、灯火としてちょうどよかった。だが、最終的にこの船は傾き、海底へと沈んだ。蒸気船はそれら自体に三十万ドルの価値があり、持っていくことができれば水夫全員にそれなりの金額が分け与えられただろうから、彼らはかなり残念がったことであろう。拿捕した船が焼かれたのは、それがそのまま残っていては、すべての船が後顧の憂いなく作戦行動に参加できないであろうと考えた老兵ニール大佐の判断であったという噂だった。また、悪天候の日に戦うという優れた判断をした提督に対して、哀れなジョスリング大佐が異議を唱えたが、聞き入れられなかったという噂も広まっていた。

八月十六日、日曜日の朝に、ジョスリング大佐、ウィルモット中佐、そして命を落とした他の九人の遺体が海に葬られた。午後になると艦隊は錨を上げ、低速で湾を進み、射程距離にいるあいだは砲台と町を砲撃し続けた。その夜は、町から離れた位置に碇泊し、十七日に横浜へ帰投を開始した。アーガス号に乗っていた者たちも私もこの判断には極めて不満で、恐らく他の船に乗っていた者たちも同様に感じていたと思う。

我々が撤退したとき、日本人たちはまだ砲撃を続けていた。それらはいずれも我々に届くことはなかったし、すでに砲台の一部は無力化されており、また町は焦土と化していたものの、これでは日本人たちが我々を追い返すことに成功したのだと思い込むかもしれなかった。砲台のすべてが沈黙するまで砲撃を続け、上陸し、あるいは数日間町を破壊し続ければ、日本人たちも我々の要求を呑むであろうというのが、我々の総意だった。ニール大佐は、兵士を上陸させて戦利品として大砲をいくつか持ち去るよう提督に求めたようだが、提督は彼の部下を一人たりとも派遣する気がなく、要請を却下したというもっぱらの噂だった。旗艦の甲板で部下の旗艦長と中佐と会話している最中に彼らの頭が砲撃で吹き飛ばされて戦死するのを目撃して、提督は大いに士気が低下したのだとみな言っていた。だが、これらの噂については公式報告には何ら記されていない。外交官が軍事作戦について口をはさみすぎたため、海軍軍人とのあいだに意見の齟齬が生まれたというのが、本当のところであろう。本来であれば、提督に事態をゆだねたからには、大佐は口を出さないというのが作法としては正しかったのであろうが、気質の激しい彼はそれができなかったのだろう。

また、石炭、食料、弾薬などの備蓄が足りなかったことも、撤退を決断した背景にあったのだと思われる。提督の報告書は「ロンドン・ガゼット」を通じて公表されたが、この中で町を破壊した責任は自分にあると述べた。このことは下院においてブライト氏が言及し、相応の注目を集めた。これに対して彼は――いや、ニール大佐は――出火は偶然だったのだと釈明した。だが、砲台との戦闘が終わっていたにもかかわらずパーシュース号は町に向かって砲撃を続けたという事実に対して納得のいく説明をしてくれるものではなく、また、その結果一億ポンドに相当する財産が破壊され、そしてそのことに満足の意を表明する報告書が提出された事実からも矛盾していると思う。

横浜に戻ったあと我々は通常業務に戻り、貿易もいつもどおり行われた。しかし、大君の評議会が、賠償金支払いのために必要な予算を外国商人から賄うべくすべての絹の輸出を制限し、値段を吊り上げていることに対する抗議があった。ニール大佐による強い抗議の結果、この輸出制限は解除された。京都において長州の臣下たちが王宮を占拠し、帝を拉致しようと計画しているという噂は、我々にも届いていた。この計画が失敗に終わると、彼らは王宮警護の任を解かれて、故郷に退くことを余儀なくされ、またこの陰謀に参画した七人の宮廷貴族も彼らに追随するよう命じられた。その中には、三条実美（サネヨシ）、東久世、澤[4]といった、復古政府の要職に就いた人物たちも含まれていた。

最も強硬に外国人の排斥を唱えていた長州の失敗は、大君の置かれていた状況を好転させ、港の閉鎖を通達した小笠原の書簡は取り下げられた。そして、小笠原は降格させられた。横浜の外国人たちも息のつまるような状況から解放され、以前のように近郊の散策ができるようになったのである。

しかし、十月十四日に平穏を乱す新たな事件が発生した。カミュという名前のフランスの狙撃兵士官が、居留地から二、三マイル以内の街道から離れた地点で午後の乗馬の最中に襲撃され、殺されたのである。彼の右腕は体から少し離れた場所で見つかり、それは馬の手綱をつかんだままだった。彼の顔には三つの傷があり、一つは顔の一方、もう一つは鼻に、そして三つめは顎につけられていた。首につけられた刀傷で右の頸静脈は切断され、脊髄も完全に分断されていた。左腕は皮一枚でぶら下がっている状態で、左脇は心臓まで引き裂かれていた。すべての傷はきれいにつけられており、刀という恐ろしい日本の武器が熟練の剣士によって扱われたことは明白であった。この凄惨な殺人事件の犯人はわからなかったが、外国人社会は多大なる衝撃を受け、これ以後は乗馬をする場合は必ず武器を携え、また三、四人の集団で行うようになったのである。もちろん、侍が我々を殺そうと試みるのであれば、不意打ちでこれを実行することは間違いなく、また乗馬中に平和的な日本人とめぐり会えたという事例は当時聞かされていなかったので、拳銃を持ったからといって安全が保障されるわけではまったくなかった。リチャードソン殺害のときを除けば、このような事件はすべて事前に計画された襲撃であり、加害者は常に自らの身の安全を事前に確保していた。

一ヵ月後、我々の公使館に薩摩の高官二人が現れ、当初の要求どおりに二万五千ポンドの賠償金を支払い、リチャードソン殺害の犯人をより熱心に探し当て、逮捕し次第イギリスの官人の立ち会いの下で処罰することを申し出たことは、我々を驚かせた。もっとも、彼らがこの約束を本当に果たす気があったかどうかはニール大佐も疑わしいと考えていた。外国人たちを切り伏せるように命令したのは恐らく島津三郎に違いなく、薩摩の臣下たちが彼を処罰するなどということは到底考えられなかったからである。実際に手を下した者たちは、単に臣下として命令を遂行しただけにすぎない。彼らに命をもって償うように要請することはできず、また真の責任者をまったくおとがめなしとするわけにもいかなかった。もし女王陛下の政府の要求を完全に満たすのであれば、薩摩を圧倒できる兵力をもってその地を占領し、臣下たちの大半を滅ぼし、その長を捕まえる以外になかった。その場合、彼が生きて我々の手中に収まることはなかったであろう。我々は治安に対する犯罪を開戦理由として、すでに砲台と町の大半を砲撃して破壊し、恐らく多くのリチャードソンの事件とは関係なかった人々を殺していた。償いのためにこれ以上の命を奪うことは正当化できないように思われた。だが、薩摩の使臣は、自国の者が間違いを起こしたことを公式に認め、イギリス政府が求めた賠償金を支払うと申し出た。イギリスの臨時代理公使がこの条件で和平に合意したことを、何人たりとも責めるべきではない。ただ、薩摩は大君の公庫から金を借り、そして私が知るかぎりそれが返済されていないということは、述べておかなければならない。

第九章　下関、準備行動

サー・ラザフォード・オールコックは一八六四年三月の初旬にヨーロッパから戻り、ニール大佐は離任した。公使館職員は惜別の晩餐会を開き、そこで彼は部下たちの前途を予言するスピーチを行った。彼は、いずれ私はイングランドの大学で日本語の教授になるであろうと述べたが、今のところそれは現実になっていない。新しい上司はみなから好かれ、特に私にはよくしてくれた。私が日本語の勉強に専念できるよう、公文書処理の仕事から解放してくれたのである。ウィリスと私は、現地人の町と外国人居留地のあいだにあった裏路地沿いの木造の家に腰を据え、そこで私は三人の教師の下で一生懸命勉強した。サー・ラザフォードは、本国政府から長州の敵対的な態度に断固とした対応をとる権限を与えられて帰任しており、その実行に意欲を示していた。我々は征服を通じて薩摩の好意的態度を勝ち取ることに成功したといってもよく、他の排外的な集団に対しても同様の行動を行えば、同じ成功を収められると大いに期待したのである。

前年の夏、帝（ミカド）から「蛮族排斥」の命令を引き出すことに成功した長州の臣下たちは、それに則り下関海峡を通行しようとしたアメリカの商船、オランダのコルベット艦、そしてフランスの郵便船を砲撃したのだった。これに対し、コルベット艦は撃ち返し、そのほか二件の事件に対しては、アメリカのスループ艦ワイオミング号とジョレス提督のフランス艦隊によって、不完全ではあるがとりあえずは十分と言える報復措置が取られた。砲台も破壊されたが、外国の軍艦がその場から離れると、長州の者たちは砲台を建て直し、さらに新しい施設を造り、運べるだけの大砲をすべてそこに持ちこんだのである。スズメバチの巣はすぐに元どおりに直され、しかも以前よりも攻守両面で充実したものになった。長崎から横浜へと就航する際、外国の船は風が荒いチチャコフ岬[1]を避けて下関海峡を通過することがよくあったのだが、それができなくなったということは、西洋の威厳を損なうものだと感じられた。たとえ日本国内においてどれだけ反対意見があろうが、我々が条約の履行と、何ら妨害を受けることなくこの国で貿易をすることを強く望んでいることを示すための唯一最善の手段は、この好戦的な氏族を完全に屈服させ、彼らの攻撃手段を完膚なきまでに破壊することであると考えられた。

そのため、サー・ラザフォード・オールコックはフランス、オランダ、アメリカと同盟を結ぶため、すぐさまそれらの国々の代表と交渉を開始し、それは完全なる成功を収めた。大君の政府に対し、二十日以内に海峡を再開放するための十分な措置が取られない場合には、長州の領主が合理的な行動を取るよう促すために各国の艦隊を派遣するという警告が送られた。これは不思議な偶然だったのだが、このとき世界を見聞し諸外国の力の源を調査するため一年前にイングランドに密航させられた、五人の長州の若い侍のうち二人が帰国していた。彼らは伊藤俊輔と井上聞多（ブンダ）[2]という名前だった。彼らは新しい知識を得て、自らと同じ氏族の人々に対し、煉瓦の壁に頭から突っ込むような行為には意味がないということを警告するべく帰国したが、遠藤謹助、井上勝、山尾庸三の三人はイングランドに残った。伊藤と井上はサー・ラザフォードに直接面会して帰国の理由を明らかにすると、後者は長州の大名と直接対話することができるこの機会を逃さず、最後通牒を渡すと同時に敵対的な態度を改め条約を履行するチャンスを一度だけ与えると通告した。彼は、他国の公使たちの合意を得て、二人の若者を下関近郊の適当な場所に上陸させるべく二隻の軍艦を派遣し、領主に対して提出させるための長い覚書を持たせた。

フランス人の軍人（ライル中佐）とオランダ人海軍将校、そしてイギリス王立工兵隊のレイ少佐は、長州の砲台の現在の状況についてできるだけ多くの情報を得るよう派遣され、大変喜ばしいことに私は同僚のJ・J・エンスリー氏とともに通訳として貸し出された。我々は七月二十一日に、W・M・ダウウェル大佐が指揮するコルベット艦バロッサ号と、バックル中佐の砲艦コーモラント号に乗船して出発し、豊後(ブンゴ)水道を通過し、二十六日の日没後に姫島沖に投錨した。この過程で軍艦が岸に乗り上げてしまったが、コーモラント号は第二斜檣を叩きつけながらも海に戻ることができた。翌朝早く、我々は二人の日本人の友人、伊藤と井上（このときは志道(シジ)という名前を使っていた）に対し、八月七日に周防(スオウ)の沖合にある笠戸の島で待つと約束したあと、彼らを岸に降ろした。現地に向かうまでの間、彼らと多くのことについて話し、また彼らと私の教師中沢見作(ケンサク)（彼は小笠原の家来で、主君が降格させられたので生計を立てるすべを探していた）の助けを借りて、サー・ラザフォードの覚書を日本語に翻訳した。彼らは小舟に乗って周防の富海に上陸した。八時に、彼らが岸を離れるところを確認した。中沢の意見では、彼らは六、七割の可能性で斬首され、二度と会えなくなるだろうとのことだった。

その日、後ほど我々は姫島に上陸したが、住人は非常に親切だった。十分すぎるほどの魚を我々に売ってくれたが、野菜、牛肉、鶏肉は持っていなかった。肥えた農耕用の牛がたくさんいたが、人々は貧乏で半分飢えているように見えた。人口は約二千人ほどだった。島は肥沃ではなかった。病気の水夫のためと偽って（そのようにするよう日本人に勧められたのだが）牛肉を買おうとしたが、できなかった。人口の半分は塩の製造の仕事に従事していた。半ペンスと一ペンスの金額に相当する紙幣が流通していたが、貨幣はほとんど見られなかった。あるところで、一人の男に一分銀を与えた。それは十ペンスほどの価値なのだが、彼はそれをひっくり返してよく見つめ、その後「このあたりでは非常に珍しい」と述べた。

次の日、島の北方に移動して錨を降ろした。ここでは、製塩所をふたたび訪問し、前日と同様に友好的な対応を受けた。二十九日に小舟に乗って伊予の伊美に行ったのだが、ここの村人は一切の交流を拒んだ。しかし、そこから一、二マイル西にある竹田津ではまったく問題がなく、カボチャやナスを補給することができた。八月一日に夜明け前に抜錨して海峡のほうへと進んだ。バロッサ号は、下関の手前十マイルほどの位置で錨を降ろし、我々はコーモラント号に乗船して豊前の沖合を目指し、その後伊崎の岬へと向かった。海峡の入口を半分ほど進んだとき、北方の海岸の長府からサホに至るまでまんべんなく設置されていた砲台が一斉に警告の号砲を放ったのを、我々は目撃した。砲台の射程距離に入らないように注意しながら、田野浦の近くまで行き、砲台の状況と大砲の数を正確に把握するためにしばらくその場所を行ったり来たりして、そのあと姫島に戻った。

そこでは、毎日海岸沿いを散歩した。そこの人々は何かと干渉してきたが、それでも友好的だった。だがあるとき、豊前の杵築からきた四人の侍たちに出くわした。彼らは、この島が我々に攻撃されるかもしれないという懸念から、派遣されたようだった。私は気さくな態度で話しかけ、どこから来たのかと尋ねたが、彼らはぶっきらぼうに「遠方から」と答えた。彼らは極めて危険な集団に見え、船に戻るまで我々の行動を密かにじっと見張っていた。

八月六日、再度下関を視察するため、コーモラント号に乗船して田野浦の方向へと進み、前回よりも少し先まで船を進めた。このときは、日本人たちは号砲だけでなく実弾も放ってきたが、数マイル手前で海に落ちた。夜の十時半にバロッサ号の碇泊している場所に戻ると、伊藤と志道はすでに戻っていた。夕食のあと、我々は長い会話を交わし、領主の返答を聞いた。彼らは、領主の兵士たちに護衛されて海岸までたどり着き、船の上にも領主の臣下を一人連れてきていた。彼らからは、山口で領主に謁見し、四ヵ国の代表から託された書簡が手渡されたことが報告された。領主はその後、主要な家臣たちと相談し、以下のように返答することとなった。すなわち、書簡に記された内容はすべて真実であり、また西洋諸国の軍隊に対抗するための術を有していないことも認める。だが、自分は自分個人の責任で行動することはできず、大君や帝の命令に基づいて行動している。特に昨今では、帝が頻繁に自分に命令を下すようになっており、許可なく諸外国の代表に返答することもできない。そのため、京都に赴いて帝に意見を具申したい、それには三ヵ月ほどがかかるだろう。そして、そのあいだは軍事行動を起こさないでほしいと諸外国の代表に対して要請してきた。

伊藤と志道は文書を何ら持っておらず、領主の名代であることを示す証書すら携えていなかった。もっとも、二、三日の時間さえくれればその書類を用意することはできるとのことだったが。いずれにしても、そのような口頭だけの返答では諸外国の代表を満足させることはできない、と我々は忠告した。これを受けて伊藤と志道は、それならば書簡での返答に大君と帝の命令の内容を複写したものを添えて横浜に送ったほうがいいかと尋ねてきたが、ダウウェル大佐は領主が望むようにすればいいだろうと答えた。彼は、自らの意見を述べることを許可されていなかったのである。

その後交わされた私的な会話において彼らが言うには、領主はもともと外国人に対して好意的だったが、現在は後戻りできないほど正反対の道に進んでしまっており、もはや戦闘なしに事態を収束させることは不可能であろうとのことだった。諸外国の代表は、大君を倒し大坂へと進んで、帝と直接条約を締結できるよう大臣たちと交渉するべきだとも提案した。伊藤と志道は、大君の王朝は長崎や新潟など商業が発展しそうな土地を一手に掌握することで国内の通商や外国との貿易を独占している、と極めて痛烈に批判し、このような不満は多くの人々が共有していると述べた。それを聞きながら私は、彼らは実際許可されたよりもはるかに容赦のない語調で語っているのではないかと疑ってしまった。

私は、このときはじめて反大君の一派に所属する者と胸襟を開いて会話をすることができた。我々が帝と交渉するべきという提案は大胆なもので、そしてもし採用されれば彼らの立場を強固なものにするのではなくむしろ危うくするのではないかと思われた。将軍の権威は弱まってはいたものの、大多数の大名はまだ将軍に従っており、このような挙に及ぶにはまだ機が熟していなかったのである。将軍の軍隊はまだ軍事力の弱さを露呈してはいなかったし、何よりもこのとき、長州の領主の軍勢は、大君の命により京都を護衛していた会津と薩摩によって京都への攻撃を阻止されたばかりだった。我々が横浜に戻り、諸外国の代表が長州の提案を検討する以前に、長州の主要人物たちは逃亡しているか死んでいる状態になり、主導権は大君が握っていたのである。

伊藤たちは夜のうちに立ち去った。主君に警告を与えるためにヨーロッパからはるばる戻ってきたにもかかわらず、それが叶わなかったことに対して、同情を禁じ得なかったが、どうしようもなかった。我々は翌日早朝に抜錨し、十日に横浜に到着した。

長州が妥協する気がないと知られるや否や、四ヵ国代表の合意事項を決行するための準備が進められた。四ヵ国の代表たちは将軍の大臣たちと協議を開き、海峡を開くために海軍力を行使するべきときが訪れたと通達した。だが、会議が解散する直前に使いの者が駆け入ってきて、イギリスとフランスとの交渉のため一月にヨーロッパに派遣された使節団が帰国したということを報告した。

彼らは、使節団がフランスと締結した協定を携えていた。その内容は、フランスの軍艦に対する攻撃に関して賠償金を支払うこと、三ヵ月以内に下関海峡の航海を妨げるすべての障害を将軍の政府が取り除くこと、フランスの生産者に有利になるように輸入税を改めることと、そして排外的な侍に殺害されたカミュ大尉の遺族に三万五千ドルの賠償金を支払うことであった。この一報を受けたサー・ラザフォード・オールコックは、もしこの協定が批准されれば、フランスが同盟から外れ、計画が瓦解するかもしれないと危機感を抱いたようであった。だが、現場の人間からすれば、大君の政府にとって協定の第二項は実行不可能であることは明白であり、また少なくとも日本側はこれを本気で履行するつもりはなかったであろう。国内からこの協定を批准しないよう圧力がかかり、実際八月二十五日に彼らはその意思がないことを諸外国の代表たちに通達した。同日、諸外国の代表たちは、強硬手段が必要であるということを宣言する覚書に署名し、その覚書は艦隊の司令官たちに通達された。四日後、使節団が帰国する前にオールコックが綿密に練り上げた計画を実行するために同盟国の艦隊は出港した。使節団の帰国によって、一時は計画が妨げられかねない状況に陥ったが、結局そうはならなかった。

この計画に関してサー・ラザフォード・オールコックが負った責任は相当なものであった。当時、セイロンまでしか電信は通っていなかったが、七月二十六日付の書簡が彼の下へと向かっている途中だった。その内容は、日本の国内に対して軍事行動を起こすことや、イギリス人の身体と財産の安全を守るという目的以外で日本の政府や諸侯に対して海軍行動を起こすことを禁じるというものであった。この書簡が届いたときには、彼はすでに満足のいく結果を残すことができており、自分が正しいことをしたのだと自分に言い聞かせることができた。もっとも、ジョン・ラッセル卿の意思とは反対に軍事行動を起こしたことから不興を買い、罰としてこの後まもなく召還された可能性は否定できないが。

七月十一日には、長門（ナガト）の北岸にある港に碇泊していたアメリカの蒸気船モニター号が砲撃を受けた。これによって諸外国の代表は、攻撃を正当化する新たな口実を得ることができたのである。

第十章　下関、海軍作戦

大変喜ばしいことに、私はキューパー提督の通訳に任命されたので、必要な荷物をいくつかまとめユーライアラス号に乗船した。だが、客室が空いていなかったので、雑然とした上級士官室があてがわれたため、ソファーで眠る羽目になった。相部屋の士官たちはみな非常にいい連中だった。特にトレイシーとマクレアのことはよく覚えていて、彼らは現在、大佐以上の階級に昇進している。トレイシーは非常に評判のいい士官だが、私が特に感心したのは彼が大変な読書好きであったことと、現在世界で使用されている言語をいくつも習得していたことであった。船上という非常に騒がしい場所で言語を習得するには、よほどの根気が必要だったであろう。

コケット号は、もう一人の通訳に任命されたサー・ラザフォードの継子であるフレデリック・ラウダーを拾うため、長崎へと派遣された。そのほかに旗艦に乗船していた民間人は一人だけで、それは高名な写真家のフェリックス・ベアトであった。彼は、クリミア戦争において写真家としての活動をはじめ、一八五九年の英仏連合軍による中国北部への遠征にも同行し、その後日本に移住した。人柄のいい彼は、彼の地で多くの友人に恵まれた。私の教師であった中沢は、姫島まで私に同行したことを大君の政府からとがめられ、その罰として密かに私から引き離された。このとき中沢のことを将軍の外交委員会に密告した卑怯な外国人とは、これから何年も経った後に直接面会することになる。このような事情から、ウィリスは彼の日本語教師で、医学の弟子でもあった林朴庵（ハヤシボクアン）を貸してくれたので、私は代わりにこの誠実な人物を教師とした。もっとも、彼は学者としては中沢に大きく劣っていたが。

イングランドの艦隊は、以下の軍艦によって構成されていた。旗艦ユーライアラス号、アレクサンダー大佐指揮、大砲三十五門搭載。コルベット艦ターター号、二十一門、ヘイズ大佐指揮。同じくコルベット艦のバロッサ号、二十一門、W・M・ダウウェル大佐指揮。二段軍艦コンカラー号、四十八門、ルアード大佐指揮。外輪付き帆船レパード号、十八門、レッキー大佐指揮。同じく外輪付き帆船のアーガス号、六門、モレスビー中佐指揮。コケット号、十四門、ロー中佐指揮。そして軍艦バウンサー号、二門、ホルダー大尉指揮。これに同行したのは、ジョレス提督の旗下にあったフランスのフリゲート艦で三十五門搭載のセミラミス号と、アメリカによって借り受けられ、ピアソン大尉の指揮下にあり、コルベット艦ジェームズタウン号に搭載されていたパロット砲と船員を乗せた、汽船タキャン号であった。

これに続いて、八月二十八日に神奈川を出発したのは、フランスのコルベット艦で大砲十門搭載のデュプレックス号と、郵便船で四門搭載のタンクレード号。そしてオランダのコルベット艦でド・マン中佐指揮下のメタレン・クライス号（十六門）、ファン・レイス大佐指揮下のジャンビ号（十六門）、八門搭載のアムステルダム号、そしてド・カセムブロート大佐のメデューサ号（十六門）であった。そして、残っていた船も翌日にはすべて出発したのである。

天候と海は穏やかで、九月一日に我々は四国の南西岸を確認した。午後五時ごろ、石炭船を曳きながら進んでいたキングストン中佐指揮下で大砲十七門搭載のパーシュース号と遭遇し、提督宛ての郵便を受け取った。パーシュース号はこの前に、上海へと郵便を受け取りに行く途中だった軍艦コーモラント号のバックル中佐とも遭遇していたのだが、バックル中佐は日本の使節団がフランスから帰ってきたころに横浜を出発していたため、長州への遠征は無期限に延期されたと誤って報告してしまった。そのあとコーモラント号は石炭船を切り離して全速力で横浜に戻ったが、まもなく長崎でコケット号と合流すると、まったく異なる事実を聞かされた。それを受けてコーモラント号は反対方向へと向かい、石炭船をつないで戻ってきた。翌日我々は姫島に到着し、正午少しすぎに投錨して、ジャンビ号とメタレン・クライス号と合流した。その少しあとにはメデューサ号と三隻のフランスの船も現れ、深夜までには同盟国の艦隊に所属するすべての船が到着した。もっとも、コケット号と、コーモラント号かオスプレイ号のいずれかが到着するまで待たなければならなかったが。

提督、アレクサンダー大佐、そしてその他の士官たちは海岸に降りて散歩をし、そのとき私は彼らの案内役を務めた。哀れな村長は、かなり恐れおののいた状態で現れた。彼は、来訪者たちが何を考えているかわからず、それでいてあまりに友好的すぎる対応をすれば罰せられることもわかっていたので、非常に難しい立場に置かれていたのである。それにもかかわらず、彼は「極秘に」魚を送ると約束してくれたが、子牛を売ることはできないと言った。そして彼は、島民が艦隊と交流し、補給物資を与えてもいいかを尋ねるために、杵築に使いを遣わせた。

夜、我々は百五十トンの石炭を受け取り、九月三日は備蓄品の補塡に一日を費やした。午後になると私は岸に降り、村長の家を訪ねたのだが、そこで杵築の守備隊から派遣された三人の兵士と出くわした。彼らはむっつりとして言葉をほとんど発せず、三人のうち一人しか会話してくれなかった。口を開いた人物も、明らかに同僚たちの態度を気にしていた。滞在中、村の石炭船の船主とその妻が船を海岸に引っ張り、その前を数人の小汚い小童たちが駆けまわるという、なんとも壮麗な行進を見ることができた。一般の人たちは、二本差しの者たちの目が光っていなければ、おおむね友好的であった。

九月四日の九時に我々は錨をあげ、ユーライアラス号を先頭に八隻のイングランドの船が中央に陣取り、フランスの艦隊とタキャン号がその左に、オランダ艦隊の四隻が右側に展開して、下関海峡へと向かった。抗いようのないほどの力を有していることを確信していた同盟国の艦隊が、青々とした山に囲まれて鏡のように美しく穏やかな瀬戸内海を厳かに進んでいく光景は、秀麗であった。三時半ごろ、海峡の入口から二マイルほどの位置に、臨戦態勢で投錨した。夕食を半分食べ終わるころには準備万端であったが、一発も砲弾を放つことなくその場にとどまり、このことは気が先走っていた者たちを落胆させた。もはや戦いは避けられないと長く思われ続けていたので、これ以上開戦を遅らせるような面倒ごとが起こってほしくないと願っていた。翌日の早朝には、なぜこれほどの軍艦が海峡にやってきたのか問い質すために二人の長州の一般兵が乗船したが、提督は明らかに階級の低い兵士と対話することを拒み、ただちに岸に戻るように命じた。彼らのうち一人は、特に深く考えずに、もし艦隊がこれ以上進もうというのであれば自分たちも準備をしなければならないと私に言ってきた。何の準備かと尋ねると、彼は「戦いのための」と答えた。

その後私は、海峡に入ろうとして止められていた二隻の船を臨検するために、小舟に乗せられ派遣された。一隻は松山の伊予に所属する伊勢丸で、石炭を積みに平戸へ向かう途中であり、もう一隻は筑後の久留米に所属する船で、さまざまな荷物を積んで大坂から戻ってくる途中であった。二隻とも敵のものではなかったので、解放した。

午後二時ごろ、以前訪ねてきた二人が再度乗船し、奉行（ブギョー）という長官に相当する地位の人物と井上聞多（このときにはすでに志道という別名を放棄していた）を連れてきたと述べた。だが、私の友人である井上とその同行者が旗艦にたどり着いたのは、砲台を攻撃するため持ち場につくよう艦隊の部隊長たちに指示が出されたあとであった。井上らは、交渉を行いたいので軍事行動を遅らせてほしいと要請してきたが、それに対する唯一の返答は、平和的な解決を試みる段階はすでに過ぎ去った、というものであった。

我々は四時十分に軍事行動を開始した。付属の海図に記されているとおり、バロッサ号、ターター号、ジャンビ号、メタレン・クライス号、レパード号、そしてデュプレックス号は、じょうごの形をした海峡の南岸沿いを進み、田野浦の前に陣取った。また、パーシュース号、メデューサ号、タンクレード号、コケット号、そしてバウンサー号によって構成され

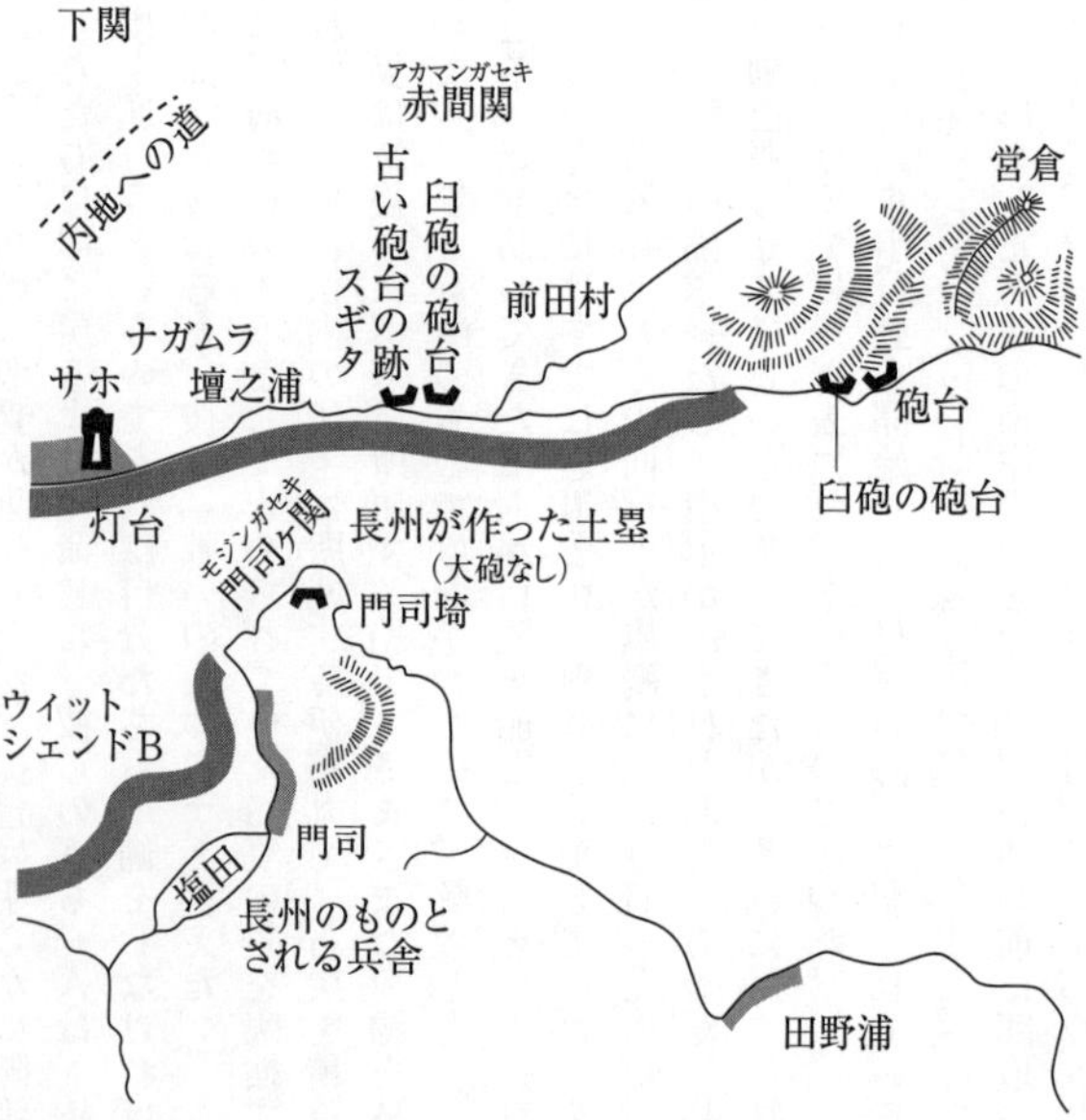

下関
内地への道
アカマンガセキ
赤間関
古い砲台の跡
臼砲の砲台
スギタ
前田村
営倉
ナガムラ
サホ
壇之浦
砲台
臼砲の砲台
灯台
モジンガセキ
門司ケ関
長州が作った土塁
（大砲なし）
門司埼
ウィット
シェンドB
門司
塩田
長州のものと
される兵舎
田野浦

下関海峡

(前掲図と同様に再作図)

る小艦隊は北岸を進み、アムステルダム号とアーガス号は予備として待機した。ユーライアラス号、セミラミス号、コンカラー号、そしてタキャン号は、前田村の中心地から二千五百ヤードほど離れた場所で投錨した。そこは、敵の砲台の射程距離からは外れていたが、船首楼の百十ポンドのアームストロング製の後装砲であれば、その距離からでも狙うことができたのである。最初の一発がユーライアラス号から放たれると、田野浦に陣取った艦隊は一斉にそれに従った。小艦隊は、三つの大砲によって構成されていた串崎(クシサキ)岬の砲台を直ちに沈黙させたが、直前にその砲台はイギリスの旗艦を惜しくも外す一発を放っていた。

セミラミス号ははじめ錨鎖にバネをつける作業に忙殺されていたが、それが終わると後ろ甲板の大砲を開き、ほとんど標的を外さない見事な精度を見せた。タキャン号はたった一つしか大砲がないという状況下で健闘し、コンカラー号も三発の砲弾を放ち、そのうち一つは敵の大砲が集中している箇所に落ちて派手に火を噴かせた。ユーライアラス号の百十ポンド砲は、午後四時十分から五時十分のあいだに十六発の砲弾しか放たなかったが、通風孔が詰まり、梃子棒を使って詰まり物をかき出すことに相当な時間を費やさなければいけなかったことを考えれば、よくやったほうだろう。そのあとにも、通風孔のねじが緩んでいたことからそこにごみが詰まるということが起こった。南岸に投錨した六隻の船は、対峙する砲台と直ちに激しい戦いを繰り広げ、間もなく北岸の砲台を沈黙させた小艦隊が加勢し、それぞれ四門、七門、そして九門の大砲を並べた砲台を縦射していった。この日の最長不倒はユーライアラス号から放たれた四千八百ヤードの一撃であり、それは砲台にズシリと落ちた。

五時十分までには主要な砲台は沈黙させられたため、斉射をやめるよう信号が送られた。前田村の砲台の建物から火の手が上がり、弾薬庫に着火し、その午後三回目の爆発が起こった。その後も我々は、六時まで散発的に砲弾を放ち続けた。後甲板の四十ポンドアームストロング砲は、射程距離が短かったことから一回しか放たれず、主甲板の滑腔砲も使用されなかった。鹿児島において戦友たちが殺されたことを忘れていなかったであろう水兵（ブルージャケット）たちは、復讐心に燃えていたので、これらの武器が使用されなかったことを非常に残念がった。

日本人たちは非常によく、そして忍耐強く戦った。一部の報道では、我が方の砲手たちはそれぞれ一発しか発砲することを許されず、そのあと違う兵士と交代するよう命じられたので、このときの軍事行動は非常に非効率的だったと述べられていたが、それは信じる価値のまったくないデマである。たしかに最初、我々の攻撃が砲台に届かなかったことは事実だが、射程距離を捉えはじめてからは砲台に攻撃を次々と命中させ、土煙を上げさせていったのだから。斉射をやめるよう信号が送られたあと、パーシュース号のキングストン中佐とメデューサ号のデ・カセムブロート大佐は上陸し、前田村の砲台に並べられていた十四門の大砲を使用不能にした。初日を通じて、ターター号の乗組員六人が砲撃によって負傷した以外に被害は出なかった。

翌日早朝、田野浦沖に碇泊していた艦隊に前田村の砲台が再度砲撃を開始したが、我々が効果的に反撃したためすぐに沈黙し、その背後にあった小屋にも火がつけられた。デュプレックス号の乗組員は二人が死亡、二人が負傷し、ターター号の中尉も背中に銃弾を受けて重って回復した。私はこのように騒々しい状況の中で眠っていたのだが、ユーライアラス号の乗組員二百人強によって構成された小部隊を率いるアレクサンダー大佐に随行せよとの命令によって起こされた。コンカラー号からはサザー大佐率いる四百五十人の海兵大隊と、それとは別に軍艦の乗組員百人が上陸し、我々の艦隊の他の船に乗っていた水兵たちや海兵たちも参加した。フランスは三百五十人、オランダは二百人を上陸させた。計算によると千九百人が上陸したが、我々はそのうち千四百人を提供した。

我々は最も近い距離にあった陸地へと漕ぎ出し、その背後からも多くの手漕ぎ船がついてきた。それらの船は人でいっぱいで、かろうじてオールを漕ぐだけのスペースがあっただけだったが、九時ちょうどに上陸した。アレクサンダー大佐の部隊に課せられた任務は、前田村の砲台のすぐ東にある崖を上り、大砲一つのみで構成された砲台を掌握することであった。その崖は非常に急で、深い草に覆われていたが、水兵たちはまるでピクニックに行くかのように、我先にと上っていった。崖を上ると、大砲は持ち去られたか隠されたことがわかった。砲台には数人の敵が残っており、手すりから我々の鼻が覗いた瞬間に撤退したが、彼らは丘の反対側から銃撃を続けてきた。そして、このときの攻撃によって我々の部隊の一人が足に銃弾を受け、もう一発がそのすぐ後ろにいた者の体を貫通した。

砲台を通過するとき、我々はその背後にあった丘を、シダやツルをかき分けながらよじ登った。とても暑かった。滑りやすい草の間にできた狭い道を進むのは大変なことだった。水兵たちは敵と戦いたくてしかたなかったようだが、一人たりとも見つけることはできなかった。丘の反対側を進むと、ようやく雑草に覆われた小道のようなものを発見し、それは狭い谷の片側に延びていた。相当な数の敵が谷の上に配置されているという情報があったが、我々はそれを追撃するのではなく、雑草に覆われた小道から左に曲がって進んだ。その先には弾薬庫があり、さらに進むと主要砲台の中心部に到着した。これは後日知ったことだが、もしこのとき反対方向に進んでいれば、三つの野砲を携えた守備隊に鉢合わせしていたそうである。そうなっていれば、彼らは少人数の我々の部隊に悪魔（オールド・ハリー）のような所業を行っていたであろうから、このとき我々が左に進んだのは非常に幸運なことだった。

　最初にたどり着いた砲台は、フランスの兵士たちに我々の海兵数人が加わって構成された上陸部隊によってすでに占領されていた。彼らは崖の下に上陸し、海岸沿いを行進したのだが、そのあいだに抵抗を受けることはなかった。この砲台は土でできており、長さ二十フィートほどで先のとがった竹が両端に設置されていた防護柵があった。第七砲台においては、大砲はバーベット[1]の上に搭載されており、巨大な車輪と旋回用の軸を持った台座の上に載せられていた。大砲は銅製で、長く、二十四ポンドと記されていたが三十二ポンドの砲弾を発射できるものだった。それらは、日本の暦で一八五四年に相当する年号が書かれており、どうやら江戸にて製造されたようだった。その横には短い三十二ポンド砲があり、さらにそこから通路を挟んで反対側には小さな弾倉を備えた銅製の十インチ砲もあった。我々はそれらをめちゃくちゃに壊し、砲弾や銃弾を海に捨て、弾薬を燃やし、大砲のうち二つを海岸に引きずり落とすことまでした。午後三時から四時までをこの作業に費やした。この間、我々の兵士たちは、時折丘の上に現れて我々を攻撃しようとする敵に、常に小銃を撃ち続けていた。砲台には大砲が九つあり、そのうち二つに大きな銅製の十一インチ砲があった。

そのあと我々は、波打ち際のすぐ近くに設置されていた次の砲台へと移動した。それは弾薬庫へとつながる小道で二つに分けられており、一方には十インチ榴弾砲一つ、三十二ポンド砲二つ、二十四ポンド砲が一つ並べられていた。もう片方も同じような構成だったが、これにはもう一つ二十四ポンド砲が加えられていた。これらの兵器もひっくり返され、弾倉や砲弾も同様に廃棄された。谷の上の、前田村、壇之浦、下関方面へと向かう道沿いにある倉庫の近くに設置された野戦砲台からは、我々の頭上を越えて海に落ちる砲弾を放ったり、また砲台に所属する小銃部隊が攻撃をしかけ続けたりしたので、作戦中ずっと煩わされたが、被害は出なかった。我々の部隊の一部が、この野戦砲台を牽制するよう命じられたが、敵にまさる効果的な攻撃はできなかった。敵対する部隊が接近したときは話が別だが、それ以外の状況において戦争中にできることは、できるだけ大きな音を立てて敵を怯えさせること、つまり敵の戦意をそぐことぐらいなのである。相手に危害を加えるということは、ほとんどできない。兵士たちが、当たる見込みのない銃弾を避けるために身をかがめる様子は笑えたが、白状すると私も冷静さを得られるまでは彼らと同じようにしていたのである。

メデューサ号は海岸に近づいて数発発砲し、田野浦の前に陣取っていたパーシュース号、アムステルダム号、そしてアーガス号が放った砲弾も丘を越えていった。これによって敵兵の戦意が一時的にそがれたようだったので、我々が最初に沈黙させた砲台に戻り、そこで夕食をとった。工兵のクラウディ、旗艦の外科医助手だったマクビーン、そして私は、パン一斤とイワシの缶詰一個を分け合った。缶詰は、クラウディの剣でこじ開けた。ナイフやフォークはなかったが、当然腹が減っていたので手段は選ばず、移動通路の横に設置されていた弾倉の階段に座って食事した。夕食後、我々はフランス人たちが砲台の大砲を転覆させるのを手伝った。それは四つの、非常に長い三十二ポンド砲であり、砲車に載せられていた。この期に及んでも敵は丘の上から我々を煩わせ続け、我々の兵士たちは小銃を撃ち返したが、たがいにほとんど被害を受けることはなかった。

午後になってからすでにだいぶ経っていたので、ユーライアラス号は配下の全部隊に帰投するよう信号を出した。フランスとオランダの部隊、海兵部隊、そしてコンカラー号の小部隊はすでに小舟に乗っていた。六時ごろ、我々はサザー大佐の海兵の大隊が、激しい攻撃を受ける中、十五門の大砲からなる前田村の砲台から戻ってくるところを目撃した。日本人たちは彼らを見つけるや否や円弾を放ったが、被害を負わせることはできなかった。我々の兵士たちも応戦し、十五分ほどはピン、ピン、ピンという音しか聞こえなかった。とうとうサザー大佐はアレクサンダー大佐に対し、「うるさい奴らはどこだ？　私の手勢ならどんな砲台でも制圧できるぞ」と声をかけた。アレクサンダーは「よし」と応えてから、「私が谷の東側を取るので、君は右だ」と言った。すると海兵たちはフランス人たちが掌握した砲台（東端のもの）へとよじ登っていき、険しい道を進んでいった。コンカラー号の人員たちも再度上陸し、進軍が始まった。ベアトと私はアレクサンダーの近くにくっつき、田んぼを突っ切る狭い小道を進み、そのあとは谷の西側沿いにある道を進んだ。水兵たちが叫んだり喚声を上げたりして勝手に走りまわり、そうしたかと思えば突然止まって道路沿いの松の木の背後にいる敵に銃口を向け、終わったら再度動きだす様子と言ったら！　そこにはまったく規律がなかったのだ。その中の一部は、丘にいると思われていた幻の敵に対して銃弾を無駄にしたのである。上るにつれて、私は数人のけが人の横を通り過ぎ、そのうち数人は重傷で、また矢によって殺された水兵の死体も転がっていた。

我々は、やっとの思いで砲台へとたどり着いた。敵の砲手たちは斉射を受けて撤退していたので、弾倉を破壊したあと大砲を田んぼに投げ捨てた。この最中に、アレクサンダーが銃弾を右足首の関節に受けて負傷し、担架で後方へと運ばれなければならなかった。このころから、谷は急速に狭くなっていった。眼前には防護柵で囲われた兵舎があり、そこには撤退した日本人の兵士のほとんどがいて、ひっきりなしに発砲してきていた。だが私は、そのほかに黒い鎧や白い陣羽織を着た連中が左方の道をあわてて退いていくところを見た。エドワーズ中尉と工兵部隊のクラウディは、極めて堂々と軍旗を運んだＤ・Ｇ・ボーイズという士官候補生とともに先発した。若輩にもかかわらず勇敢さを見せたボーイズは、後にヴィクトリア十字章を授かった。防護柵のすぐ前まで行くと、日本人の死体が三、四体ほど横たわっており、我々の兵士も一人が心臓を銃弾で貫かれていた。まったく外傷がなく、何が原因で絶命したのかわからなかったが、彼が見る見るうちに青くなっていく様子は、極めて恐ろしかった。遺体を巨大な横長のバスケットに入れて運び去るよう数名の兵士に指示したあと、私は防護柵の内側へと進んだ。日本人たちはすでに逃げ去っていた。撤退する前に彼らは弾薬庫の近くの家屋に火をつけており、恐らく我々ごと爆破しようという愉快なたくらみがあったのだろうが、導火線を発見できたので爆発は防がれた。

その場をくまなくうろつき、鎧、弓矢、槍、剣、外国製の銃剣など戦利品として持ち帰れそうなものを根こそぎ運び去ったあと、我々は建物に火をつけて、整然と撤退した。敵は二十人ほどが戦死したが、負傷者は全員運び去っていた。こちらの兵士は五人が戦死し、十三、四人が負傷していて、そのうち二人は致命傷を負っていた。激しい戦闘が目の前で起こっていたので、まわりを見る余裕などなく、したがってこの間海兵たちが何をしていたかはわからない。だが、恐らく彼らは雑草に覆われた道を極めて慎重に行進したため、前線に到着したころには活力に満ち猛烈な水兵(ジャック)たちによって仕事が片づけられてしまっていたのだろう。海兵たちのビジネスライクなやり方を責めるつもりはない。もし我々が不注意で向こう見ずな進軍を続けている途中に攻撃を受けるようなことがあれば、海兵たちによって救出される以外に全滅を避けるすべなどなかったであろう。もし日本側がより強硬に抵抗したり、丘に狙撃手を配置して谷を駆け上がる我々を側面から攻撃したりしていれば、小銃部隊はより大きな損害を負ったであろうから、交戦が小競り合いの段階で終了したことは幸運だった。

彼らは有利な地形に陣取っており、しかも七門の野戦砲を有していたが、反面我々は敵よりも多くの人員を有しており、六百人ほどしかいないと聞かされていた相手よりも少なくとも二百人は多かった。もっとも、その後長州の人に聞いたところでは、さらに彼らはその半分にしか満たない数の人員しかいなかったらしいが。水兵たちは体を張る役目を担う羽目になり、戦線を乗り越えてツノの形をした崖まで進んで、碇泊する船を横目に大まわりしながら東へと進んだ。日本側は我が方の進軍に耐えることができず、小銃による鋭い斉射によって混乱に陥り、逃げ出した。対峙する兵士同士が接近するという事態は、一回しか起こらなかった。一人の日本側の兵士が、家屋に侵入した者を斬り捨てようと、両手で剣を持ち上げた状態でドアの背後に隠れていた。だが、襲いかかった相手は思いがけないことに腹部に拳を食らわせたので、この兵士は背中から叩きつけられ、計画は失敗に終わった。フランス人の戦友は、その場に居合わせなかったことを悔やんだが、つんとした態度でもう終わったことだと言った。戦争中に偶然起こった出来事であり、我々は彼らに心から同情した。

作戦開始時に前田村へと進軍した海兵たちの中からは、一人が死亡し二人が負傷した。彼らはそこの砲台にあった十五門の大砲を使用不能にした。

日中、二人の人員を乗せてオランダの軍艦から放たれた小舟が、潮にさらわれて町のほうへと流されていった。まったく無防備な状態であった彼らはただちに攻撃を受けた。長崎から「面白いもの」を見るために来ていたフレデリック・ラウダーとその兄弟のジョージも、漕いでいた小舟が潮にさらわれて同じ方向へと流されはじめた。彼らは海に飛び込んで海岸へと泳ぎ、かろうじて難を逃れることができたが、そうしなければオランダの小舟と同じ運命をたどっていたであろう。

下関の町の東端（正確には赤間関（アカマガセキ）という名前だったと記憶している）には火が放たれたが、燃えた家の数は極めて少数であった。これは、日本人兵士数人から攻撃を受けたフランス人兵士がやったことだと言われたが、これが真実かどうかはわからない。潮に流されたパーシュース号が、砲台の反対側の海岸に座礁し、船首が水面よりはるかに高い位置にせり上がっていた。翌日までこの船を海に戻すことはできなかった。

私は七時半に軍艦に戻った。とても汚く、とても疲れていて、とても空腹で、そしてとてものどが渇いていた。

九月七日、水兵の一団が、数名の海兵に護衛されながら、敵の銃器を掌握するために派遣され、合計十人が小舟に乗って行った。そのほかにも、防護柵のほうへと派遣された者たちもいて、そこには野戦砲があり、それらは破壊されたり引きずりおろされたり、また持ち去られたりした。我々は全部で六十個の戦利品を獲得し、それは一つを除いてはすべて銅製で、その中には迫撃砲が二つ、クーホルン臼砲（きゅうほう）が六つあった。弾薬はすべて爆破し、砲弾・銃弾は全部海に投げ捨てた。敵対する日本人は一人もいなかった。正午までにパーシュース号を海に戻すために、船を軽くしなければならなかったので、大砲や石炭はすべて降ろされた。

二日間の軍事作戦中に出た死傷者は、戦死八人、負傷者十三人で、負傷者のうち二人は生存する見込みがなかった。一時半に我々は、戦死者を埋葬するため田野浦に上陸した。午前中には、フランスもすでに二人を埋葬していた。墓穴を掘っているときにキラキラと輝く物質を見つけたので、一瞬砂金かと思ったが、よく見たら雲母だった。私はそこで、小笠原家の二本差しの家臣たちと遭遇し、彼らは何人が戦死したかということと、前日の戦いの首尾について聞いてきた。防護柵の近くの戦闘で我々が敵を完膚なきまでに打ち負かしたということを告げると、非常に満足した様子であった。彼らによれば、前年長州が海峡を渡ってやってきて、農作物を切り取り、家畜を持ち去り、農民たちを追いやったあとにしばらく田野浦を占領したとのことであった。長州を取り巻く状況が悪化して、自領防衛に力を入れなければならないと思うようになるまで、田野浦から撤退しなかったらしい。小笠原の家臣たちは、我々と豊前の者たちのあいだで対話がなされたという話を聞いて長州がどう思うかと不安を抱いていたようで、艦隊が撤退したあとにもう一度訪問したいと言ってきたが、私は大胆にも、我々は長州の砲台を破壊してその領土を奪うつもりだから心配する必要はないと宣言した。私がこのようなことを言ったのは、賠償金が支払われるまでの担保として下関の近くの適当な土地を獲得し、支払いが終わったらその土地を大君の政府に手渡すという案が、サー・ラザフォードと他の西洋列国の公使たちによって検討されていたことを知っていたからである。[2]

サー・ラザフォードは、長州の氏族を完全に屈服させることしか頭になく、提督に対しても大名の牙城であった萩を攻撃する必要があると説いていたようだった。だが、提督は地に足がついた指揮官で、また女王陛下の臨時代理公使から必要以上の命令を受けるつもりもなかった。提督は、艦隊が現在所有している物資では長州の領地を一部であっても長期的に占領することは不可能であると結論づけ、砲台が破壊され海峡が開けばそれで作戦を終了するべきだと考えた。小笠原の侍たちは恐怖を抱いていたため、非常に慇懃だった。また、村人も十分友好的で、私は冗談を言って彼らを笑わせることに成功したが、補給物資を売ってくれるよう説得することはできなかった。官吏たちは、村中を駆けずりまわって卵を八個から十個ほど見つけたが、これだけしか見つけられなかったとのことだった。水兵は、防護柵の内側で発見した紙を私の下へと持ってきた。それらには、長州が帝に対して行おうとした計画を記した証拠や、熊の胆嚢から作った、あるいは作ろうとしていた薬の数が記録されており、また大名が領地内で流通させていた紙幣も少し混ざっていた。当時、銀の貨幣は大君の領地でのみ流通していたのだと記憶している。

八日、一行は疲れ切った状態でありながら、さらに銃器を持ち運ぶために再度上陸した。十九あった砲台のうち、二ヵ所を除いてすべての場所から戦利品を持ち帰った。もっとも、そこ以外にも前田村に砲台が十五ヵ所あり、また海峡の西側の入口にある彦島（ヒクシマ）という大きな島にも同じ数の砲台があったのだが。私が前田村の海岸に上陸すると、そこにはよくできた砲台があった。海に面した幅二十フィートほどの石造りの防護柵があり、通路で仕切られて四つに分けられていて、それぞれ異なる数の大砲が設置されていた。背後には、石造りの弾倉があり、屋根は砲弾によって破壊されていた。背後の丘の側面に作られていた弾薬庫も石造りだったが、前日爆破された。さらに上ると、防護柵のついた兵舎があり、これはフランス人たちに燃やされていた。私は町の防衛線の最前列のほうへと向かったが、敵が現れて攻撃してきたので、賢明にも撤退した。

第十一章　下関、長州との講和締結

正午に船に戻るとそこには、友人の伊藤俊輔がいた。長州が講和の意思を伝えるために遣わされたとのことで、また長州はそのために家老（カロー）という世襲の評議官に全権を与えて派遣するつもりであるとも述べた。その高貴な人物を迎えるために小舟が遣わされ、間もなく彼は旗艦の後甲板に乗船した。彼は、黄色い地に大きな青い紋章（桐の葉と花）が記されていた大紋（ダイモン）というローブを身にまとっており、また黒い絹の帽子もかぶっていたが、通路を通る際にそれを脱いだ。髪は緩く結われており、房のように後頭部にぶら下がっていて、また白い肌着は大変きれいだった。同行していた二人も家老に次ぐ階級の者で、髪を同じように結っていたが、外套は羽織っていなかった。

彼らは客室へと通され、提督たちと、通訳としてその場にいたアベ・ジラール[1]、ラウダー、そして私の前へとやってきた。彼らは、長州の領主は敗北を認め、友好的な関係を樹立するために講和することを望んでいると切り出した。それを受けて提督は、信任状の提示を求め、彼らがそれを持っていないことを知ると、四十八時間以内に大名にそれを作成してもらうよう求めた。信任状には、長州の使者たちが今述べた内容——つまり、長州の領主が外国の船を砲撃したことは重大な間違いであったと認め、和を請うということ——を明記し、領主自らの署名を記して印を押し、作戦の指揮を執った四人の上級海軍士官たち全員に宛てて一部ずつ作成するようにとも言い添えられた。

提示した条件は、第一が、我々は今後も大砲の排除と砲台の破壊を続けること。第二が、長州が攻撃をやめるのであれば我々も敵対行為をやめるが、その後一発でも砲弾を放てば我々は長州の領地にあるものを可能なかぎり焼き尽くすということ。第三が、六日に彼らの手に落ちたオランダの水兵たちの身柄を返すこと。そして第四が、鶏肉と新鮮な野菜を販売するよう村人たちに促すことであった。我々の平和的な意思を示すため、長州の使者が戻る期日までは主檣に白旗を掲げることを約束した。彼らのうちの一人は、長門の大臣宍戸備前(シシドビゼン)の養子、宍戸刑馬(ギョーマ)、そして評議官たちは杉徳輔、渡辺内蔵太(クラタ)と名乗った。[2] その後彼らは、攻撃が始まる前に姫島で同盟国の艦隊の司令官たちに渡すよう持たされた書簡を残して、海岸へと戻った。その書簡は提督が手交するように求めたものだが、提督はすでに価値のないものだろうとも言った。

伊藤は、日本から外国人を追い払えという命令を記した帝と大君による書簡も我々に手渡し、宍戸もこれは元本であると証言した。これらの書簡の翻訳はその後日本関連案件の外交青書に掲載されたので、興味があれば参照してほしい。それが本物であったことは、疑う余地がない。時間が経つにつれて使者たちの態度が変わっていく様子は、非常に面白かった。彼らは、乗船したときには悪魔(ルシファー)のように自信に満ちていたが、徐々におとなしくなり、最終的には我々の提案を反論もせずすべて受け入れたのである。伊藤は、彼らに対して相当な影響力を及ぼしたようであった。停戦が合意されてから、地元の人々は砲台の近くの道を自由に行き来し、町に入っていった。恐らく彼らは戦闘が終わったことを心から喜んでいたに違いない。伊藤と井上以外の人間がみな、ヨーロッパ人は蛮族に過ぎないと考えていた中で、長州の人々が停戦の条件を忠実に守ったことは、評価されて然るべきであろう。

九月九日、コケット号は、彦島（ヒクシマ）の砲台を視察したいと考えた二人の提督を乗せて海峡を進み、私はいつもどおり通訳として同行した。東側から入ると、うっそうとした厳かな森に覆われた丘に挟まれた海峡は突然六鏈[3]以下の幅に狭くなり、そして再び広がる。そこからは、下関の町を形成する家屋の長い列が北岸に現れ、そして左手側には、南方の門司の村と小倉の町の先に海岸線が延びていた。そして正面には、緩やかに起伏した広い彦島があった。島の北西部につくまで海峡を進んだあと、海岸に向かって船を戻し、小さな帆船が集まっている入江を、ライム岬[4]に到達するまでさらに進んだ。

ここで我々は下船し、砲台を観察した。そこからは、すでに我が方の軍人によって大砲が取り除かれていた。砲台の内の一ヵ所には、当初六門の大砲があったが、それらはすべて崖から落とされており、その後作り直すことはできなかったようである。防護柵の真下には、手掘りで作られた穴の中に大砲が一つ置かれていた。そこから少し東には、海岸沿いに八門の大砲が設置されていた。その近くにもより小さい砲台があり、四つの銃眼が開けられた壁があったのだが、そこが武装されることはなかったようである。それら以外でこの島に砲台が作られた形跡のあったところは一ヵ所しかなく、それはライム岬の西部にある古い土造りのものだったのだが、ここにも兵器は置かれていなかった。小倉の要塞は立派なもののように見え、報告されたところによると、長州の人々が我々を攻撃するために砲台の使用を許可するように頼んだものの、拒否されたとのことであった。ターター号、デュプレックス号、ジャンビ号、そしてメタレン・クライス号は、主にこの砲台を使用不能にするために七日からここに碇泊していた。

彦島をあとにし、我々は串崎岬へと向かって船を進めた。そこからは、真鍮製の大砲三門と木製の大砲四門がすでに持ち去られていた。後者は約四フィートほどの長さで、直径八インチほどの丸太から作られており、その背後には一ポンド半ほどの火薬を積むことができる弾倉が備え付けられていた。大砲は、銃口から銃尾まで竹の箍（たが）でおおわれており、それに板が載せられ、さらにその上にも竹の箍がかぶせられていた。木の厚さは三インチ半ほどしかなかった。砲弾は、小石を詰め込んだ袋を木の輪に括り付けただけのもので、上陸してきた敵が接近してきたときに、散弾のように使用するためのものだった。これらの興味深い兵器は簡易的な土の台に載せられただけで、使うほうも一発以上使用できるとは想定されていなかった。

作業をしている者たちに対して日本人は非常に協力的であり、自ら大砲を降ろして運んでくれた。恐らく彼らも、騒動の元凶（ブンダ）となったおもちゃを処分したいと思っていたのではないだろうか。旗艦に戻ると、志道聞多からの贈り物として家禽や野菜をいっぱいに積んだ小舟が差し向けられ、二艘ほど浮かんでいた。彼はメモをよこし、西洋の軍艦のうち一隻が再度攻撃を開始し、最近築き上げられた友好的な関係を脅かしたので、市井の人々が我々の近くまでできて補給物資を売ることを怖がっていると抗議した。だが、そのような事件は起こっていないので、これは彼の認識違いである。船頭たちは我々の船へと招かれ、今まで見たことのない素晴らしい光景を見ることができてとても喜んでいた。志道の贈り物の半分はフランスの提督に渡され、我々の分は旗艦の士官と水兵に分け与えられた。

翌日、長州の領主の使者たちは時間どおりに到着し、ユーライアラス号に乗船した。しかしながら、宍戸と杉は現れず、睡眠不足と暑さによる病気のためにこられないと説明された。キューパー提督は、このようなことがたびたび起こるということは奇妙であると述べ、今回の談判で交渉がまとまらなければ、終わるまで使者各位は健康には気をつけてほしいと、皮肉をこめて要請した。使者たちの名前は、毛利出雲、大臣（家老）の山田宇右衛門、評議官（参政）の波多野金吾（波多野はのちに広沢兵助という名前で有名になる）と渡辺内蔵太、長府の評議官の磯谷謙蔵と原田隼二で、志道聞多も一緒であった。[5] 彼らがやってくる前に、我々は日本人が発刊した外交青書を見て、以前やってきた使者たちが肩書を偽称していなかったか確認した。実際名乗られた肩書が外交青書の内容と異なっている箇所もあったのだが、今回の使者たちはそのことに関して納得のいく説明をしてくれた。宍戸美濃という名前の高官は、最近公職を引退して家督と地位を刑馬に譲り、宍戸備前と改名していたとのことであった。使者たちは、長州の領主が書いた手紙を読み、その内容は講和の条件として満足のいく内容であった。これを受けて提督は、「我々は、貴君らの領主と同じく講和を望んでいる。あなたの国の人々と戦いたいと思ったことは、一度もない。日本と諸外国との間の友好的な関係を確立し、貿易を続けるということが、我々のただ一つの願いである」と述べた。

毛利は、彼らの領主もそのような見解であると返答した。

キューパー提督「貴君らは、我々が自由に海峡を通行することをこれ以上妨げることはないと、明確に約束するか？」

毛利「然り」

キューパー提督「我々は、長州の領主と面談することを所望する。貴君に対して譲歩できないようなことであっても、貴君の領主に対してであれば譲歩できるかもしれないからだ。我々は本国においては位が高いのだが、自ら下関に赴いて彼と会ってもいい」

提案を受けて長州の使節たちは互いに協議し、九月十四日に領主が長州の首都から二人の提督を迎えるため、下関に来ると述べた。

キューパー提督「交渉の段取りとして、まず我々が要求を提示するので、領主にはそれを承認していただきたい。そのあと、将来また問題が起こらないよう、諸外国の習慣について説明する。いずれにしても、交渉は領主によって承認されないかぎり終結させることはできないので、彼が交渉の場に来てくれるのであれば、時間が短縮できるであろう。

我々の要求は、三点である。第一は、大君の政府と江戸の各国公使たちが、外国人と日本人のあいだで発生した問題の解決に合意できるまで、海峡に砲台を作らないことである。

第二に、貴君らが設置した施設から攻撃を受けた以上、我々には下関に火を放つ権利があったにもかかわらず、そうはしなかった。このことを考慮して、戦時中における諸外国の慣習に則り、代償金を求める。金額に関しては、交渉の場で領主に直接伝える。

第三の要求は、海峡を通過する外国の船が石炭、補給品、もしくは水などを必要としている場合、それらを購入することを許可することである」

使節たちは、これらの要求をただちに受け入れた。加えて、海峡は潮の流れが激しく、風や波も荒くなることが多いので、危険にさらされた人々には上陸も許可すると述べた。

そのあと、提督は使節に対し、滞在中に必要としている物資を購入するために下関の海岸に上陸したいので、町の人々に売れるものはすべて持ってくるよう通達してほしいと告げた。つまり、艦隊のために市場を開くよう要求したのである。住人はみな町から立ち去ってしまったということを理由に使節たちは最初拒んだが、最終的に要望どおりにすると約束した。すると毛利が立ち上がり、私のほうへと体を傾け、一つ心配事があると密かに告げた。

このたび締結した講和は極めて大事で価値のあるもので、不慮の事故が現在の友好的な関係を崩すようなことが起これば非常に残念である。心無い者が外国人を待ち伏せて攻撃するということはあり得ることであり、このような事態を避けるため、上陸する人たちには自分たちの護衛を同行させるようにしてほしいと言ったのである。この内容は通訳されてキューパー提督に伝えられ、それを聞いた彼は、我々はそのような心無い者を恐れていないが、もしヨーロッパ人が一人でも傷つけられるようなことがあれば、町は完全に焦土と化すであろうと警告した。彼は、日本人の当局者たちは我々の上陸を防ぐためこのようなことをよく言うのだとも述べ、疑念に満ちた目で毛利を見た。

これに対して毛利は、自分の警告は純粋な懸念から来ているものであるということが理解されていないようだと応えた。当局者は不慮の事故を避けるためにでき得るかぎりすべてのことをするだろうと述べ、先に言ったことはあくまで間違いを避けるためのものであるとのことだった。

キューパー提督「大変よろしい。それならば、我々は貴君らの国には行かない。町には長官がいるだろう。彼に対して、不逞の者どもを取り締まるように命じよ。もし彼にそれができなければ、我々が上陸して代わりにそれをやって見せよう」

毛利「長官には命令を送る」

これにてこの会議における最も重要な交渉は終了したが、京都において最近長州と会津の者たちのあいだで戦いが起こったという報道がされていたので、提督は何が起こったのか詳細を知りたがった。これを受けて志道は長話をはじめた。

その内容をかいつまむと、帝と大君から「外国人を排斥せよ」という命令を受けたあと、長州の領主はその命令を忠実に遂行したが、そうしたことで彼は強い非難を受けた。このような扱いに驚き、また傷ついたため、彼は何度も京都に対してこのような仕打ちを受けた理由を問いただしたが、彼の臣下たちはみな首都から追い出されてしまい、領主も出入りを禁じられた。このような理不尽な扱いに彼は大いに怒り、臣下たちも強く同情した。ついには耐えられなくなった一部の者たちが、帝の大臣たちから説明をしてもらうために京都へと向かった。彼らは、剣や槍などの武器を携えていた。なぜか？　すでに一度、いや二度にわたって、会津は京都において長州の者を見つけ次第に殺していたからである。京都へ向かった者たちは言った。「会津は我々を攻撃するかもしれないので、そうなれば我々は自らを守らなければならない。むざむざ殺されるわけにはいかないから」と。彼らの出発を聞いた領主は、重臣（家老）のうち三人[6]を派遣して彼らを呼び戻そうとしたが、彼らは引き返すことを拒否した。すると、京都の長官は首都における長州の代表を呼びつけ、男たちを地元に帰らせるように命じた。「もしそれができなければ」と京都の長官は言い、「我々は攻撃する」と続けた。だが、長州の代表はそれを拒否し、戦いが始まった。

バロッサ号が諸外国の代表が記した手紙を持って最初に姫島に来たとき、長州の領主は帝と対話するために息子を派遣していたのだが、混乱した状況下で彼は何もできなかった。志道は我々に、長州の氏族が帝に対して謀反を試みていたなどと思わないでほしいと述べ、彼らはただ単純に、なぜこのような仕打ちを受けたのか説明を求めただけなのだと告げた。加えて彼は、江戸や肥前、そして全国のそのほかのさまざまな場所から来た者たちは長州の敵なので、小倉の者たちや小型帆船の船乗りが言っていることを信じないでほしいと求めた。

そして来賓は船内を案内され、楽団による演奏を余興として楽しんだあと、船縁へと向かい、親善的な関係を保ったまま別れた。

アダムズの著書の第二十五章と第二十六章には、この年の夏に京都で起こっていた出来事が記述されている。それに記載されている日付と照合すると、伊藤と志道が諸外国の代表から領主の一族に宛てられた手紙を渡すためにバロッサ号から降ろされ、山口に到着したまさにそのとき、長州の氏族の男たちは大坂から京都へと行進していたことになる。その後、長州から別の部隊が順次首都に到着し、蓄積された緊張が内戦という形で爆発したのが八月二十日だった。長州の世子たちが、背後に新しい敵がいることを知り、氏族の中で気が先走っている連中をなだめるために地元を出発していたが、到着が間に合わなかった。同盟国の艦隊が海峡に姿を現したとき、長州の最も優秀な戦士たちは不在であり、そのため我々はより楽に勝利を収めることができたのである。京都から逃げ帰った者たちが故郷の防衛に参加できるだけの時間があったとは考えにくい。

翌日、ターター号のヘイズ大佐、王立工兵部隊のレイ少佐、そして私は、散歩をするために下関の海岸へと降りた。町の東端は九月六日にかなり多くの砲弾にさらされており、一部の家屋はほとんどばらばらになっていた。恐らく長州の者たちが一、二門の野戦砲を持ち出して、そこから田野浦に陣取っていた艦隊へと砲撃したのであろう。だから、我々の砲撃部隊の集中砲火を浴びたのである。町に人々は帰りはじめており、少しずつ今までどおりの生活が戻っていたようだが、ほとんどの店は再開していなかった。我々が散歩している間、一般の人々は群れを成して我々についてきて、非常に友好的に見えたが、店主たちが我々に要求した金額は法外だった。骨董品店が横浜と比べて少なかったことには、とるに足らないこととは言え、少し驚かされた。数人の兵士にも出くわし、その中の一部は小銃で武装し、他の者も剣や槍を持っていた。当然ながら、最近戦ったばかりの我々に友好的な態度を見せることは期待できなかった。

十二日、波多野と町の長官二人が我々を訪れ、提督に対して、十時から正午十二時のあいだに南部浜（ナベハマ）の波止場で市場を開き、そこで新鮮な補給物資を売ると通達した。我々は当然、彼らがすべてを統制し、また値段をできるかぎり高く吊り上げようとしているのではないかと疑った。提督は、市場を六時から八時のあいだに開くように要求し、長い交渉の後に彼らはそれに同意した。官吏たちは干渉しないと約束したのだが、私の教師に聞いた話によると、誠心誠意物を売るようにとの通達が出されていたようである。また官吏たちは、我々が町の店で物資を購入すれば、市井の者のための物もすべて買いつくしてしまうだろうと恐れ、店で買い物はしないでほしいと要請してきた。

十三日、負傷したアレクサンダー副長に代わり、ダウウェル大佐がユーライアラス号へと移り、旗艦の艦長となった。翌日、二人の提督は上陸して、門司という小さくきれいな村に向かい、私もそれにつきそった。海岸が海峡沿いに湾曲している位置に砲台が設置されていたので、道中でめぐり合った小倉の者にそこまでの道を尋ねたが、彼らは砲台の近くにある寺に設けられた番所の許可はとっているのかと聞き返してきた。この唖然とさせられる質問に対して、我々はやろうとしていることすべてにいちいち許可をとる習慣はないのだと答えた。

「道はあれか？」

「そう、あれが道だ」

かくして我々は松の木に覆われた丘を登り、左へと曲がって三つの大砲が設置されていた砲台へと降りて行った。そこからは、満珠島（マンシュー）から彦島に至るまでの海峡が一望できた。大砲を置くには申し分のない場所だったが、丘の側面を切り開いて設置されていたので、敵からの砲弾は、大きく上に逸れない限りことごとく命中してしまったであろう。本来この場所は、攻めてくる艦隊と戦う上で極めて優れた地形だった。厚い茂みが丘を覆っているので登ることは不可能であり、また砲弾を当てることも簡単ではない。近代的な大砲を用いた場合はどうなっていたかわからないが、もし当時の日本人が地の利を活かす術を知っていれば難攻不落の要塞を作ることができたであろうというのが、工兵士官たちの総意であった。

長州の使節たちは、午後二時に到着した。その日前もって行われた取り決めで、彼らは領主の名代として交渉することが決められていた。彼らが言うには、領主は帝からの通達を受けるまで自ら沈黙を守ることを決めたとのことで、彼らの言葉を直接用いると、「ツッシンデオル」、つまり恭順の態度を示しているとのことであった。これを単なる戯言だと考えるべきではない。かつては、侍が上司の憤怒を招くほどの失態を個人もしくは誰かの代理として犯してしまったときには、彼は直ちに服従の姿勢を取り、両手両足を縛られた状態で連れていかれ、そこで主君はその者を好きなようにしたのである。それは、第一級軽犯罪に対する自発的な処罰のようなものだった。当時我々は、当然それは領主に下関まで足労させないための言い訳にすぎないと思い、それを認めなかった。だが今になって私は、老領主は彼の臣下たちのとった王城の護衛に対して攻撃をしかけるなどという暴力的な行動に戦慄し（そして遺憾の意を示すため）、反逆の罪に対する罰を自らに科したのではないかと思っている。彼の臣下が許すかぎり、元首が科す一切の罰を受け入れる準備があることを明確にしたのだ。

　領主の名代たちの名前は、大臣の宍戸備前、毛利出雲、宍戸刑馬、井原主計（イバラカズエ）、そして楢崎弥七郎（ナオザキヤヒチロー）（目付（メツケ）、書記官に相当する）。[7] 加えて伊藤俊輔、波多野金吾と、もう一人いたが名前を書き忘れた。どうやら備前は、公職から完全に引退したわけではないようであった。提督たちは二人ともその場にいた。会議が始まると同時にキューパー提督は、領主が下関に来ることができるかもしれないというから今回講和に応じたのに、なぜ彼が蟄居していることを教えてくれなかったのかと尋ねた。使節たちは、舟の進みが遅く、前日遅い時間になるまで城に到着できなかったからだと答えた。領主を説得するべく長い時間をかけて諭し、できるかぎりの努力はしたのだが、旧習を破ることはできないの一点張りだったとのことだった。彼は帝の不興を買っており、自身の重臣と会うこともできないのに、提督たちに会いに行くなどということは不可能であった。使節たちは大変悔やんだが、どうすることもできなかった。領主は提督に心から会いたがっていたそうである。

この問題が完全に議論し尽くされたころには、恐らく日本人たちも我々が領主と直接交渉することに重きを置いていたことを理解したであろう。発表された提督たちの要求は、次のようなものであった。

第一に、海峡を通過する外国船には友好的な態度で接し、外国船に石炭、補給品、水、その他必要物資を購入することを許可すること。また、悪天候に晒された際には、船員に上陸を許可すること。

第二に、今後新しい砲台を作らず、昔の砲台を修復したり大砲を設置したりしないこと。

第二項は、日本人たちのあいだで物議を醸した。今回の要求で用いられた語句には、前回のときのような抜け穴がなかったからである。だが我々が、何のために砲台が作られたのかと尋ねたとき、彼らは「外国人との戦争のためである」と答えた。

「ならば、その外国人たちが砲台を破壊した以上、我々は同じ場所にこれ以上砲台を設置することを許さない。この項目は絶対だ、譲歩しない」

こう言われて、彼らも従った。

第三に、長州が我々の船に攻撃を仕掛けてきた以上、我々には下関の町を破壊する正当な権利があった。だが、そうしなかった。そのため、そのことに対する代償金を求める。さらには、領主は今回の遠征にかかった費用を賄うよう要求した。総額は、江戸の諸外国の代表が決定する。

これに対しても、我々の友人たちは強く反発した。長州と防州は小さい州で、わずか三十六万石の収入しかなかった。その中で、二十万ほどが家臣を養うために支払われ、残りは砲台、大砲、その他の戦争のための道具に使用された。もし彼らが有する資本を上まわる金額を要求されれば、支払うことはできない。州の中には、領主への奉仕のためならば命を惜しまない男たちもたくさんいた。領主がもし講和を求めるのであれば、彼らの興奮を抑えなければならなかった。これに対して提督は、貴君らは事前に代価の大きさを考えるべきであったと返答した。戦争を選んだのは貴君ら自身であり、かかった費用の領収書が提示されれば、それを支払わなければならない、と。最終的に彼らはこの項目に同意したが、自分たちの意志は完全に砕けてはおらず、要求が法外であれば、それに屈するよりも戦いを選ぶということを示そうとしているという印象を私に強く与えた。

最後に我々は、これはあくまでも一時停戦のための条約であり、今後諸外国の代表と日本の政府のあいだで交わされる長州に関連する一切の交渉に何ら影響を及ぼすものではないという宣言を、草案に挿入した。この条項は、フランス、オランダ、アメリカも賠償金を要求するであろうということを念頭に挿入されたのだと、私は推測する。とにかく、これは議論されることなく同意された。丁寧な写しが作成され、二人の家老たちが署名し、二日後この写しは山口へと運ばれて領主の署名を得るため、彼らに渡された。まだ我々の船を見たことがなかった者は、いつもどおり下甲板から動力室へと案内され、そのあと彼らは全員去っていった。

十五日には状況が落ち着いていたので、私の教師とともに個人的な散策をする時間ができた。我々はまず、先日協定を交渉した使節団の一員であった井原主計を船上に誘い、ベアトに写真を撮影してもらうよう勧めた。そのあと、教師の林は二週間手入れされていなかった頭髪をきれいに剃ってもらうために床屋へと向かい、そのあいだ私は町内を散歩して合流地点として指定した食堂へと入った。店の人たちは私を丁重に迎え入れ、二階へと案内してくれた。そこは片側が完全に吹き抜けになっていて、小さな中庭を見下ろすことができた。隣の建物では、二本差しの長州の男たちが、木製の露台によりかかりながら、私に対してよそへ行くよう手を振り回していた。そのため私が「何か用か！」と強い口調で叫ぶと、彼らは腰を抜かし、西洋人たちの威厳は保たれた。

林が合流すると、我々はアワビを注文し、それが準備されているあいだ熟したスイカをほとんど丸ごと食べてしまった。アワビは砂糖で調理されていたが、とても硬かった。二種類の酒がふるまわれ、食事中女中は香りを部屋に充満させるためにずっと煙管を吐き続けていた。最後に我々は、スッポンのスープと米を食べた。その後私は一週間下関に滞在し、そのあいだよく町に降りたが、町の人々は常に友好的で、問題が起こることはなかった。条約は十六日に我々の下へと運ばれてきて、それはしっかりと署名され封をされていた。

日本人たちは別の書類も作って持ってきており、それは海軍士官と水兵たちが彼らの領地の一定以上の場所を越えて入ってこないようにすることと、夜間に上陸しないようにすることを求めたもので、提督たちに署名を求めた。この書類に関しては、大きな誤解が生じた。アベ・ジラールの教師は、これは長州の官吏からの公的な覚書、もしくは口上書であると言って譲らず、私は若年で日本学者としてアベほどの威厳を有していなかったので、それに従わざるをえなかった。それで返信を作成し――この手紙は私が書いたのだが――長官の下へと持って行くために上陸した。その手紙には、日本人側が要求した最も重要な制約についてはすでに我々も合意しており、その他の案件に関しては、長州の使者はすでに西洋人が兵舎や寺院を訪れることに反対しないと約束したので、そのような要求を求めることは不当であるということが記された。また、今後の交信の際には、井原主計によって署名され封をされた書簡をもってするようにとも要求した。私にとって大変喜ばしいことに、長州の長官はこれを読んで「これは間違いだ。貴君に持っていったのは、貴君らの海軍の司令官が我々に送る手紙の草案として作ったものだ」と述べた。

砲台が破壊され、長州の領主とのあいだに了解が成立したことで、海軍作戦の目的は完全に達成された。海峡に再び要塞が築かれることを防ぐため三隻の船を残すことが決められたが、それ以外の同盟国の艦隊の大半は撤退の準備をはじめた。私は、バロッサ号に乗船して下関に残るように命じられた。提督が去る前日、家老一人と官吏二人を横浜へと連れて行ってくれないだろうかと尋ねる手紙が長州の長官から届いた。これはただちに許可されたが、三人は時間どおりに現れなかったため、翌日出発する予定のフランスの提督に頼んでみてはどうかと言い残した。だが、彼らはイングランドの船に乗るよう命じられたので、他の国の船には乗らないと拒否した。最終的には、バロッサ号が彼らを連れて行った。

事前の取り決めどおり、二十日に、バロッサ号を除くすべてのイギリスの船と、ジャンビ号を除くすべてのオランダの船が、大坂の方向へ向かって瀬戸内海を進んだが、フランスの艦隊は残った。その後、私はバロッサ号の士官数名と散歩のために上陸した。兵舎を通過しようとすると、その中の者たちが「帽子を脱げ」と叫んできたので、「なんだと」と言い返した。衛兵は「帽子を脱げ。ここは名誉ある下関の兵舎だぞ」と言った。我々は「バカなことを言うな！　くだらないことを言い続けるなら長官に言いつけるぞ」と言い返した。それから兵舎を通りすぎて町に下り、長官のもとを訪ねて血気盛んな衛兵長から受けた仕打ちについて抗議した。長官は、厳しく罰することを約束し、その約束はしっかりと守られた。他の海軍士官たちが上陸し、同じ場所を通過したとき、日本人の士官が道へと駆けてきて脱帽する必要はないということを告げた。

町の人々は、一八六三年にアメリカとフランスが行った収奪についてあますところなく話してくれた。ワイオミング号のマクドゥーガル大佐は、船を沈没させたことや町に砲火を放ったことに関して非常に控えめに報告したが、フランスは自らの勇敢さを過大なまでに誇張した。ワイオミング号は全砲台から一斉攻撃を受けながらも、ランスフィールド号ともう一隻の帆船を町の目の前で沈めたが、その一方でセミラミス号は田野浦より先へは進まなかった。[8]

一般の人々は、大君が外国人の排斥を唱えていたと信じて疑っておらず、市場では男の声で「幕府（バクフ）は二重外交をしている」と言う声が聞こえてきた。「幕府」とは、当時大君の政府のことを指すときにいちばんよく使われた単語であった。大君の政府が我々に砲台を破壊しにいくよう命じたのかと尋ねる人もおり、これに対して私は「そうではない。だが、彼は自ら海峡を開放することはできないと言っていた」と答えた。さらに、大君は大名と外国人とのあいだで板挟みになって非常に厳しい状況に置かれており、それゆえに互いに対して相矛盾する約束をしたのだというところが、我々の見解であると述べた。それを聞いて彼らは声をそろえて「ホンマダ」と叫んだ。

その夜、長崎から汽船ヴィクトリア号に乗って長崎の副長官が通訳とともにやってきた。下関の前を通過する際に、フランスの提督の下へと立ち寄り、そのあと我々の近く、田野浦に投錨した。長崎の官吏たちは、長州は敗れたのかと船まで聞きにやってきて、そのとおりだと答えた。

そのあと彼らは、長州の領主が「アメリカ人たち」に講和を求めるために出した最初の手紙の複写を見せた。小倉の人たちから手渡されたものだとのことだった。私はぶっきらぼうに、これは偽物だと告げたが、彼らはこの書簡の出所を教えてくれなかった。長崎の官吏たちは、自分たちが派遣された理由は、大君が外国人を排斥するよう命じたという長州のうそを信じないでほしいと提督に告げるためだと言った。また、艦隊が大坂へと向かうと聞いた長崎の長官が、下関の砲台が破壊された後にそんな大きな軍勢が現れれば町がパニックに陥りかねないと危惧し、提督と大坂の長官のあいだに問題が起こらないよう彼らを派遣したのだとも述べた。彼らは、長州と締結された条約によって下関が外国との貿易のために開港されることになれば、長崎の貿易に大きな悪影響を及ぼすと考えていたので、そのことを非常に不安がっていた。だが、我々は一切の情報を与えなかった。長州の臣下たちを倒した後、我々は彼らに尊敬の念と好意を抱くようになっていたが、弱体で二重外交を展開していた大君の臣下たちには不快の念が芽生えはじめていた。私自身も、このとき以降は、大君が常に我々から遠ざけようとしていた大名たちの側に、少しずつ共感を抱くようになっていった。

二十一日、セミラミス号とデュプレックス号が海峡を離れたが、タンクレード号は残った。我々のうち数人は、牛を供給してもらえないか尋ねるために上陸して本陣へと向かった。官吏たちはできるかぎりのことはすると約束したが、自分たちで屠畜したことがないので、難しいだろうと述べた。また、メキシコ銀を日本の通貨に両替できるだろうかと尋ねると、長崎の為替レートで交換すると約束してくれたが、もし喫緊に必要であれば今すぐ一分銀千枚を貸すので、後日横浜にいる長州の代理人に返してくれればいいと申し出てくれた。友好関係を確立するために戦わなければならなかったことを後悔せざるを得なくなるほど、彼らはとても親切だった。そして、薩摩も長州も我々が行ったことに対して何ら怨恨を抱くことなく、このあと日本においては政治的な混乱と革命が起こるが、そのような中でも我々は一貫して極めて親密な同盟関係にあり続けた。

その日は護衛を連れずに町の端から端まで歩き、海峡の先に広がるシナ海を一瞥した。二本差しの男たちが、横柄な態度で舟に戻るよう身ぶりで促したが、私が彼らの言語で諭すと、彼らは途端に黙った。拳銃を示したことも、この結果を生むことに少なからず影響したと思われる。

ある日、伊藤が二人の男たちを連れて乗船してきて、彼らを商人だと紹介したが、伊藤がそのうちの一人を丁重に扱っていたことや、その人物が二本の剣を携えていたことから、彼らが位の高い人物であることは明白だった。彼らは船内を案内され、さまざまな種類の酒をふるまわれた。彼は、このたびの戦闘において自分たちは七、八人の戦死者と、その倍ほどの数の負傷者しか出さなかったと豪語したが、随行者の一人は二十人ほどが戦死したと言っていた。伊藤は、長州で生産された綿、蠟（ろう）、絹などは下関を通じて貿易できると述べ、同様のことは北部諸州や大坂でもできるだろうと言った。また、イングランドの市場のために紙を生産することも可能かもしれないとも。さらに加えて、領主は貿易のために開港することを強く望んでいるが、大君と大名たちの連合による侵略が今にも起ころうとしている状況であり、領地の防衛に集中しなければならないのだとも述べた。

ワイオミング号によって一八六三年に沈められた二隻の船は引き上げられ、萩へと送られた。前田村と串崎岬にあった砲台が、長府の大名の領地にあったということを知ったときには、私は驚いた。もっとも、彼は彼の家系の長が戦争をしているときに我関せずという態度でいられるほど独立した存在ではなかったが。昨年オランダのコルベット艦メデューサ号が海峡の航海中に砲撃されたときは、砲台は町の背後にあった低い丘に設置され、海に面した二つの地点にもあったが、その後大砲は壇之浦と前田村へと移動させられた。それらは後に、我々の手中に落ちることになる。小倉領の門司の岬にある、三門の大砲による小さな砲台も、長州の男たちによって作られたものだった。彼らは、地面を盛り上げて兵舎を建てたが、京都における長州の領主の計画が失敗し、自らの領地に引きこもって防衛に専念せざるを得なくなると、この砲台は小倉の者たちによって破壊された。

ある日、小倉に上陸して町を散策しようと、小舟に乗って小倉へと向かった。小倉の者たちは、門を開放すると繰り返し告げながら一時間半も待たせた挙句、最後は我々を受け入れることを拒絶した。やっと門が開いたとき、中から二人の人たちが出てきて、小さな声で小倉は条約港ではないので貴君たちを入れるわけにはいかないと告げてきた。私は一行を代表し、我々が貴君らの敵を完膚なきまでに撃退した後にこのような態度で接するのは、極めて無礼であると述べた。我々を見るために人だかりができており、もし上陸していればもみくちゃにされていただろう。強引に入ることは不可能だった。

月の終わりには、艦上で天然痘が流行しはじめたので、ダウウェル大佐が旗艦に移転させられたあと一時的に指揮を執ったW・H・カミングスは、準備ができ次第一刻も早く横浜へと向かうべきだと強く考えるようになった。そのため二十七日に長州の官吏に対して、瀬戸内海を進むために船頭を一人貸してほしいと要請することにした。また三隻の船の司令官たちは、以前約束した井原と他二人の官吏を横浜へと乗せていく案件に関して話し合うため、井原を訪問したいとも述べた。

この内容を通達するため私は上陸し、食事をとろうと伊藤の下を訪れた。彼は親切にもヨーロッパの様式で夕食を用意してくれた。彼は長さ七フィート、幅はその半分ほどのテーブルを用意し、丈夫な外国製の布でそれを覆った。四枚の皿が並べられ、それぞれ両脇には危険なほど鋭いナイフと、平坦なお椀と真鍮のスプーン、そして箸が一膳ずつ置かれていた。最初に出てきた料理はゆでたメバルで、これは切ることがとても難しかったが、最終的には鋭い箸を頭に突き刺しながらスプーンで身を裂くことでこれを達成した。これとともに、大豆と大きな米のお椀、そして粗挽き塩が載せられた小皿も出された。次の料理はウナギの照り焼きで、その次に出てきたのはスッポンのシチューだった。これらは両方ともとてもおいしかったが、その次に出てきたゆでたアワビと鶏肉は論外だった。ナイフは切っ先がなく、刃の部分が柄から常に外れそうだったため、とにかく身を切ることが難しかった。これは諦めざるを得ず、鶏の胸肉の切り身を同行者たちに勧めることにした。その後、皮をむかれて四つに切られ、甘い米酒（ミリン）に浸された半熟の柿がふるまわれたが、これは素晴らしかった。恐らくこれ以前に日本においてヨーロッパの様式で夕食がふるまわれたことはほとんどなかったであろう。あるいはこれがはじめてだったのかもしれない。

横浜を訪問する一団は、井原と、杉徳輔という名前の評議官、秘書官一人、それに伊藤と他四人によって構成されることが決まり、バロッサ号とジャンビ号に乗船することとなった。我々より先に出発する予定だったタンクレード号は、この一行の半分以上が入れるような船室がなく、日本人たちも必要以上の長い時間別々に分けられることを好まなかったので、我々と同行することにしたのだ。十月四日、ボクサー中佐が指揮するレースホース号が我々の船と交代するためにやってきた。井原と山県圭蔵[9]という名の秘書官、そして我々は、翌朝出発した。

我々の軍事作戦の成功、そして長州の領主との協定締結に関する報告はただちに横浜の諸外国の代表たちに届けられ、彼らはこれを受けてすぐに大君の政府を訪ねた。そこで我々は、伊藤から手渡された京都からの命令書の複写に記されていた、長州との共謀をほのめかす内容について説明を求めた。大君の政府の説明は説得力を欠き、いかなる額であっても諸外国の代表たちが要求する賠償金の額を長州に支払わせること、それができなければ瀬戸内海に開港地を設けることを難なく約束させることができた。

この場においては同時に、賠償金の金額を記した書簡も手渡されたが、それは四ヵ国の外交使節から提示された。少なくともサー・R・オールコックに関しては、敗戦の責を負う大名や、その大名に対してさらに責任を負っていた者に賠償金を押しつけようとしているという非難を受ける道理はない。彼が達成しようとしていた最も重要なことは、開港以来帝の名の下で敵対的な大名たちが繰り広げていた対外貿易の阻害行為をやめさせるため、帝に条約を承認してもらうことであった。敵対的な大名たちの筆頭であった薩摩と長州が正気に戻された今、大君の政府が本当に条約に記された義務を履行する意志があるのであれば、自らの権力を行使して国全体が諸外国との交流に関する新しい方針に従うようにすることは簡単だったはずである。賠償金の金額を決定したのは、あくまで商業関係の発展のため条約を批准するよう帝に働きかけよと圧力をかけるためだった。

井原と彼の随行者たちは十日に横浜に到着し、同日サー・ラザフォード・オールコックとアメリカ公使のプルイン氏と面談した。諸外国は長州の大名に対して敵意を抱いていないということを面談を通じて明確にし、諸外国の代表が大君から賠償金を求めることを知ったとき、長州の者たちは安堵していた。だが同時に、海峡は恒久的に非武装化され、また外国の船は友好的に扱われなければならないという約束は誠心誠意守られなければならず、これに関しては交渉の余地もないということも理解させた。帝から反逆者と宣言され、大君から敵と認識された長州の領主の家臣が、大君の港である横浜に降りたということは不思議ではあったが、私が覚えているかぎりでは彼らは大君からの干渉を避けられる外国人居留地以外の場所を訪れていない。そして十四日に、ターター号は彼らを乗せて出発し、彼らは地元へと戻っていった。

第十二章　バードとボールドウィンの殺害

このころ、サー・ラザフォード・オールコックは、ラッセル卿から召還を告げる書簡を受け取った。ロンドンに召還される理由は、表向きには現状について意見を聞きたいからということだった。だが書簡には、外国の商業のために瀬戸内海の通行権は必ずしも必要ではないというラッセル卿の見解も記されており、これはサー・ラザフォードの判断に対する懲罰であるということを意味していた。外務省の代理人が、自身の判断が適当ではなく、したがって召還されるのであるということを、これほど多くの語句を用いて伝えられるのは稀である。しかしながら、外交使節の長の地位が大使であれ、使節であれ、いかなるものであっても休暇は本人が要請してはじめて与えられるものであるから、本国への帰国を促されるということは外交官の解任に相当することであった。

だがこの書簡は、サー・ラザフォードの政策が完全なる成功をおさめ、この国に住む外国人がみなこぞって彼の活力的な行動を称賛しているときに届いたので、彼も公使館の職員もジョン・ラッセル卿の不興などはどうでもいいと感じていた。長州は、自分たちの兵隊が京都の宮殿の門から追い払われた直後に、諸外国の艦隊によって完膚なきまでに叩きのめされた。このことによって大君の政府は自信を取り戻し、よって彼らは帝に対して外国人を排斥し貿易を止めるなどということはまったくもって不可能であると宣言した。同時に、ヨーロッパ人は戦争技術が優れていることを自ら証明し、彼らにとって最も手ごわく、最も意志の強い敵を速やかに友人とすることに成功した。サー・ラザフォードにとって、自身がとった行動の正当性を証明することは難しいことではなく、彼が送った書簡の内容は冷静で説得力があった。ラッセル卿はただちに自分の代理人が正しいことをしたと認め、その行動を承認したことを伝える女王直筆の書簡を送った。だが、サー・ラザフォードを慰めるこの書簡が横浜に届いたときには、彼はすでにイングランドに向かっていた。

将軍の政府は自発的に、長州の領主が払わなければならない賠償金に関しては全額自分たちが責任を持つと約束した。十月二十二日に、将軍の第二の評議会の一員[1]と四ヵ国の代表は協定に署名し、前者は総額三百万ドルを賠償金として支払うことになった。大君が希望し、諸外国が承認するのであれば、代わりに下関か瀬戸内海にある適当な港を開港させてもいいとも決められた。賠償金が諸外国のあいだでどのように分配されるかは、今後四ヵ国の政府によって協議されることになった。諸外国の代表のあいだにはさまざまな意見の相違があったが、横浜をより住みやすい環境にする必要があるというところでは一致しており、この機会に彼らは大君の大臣たちに横浜の状況を改善してほしいと要請した。自らの勇気と忍耐に対する相応の対価を得ることができたサー・ラザフォードは、この後ラッセル卿の命令どおりに日本を離れる準備をはじめた。だがそのとき、まったく予期しなかった出来事が起こり、これによって彼の出発は遅らされたのである。

下関で成功をおさめ、大君の政府が条約を履行する必要性を率直に認めると、外国人居留者たちは安全になったことを改めて確信するようになり、条約で定められた遊歩範囲の外へと散策することを恐れなくなった。だが十一月二十日の夜、神奈川の長官がイギリス領事のウィンチェスター氏の下へとやってきて、第二十連隊のボールドウィン少佐とバード中尉が、横浜から十二マイルほどの場所にある鎌倉という有名な行楽地で野蛮にも殺害されたことを告げ、外国人居留者たちは不快な衝撃を受けることになった。ボールドウィンは即死だったが、住人の証言によると、バードは数時間生き永らえてからこと切れたとのことであった。二人の士官が、巨大な仏陀の銅像を見て、八幡（ハチマン）の寺へと馬に乗って進んでいき、角を曲がろうとしたところで、二人の男が鋭利な剣を持ってとびかかり、恐ろしい傷を負わせ、抵抗するいとまをほとんど与えないまま彼らを地面に引きずりおろした。外国人社会が感じた恐怖は、説明しなくても容易に想像できるだろう。特に、バードの致命傷は暗殺者たちが立ち去ってから数時間後につけられたということが明らかになると、恐怖はさらに強まった。

外科医の見解では、致命傷となったのは首の第二と第三頸椎のあいだにある傷で、脊髄が完全に分断されており、この傷を負わされた瞬間に絶命したことは間違いないだろうとのことだった。その後、より若いほうの被害者は夜十時くらいまで生きていたであろうことを示す新しい証拠が見つかった。もしそうなのであれば、いったい誰が何の理由でこの傷を負わせたのであろうか？　連隊の外科医の報告書を信頼した人物たちは、これは事件の報告を受けた長官が、襲撃犯が誰であったか負傷者から伝わらないよう、ウィンチェスター氏にこのことを報告する三、四時間ほど前に現場に官吏を派遣して事に及んだのだ、という結論に飛びついた。だが私には、公人であろうがそうでなかろうが、日本人がそのような姑息な真似をするとは考えられない。私は、脊髄は外科医の不注意で誤って手術道具で分断されてしまったに過ぎず、無数の傷からの出血多量がバードの本当の死因だったのではないかと考えている。公使館のウィリス医師と、横浜で高名な開業医だったジェンキンス医師も同じような見解だったが、彼らは二人とも検死には呼ばれていなかった。

二人の外科医は、先入観なしにバードの傷跡に関する推理をするために急いで検死をしたが、その結果自然と、そして確信をもって、見解を変える必要はないと考えたはずである。もっとも、彼らもこの国の人々がこのような恐ろしい殺人事件を起こすことができないなどと思ってはいなかっただろう。むしろ、外国人嫌いの日本人の官吏たちは、そのような行為は正当であると信じて疑っていなかったかもしれない。ここで述べられた見解と符合する追加の証拠の数々が議会白書に残されており、私も時間があれば詳しく述べたいところである。だがこの本は私の経験と記録を記したものであり、出版されたものをまとめるためのものではないので、これらの詳細についてこの場で長々と語るべきではないだろう。

大君の政府は自分たちの権力のすべてを用いて殺人者たちを探し、一ヵ月が過ぎる少し前に容疑者の一人、清水清次を逮捕した。すでに十六日には、蒲池（ガマイケ）〔源八〕と稲葉という名の二人の共犯者が、外国人の殺人に加担した罪と、豪農から金をゆすり取った罪で処刑されていた。彼らは鎌倉の件に関しては無関係だったのだが。

一八六四年十二月十六日、この二人の処刑が塀に囲われた牢獄の敷地の中で行われ、私もそれを見物した。外国人、現地人を問わず多くの見物客がいた。三時を少し過ぎたころ、そろそろ罪人が連れ出されるようだと周囲がざわめきはじめた。扉が開くと、目隠しをされ、体中を縛られた男が、人ごみの中を先導されて進んでいった。彼は、血を受けるために掘られた穴の前に敷かれた粗末なマットにひざまずかされた。死刑執行の補助者たちは、首元がよく見えるように服を下ろし、さらに髪を手でかきあげて剣が狙いを定めやすいようにした。死刑執行人は綿の布を一切れ武器の柄の部分に巻きつけ、慎重に刃を濡らすと、それを受ける者の左側に構えた。そして両手で剣を頭上に掲げた後にそれを急降下させると、首は完全に切断された。責任者が検分できるよう首級は高々と掲げられ、彼がただ「確かに」とだけ述べると、その首は穴に投げ捨てられた。二人目の罪人が連れてこられ、今回は補助者たちが正しい姿勢にひざまずかせるまでに少し苦労したが、最終的にはすべて首尾よく行われた。首元がさらされると、新たな死刑執行人が前へと進み、囚人の左側で堂々と剣を掲げ、彼の前の執行人と同じ技術を以てそれを下ろした。頭のない死体から血を穴へと流すため、補助者たちが頭のない死体をひざまずかせて穴へと向ける光景は恐ろしいもので、私はただちにその場を去り、単なる好奇心から死刑を見物するようなことは二度としないと誓った。

当時の日本において死刑は、人道的な刑法が導入される現在よりもはるかに頻繁に起こっており、磔(はりつけ)にされた者を槍で突き刺す形でも行われていた。多くの外国人居留者は、好奇心からだけでなく、自分たちと同郷の者を手にかけた犯人に法の裁きが下る瞬間を見たいと思い、そのような陽気な見世物を見物しに行ったのであろう。

サー・ラザフォードがイングランドへと出発する前夜、ボールドウィンとバード殺害の本当の下手人であった清水清次が逮捕されたという報告が届いた。専制政権の下では警察は優秀なものなので、現地人の警察の評判は非常によく、したがって我々は政府がその気になれば外国人を襲った者を逮捕することは難しくないはずだと思っていた。私はこれを数年後に知ったのだが、外国人を殺害した者たち――例えば一八六一年の我々の公使館への襲撃に関与した連中――の名前は、すでに公然となっていたのだが、大君の助言役たちはこのとき、自ら生み出した困難な政治的状況に影響されて彼らを裁く勇気がなかったのだ。これは、そのような犯罪の加害者が白日の下にさらされた最初の事例であった。イギリスの公使は、これこそ自分が実行した行動が正しかった証拠であるとたいそう喜び、自然と時計と鎖を外してよき知らせを伝えてくれた伝言人の首にかけたのである。

清水清次が処刑されたのは十二月二十八日の朝十時で、イギリスの駐屯兵から派遣された数人も見物した。果たして本当に蒲池と稲葉が外国人居留者の命を脅かしたのかということはわからないところもあるが、清水がボールドウィンとバード殺害の下手人の一人であるということは疑う余地がない。私はこの前日、判決を聞くために領事代理のM・O・フラワーズ氏に同行して牢獄へと行くよう命じられた。我々が数時間待った後、厳重に護衛・管理された清水が江戸から連行されてきて、目撃者たちの前に晒され、彼らは黙って清水の特徴を確認した。その後彼らは別々に尋問され、すべての者が清水を犯人と認識した。最も重要な目撃者の一人は、少年だった。そしてそのさらに後、我々は清水を尋問すると、彼は嫌疑をはっきりと認めた。彼はもっと何かを言おうとしたが、日本の官吏に黙るよう命じられた。だが、彼の正体を示す最も有効な証拠を、外交使節の一人であるフレッチャー氏が得ることができた。彼は、殺人者が自身の罪状を示す旗に先導されて町を練り歩かされ（これは彼に与えられた罰の一つであった）、処刑場へと戻ってくる道中に同行していた。このときフレッチャー氏は清水が「自分が外国人を殺したとき、その一人は領事かもしれないと思ったのだが」と言ったことを聞いたのである。フレッチャー氏の同僚はみな、彼が極めて誠実で、またこのような事態で聞き間違えをするようなことは万に一つもないような人物であることを知っていた。アジア人たちは苦境から逃れようとするときによく偽証という手段を用いるのだが、このときにかぎり日本の政府がそうしないと考えるほど、フレッチャー氏が冷静さを欠いていたわけでもなかったであろう。

二十八日の朝、兵士たちが処刑場に現れ、片側に並んだ。罪人は十時ごろに連れてこられた。彼はまず、酒が欲しいと要求した。その後、彼は再度質問に答える形で、自らにかけられた嫌疑を認めた。私が、昨日言おうとしたが言えなかったことは何だったのかと尋ね、もしバードとボールドウィンが自分の前に立ちはだからなければ、攻撃することはできなかっただろうと言おうとしたのだと彼は答えた。これが真実かどうかを確かめることはできないが、彼の供述書の内容とは一致しない。留意しておかなければいけないのは、日本における供述書とは、収監された者が言ったことを単純にすべて書き記したものではなく、何度かにわたって尋問した結果得られた供述をまとめて後に編集したものであり、イングランドにおける刑事裁判の裁判長による報告書に似ているということである。清水は、日本の官吏たちに目隠しをしないように頼み、日本語で詩を吟じ、その内容を翻訳すると以下のようになる。

私は、捕らえられて死刑に処されても悔いはない。
日本人の誰もが、蛮族を殺したいと思っているのだから。[2]

　補助の官吏たちが、処刑執行人が一閃を加えられるよう彼の服を脱がして首元を晒したとき、清水は彼を縛っている縄を緩めるようにも頼んだ。そうしたほうが、死刑執行が容易になるだろうから、と。そして、「後世の人々は、清水清次とはすばらしい人物だったと言い遺すだろう」とも言った。彼は続けて「〔蒲池〕源八の頭を斬り落とした刀では私を斬ることはできないだろう」とも述べ、刃を濡らすように求めた。恐らく彼は自分の首が太いのだということをほのめかしたかったのだと思われる。そしてその後「願わくは、すっぱりと斬っていただきたい」と言い、剣の一閃を受けるために首を伸ばした。これが、彼が口にした最後の言葉となったが、剣が下ろされた瞬間に彼は官吏に対してさらに何かを言おうとして首を左に曲げたので、一斬りで目標を達成することができなかった。そのため死刑執行人は首が斬れるまでたたき続けなければならなかったのだが、それはとにかく恐ろしい光景であった。最初の一撃が放たれたとき、すべての暗殺者がその罪に対する裁きを受けたことを知らせるために、イギリス王立砲兵団によって砲声が放たれ、その後我々はすぐさま解散した。首級は横浜の北の入口にかかっている橋に運ばれ、台の上で三日間晒された。罪状の写しは、戸塚と犯行現場に掲げられた。これは、日本の当局者たちが必ずやると書簡で約束したものだったので、数日後私は公使館の騎馬衛兵に付き添ってこの約束が果たされたか確認しに行った。我々は、彼らが書簡に記した約束を果たしたことを確認し、こうして私が日本に滞在していたあいだに遭遇したものの中で一、二を争うほど劇的な事件は終結した。暗殺者を憎まないわけにはいかなかったが、それでも日本人の視点に立てば、清水のようなかなりの勇敢さを備えているように見えた人物が、外国人の暗殺によって自らの国を救うことができるという誤った考えに導かれてしまったことを、私は悔やまずにはいられなかった。だが、日本人の暗殺者の剣によって流された外国人の血と、それをあがなうために犠牲になった命は、土壌を肥沃にする養分となり、後ほどその土壌から国家再生の木が勢いよく生えてきたことを考えると、決して無駄にはならなかった。

第十三章　帝による条約批准

サー・ラザフォードが日本を離れたため、業務は臨時代理公使に任命されたウィンチェスター氏の手に委ねられた。まもなくラッセル卿から、イギリス政府は先の公使が採用した方針に完全に満足していると述べる長い書簡が届き、その功績に報いるため位の高い北京公使の地位に昇格させられたということも知った。彼を引き継いだのは、死に直面してなお尋常ならぬほどに英雄的な行動を取ったことで名声を手にし、他の女王陛下の官人の誰よりも極東在住のヨーロッパ人たちから尊敬されていた、サー・ハリー・パークスであった。

もちろん彼は間違いを犯し、欠点もある人物で、特にキャリアの晩年にそれらが顕在化することが多かった。だがそれでも、イングランドを代表した公人の中で彼ほど献身的な人もいなかったであろう。彼の功績が大きく、日本は返すことができないほどの借りが彼にあるということを、日本人たち自身はよく理解していない。一八六八年の革命のときに、もし彼が他の国の公使たちの多くが取った行動に無思慮に追従し、実際に支持した勢力と違う側についていたら、王政復古はほぼ実現不可能なほど困難になっただろうし、内戦が速やかに終わるということもなかったであろう。

彼は自らの地位に課せられた任務を果たすことのみに尽力した、疲れを知らない働き者であり、周辺で起こっていることを正確に理解するために労を惜しむことがなかった。彼は自分に対して厳しく、部下にも同じ熱心さを要求した。また、彼の勇敢さをはっきりと示す例を、私はのちに目撃することになる。イギリス人の公人の中には、たとえばインドの官吏に有能で勇敢で知られる者が多くいたが、文民でサー・ハリーほど危険な状況に陥っても冷静さと厳格さを保っていられた人はいないだろう。公務に関しては厳格で容赦がなかったが、個人的な関係においては助けを求めた人に対してはとても慈悲深く、親しくなった人に対しては誠実な友人であった。残念ながら私はそうした対象にはならず、我々は最初から最後まで友人ではなかったが、私は仕事に対して怠惰だったり段取りが悪かったりすることは決してなかったので、まもなく私は彼の補佐官になり、一八六六年末にとうとう横浜領事館（一八六五年から私はそこに通訳官として赴任させられていた）から公使館へと異動となった。

清水清次がバードとボールドウィンを殺害したときに、ともに事に及んだ間宮一という人物が、一八六五年十月三十日に処刑された。早朝、私はフラワーズとともに、事件に関する疑問を一掃するため、雨が降りしきる中、収監者に質問をしに行った。彼は共犯者と同様の罰に処され、一時に我々はまたも斬首を見届けるために出かけた。雨が降りしきる日のことで、憂鬱な雰囲気にふさわしい鈍い鉛色の雲が頭上に広がっていた。間宮は若く、清水ほど自らを保っていることができず、死刑執行人と対面できるよう、酒を呑んで酔っぱらうことを許可された。彼の頭は、一撃で切断された。現地の外国人による報道では、彼が本当に事件に関与していたか疑う声も挙がっていたが、私自身は彼が殺人犯の一人であると確信している。もし、大君の政府が犯人を捕まえられず、別の犯罪者を差し出したのだとしたら、真実は間違いなく漏れ出していただろうし、このときには日本人たちが策を弄してもすぐに見抜けるだけの情報源を有していた。

サー・ハリー・パークスは七月上旬に横浜に到着し、上海で領事になることが決まっていたウィンチェスター氏は当地へと向かった。同時に、F・S・マイボローが長崎から横浜の領事館に転任させられた。長崎を通過した時点ですでに、サー・ハリーは大名の代理人たちを通じて、大君を打倒するための内戦が今にも始まろうとしていると知ることができた。

彼は、九月の段階で早くも、大君の評議会に対して条約に対する帝の批准を得ることが望ましいと告げていた。ただ、実はこれを最初に提案したのはウィンチェスター氏であり（このことを当時の私は知らなかった）、すでに四月の段階でイギリス政府に対して文書による条約に対する帝の承認を得ることと、下関賠償金の一部を放棄する見返りとして輸入関税をすべて従価五パーセントに引き下げることを日本側に持ちかけることを提案していた。大君の大臣たちは当時、協定で定められた五十万ドルという金額の四半期ごとの分割払いを続けることができないと言っていたのである。さらに言うならば、サー・ラザフォード・オールコックも、下関への砲撃が終わった直後から条約に対する帝の批准を得ることの重要性を強調していた。

この提案はラッセル卿に承認され、そのことはただちにオランダ、フランス、そしてアメリカの政府にも通達された。また、日本に向けた同じ内容の書簡も十月の末にはサー・ハリー・パークスの下に届いた。彼はすぐに他の国の公使たちと協議し、大君の大臣たちの中でも主要な地位を占める者たちと直接交渉するために、一同でそれなりの規模の艦隊に護衛された状態で大坂へ向かうべきだと主張した。言い忘れたが、大君は、無礼な反逆者である長州の領主を討伐するために派遣された軍隊の指揮官として六月から京都におり、そこでさまざまな策謀に巻き込まれ、また軍事行動の準備に時間がかかったこともあり、まだ長州に出発できずにいたのである。

フランスの公使は当初、もう一つ条約港を開港する代わりに賠償金の一部を放棄するという案に強く反対していたのだが、イギリスの代表の先導に従うよう本国政府から訓令を受け、またアメリカの臨時代理公使とオランダの政治的代表もそうする意思を表明したため、サー・ハリーの案に同意した。オランダの代表に関しては、当時我々は、言うなればサー・ハリーが彼を「ポケットの中に入れる」ことに成功したと考えており、「老廃したヨーロッパの諸王国」とは違う方針を採用したがるアメリカ人たちも、そのような考え方を一部改めたのだと考えていた。こうして諸外国間の意見が一致したので、海軍の司令官たちは出動の準備をするよう通達され、各国公使館の職員たちは大判洋紙、絹ひも、羽ペン、そしてインク壺を携え、翌日四ヵ国の代表が見解と計画を記した議定書に署名をしたあと軍艦に乗り込んだ。サー・ハリーは、ジョン・マクドナルド、アレクサンダー・フォン・シーボルト、そして私を随行させた。

艦隊は、前年下関の砲台を破壊したもののような圧倒的な強さを有するものではなかったが、それでも見事なものであった。イギリスの船で参加したものは、セントジョージ・ビンセント・キング提督の旗を掲げていた、大砲七十三門搭載のプリンセス・ロイヤル号、大砲十八門搭載のレパード号、二十二門搭載のペロラス号、そして一門搭載のバウンサー号であった。フランスからは、三十六門搭載のゲリエール号、十二門搭載のデュプレックス号と、四門搭載のキャンシャン号が参加し、オランダもコルベット艦ツァウトマン号を派遣することで貢献した。我々の提督は非常に優しく、乗船した三人の文官に対して正甲板の個室をあてがってくれた。私も、最近セヴァーン号から旗艦へと異動させられた海兵将校で私の友人であるA・G・S・ホーズと同じ船に乗ることができたので、このことを心から喜んだ。

諸外国の代表たちは、条約に対する帝の批准と関税の引き下げに加え、一八六六年一月一日から大坂と兵庫の港で貿易を認めることを要求したという噂が広まっていた。これらの場所は、一八六三年一月一日までに開放されるよう一八五八年の条約に記されていたのだが、一八六二年に諸外国は五年間の延長を許可し、事態が落ち着くまで猶予を与えることにしたのであった。これらの要求を呑むのであれば、見返りとして四ヵ国は下関賠償金の三分の二を放棄する準備があると通達し、決断は大君に委ねられた。このことに関しては、諸外国の公使館員たちのあいだで激しい議論が交わされた。詳しい事情を知らない部外者たちは、我々は新しい二つの商業拠点を開くことを有無を言わさず要求する最後通牒を突きつけるつもりだと言った。昇進のために功を得たい軍人たちは当然このような話を信じたがったが、彼らは同時に、外交とは常に不確かなものであるということもわかっていた。

江戸の政府は、諸外国の代表たちが精力的な行動をとったことに危機感を抱き、大君が京都へ向かったときの筆頭評議会の構成員であり唯一江戸に残っていた水野和泉守（イズミノカミ）が、第二の評議会の構成員の一人であった酒井飛驒守（ヒダノカミ）とともに、持てる力のすべてを駆使してサー・ハリーを説得するためにやってきた。[2] これほどまでに地位の高い人物が諸外国の公使館を訪ねたのはこのときがはじめてで、この事実が、日本で内乱の勃発が近づいており、その中で大君の大臣たちが緊張状態にいるということの証左となった。水野とその部下が自らの責任を果たしたいと思っていたことは間違いない。彼らは、諸外国の代表が兵庫に到着したときにどのように行動すべきか助言できたので、満足気であった。

我々は十一月一日に出発し、ゆっくりと海岸沿いを進んで四日の午前八時に和泉灘を通過した。大砲に砲弾を装塡し、男たちが一斉に持ち場についたが、由良（ユラ）の要塞の兵舎は我々を煩わそうとする素振りを見せなかったので、みなすぐに静かになった。十一時半、我々は淀川の入口の低地にある大坂の町を視界にとらえた。湾を囲う山脈は、霞の向こうへと消えていくまで内地へと延びていた。町の背後にそびえたつ大君の城は、高層の白い塔が特徴的なので、すぐに見つけることができた。だが、町自体は、高い建物がなかった上に我々が進んでいた水深が深い地点から離れていたので、よく見えなかった。同盟国の艦隊は、プリンセス・ロイヤル号を先頭に一列で進み、兵庫の方向へと向かって徐々に曲がり、一時半にそこに投錨した。他の軍艦も一隻、また一隻とやってきて、隊列の中の指定の場所を取った。湾はさまざまな小型帆船で混み合っていて、我々は投錨地に七隻の日本の蒸気船を確認した。その中の一つに、大君の軍務部に所属するものがあったのだが、その船から数人の官吏がやってきておなじみの質問をするために我々の船に乗り込んできた。その後、沿海見まわりの官吏が遣わされ、我々がどこから何の目的のためにやってきたのかということをいろいろと詳しく聞いてきた。彼らは大した返答を得ることができなかったが、町の長官に対して、我々は官人が数人海から大坂へと向かうので、彼らを迎えるため適当な人員を派遣してほしいと要請した。また、二隻の船を大坂に向かわせるため、船頭を提供してほしいと依頼したが、自分たちは何かを約束することはできないと返答された。だが、彼らは長官の情報伝達役にすぎず、このときの拒否は深刻な結果を招くようなものではなかった。

前年下関にてジョレス提督の通訳を務めたアベ・ジラールは、このときフランス公使館付きのイエズス会宣教師メルメ・ド・カション氏[3]と交代していた。彼は、我々の公使館のマクドナルド氏とフォン・シーボルト氏、そしてオランダの政治的代表の部下のヘフト氏とともに、諸外国の代表の書簡を携えてキャンシャン号に乗船し、翌日大坂へと出発した。バウンサー号も我々のスタッフを連れて向かうはずだったのだが、指揮官が時間までに蒸気を上げることができなかったので、大坂の港の入口に現れたのはフランスの旗艦のみであった。メルメ氏は賢明にも、フランスの公使の書簡を日本語にしたときに、諸外国の代表の意見を代弁する権限を自らに与え、他の三ヵ国の公使の書簡にはなかった、大君の評議会への要求を説明した長い段落を付け加え、四ヵ国のスポークスマンになろうとした。

河口に到着すると、そこで町の長官二人（彼らは当時、常に二人で行動していた）が待っており、外交官たちは近くの建物へと招かれた。その建物は、事前に諸外国の使者たちを迎える準備がされていた。メルメ氏と同行者たちが、評議会の一員と個人的に面会したいと希望すると、町の長官たちはただちに評議会員たちを探しに行き、四時までにはこちらに来ると言ってくれた。その間、マクドナルド、シーボルト、そしてヘフトは、大臣たちを大坂の町でみつけるために、歩いて町へと向かったが、長い時間歩いたのに町が見えるところにすらたどり着かなかったので、急いで船へと戻らざるを得なくなった。

町の長官たちは約束を果たすだけでなくそれ以上のことをしてくれた。彼らは、一人だけでなく二人の評議会員——小笠原壱岐守と阿部豊後守[4]——を連れてきてくれたのである。書簡は彼らに手渡され、メルメとマクドナルドが述べた内容を記した書簡は彼らに届けられた。丁重かつ愛想のいい態度でその内容を聞いていたが、もちろん何の返答もしてくれなかった。だが阿部は、大君のただ一人の代理交渉者としてプリンセス・ロイヤル号艦上で四ヵ国の代表と面談するため、九日に兵庫へと向かうことを約束した。このとき、大君は京都へと上ったと噂されていた。

私はこのとき、現地の官吏と対話を試みるという、あまり面白くない仕事をまかされ、W・G・ジョーンズ大佐とともに岸に降りて牛肉、水、石炭など、船の補給物資について話し合った。また我々は、今後海軍士官たちが上陸するかもしれないので、丁重に扱うよう町の人々に通達してほしいとも述べた。官吏たちはこれを約束したが、彼らはそれに加えて、自分たちは上官である大坂の長官に対して負う責任があり、そのため西洋人の団体一つにつき一、二人の巡査をつけ、それらの安全を確保したいとも言った。巡査の長としばらく会話をしていると十九人から二十人の若い男——その中には位の高い官吏もいた——が現れ、事態を引き継いだ。彼らは、我々の要求にはすべて応じると約束し、このことを忘れないためにも詳細を書き残した。そのため、午後にはすべての船に対して上陸命令を出すことができ、士官たちはほとんどのヨーロッパ人にとって未踏の地であった場所を訪れる機会に恵まれたのである。提督、サー・ハリー、そして私は、町の片方から反対側まで歩き、住人は群れを成してついてきたが、我々に対して好意的だった。

これは、大君の官吏たちが警告したものとはまったく違う対応だった。彼らは常に、大名の敵意や市井の人々の我々に対する嫌悪感などについて述べていたのだが、我々はすべての人から好意しか感じなかった。幕府（ショーグネイト）は、外国人と、自分たちの直接の支配下におかれていない日本の人々が自由に交流するようになれば、過去二百六十年間存続し、その間徳川に少なからぬ恩恵をもたらした組織とその権威が損なわれかねないと考え、イギリスの存在が彼らの力の腐敗を促進しかねないということが徐々に明らかになってきて、それを恐れるようになった。そのため、大君の官吏たちは、大坂の町人に対して、外国の軍艦を訪れることを禁止する掲示を行った。彼らが支配している人々と外国人がより親密に接するようになれば、両者が友人になるであろうことがわかっていたのである。

その後数日は、外国人居留地に適した場所を探すという目的のために大坂界隈の散策に費やされ、また大坂と海とのあいだで頻繁に伝言が行き来した。阿部は木曜日に来ることができず、当初は別の人物が自分の代わりとなると言っていたのだが、大坂の長官二人が現れた日、彼らは違う言い訳をした。サー・ハリーは強い口調で彼らに迫り、遅くとも土曜日には誰かと話ができるようにしてほしいと要求した。だが、彼はこの要求が果たされるとは期待していなかったので、シーボルト、ヘフト、そして私を早朝大坂へ派遣した。ところが、我々が投錨地に近づくと、反対側から日本の蒸気船が接近してくるのを目撃し、その船がボートを下ろしてきたので乗船した。そこで我々は、その船は諸外国の公使と面会しに行く阿部豊後守を兵庫へ運んでいたことを知った。そのため、シーボルトは彼とともに軍艦に戻ることになり、ヘフトと私は任務を継続し、阿部は我々に二人の官吏を貸してくれた。我々が投錨した瞬間これらの官吏は非協力的になり、港の官吏たちが船を臨検するまで一緒に岸に行くことを拒否した。だが、彼らがいなくても我々は行く気であるということを見てとると、官吏たちは非常に不機嫌そうに小舟に乗り込んだ。

我々は、しっかりと武装した四人の水兵とともに艦用ボートに乗り込んで漕ぎ出し、砂州を越えた。この砂州は、数日前は強い西からの風が吹いていたため通行不可能だったのだが、この日天保山の岬にある砲台の背後の小川の下で降りることができた。そして、以前マクドナルドとシーボルトが訪問したときに使用した家に落ち着いた。官吏たちは、これは現在病人によって使用されていると言ったが、そのようなごまかしには慣れていたので取り合わず、また当然そこに病人などいなかった。

しばらく経った後ボートに戻り、半時間ほど川を上って町の郊外に到着し、そこで諸外国の代表の居住地としてあてがわれた建物を臨検した。諸外国の代表たちは大坂で交渉しようと考えていたのだが、この案は立ち消えになった。この家は、代表たちとその一行の拠点としては小さすぎたので、現地の長官に違う建物を提供してもらえるよう交渉したいと告げた。これに官吏たちは危機感を覚え、すぐに小舟に乗って別の家に案内すると申し出た。町の様子を見たかったのでこの申し出は断り、川沿いを歩きはじめたが、これは官吏たちが最も恐れていたことであった。大量の人の群れが我々を囲んだが、彼らはとても静かだった。そして官吏たちは、城まで続く川にかかっている橋の中で最初に現れた安治川橋の先にある仏寺を見せたが、それも我々を満足させるものではなかった。案内役が好意によって動いているわけではないことは明らかで、長官と会わせてほしいと要求して彼らを再度煩わせると、彼らは極めて頑なにこれを拒否したので、諦めざるを得なかった。そのため我々は小舟に戻ることになり、最後に町をしっかりと眼に焼き付けた後に乗り込んで上流へと漕ぎ出した。

そしてまもなく、明らかに我々の進行を妨害するための防壁として配置された、現地人の舟の一群に遭遇した。岸辺にいた兵営の官吏たちの数名は引き返すよう叫んだが、我々は川岸へとまっすぐ進み、私は階段を上ってなぜ妨害するのかと尋ねた。彼らは長官の命令であると答えた。なかなか白熱した口論が交わされ、このまま通過することを許可しないのであれば、長官の下へと連れて行くよう私は要求した。こうしてようやく彼らは折れ、小さな帆のついた船を一、二艘どかして我々の小舟がかろうじて通過できるだけの隙間を作った。

我々は断固として城のすぐ近くまで進むつもりであり、兵舎の官吏を一人小舟に乗せ、四十万人ほどの都市の邪魔を乗り越えることができたことに少なからず誇りを感じながら川を上った。橋の近くには多くの人が集まり、時折叫んだり罵声を飛ばしたりし、中には石を投げてくる者もいた。ヘフトは我慢の限界に近づき、拳銃を抜いて撃つ素振りを見せて脅したが、私はしまうよう促した。我々の身に危険は迫っておらず、このようなつまらないことで殺人の罪を犯す必要はなかった。

一、二回砂州に乗り上げた後、やっと城のすぐ下にある京橋に到着することができた。左手側には官吏でいっぱいになった一艘の小舟があり、こっちに来て届け出をするよう呼びかけてきた。右手側には草に覆われた土手があり、そこにはヨーロッパ風のものに似た服を着た兵士たちが群がっていたが、その中には諸侯の家臣であろうと思われる平服の男たちもいた。その中の一人が水際まで下りて近くまでやってきて、我々と一緒に乗っていた日本人に向かって名前と所属を名乗るよう叫んだ。我々のボートに乗っていた男は「お前は誰だ？」と言い返し、彼らは五分ほど口論を続け、その間我々は周囲に秩序なく群がっていた兵士たちを監視した。だが、敵対的で武装した群衆の中を上陸することが得策ではないのは明白であり、そのため我々は渋々ながら小舟の頭を下流に向け、流されるまま速やかに川を下っていった。同じ群衆はまだ橋を占領し、我々が通過する際に悪口を吐きかけてきたので、川を上る際にヘフトが見せた態度を忘れていなかった日本人の官吏は気が気ではなく、争いが起こることを恐れて震えだした。この人物は、朝にはじめて我々と合流したときと比べて、声が小さく弱々しいものになっており、彼を降ろした後我々は砂州を越えてバウンサー号へと戻って、さらにその数分後には兵庫への帰路に就いた。我々は、多数の官吏の怒りをものともせず、誰よりもよく大坂を見聞したのである。たった数人のヨーロッパ人に威嚇されてしまうほど気の弱い官吏たちに対して、私は軽蔑の念を抱きはじめた。

兵庫では、興味深い出会いがあった。港には薩摩の汽船が碇泊していたのだが、ある日、その船長有川矢九郎が配下の船員とともに旗艦に乗り込んできた。その中の一人は鹿児島で私を見たことを覚えており、我々はすぐに打ち解けた。酒とたばこを痛飲した後に、翌日に岸で日本式の夕食に連れて行きたいので小舟をよこすと彼らは約束して去った。だが、彼らはその約束を忘れた。私が大坂に行った翌日、シーボルトと私は有川を訪ねて、彼の船が碇泊している場所へと行き乗船した。彼は我々の来訪を心から喜び、「オンナゴチソウ」を用意できなかったことを詫び、歓待する準備が整っていた船内を案内してくれた。この紳士は、慇懃すぎる部分もあったが、大君の官吏たちのよそよそしさからは一線を画していたことは疑いようもない。もし私が薩摩や琉球に行きたいと言えば、彼は喜んで連れて行ってくれたであろう。

我々は生卵を食べ、酒を飲みながらそれなりの時間を船内で過ごした。このとき、私ははじめて川村[5]に会ったように記憶している。数日後、神戸にこの薩摩の船が戻ってきたとき、私は再度船に乗り込み、そこでもっと興味深い出会いをした。それは、大きくふくよかで、輝くような小さな黒い瞳を持った男で、寝台の一つに寝そべっていた。船員たちは、彼の名前は島津左仲であると紹介し、彼の腕の一本には剣の傷痕が残っていた。何年も経った後、この人物と再会し、このとき彼は西郷吉之助〔隆盛〕という本名を名乗った。彼については、この後にも述べる機会があるだろう。

十日、阿部豊後守は五時間もの間サー・ハリーと対談を行い、その後ゲリエール号に乗船してフランス使臣のロッシュ氏に会った。シーボルトから聞いたところによると、対談の首尾はいいものではなかったようである。大君の代表団による三つの要請に対する彼の返答は、いずれも「不可」だったとのことだった。大君は、一般に不人気な我々の要求を呑むという危険を冒すより、賠償金の二度目の分割払いを行うことを選んだ。「人心不折合（ジンシンフオリアイ）」、これは日本語で一般の人々の心情が穏やかではないという意味なのだが、それが当時、そしてその後も彼らがよく使う言い訳であった。サー・ハリーは阿部に彼の考えの一部分を伝え、同僚たちと再度協議して返答を改めることを検討したほうがいいと言った。

彼は十三日に再度やってくるはずだったが、仮病（これは日本語で「厄病（ヤクビョー）」と言い、日本でよく使われる病気による公務欠席を示す単語である）を言い訳に第二評議会の立花出雲守[6]をよこした。彼は諸外国の代表に対して、大君はこれまで帝に対して条約を承認するよう言ったことはなかったが、ようやくこのたび、そうすることを決心したと告げた。だが、そのために十五日間の猶予を求めた。この時点まで公使たちは、大君の評議会による下関での一件があった後の一八六四年の約束を信じ、この件に関して帝はとっくに打診されていたのだと思っており、阿部自身もこの任務のために京都に派遣されたのだと思っていた。そのため、当然彼らは驚き、また不快の念を抱いたのだが、十日間の猶予を認めた。言うまでもなく、交渉の前途は非常に暗いように思われた。大君は帝による承認を得る能力も意志もないように思われ、我々は彼を完全に打倒してしまうべきではないかとも考えはじめていた。もし大君がより高位の勢力によって支配されているのであれば、諸外国の相手として適当ではなく、本当の権威と直接交渉するべきであった。だが、このときはまだ、彼の意思に背いて帝に対話を試みるには時期尚早であった。同盟国の艦隊は、京都まで強引に上れるほどの兵員はなく、仮に足りていたとしてもサー・ハリーに対する訓令はそのような行動を取ることを許さなかったであろう。様子を見るしかなかったのだ。

このころ我々の船を内密に訪問した興味深い客人は会津と細川[7]の家臣たちで、政治談議をすることで主君のために情報を得ようとやってきた。会津は京都における大君の兵営の司令官であり、細川は九州島における最も重要な大名の一人で、名目的には大君の一味ではあったが、他の勢力についたほうが自身のためではないかと考えはじめていたようだった。このときまでに大君と帝の朝廷のあいだに議論が提起されていたことは間違いない。前者は諸外国に友好的な権力の簒奪者であり、後者は「尊王攘夷（ソンノージョーイ）」の号令を発していた。

客人たちは、「民心が穏やかではない」ことについて多く語った。また、帝は条約に対する基本的な承認はすでに与えており、長崎、箱館、そして下田を開港させることには同意している。だが、神奈川が帝の同意がないままに下田の代わりとして開港させられてしまった。現状では、兵庫に外国人商人の町を作ることに帝はまず同意しないだろうと思われると語った。さらには、以前と変わらず排外精神は一般の人々に広く浸透しているが、同時に長州は反大君の勢力を結集するための標語として利用していただけに過ぎないとも言った。

五日間の中断の後、立花は再度サー・ハリーを訪問した。大君は頭痛のためにまだ大坂を離れられておらず、したがって帝による条約批准を未だに得られていないと報告したのである！　阿部と小笠原は病気を口実としてイギリス公使を訪問するという快い任務を果たすことができなかった。サー・ハリーは、哀れにも言い逃れを試みる立花に対して、いくつもの確固たる証拠をつきつけながら、大君が帝の同意なしに新しい港を開港させるだけの力がないことは評議会のとっている態度を見て明らかであり、また彼らは承認を得ることもできず、それ以上に得る意欲もないと指摘した。さらに、それならば評議会は脇に引っ込んでもらい、諸外国は帝に直接批准をしてもらうよう要請するしかないと述べた。無慈悲な真実を前に揺さぶられる大君の官吏たちの姿はみじめなもので、彼らは袋小路に追いこまれ自らの足で立っていることすらできないような状態だった。

諸外国の代表が提示した要求は京都においてかなりの動揺を生み、大君の補佐役たちのあいだでも意見の不一致が生じた。数日後、我々は阿部と松前伊豆守が解任されたことを知った。彼らは、要請を受諾するべきだと説いていたようだったので、この二人が追いやられたことは交渉が決裂する危険性があることを意味していた。そのため代表たちは、大君に対して所信表明を提出するという、インパクトの大きい行動に出た。その文書には、それまで述べたことが繰り返されるとともに、当初の約束どおり十日間以内に返信がなければ要求を拒否したとみなす、という警告も加えられていた。

メルメ氏と私は、それぞれの上官の手紙を届けるために岸へと向かったが、この不屈の小男はフランス語の文章を日本語に直し、これに署名するよう公使に求めたのである。また、彼は、これは大君ではなく評議会に宛てた文章であったにもかかわらず、私には大君に宛てたものだと言っていたのだ。長官の官邸に到着すると、彼は宛名を見せないようにそれを日本の紙で包んだが、私が後に官吏たちに聞いたところ、書簡は大坂の評議会に宛てられていると答えた。メルメが何をしようとしていたのかはわからないが、恐らくこの件に関して自分が関与し続けたいと思っただけだったのであろう。たとえそれが重要な案件ではないとはいえ、常習的な嘘つきのために誠実という道を踏みはずすのは、危険なことである。大君が帝に対して建白書を提出し、帝本人、そして国全体のためにも、条約を批准するよう求めたことを、我々は知った。これが拒否され、大君は江戸への帰路についたが、大坂への道半ばで朝命によって呼び止められた。

評議会における親外国派の要員たちが解任されたことは、反発を生む可能性をはらんでおり、戦端が開かれる可能性が高いことも示唆していた。大坂に碇泊していた日本の汽船はいずれも蒸気を上げてさまざまな方面へと出航し、その内のいくつかは兵庫を通過した。シーボルトと私はその内の一つ、薩摩に属する船に乗ると、大君に対する帝の命令如何によっては、同盟国の艦隊が軍事行為を起こすかもしれないので、巻き添えを避けるためにこの船は九州の由良へと向かうのだということを聞かされた。

返答期日の二十四日、兵庫の長官に対して、明日軍艦は大坂へと向かい、そこで大君の政府の返答を待つと通知した。長官は、小笠原は間違いなく翌日返答を持ってやってくると述べたが、もうこれまで交渉中に何度も起こったことながら彼は病気で、松平伯耆守[8]が代理を務めた。諸外国の代表との対談は数時間にも及び、その内容を要約すると、大君はようやく条約に対する帝の同意を得ることができたとのことであった。これは、大君の強い要望だけでなく、いとこの一橋が（聞いたところによると）、帝が要求を呑んでくれなければ自害すると宣言したことが今回の結果につながったとのことであった。とうとう帝も折れ、「朝廷の貴族たちにもそう伝えよ」と言った。兵庫の開港は依然として一八六八年一月まで延期されるが、関税は改められ、残りの賠償金の分割払いも期日どおりに行われると約束された。こうして諸外国の代表たちは、三つの目的のうち最も重要な一つを含む二つを達成し、しかも見返りを何も与えることなくこれを成し遂げたのである。もっとも、賠償金の支払いは大君の政府によって完遂されることはなく、革命の後も帝の政府とイギリス公使のあいだに苛立ちと不信を生じさせる原因となり続けたことを、忘れてはならないが。

伯耆守はプリンセス・ロイヤル号を去る際、今回の取り決めの覚書は、夜までに届けると約束した。だが、この他の二人の公使たちにも署名が必要なため大坂に送られなければならなかったので、書類は朝二時半まで我々の手元に届かなかった。私はその時間まで座して到着を待ち、到着するとサー・ハリーとロッシュ氏に伝えるために船室に呼ばれ、その後訳文を作成するよう命じられた。大君に外交をまかせるという勅命を記した、関白という帝の宰相にあたる地位の者に対する三行の短い書簡が、そこには含まれていた。サー・ハリーの要請に基づき、伯耆守はこの勅命を国中に通達することも加えて約束した。この夜は、日本語の文語体に関する知識を披露することができたので、私にとっても誇らしい夜であった。同じ場所にいたフランスの公使の通訳であるメルメ氏は、教師の手助けなくしてはこの書簡を読むことすらできなかった。

このようにして、先日まで成功する気配のなかったこの交渉は、満足のいく形で終わったのであった。諸外国の代表たちは、国を鎮静化させると同時に、日本の人々と諸外国との関係を確固たるものにできたことを、互いに祝福しあった。評議会が一八六二年のロンドンでの協定を遵守すると約束したので、短期的にかなり価値のある言質をとれたのである。その見返りとして、神戸開港の延期に同意しなければならなかったのだが、実を言うと約束どおり一八六六年一月一日に開港されると信じる人は多くなかった。サー・ラザフォードが前年十月に締結した協定も、完全に遂行されることが期待できるようになった。翌日の夕食時に提督がスピーチを行い、サー・ハリーの健康を祈り今回の成功の一切は彼によるものだと述べた。彼は、自らの功を否定し、より多くの功績があるのはロッシュ氏であると述べた。そして、「だが」と付け加えた上で、「提督よ、あなたとあなたの素晴らしい船がなければ日本人に対してわずかな恐怖も与えることはできなかったであろう。だから、これはあなたが成し遂げたことなのだ」と言った。

横浜に戻ると、根も葉もない噂が飛び交っていることを知った。アメリカ臨時代理公使のポートマンが殺され、サー・ハリーが捕虜になり、シーボルトと私も任務のために殉職したとされていたのだ。チャールズ・リカビーによって編集された「ジャパン・タイムズ」紙は、このたびの一連の案件を取るに足らないものだとしたうえで、帝の勅許もさまざまな封が施された、意味のないものであろうと述べていた。これに対して反論の手紙を書いたが、リカビーを説得することはできなかった。もっとも、当時は気づかなかったが、彼の意見にも正しかったところが一つだけあり、それは、たしかに当時の条約は公の場で承認されたわけではなかったということである。帝が大君に与えたのは、諸外国と条約を締結する権限のみであり、しかもこのとき彼は大君に、兵庫と大坂を開港する約束を反故にするよう加えていた。しかしながらこれらの事実は慎重に諸外国の代表には隠蔽され、このことは後に知られたのである。ただ、そうは言っても、その内容を記した日本語の書簡を見たことがなかったのだから、諸外国の代表も帝が当時の条約を承認したという書簡を渡されれば、それ以外の意味があると想像できる者はいなかったのである。英語では「the treaties are sanctioned」という表現と、単純に「treaties are sanctioned」とでは意味が大きく変わるが、日本語では両方の意味の内容を同じ表現で記すことができる。[9] 大君の大臣たちが曖昧な表現を用いて我々を欺き、時間を稼ごうとしていることを、我々は疑いようもなかった。

第十四章　横浜大火

横浜に戻った翌日、公使の指示に従い、我々の兵庫での行動に対する庶民の反応はどのようなものかを確かめるため江戸へと向かったが、重要な発見はなかった。一般的な関心は高かったが、交渉の結果はまだ知らされていなかったのである。大君の評議会の構成員のうち二人が解任されたという知らせを受けて、大名の名代たちのあいだで会議が行われ、また、大君が引退を申し出たものの拒絶されたという噂も広まっていた。

私は、サー・ハリーの一時的な住居としてあてがわれた大中寺（ダイチュージ）という僧院に立ち寄った。それは、我々が以前拠点としていた東禅寺よりも都市の中心部に近く、便利な場所にあったのだが、部屋は暗く、また公使館員全員と公使の家族を住まわせられるだけの数の部屋がなかった。そのため、泉岳寺の前、二つの建物のちょうど間くらいの位置に新しい建物が建てられたのだが、これが排外的な集団によって焼失させられるという危険を避けるために、イギリス公使館ではなく「(外国人たちと）会合する場所」を意味する「接遇所（セツグージョ）」と呼ばれた。伝えられたところによると、この件に関して何の相談も受けなかった仙台の領主が、ひどく立腹して居城に引きこもったとのことであった。泉岳寺は、名誉ある「四十七人の忠臣たち」の墓や彫像があることで有名である。二日ほど首都〔江戸〕に滞在した後、私は横浜の領事館に戻り、通訳官としての任務に戻った。

私は、日本人たちのあいだで、正しい日本語が使える外国人として知られるようになり、交友の輪がみるみるうちに広がっていった。さまざまな男たちが私と話をするために江戸からやってきた。彼らは、好奇心に突き動かされていたというところもあるだろうが、諸外国の対日政策がどのようなものかを探りたいという思惑もあったのだろう。私の名前が日本の苗字としてもよく使われるものだったことも手伝って、それは一人、また一人と伝えられ、私が会ったことのない人の話題に上るようにもなった。

二本差しの男たちは、ワインや酒、もしくは外国の葉巻を得ると喜び、また進んで議論に応じた。話題に興味を抱けば、数時間も座っていた。よく議題に上ったのは政治で、時には白熱することもあった。私はよく当時の政権に対する罵詈雑言を吐き、そうした後に、幕府の高官の中には個人として好感のもてる人も多いが、彼らが属する専制的な政治体制が大嫌いなのだと釈明したものだった。訪問してきた男たちのほとんどは大名の家臣たちであり、彼らと対談するにつれて、諸外国は大君をこの国の元首だとみなすべきではないという思いは日に日に強くなっていき、遅かれ早かれ帝と直接関係を築き上げなければならないと思うようになった。大君が自らを帝の最も重要な臣下にすぎないとみなしていることは、訪ねてきた者たちを通じて手に入れた国書を見ても明らかだった。だが同時に、大君の大臣たちは、外国との関係を自らの手中に独占しようという試みをしつこく続けており、これは徳川家が太古の昔から有していた侵すべからざる特権であるということをウィンチェスター氏に対して説得することに成功していた。しかしながら、見識に富んだサー・ハリー・パークスは、当初からこのような言い分は根拠が薄弱であるとみなし、諸外国が元首と対面できるよう取り決めを締結したいと強く考えていた。

サー・ハリーは上海へと向かって、パークス夫人と子供たちに会い、戻るとすぐに兵庫における合意に基づく関税改定の仕事に取り組んだ。当時は現在よりも交渉にかかる時間は短く済んだので、一八六六年一月ごろにはじまって六月には新しい協定が締結された。これに関しては、私は日本語への翻訳の手助けをする以外に深く関与しなかった。私は領事館で働くかたわら、二月ごろからサー・ハリーに通訳官として重用されるようになった。

私は横浜の領事館に一八六五年四月に加わり、そこでの通訳官としての給料は年四百ポンドにすぎなかった。だが、兵庫での案件を通じて自分の日本語の知識を示すことができた後は、年五百ポンドを受給していたオランダ語通訳と同等の価値が自分にあるのではないかと思うようになった。日本の大臣たちとの対談のときには、公使が言ったことはまずオランダ語に翻訳され、そしてオランダ人通訳たちはこれをさらに日本語に翻訳した。その返答もまた二人の男たちを仲介されなければならなかった。だが、シーボルトと私が通訳すれば、日本語を直接翻訳できたので、その仕事はより早く、そしてより正確にこなすことができた。公式文書に関しても同様で、私は現地人の筆者の力を借りれば日本語に直接翻訳することができた。手助けなしでそれができることもあった。さらに言えば、オランダ人通訳が理解できなかった機密政治文書も英語に翻訳することができた。

一八六六年の八月に、サー・ハリーからかなりの数の政治的文書を翻訳するよう手渡されたとき、シーボルトと私は勇気を出して彼に手紙を渡し、年給を百ポンド上げるよう外務省に推薦してほしいと要請した。だが、我々の頭上に雷が落ちる結果となったので、要請は却下されるだろうと確信した。そのため、私は父に、公職に留まる価値はないと書いて送った。当時はまだ電報はセイロンまでしか通っていなかったが、当時の最短時間で返事の電報が届いた。この電報で父は、私が大学に行き、その後法律の勉強ができるだけのお金はあるので、すぐに帰ってくればいいと言ってくれた。いつイングランドに帰ってきてもいい、という電報を受け取った私は、それを後ろ盾に再度サー・ハリーの下へと向かい、辞表を受け取ってほしいと告げた。サー・ハリーは少しぶつぶつと物を言い、また唸り声を上げた後、引き出しからクラレンドン卿[1]からの書簡を出した。それは引き出しの中に数日間入っていたのだが、シーボルトと私の申し出を受諾する内容のもので、それで私は公務を辞めるという考えを捨て去った。

一八六六年三月六日ごろ、イングランドの駐屯兵と窪田泉太郎によって指揮された日本の精兵の状態を検分するため、十二天と本牧(ほんもく)のあいだにある乾いた田んぼにおいて模擬戦が行われた。敵は完全に想像上の物で、観衆たちの方向にいるということになっていた。日本人たちは、実地的な指導をまったく受けていなかったにもかかわらず行進がとても整っていたため、高く称賛された。彼らの士官たちは本でこれを学び、難しい部分は我々が説明した。小人のような日本人たちの横に立つと、イングランドの兵士たちは壮大に見えた。艦隊の水兵たちがたいそうふざけており、一、二人の者が酔っ払って空想の敵の前でホーンパイプを踊り出したので、指揮官を担当した若い中尉は心底怒り、また辟易した。その後、訓練のときに通常放たれる量の空砲が放たれたが、一方からしかこれが放たれないと、みな途端に勇敢になり、敵に突撃したくなるものである。この日は槊杖（さくじょう）[2]を誤って発射してしまったり、また空薬莢の中の詰め物を当てられたりする者はいなかったが、これは珍しいことだった。みな、この日の首尾は大いによかったと結論づけた。

第二十連隊第二大隊は三月二十日に香港へと送られ、第九連隊第二大隊と交代させられた。

バードとボールドウィンを殺害した犯人の処刑と、帝による条約の批准の後、外国人に対する危険はかなり減り、我々は近隣の地域を自由に散策しはじめた。

ある時、「ジャパン・タイムズ」のチャールズ・リカビーとともに数日間出かけ、それをきっかけに彼と親しくなったことから、私は彼の新聞で自らの未熟な文才をふるう機会を得た。最初の試みは、日本での旅行に関する記事であったが、まもなくとある事件をきっかけに政治を論じる誘惑にかられるようになった。それは、言うまでもなく本来はやってはいけないことで、とても間違っており、公務規則に完全に違反していることであったが、そのようなことはほとんど気に留めなかった。

新聞紙上で政治を論じるきっかけとなった一件とは、一隻の薩摩の商用汽船が湾に入ってきたところ、外国人社会と乗員のあいだに交流が起こらないよう、当局者が船に対して神奈川から離れたところに投錨するよう指示したという出来事だった。この例を挙げて私は、大君とのあいだに締結された条約は不十分なもので、我々は彼の領地内の住人との商業的な交流しか認められておらず、国の残り半分の人口から切り離されてしまっているということを説いたのである。その上で条約を改正することと、日本の政治体制を再編成する必要があると論じた。大君は本来は大領主に過ぎないのだから自らその地位へと降り、代わって帝を戴く大名による連邦制度を確立するべきである、と私は提案した。

その後、当時の条約を改善させるためのさまざまなことを提案した。私の教師で、英語を多少理解できた阿波の家臣沼田寅三郎の力を借りて、それらを彼の領主のために日本語のパンフレットにしたのだが、この写本が一般に出まわるようになった。これを通じて私はよく知られるようになり、翌年旅の途中で会ったすべての大名の家臣たちが私に好意的に接してくれた。最終的に、翻訳されたものがイングランド人サトウによる「英国策論」として印刷され、大坂や京都のすべての本屋で売られ、イギリス公使館の方針を代弁する物であるといずれの勢力からも認識されるようになった。もちろん、私はこのことには一切関与していない。私が知るかぎり、このことは上官の耳には入っていないはずだが、イングランド公使館と一八六八年に創設された新しい政府とのあいだに少なからず影響を及ぼしたことは推測できる。同時に、大君の政府が存続していた間、彼らは我々を「容疑者」とみなしていたこともまた間違いない。

サー・ハリーは、七月に関税協定を締結した後に薩摩と宇和島を訪問したが、彼の不在のあいだ、私は公使館員たち数名と第九連隊の士官三、四人とともに、八王子と厚木への小旅行に向かった。当時、大きな幹線道路が交差する場所には堅く護衛された関所があり、そこで旅行者はみな通行書を見せなければならなかった。八王子から西に数マイル進んだ先、高尾山（タカオザン）と呼ばれる丘のふもとにこれがあった。高尾山は約千六百フィートほどの高さで、山頂へと続くしっかりとした道が作られていた。この道を、我々は足腰のしっかりとした小型馬に乗って登り、見目麗しい杉の木の陰で昼食をとった後、幹線道路へと戻るために丘を下りたのだが、意図せず関所の向こう側に下りてしまった。職務に過度に忠実な関所の護衛たちは、門を閉じて我々が通過することを拒否した。これはちょっとした手違いなのだと説明したが、彼らは外国人を通さないよう命じられており、効果はなかった。単に間違った側に下りてしまったので、本来いるべき場所に行こうとしているのだから、官吏たちもこの間違いを正させることにためらわないはずだと考えるかもしれない。だが、彼らは梃子でも動かなかった。最終的に、服を着ると六フィート三インチになり体重が二十ストーンだったウィリスが小型馬に乗って門へと突っ込もうという素振りを見せたため、押し破られてはたまらないと焦った彼らは賢明にも門を開き、我々は堂々と馬に乗ってそこを通過することができた。

　似たような出来事は、フランシス・マイボロー、イギリス海軍旗艦所属のW・G・ジョーンズ大佐、そしてチャールズ・ワーグマンとともに出かけたときにも起こった。横浜から首都の方向の遊歩区画は多摩川までで、条約においてはロゴ川（六郷（ロクゴウ）がなまった表記）と記されていた。我々は溝口で宿泊し、馬に乗って川の右岸を関戸まで上り、そこから特に問題もなく船頭に川を渡らせてもらい、有名な神道の神社を訪れるために府中の町に入った。川の対岸にある寺院に行き、そこで夜を過ごすつもりだったのだが、そのためには川を再度渡って連光寺（レンコージ）という仏寺に上る必要があった。しかしながら、そこに到着して船頭に呼びかけても完全に拒否され、また今ここにいるべきではないとも告げられた。

「それはわかっている。だから、本来いるべき場所に戻りたいのだ」

船頭「力になれない。我々は外国人を乗せないように命じられている」

　もちろん、彼に法律違反の片棒を担ぐことを拒否する権利はあったが、我々の要請は、法を犯してしまったことを悔いている者がその間違いを改める手助けをしてほしいというものであった。しかし、この願いを聞き入れてもらうことは不可能で、このままでは我々は荷物から引き離され、石の上で寒い夜を過ごす羽目になる可能性も出てきた。

　舟よりも上流には浅瀬があったが、小型の馬に乗ってもずぶぬれになる程度には深かった。そのため、チャールズ・ワーグマンと私はズボンを脱ぎ、シャツもできるだけ高くまくり上げて対岸まで進み、船着き場の小屋まで歩いて、船頭たちが我々の大胆な行動に対する驚きから立ち直る前に小舟に飛び乗った。そして、番所の衛兵たちが「これは乱暴狼藉（ランボーローゼキ）」（日本語で、「泥棒と殺人」を意味する）と叫ぶ中、棹で対岸にいる友人たちのところへと小舟を運んだので、全員川を渡ることができた。

十一月二十六日、それまで横浜で前例がないほど破壊的な火事が起こった。外国人居留地の四分の一、そして現地人の町の三分の一が灰になった。鐘が鳴りはじめたのは、朝の九時ごろだった。ウィリスと私は、屋上の物見台に上がり、ちょうど風上の、半マイルほどの位置で空に火が昇っている光景を目撃した。私は急いでブーツ（不運にも最も古いものであった）を履き、帽子をかぶると、火元を探しに駆け出した。給仕たちは、ほんの数軒しか離れていないと言ったが、火元がそれよりは離れていることはすぐに明らかになり、十五分ほどさまよった後に探しあてることができた。

狭い通りの低い側の出口は、通常でもなかなか混雑していたが、この日は猛る炎が至近距離に迫る中で、自分の物を持てるだけ詰め込んで逃げようとする興奮した人々でいっぱいになっていた。私は燃え盛る家々にできるだけ近づこうとしたが、炎が素早く広がっているのを見ると、ただちに居留地の開けた場所へと撤退した。だが、そこにはすさまじいまでの混乱が広がっていた。現地人の町において最も激しく出火していたのは、泥でできた沼に囲まれ、横浜の他の部分とは木製の橋でつながっていた小さな島だったのだが、橋はすでに逃げまどう人々でいっぱいだった。浅瀬を渡ったり泳いだりして安全な場所に逃げることも不可能であった。小舟も一、二艘あったが、それらはすでにいっぱいで、乗り合わせた人々もすでに恐怖で普通の思考ができない状態に陥っており、人を降ろした後に他の人を乗せるために戻るということは考えもしなかった。この区画の住民のほとんどは女性だった。数人の哀れな人々が火から逃れようとして水に入ったが、近くの岸にたどり着けた者はいなかった。

土手沿いの家の屋根から火柱があちこちへと上がって、まだ完全に焼けていなかった建物へと火の手が移り、そうしているうちに突然いちばん近くの通りの半分ほどが光って黒い雲が空を覆う光景は、恐ろしかった。火の手を上げたのは、石油商人の店だった。私は一刻の猶予もないことを悟り、踵を返して家へと逃げ去った。私の家はちょうど風下にあり、北西から強い風が吹いていたので、非常に危ない状況であることはわかっていたのである。小さな庭を通過しながら、ウィリスに早く逃げるよう叫び、給仕たちには持ち出せるものはすべてまとめるので手伝うよう指示した。最初に頭に浮かんだのは辞書の原稿で、これを失えば二年間の労苦が水泡と化してしまう。そのため、これを小さいタンスにしまい込み、洋服ダンスからも服を何着か抱えて持ち出した。それらを運び出すため、庭のまわりにあった高い木製の塀を壊さなければならなかった。このとき、数人の友人が現れ、家の中に入り、ある者は本を持って、ある者はタンスの棚の半分を持って再度現れ、我々はカーペット、カーテン、そして重い家具を除いてすべてをがんばって運び出した。巨大な風琴も道路に運び出され、駐屯軍の男たち数人によって安全な場所へと運ばれた。

運び出した物を安全な距離と思われる場所に移動したころには、火は我々の家に迫り、五分もしないうちに焼け跡に残る灰の一部と化してしまった。持ち出した物が外国人と現地人の町のあいだにある空き地に置かれていたが、居留地の背後にある家屋からも火の手が上がっていることが明らかになると、さらに遠くに運ぶ必要性が生じた。この過程で、大きな損失が生じた。私の本のほとんどは箱に入っていて、丸ごと運び出すことができたのだが、その他に毛布に慌てて包むことしかできなかった本は置いていくしかなかったのだ。そこには泥棒もたくさんおり、助けるふりをして服の入ったタンスの棚を持っていってしまい、そのタンスを二度と見ることはなかった。替えの利かない満州語と中国語に関するメモの一部と、多くのヨーロッパの言語の書籍、そして日本語の本を失った。

持ち出した物を安全と思われる場所に移動した後、再度火の手が迫ってそれらを危険にさらしたので、居留地三番地に住んでいた友人ウィルキンとロビソンの倉庫へとそれらを移した。このころには、焼失区域は現地人の町の大通りまで広がっており、A・B・ミットフォード、A・フォン・シーボルト、ウォルシュ、そしてヴィダルが住んでいた家は、我々の家と同様に失われた。日本の家は木造で、窓はガラスの代わりに紙を使用しているので、焼けるまで時間はかからない。その次は、最寄りの外国人居留地の家へと火が広がった。巨大な火花や、真っ赤に燃えた木の破片が空を舞い、アメリカ領事館を燃やし、ジャーディン・マセソン商会の屋根に着火し、居留地にある二つの通りの両側に沿って広がった。我々の所有物が収められていた倉庫は耐火性であるとのことだったが、それにもかかわらず火の手が上がり、そのほとんどが失われてしまった。

現場は混乱を極めていた。水兵たちが軍艦から降ろされ、兵隊たちも兵舎からやってきて消火栓を作動させた。男たちの中に規律はなく、災害を前に統率を取って行動することはできなかった。持ち物が完全に失われてしまった後、私は他の人を助けるため消火作業に加わり、バケツを渡し、水を汲み、それを火がつきやすそうなものに対して浴びせた。陸軍軍人の一部は、不名誉なふるまいをした。彼らがすべきことを民間人が行っている中、酒を手に入れ、その場で何もせず呑んで騒いでいたのだ。

一日の終わりに私に残されていたのは、背負っていた服だけで、帽子もなくなっていた。だが、私はとても興奮しており、一から全部やり直すことができて素晴らしいとさえ感じていた。石橋と私で作成していた英和辞典と、サー・R・オールコックによる『口語の日本語』の原稿は守ることができた。[3] もっとも、後者は日の目を見ることができない運命だったのだが。損害は三百ポンドから四百ポンドのあいだで、それらのほとんどは女王陛下の政府によって補償してもらった。保険会社の損失は二百八十万ドル、つまり約七十万ポンドを超えた。保険によって保障されていなかった物の損失額はそれほど大きくはなかった。

炎は極めて激しく外国人の倉庫や住居を焼き尽くし、午後四時前には海岸通りを半分ほどまで進んでいて、クラブハウスしか残っておらず、夜になる前には居留地全体が炎に包まれるのではないかと思われた。もしそうなれば、ヨーロッパ人社会は船上に避難せざるを得なくなったであろうが、幸運にもその不安は現実にはならなかった。我々の微々たる力では、炎の勢いを止める術はないように思われた。

火が迫る方向にある家屋をあえて破壊するという手段も取られたが、あまり効果はなかった。破壊された家の中には炎に脅かされなかったものもあり、また破壊された家の残骸が撤去できず、それらが炎が広がる手助けをしてしまうという結果を生んだ。ヨーロッパ人とアメリカ人合わせて百七人が家無しとなり、彼らの倉庫が耐火性であると信じていた人々は、着ているものを除いて何も残されていない状態になってしまった。ほとんどの石造りのしっかりとした作りの倉庫は、日本人の木造の家と比べて多少は耐火性に優れているように思えたので、特に自分たちの商品に保険をかけていなかった商人たちは恐慌状態に陥った。

その後風は弱まったが、ホースが損傷して消火栓がすべて使い物にならず、依然としてくすぶっている火を消すことができなかったため、燃えずに残った家屋を保とうと細心の注意が払われた。火が燃え尽きるまでそのままにする以外に打つ手はなく、完全に消えるまで四日かかった。服の値段はかなり高騰し、家賃に関しても同様のことが起こった。当時の横浜には現在ほど帽子、服、靴の製造者がおらず、ほとんどの男たちはこれらを本国から調達していた。そのため、向こう二年間私は質素な服装をすることを余儀なくされた。たとえば五枚のポケットチーフを買うために四ドル、もしくは十八シリングも払わなければいけなかったのだから。

火事の後、友人で当時ギルマン商会横浜支店の支配人であったトム・フォスターと同居し、その後十二月の九日か十日に江戸の公使館へと移住した。泉岳寺の前の新しい建物が完成し、それは堅固な黒い木製の塀に囲まれていたので、まるで牢獄のようだった。そこには二つの長い木造の建物があり、一つは公使の公邸で、もう一つは公文書記録室の職員によって使用された。ユースデンは領事として箱館に派遣されており、職員は第二書記官のミットフォード、会計補佐官兼医官のウィリス、通訳官のシーボルトと私、そして通訳生のヴィダルによって構成されていた。護衛の歩兵は、ブラッドショー中尉が指揮していた。既婚で家族のいた第一書記官のシドニー・ロコックは横浜に住み、当時まだ学生だったH・S・ウィルキンソンも同様だった。建物は、窓と扉がたくさんついていたのでがたがたであり、暖炉もなく、四方八方から隙間風が吹き抜ける粗悪な作りだったため、とても寒かった。もっとも、私はそこに長居することはなかったが。

一八六六年の秋に横浜領事館から公使館へ異動させられてから、私が最初に上官のために役立つことができた仕事は、条約の語句に関係するものであった。条約の英語版では、大君は「陛下」[4]と記され、女王と同等の地位にあるものとされた。しかしながら、日本語版では「殿下」[5]となっており、我々の元首が帝よりも下の地位にいるととらえられかねない言いまわしになっていた。さらには、「女王」という言葉も、帝のひ孫の代の娘を示す単語で訳されていた。新しい日本語版が作られるべきだと進言し、「陛下」という単語が相応の人物に使用され、また「女王」という単語にも「皇帝（コウテイ）（中国語ではファンティと発音）」が訳語として使用されるべきだと述べた。この単語は、すべての中英辞典において通常は「エンペラー」と訳されるが、その本当の意味は「最高位の元首」で、男性でも女性でも使える単語である。改訂版の準備は私にまかされ、教師の手も借りて一ヵ月ほどで正確な訳文を作成し、それは公式文書として採用された。帝を元首として認識し、大君はその臣下でしかないという認識に基づく新方針のはじまりであった。「大君」という単語も、本来は帝と同義であることを知ったので、これを使用することも止めた。もっとも、外務省への書簡においては混乱を避けるために使用を続けたが。だが、この方針を採用したことによる最も重要な成果は、条約を作る権限は政治理論上は帝にあるということを、以前よりも明白にしたことである。現在の条約に対する帝の同意が得られないあいだは、我々はそれに基づく権利を強く訴えることができなかったが、条約が批准された後には、それに対する大名たちの反対には理論上の根拠がなくなったのであった。

第十五章　鹿児島と宇和島の訪問

新しい職務を任されてから数日経つとそれに慣れはじめ、落ち着いて勉強ができると思った矢先のことであった。サー・ハリーは、私をプリンセス・ロイヤル号に搭乗させて瀬戸内海経由で長崎に派遣し、兵庫などで情報収集をさせることを検討していると告げた。そこからアーガス号に乗船して、鹿児島と宇和島を経由して帰還してほしいとのことだった。この直前に大君は亡くなり、彼のいとこである一橋（シトツバシ）が後を継いだが、一橋の地位がどのようなものであるかは明確になっていなかった。徳川家の家長に昇格する前、彼は多くの者が提唱していた「古の権威への回帰」を試みる方針をひときわ強く支持している人物とみなされており、彼がどのような方針を採用しようとしているか、可能なかぎり知る必要があった。江戸は政治の中心地から離れすぎており、何が起こっているかよくわからなかったのである。長崎を訪れることができるかもしれないことを嬉しく思ったが、熱望しすぎるとかえって叶わなくなるかもしれないと思い、派遣されたがっているそぶりを見せないように努めた。

翌日私は、このころは主に横浜に在住していたサー・ハリーから短い文を受け取った。それには、まだ提督と話をつけてはいないものの、この任務は必要だと考えていると記されていた。そのため、私は日本人が旅行する際に使用する籐のかごに服を詰め込み、軍艦に乗って横浜へと下った。軍艦は、当時江戸と横浜を行き来する際に我々が最もよく使用した移動手段であった。その夜には、すべての手筈が整ったと知らされ、プリンセス・ロイヤル号は翌々日に出航できるようになっていた。ウィリスに対して手紙を書き、彼の教師である林を兵庫の港に連れて行って情報収集をさせるとともに、文房具と少額のお金を入れたブリキの箱を持ってきてくれるよう頼んでほしいと述べたのだが、私が発つまでに届かなかった。これはとても残念なことで、私はフォスターから数百枚の一分銀を借り、両切りの葉巻ひと箱を購入し、洋紙数枚を新聞に包んで、十二月十二日の出航定刻直前に船に乗り込んだ。

出航当初から天気は良好だったが、強い西からの風に直面したため、フリース島と本土とのあいだを通ることはできなかった。私は四日間ずっと簡易ベッドの上に寝ており、まったく何も食べることができなかったが、以前の似たような経験と比べればまだだいぶましだと自らを慰めた。キング提督が提供してくれた、脂っこい牛のステーキを包んだ皿いっぱいのプディングと、グラス一杯のシャンパンを平らげたとき、ようやく回復することができた。強風は弱まることを知らず、巨大な二層構造の船はひどく揺れた。一時は香港が最初の投錨地になるのではないかと思われるほどで、兵庫に到着することは不可能に見えた。代わりの寄港地の有力候補として挙げられたのは、箱館、横浜、長崎だった。我々は日本の海図の外にまで吹き飛ばされ、数日間荒波にもまれ、必死にそれと戦っているうちにリンスホーテン諸島[1]を視界にとらえた。三千五百トンを運ぶ四百馬力の船は、北に針路をとり、その最速のスピードで進み、二十三日の夜に長崎に入港した。

町と外国人居留地は、丘の上の無数の明かりによって彩られており、その光景を見て五年強ほど前に汽船インダス号の甲板の上から見たジブラルタルを思い出した。

　長崎において、宇和島の家臣数人と知り合い、その中で最も重要な人物は、のちに帝の治世がはじまってまもないころに横浜の知事になった井関斎右衛門（イセキサイエモン）[2]であった。彼のほうから私を訪ねてきて、京都において行われる予定の大名たちの会議は、開催が延期されていると述べた。だが、開催されることは間違いなく、そしてそこでは長州の処遇に関することが議題に上るであろうとのことだった。四国の人々の半分ほどは兵庫の開港に賛成だったが、長崎の地位が脅かされることを嫌がった九州の人々はそれに反対していた。さらに井関は、提督とサー・ハリー・パークスがプリンセス・ロイヤル号で宇和島を訪問したことは、民衆が外国人の容姿や彼らの造船及び兵器製造技術を知ることができたという意味で、非常にいい効果を生んだと述べた。宇和島の大名と、彼の兄で前の大名だった人物（氏族の精神的指導者だった）は、病気を言い訳に京都での会議に出席しなかった。当時一橋はまだ将軍としての地位と、それを得るために必要な朝廷からの称号を拝受しておらず、恐らくそれは長州に関する案件が片づくまで与えられることがないとこのときは思われたが、これが一橋に大変な苦労を強いるであろうことも明白だった。

　翌日井関に再会したときには、長州の話になった。私からは、イギリス政府が軍艦を下関に駐留させているのは、長州と大君が敵対関係にある中で商船が海峡を通行すると危険なので、それをさせないようにするためだと伝え、日本の内戦に干渉するつもりはないと述べた。長州は外国の商船が通過することを妨害しないと合意し、薪水（しんすい）などの必需品を購入することを認め、これ以上砲台を作らないと約束したので、我々とは平和的な関係にあった。

大君の政府は、長州の領主に課せられた賠償金を支払った。しかしながら列強はお金のことにはあまり頓着しておらず、賠償金を放棄することで日本との関係がよくなるのであればいつでもそうする準備があった。大君の臣下たちは残りの分割払いの支払期限延期を求め、諸外国の公使たちはこれを認める見返りとして、日本人が外国へ渡航することを許可させた。日本は古からの国禁を解除する意思があるとみなされていたので、その政府は日本人が国を出ることを禁じる政策を維持する理由がないと思われたのである。大君との取り決めに則って、兵庫が一八六八年一月一日に開港することも決定的になっていた。列強は、条約の内容が完全に履行されることを望んでいた。現在の条約では、下関の開港を要求することはできなかった。大君の権威がそこまで及んでいなかったのである。それを果たすには、長州と別の条約を締結する必要があった。現在の条約が改められないかぎり、大名たちの領地内の港を開くことはできなかった。

かつて兵庫において大君の評議会と交渉を行ったが、このとき我々は騙されていたことを知った。大坂と兵庫において外国との貿易を行うことを帝は好ましく思っておらず、大君の政府に対してこれを中止するために交渉するように要請していたのだが、この事実が我々に隠蔽されていたのである。帝の朝廷と直接交渉ができるように、大君の政府を倒していなかったことは非常に残念なことであると、改めて感じられた。帝の名代として諸外国の代表を訪問するため貴族が一人派遣されたという噂も耳に入っていた。

長崎滞在中、私は土佐と肥後の官人と知り合った。そのうちの一人は、帝が玉座に戻るであろうから、次の将軍が現れることはないだろうと言った。将来起こることを予知していたのである。サー・ハリーからの指示は、長崎から鹿児島と宇和島へと向かい、その後帰路について兵庫に立ち寄り報告せよというものであった。そのため私は一八六七年一月一日に、私の給仕であった野口富蔵とヤスの二人とともに、ラウンド中佐が指揮するアーガス号に乗り込んだ。野口は会津出身の若い侍で、英語を勉強するために故郷を離れ、箱館領事であるヴァイスの付き人となった。一八六五年に私と寝食をともにするためにやってきて、私が長崎まで向かったときも同行し、その後旗艦の指揮官であったアレクサンダー・ブラーの船内給仕としてイングランドへと向かう予定であった。だが、長崎への船旅で波に揺られたことがこたえたのか、あるいは給仕として扱われることに不満を抱いたのか、野口は考えを改め、江戸に帰らせてほしいと懇願してきた。ブラーはこのことが少し煩わしかったようだが、私にはどうしようもなかった。野口はこの後、一八六九年に私とともにイングランドに行き、彼が二年にわたって滞在し学校に行くための費用を私が工面した。私が日本に戻った後も、彼は日本政府の資金援助に頼ってロンドンに滞在し、少し経った後に東京に戻って下級官吏の仕事についた。彼は当時にしては能力が高かったのだが、決して偉そうにすることはなく、また私との友情を忘れることはなかった。彼が一八八五年の初頭に亡くなったと聞いたときは、とても残念だった。彼は、最後まで正直で信頼に足る人物であった。ヤスは下級階級出身の若僧で、語る価値のある美点を有していたとは記憶していない。

ラウンド中佐による私の扱いはあまりよくなく、コックピットという、船の下部にあって水兵見習いたちがタンスを置いたりハンモックを張ったりすることに使う共同部屋で寝泊まりするよう命じられた。そこにプライバシーはなく、不快極まりないほどに混みあっていた。睡眠のための簡易ベッドは与えられたが、布団も枕もなかったので、船長の個室にあるベッドからクッションを拝借し、外套を巻いて枕代わりにするしかなかった。

翌日の正午過ぎに、鹿児島に到着した。投錨するや否や岸から官吏が数人やってきて、彼らが礼砲を放った後、我々が返礼する際に掲げる旗を持ってきた。松岡十太夫が船に乗り込んできて、領主とその父は、領主の母親が最近亡くなったため喪に服していると説明した。二人とも客人に応対することができないので、提督の手紙は領主の第二の弟と二人の重臣が受け取ると松岡は述べた。この手紙というのは、難破した水夫を手厚く処遇してくれたことに対する感謝状であった。

その前年の夏にサー・ハリーと提督が訪問したときには領主とその父島津三郎と対談することができたようだが、当時物事を取り仕切っていたのは主要な家臣たちであり、そのため私が訪問したときに領主らと面会できなかったからと言って重大な問題にはならなかった。私は、サトクリフ、ハリソン、そしてシリングフォードという三人のイングランド人が勤務する工場に滞在するため上陸した。最後の人物は技師で、薩摩の大名が綿織物の工場を造ろうとしていたため雇われた。他の二人は職を探しているうちに鹿児島に行きついたのであった。

　三日、ラウンドが士官たちとともに上陸し、私も通訳として同行した。上陸地点において高官たちが我々を待っており、彼らは町中を半マイルほど進んで一軒の建物へと案内してくれた。そこで我々は、島津三郎の次男で美男子の島津図書（ズショ）と、薩摩の重臣でイングランドに行ったことのある新納刑部（ニイロギョーブ）、そしてもう一人の重臣である島津伊勢の歓迎を受けた。[3] その家は、客人をもてなすための離れであった。二十九歳であった領主の兄弟は、少なくともその知性に関しては完全に子供であった。すべての会話は、彼の右側に座っていた高官たちによって行われた。私は書簡の内容を翻訳し、それは島津図書に手渡され、儀式は五分もかからなかった。その後、我々は宴会の席に着いた。それは、日本料理と酒によって始まったが、主菜にはシェリー、シャンパン、ブランデーによって煮られたヨーロッパ風の食事が絶え間なく出てきた。私はラウンドから受けた艦上での仕打ちに仕返しをするため、日本語で賑やかに会話を続け、それを通訳しなかった。哀れな男は手持ちぶさたのあまり、近くの皿に置いてあったみかんを数える羽目になった。晩餐会の後、士官たちは町を散策するために解散したが、私は提督の手紙の翻訳を手伝うために残った。新納も留まった。開催が提唱されたもののその後無期限延期となっていた、大名たちによる会議のことが話題に上った。その後、私は薩摩の領主の名の下で帝に出された上奏文の内容を称賛した。

「あれを読んだのか？　あれはひどい書簡だった」と新納は言った。

「そんなことはまったくない」と私は返した。「あれは素晴らしいと思ったし、文体もきれいで称賛に値するものであった」

「兵庫に関するものについて言っているのか？」

「違う。私が言っているのは、大君による長州に対する戦いに薩摩の兵を貸すことに反対する旨を表明した上奏文のことだ」

「ああ、そうか。あれは、今日私の隣に座っていた島津伊勢が書いたのだ。当時彼は京都にいた」

「長州に関する件はどうなっているのだ？」と私は尋ねた。「大君は兵の大部分を退かせたと聞いたが」

「長州はとても強い」と彼は答えた。「大義もある。大名たちは大君を支援しないし、大君が長州を倒すことは不可能だ」

「だが、もし大君が精兵を戦場に並べ、強い意志を以て長州を攻撃していれば、征服は成功していただろう」

「いいや、無理だ。彼には大義がなかった」

「どうやらあなたは長州に対して友好の念を抱いているようだ」と、私は感嘆した。

「いや、友好的なわけではない。だが、我々と同じ立場にある者たちに対して、自然と同朋意識が生じるのだ」と彼は言った。

新納は、私が薩摩の領主の手紙を見たと思っていたようだったが、話を聞くかぎりではそれには、薩摩の氏族は兵庫の開港に反対するという軽視できない内容が記されていたようである。この書簡は、一八六五年十一月に諸外国の代表が薩摩を訪問しているときに帝に提出されたようであった。帝は大君に対して、条約を承認する条件として兵庫の開港を取りやめさせるよう諸外国に働きかけるよう命じたが、それは薩摩の上奏文に促された部分もあった。そのため、新納と彼の氏族の仲間たちのためにも、諸外国は兵庫、もしくは条約に記されているほかの権利を少したりとも放棄するつもりはないと釘を刺す必要があった。

このとき、湾には「オテントサマ」という名前の長州の小さな蒸気船が碇泊していた。その船は、その氏族の指導者的人物で、後に革命が起こった年には木戸準一郎として知られるようになる桂小五郎を連れてきていた。新納に対して、下関の友人たちがその後どうしているか知りたいので、桂に会いたいと言った。新納は、桂はこの日の夜十時に島津三郎と会談し、その後午前三時から薩摩の重臣数人と会議をする予定だと答えた。もしどうしても会いたいのであれば、彼の宿泊先に行き、帰ってくるまで寝て待っているといい、と提案された。後になってから私は、日本式の寝方に慣れることができたが、このときはまだそうではなく、ヨーロッパ式のベッドのほうがよかったので、この申し出を断った。私は軟弱だった。だが、西部で最も強い二つの氏族が協定を結ぶために交渉し、大君と対抗するために一つになろうとしていることは、新納との会話からも明らかであった。

幸運なことに、我々は彼らと友好的な関係にあった。諸外国の利益という観点から見ても、彼らと一八六八年の革命によって樹立された政府のあいだを我々が仲介できたことは、幸運だったと言えるだろう。フランス公使館は我々とは逆に大君を支持していた。ロッシュ氏は横須賀に兵器工場を造る計画を立てており、これが完成すれば徳川家の軍事組織を近代化させ、より強力なものにすることができたであろう。また彼は、優秀なフランス人士官を招聘して大君の兵士を訓練させることも検討していた。それだけでなく、一橋に対して武器の援助を行った、もしくは行おうとしているという噂も流れていた。彼は、それが愚策であるということを思い知らされるまでこの方針に基づいて行動し、北ドイツの臨時代理公使であるフォン・ブラント氏とイタリアの公使ラ・トゥール伯爵も彼に従った。しかしながら、オランダの政治的代表はサー・ハリーに従い、他方アメリカの新しい公使であったヴァン・ヴォルケンバーグ将軍は中立を保った。

我々は、競合者たちよりも日本の人々の鼓動をより確実に感じ、また彼らよりも正確に政治的状況を判断することができた。そのため、一八六八年と一八六九年にかけてイギリス公使の威厳は確実に上昇していた。

薩摩の領主の返信は、四日にアーガス号に届けられる予定だったが、正午に新納がやってきて、まだ準備できていないと告げられた。そのため、磯にある領主の庭園の近くにあるガラス、弾薬、大砲、そして陶磁器の工場を視察しに上陸した。その後、松岡が書簡を届けにやってきて、それから再度ヨーロッパ風の晩餐会の席に着いた。宴会は前日のものより短く、料理は手が込んでいた。だが、我々が称賛したのは彼らの礼儀正しさが理由であり、胃腸を満足させたことではなかった。正直に言うと、夕食はおいしいとは言えなかった。

五時ごろ、サトクリフとともに新納を訪ねに出かけた。その日の朝以来彼には会っていなかった。一時間ほど歩いて、彼の家に到着したころには、すでに周囲は暗くなっていた。新納は丁重に我々を招き入れ、お茶、みかん、ビール、そしてケーキをふるまってくれ、一時間半ほど会話した。彼が最近兵庫を通過した際に聞いた話では、フランス公使が皇帝ナポレオン三世の手紙を携えてその港を訪問する予定であり、また諸外国の代表による集会も開かれるということであった。一橋は諸外国の力を借りて大君の権威を確立しようとしているのではないかと疑われており、彼が徳川家の家長の座を継いだことは彼の支持者たちを残念がらせた。

新納は、薩摩はフランスを好んでおらず、疑っていると述べた。だが、我々に対しては、敵意を買うとどうなるか理解したこともあって、以前より友好的であった。薩摩の人々は文明国の技術をものすごい勢いで会得しており、勇敢で一本気な印象を私に与えた。すぐに日本の他の人々のはるか先を行くことになるだろうと思ったものであった。

すでに述べたように、大君とは条約において日本の世俗的な元首に対して与えられた称号であった。だが、日本人たちはこの呼称を使用しなかった。彼の正式な称号は「蛮族征服の元帥」を意味する征夷大将軍（セイイタイショウグン）であったが、彼の大臣たちは諸外国の代表たちとの公式な交流の場でこれを用いないようにおもんぱかった。民衆は、彼のことを公方様（クボーサマ）と呼んだ。対抗する大名たちは幕府（バクフ）という単語を使い、これは「軍隊の設備」という表現がいちばん近い訳語になる。私が友人たちと会話をするときも、これを使用した。同様に、東日本で大君の評議会の大臣たちの敬称として使用された「御老中（ゴロージュー）（高貴な老閣たち）」という言葉も使用されず、代わりに「閣老（カクロー）（老人たち）」という表現がされた。対抗勢力は、彼らが倒そうと考えていた政府にいっさいの敬意を払うことを拒絶した。

一月五日に我々は鹿児島を離れ、翌日十一時に宇和島湾に投錨した。

この美しい湾は崖に囲まれていて、周囲にはさまざまな高さの丘があり、いちばん高いものは二千フィートあった。町のすぐ裏、東側には「悪魔の城」を意味する鬼ケ城（オニガジョー）という高峰があった。領主の要塞は町の右側にあり、目立つ建物だった。低く木に覆われた丘の上に建ち、海辺に近く、石の壁と白い石膏の壁によって二重に囲われた三階建ての建物で、ほとんど木の陰に隠れていた。この南には官吏たちの町が、東と北には平民の町があり、背後に丘があってそちらの方向に市街地が延びる余地がなかったため、岸沿いにかなりの長さで広がっていた。海岸は非常に浅く、これを利用して塩田を造ったり、堤防を築いて稲田を造ったりしていた。湾の両側に小さな砲台があったが、防衛のためというよりは力を誇示するために作られたものであった。

投錨して一時間半ほど経つと、船尾のあたりに小舟が浮いていることに気づき、そこには双眼鏡を使って忙しそうに船を見ている人がいた。この人物が領主であることがわかると、ラウンド中佐はすぐに小舟を出して船上に招いた。領主は、好奇心からお忍びで来ているのだと説明した。提督は新年を祝う手紙をしたため、それを私が翻訳したあと手渡された。領主は三十二歳で、中背で、貴族的な風貌があり、少しかぎ鼻の、総じて見目麗しい人物であった。話の流れで、彼は船内を案内された。その間、私は紳士然とした二十歳くらいの若い男と話をした。名前を松根内蔵（くら）と言い、筆頭家老の息子であった。薩摩と宇和島は非常に友好的な関係にあると彼は述べた。宇和島の旧領主[4]と島津三郎は、最近亡くなった大君が最高権力者になるとき、それに反対したことで不名誉な処分を受けた領主たちの一派に属していたのだから、それも自然なことだった。一橋はまだ将軍に任命されておらず、今後なることはないのではないかとも思えた。

領主が岸に戻ったとき、女数名が子供たちを連れて彼を待っていた。その中でいちばん年長だったのは、七歳の小さな男児だった。その他はほとんどが腕に抱かれた赤子であり、その子供たちにはみな金襴に包まれた短刀を抱えていた乳母が供していた。日本の侍は、非常に幼いころから武器を携えることに慣れていたのである。領主は大変親密で、翌日再び訪問することを約束し、そのときには「前の大名」を意味する隠居（インキョ）を連れてくると言った。私は別れを告げ、町の中へと向かい、掘り出し物を求めていた海軍士官三人と鉢合わせした。我々が行動するとき、巨大な群衆が常についてきて、服装を見たりいろいろな質問をしたりしてきたが、極めて節度があった。私の心が日本人に対してどんどん温かい感情を抱いていくことが感じられた。

一月七日には、一日中雨風が強く吹いたが、それにも負けず大名と隠居は船へとやってきた。隠居は長身でくっきりとしたしわが顔に刻まれた鼻の大きな男で、同じ地位の者たちの中では最も聡明で、尊大な四十九歳の男だった。彼は伊達（宇和島の大名の姓）の出身ではなく、江戸の旗本の家族から養子になった人物であった。隠居が養子になった後にこのときの領主が生まれており、彼らは義兄弟となった。だからと言って養子のほうがないがしろにされることはなく、最終的には家督と領地を引き継いだが、生まれながらの権利を失った弟を、補償のため自らの養子にした。そのため、一八五八年に彼が不名誉な処分を受けたとき、本来の後継者が家督を継いだのである。

隠居（インキョ）（引退生活者、の意味）とは、貴人・平民を問わずよく使われる、家長でありながらその責務を息子に譲った人物のことを指す言葉で、「古き日本」においては六十代に差しかかった父親はよくこのようにしたものであった。宇和島においては隠居こそが精神的な支柱であり、正式な領主が彼に対して示した多大なまでの敬意には心底驚かされた。領主は彼を常に父と呼び、逆に隠居が大名のことを述べるときには、倅（センガレ）（私の若者、の意）という俗称を用いたのである。彼らは、二時間ほど滞在し、私が長崎で自分のために買ったモーゼルワインを飲みながら話をした。

隠居は、大君の政府（幕府（バクフ））とフランス公使館のあいだにある怪しい友好関係について知りたがっており、このことについて話しはじめた。だが、筆頭家臣であった松根の父親が、主君が無遠慮になりはじめていると悟ると、これ以上遅くなると礼砲が打てなくなるという口実で彼を速やかに連れ去った。こうして彼らは、十七発の礼砲がとどろく中立ち去り、砲台も返礼に一発放った。彼が去った後、彼らの妻や家族たちが船上に群がった。家族たちはまったく我々を恐れておらず、ヨーロッパの婦人たちと同じくらいの気楽さで、ざっくばらんに我々と会話した。このときに日本人の士官も乗船していたが、彼は後に提督になる林謙三であった。

熱い風呂に入り、剃髪するために上陸していた野口が、砲台の指揮官であった入江という人物からの夕食の招待状を私の下へと持って戻って来た。そのため、雨風が吹く中私はボートに乗って陸へ赴いた。招待の主はまだ仕事から戻っていなかったが、彼の妻が我々を招き入れ、十五分ほど経って主人は現れた。そのすぐ後、森という名前の砲兵士官がやってきて、さらにはその部下も二人現れた。すぐに夕食を運ぶように告げられると、無数の魚料理とスープが運ばれ、それは六時から十一時まで続けられた。我々は話し、熱い酒を飲み、順番に歌い、そして私はありとあらゆる話題についてさまざまな質問に答え続けなければならなかった。この機会に私はさまざまな金言やことわざを述べてたいそう喜ばせ、また西洋人の見識に対して少なからぬ尊敬の念を抱かせることができた。十一時半にようやく最後の客人が去り、米を少し食べた後、日本式のベッドに入った。シーツがなくてもくつろいで眠れると知って、驚いたものだった。

翌朝、日本風のおいしい朝食をとった後に私は船に戻り、ラウンドと、第九連隊に所属していたライト、ダンの両名とともに丘へと向かった。言い忘れていたが、ライトとダンは長崎から乗り合わせた者たちで、前日日本人たちが小銃の射撃場に連れて行くと約束していたのでついてきたのだった。我々は二十五人の儀仗兵たちに迎えられ、宇和島の海軍の士官に案内された。道中半ばほどにさしかかったころ、また鉢合わせした別の衛兵と合流してかなり勾配のきつい丘を登って射撃場へと案内してくれた。我々の小銃部隊の数人が、その技術を披露するために上陸させられた。私たちは、少し歩いた後に丘を登らなければならなかった。宇和島には、本格的な射撃場を造るために必要な平坦な土地が十分にないため、的がある丘から七百ヤードほどの谷を挟んだ先にあった別の丘に小銃の床尾が置かれていた。ここには我々のために天幕が張られており、隠居、その実子、そして宇和島の領主が我々の到着を待っていた。我々の小銃部隊は、どれだけ広くて深いかもわからないような裂け目を隔てて射撃することに不慣れだったので、地形を熟知していた宇和島の射撃手に及ばなかった。

射撃は一時半ごろに終わり、城の外側にあった御殿（ゴテン）と呼ばれた邸宅へと一行の全員が向かった。それは、恐らく五百年ほど前に建てられた古い建物だったが、建築物としての美しさは皆無であった。我々は大玄関ではなく、庭からベランダにかけて仮に設けられた階段へと通された。ここで松根の父親が迎え入れ長部屋へと案内し、そこは金箔の塗られた折り畳み式のきれいな屏風で囲まれていた。部屋の端にはひときわ目立つ大きな屏風があり、領主曰くこれは偉大な太閤様（タイコーサマ）から先祖に贈られたものだとのことであった。部屋の中央には机があり、部屋の右側には隠居、領主、そして松根のために肘掛椅子が置かれ、左側にもラウンドと彼の士官たちのために同じものが置かれていた。私は会話を促すため、机の端に座った。

夕食はよく準備されており、すべての皿が一つ一つきれいに整えられて盛りつけられていた。だが、いちばんおいしかったのは羽毛が生えたままの鴨で、あぶられた後に小さく切られた肉が背中の翼の間の部分に盛りつけられており、鳥が飛ぶことと泳ぐことを同時に行っているように表現するためにそのように並べられていた。それ以外だと、巨大なザリガニと、儀礼のときには常に用意される鯛の焼き物も全員にふるまわれた。我々はみな、飲み物用に大きな陶磁器のコップを渡され、平坦なティーポットによく似た口の長い白鑞の器に入った温かいリキュールが回された。旧領主はラウンド、私、そして二人の陸軍軍人と順番に杯を交わし、その後領主と大臣である松根の父親もこの儀式を行った。

我々は大いに飲んで食べた。隠居から赤い漆の大きく浅いコップを手渡されたので、まずこれを空にしなければならなかった。同行者たちは早々に去ったが、私は隠居に請われてそこに残り、政治について談義した。彼はまず兵庫について語りはじめた。彼は自身の意見を去年の七月にサー・ハリー・パークスにも告げていた。だが、私が宇和島を訪問したとき、彼は兵庫を開港することを容認しており、これは一橋も同じだった。翌年九月の開港に向けてフランスが協議していると彼は聞いていたが、フランスを好んでいない彼は、フランスではなく我々と合意がなされることを望んでいた。

フランスの方針は、日本には明確な元首が必要であるという認識に基づいているようで、最も強い政治力を持つ将軍と条約を締結した以上は、できるかぎり支持することが得策だと考えているようだと、私は返答した。イングランドの方針は違った。我々は、条約は日本と結ばれたのであり、将軍と結ばれたというわけではないと考えていた。もし将軍と結ばれたというのであれば、私が宇和島を訪問していたときには将軍はいなかったのだから、条約は停止状態になってしまったと考えなければならなくなる。我々は日本の内的問題に干渉するつもりはなく、それらは日本人同士で片づけるべきだという考えだった。

「だが」と隠居は尋ね、「もし内戦が長期化すれば、貴君らの貿易は停滞するので、そちらにとってもこれを終わらせる必要性が出てくるのではないか」と続けた。

「そんなことはない」と私は答えた。「干渉してどちらかの側に肩入れすれば、状況は十倍ややこしくなり、諸外国による貿易は完全に潰えてしまう」

その後隠居は、日本は帝を頂点に戴く連邦制の帝国になるべきで、この案は薩摩や長州も好意的に受け止めていると言った。それ以外に困難な政局を乗り越える手段はないと私は答え、このことに関しては横浜の新聞に記事を書いたとも告げた。

「ああ」と隠居は言い、「私もそれは読んだ」と続けた。すでに述べた、記事の翻訳のことである。そしてその後旧領主は、「女たちを呼んで、音楽でも奏でさせよう。艦長が去った後、貴君のために彼女らを呼んだということが露見すれば、彼が嫉妬するだろうから、言わないでおいてほしい。彼がこのことを知ったら、私が酔っていたとごまかしてくれればいい」と言った。

その瞬間、ハレムの婦人たちが入ってきたので、会話は中断された。美しい女性たちの大群で、結婚している者もいれば、していない者もいた。子供たちも入ってきた。私は、意識がなくなるかもしれないと不安になるくらい、婦人たちと酒を呑み続けなければならなかった。楽器が運び込まれ、かなり多くの量の酒が呑みほされたことで親睦と歓楽が増大されたが、これに乗じて政治的な意見を交換するということはしなかった。隠居もこれ以上は何も話さず、完全に娯楽に身をまかせていた。

「私がアーガス号に乗船したということが新聞に漏れないよう、貴君は気をつけてほしい。私は病気を口実に京都における会議への出席を拒んだので、政府にこのことを知られたくないのだ。今京都には行きたくない」と、彼は後にざっくばらんに述べた。音楽がはじまった後に周辺を見渡すと、アーガス号の士官の一人がそこにいて、彼は船長が去った後に入ってきて日本の踊りをしていた。私はホーンパイプを踊るように提案すると、彼ものってきたのだが、そのとき旧領主が立ち上がり、四十九歳という年齢にもかかわらず反対側に構えて緩いズボンをつかみながらステップを真似ようとした。二人の大臣にもその楽しい雰囲気が感染し、一緒になって三人で踊りはじめた。

二人の領主と彼らの婦人たちと大量に酒を呑んだ後、私は松根の父親によって彼の家に担ぎ込まれた——もとい、案内された。ここではさらに酒がふるまわれ、彼の他の家族に紹介された。一時間ほど会話した後、私はベッドへと向かった。熱い酒が頭に深いもやをかけていたので、床につけたときには安心した。林、松根の息子、その他日本人一人、そして私は、同じ部屋で寝た。翌朝、アーガス号から放たれた、出発する準備が整ったことを告げる号砲を聞き、日が昇る前に目を覚ました。急いで服を着て、松根の息子とともに乗船し、彼には土産として私の双眼鏡を渡した。岸で夜を過ごした野口と私の小間使いであったヤスは、まだやってきていなかったが、ラウンドは彼らのために待つことを拒んだ。そのため私は、どうにかして彼らを横浜まで送るよう松根に頼み、それに必要な費用は江戸に滞在している宇和島の代理人に対して支払うので、肩代わりしてほしいと告げた。六時半に我々は錨を上げ、蒸気を上げて湾から出発した。優しく親切な友人たちと、このような形で別れなければならないことを心から悔やみながら。

我々は、瀬戸内海のそれほど重要ではない場所を一、二ヵ所訪問した後、一月十一日の正午ごろに兵庫に到着した。石炭、牛肉、そして野菜を得ることができるか尋ねるために上陸した。当地の官吏たちに、船に必要な補給物資を送ってもらえるよう取り決めた後、町を散歩したが、人々は外国人の姿に慣れているようだった。兵庫を外国との貿易のために開港することに断固として抗議し、それに抵抗すると述べる二本の剣を帯びた男たちにも出くわしたが、恐らくそれは冗談だったのであろう。一人の肥前の男が訪ねてきて、彼は私の古い知り合いだと言い張ったが、彼を見たことはなかった。その後林謙三とともに、港に碇泊していた薩摩の蒸気船に乗り込み、そこで船長の井上新左衛門[6]と知り合った。この船は、鹿児島から薩摩の有力者の一人である小松帯刀（タテワキ）[7]を連れてきていた。小松は、薩摩で最も重要なリーダーである西郷に会いに大坂に上ってきたのだ。私は、西郷に会いに今すぐ大坂へ行きたいと伝え、井上と林は五代才助（一八六三年には鹿児島で我々の捕虜となった）宛てに手紙を書き、必要なとりなしをすべてしてくれた。だが、翌日、西郷は恐らく自ら兵庫まで来ると聞き、そのあいだ林は私を熱い風呂と日本風の昼食に連れて行くために上陸した。

私が風呂の後に綿のガウン（浴衣（ユカタ））の着方を学び、ほてった体を少しずつ冷ましていく快感を覚えたのは、このときがはじめてだった。座って食事をはじめようとした矢先に、西郷が到着したとの知らせがあったので、急いでご飯をかき込み、薩摩の別の拠点へと急いだ。西郷私が勘ぐっていたとおり、西郷は一八六五年十一月に島津左仲と紹介された人物と同一人物で、偽名について聞くと彼は大笑いした。西郷は不愛想で、なかなか会話をしてくれないので、社交辞令を交わしてから少し途方に暮れた。だが彼は大きな黒いダイヤモンドのように輝く瞳をもっており、会話するときに浮かべた笑顔は極めて友好的だった。

薩摩が外国人を雇用していることで生じ得る問題について話を切り出した。当時の条約の内容から、イギリス人が条約で定められた区画、つまりイギリスの領事当局者たちの管轄外に住むことは問題を生みかねないことだった。だが、西郷からは多くの返答を生まなかった。そのため、もう少し彼の興味を引く話題はないかと考え、最近一橋はフランスの皇帝からの書簡を受け取らなかったかと尋ねた。彼は、「受け取った」と答えた。少し前、一橋は帝に対して上奏文を送っていた。そこには、最近フランスの皇帝から将軍に宛てられた手紙を受け取ったが、亡くなった大君が長州遠征のため京都から離れられなかったので、正式に受理できていなかったという旨が記されていた。また、諸外国の代表を大坂に招集しようと考えているので、この機会にくだんの書簡を受理することが得策かもしれないとも述べられていた。一橋は日本の暦の一月十七日（一月二十二日）に大坂にやってきて、諸外国の代表たちもその後まもなくそこに到着する予定であった。我々（薩摩の家臣たち）は吉井幸輔[8]を通じて上奏文の写しをサー・ハリー・パークスに送っていたが、彼はまだ何も直接には聞いていないので、大君の招待を受けるかどうかはわからないと返答した。

「だが」と私は聞いた。「どうして一橋は将軍宛ての手紙を受け取れるのだ。彼は将軍ではないだろう？」

「いや、彼はおととい将軍の役目を拝命した」

「おや」と私は返した。「それは意外だ。私は、彼はまず長州の一件を片づけなければならないと思っていたのだが。これを処理できたのであれば、彼の影響力はかなり増大したのだろう」

「そのとおりだ。（強い口調で）昨日までみすぼらしい浪人大名にも満たなかった者が、今日は征夷大将軍だ」

「誰が主導したのだ」と私は聞いた。

「板倉周防守[9]（大君の評議会に最近加えられた人物）。一橋は現在帝から好かれているので、彼が望めば関白（宰相）になることだってできる。彼は自分の弟で、また水戸家出身の若者でありながら清水家の家長である人物[10]に民部大輔の地位を与え、彼をフランスへの大使として派遣するつもりだ」

「何のために？」

「我々にはまったくわからない」

「そして、なぜ一橋は諸外国の代表を大坂に招集しようとしているのだ?」

「それもまったくわからない」と西郷は言った。

「そのようなことを、大名たちに相談もせずにするというのは何とも変な話だ」

「大名たちは恐らく相談を受けたのだと思う。彼らは政治の場において常に発言権をもっているのだから。近年の幕府の失政は目に余るものがあり、私の主君はこれ以上彼らが好き勝手に国を亡ぼすことを許すべきではないと考えている。また、数人の大名が帝によって京都に召集されたとき、彼らは政府の一員となることができると思った。だが、幕府にその意図がないことを彼らは明確に感じ、そんな中で道化を演じるつもりもなかった。そのため、大名たちは一人を除いてみな出席を拒んだ。越前のみができるかぎりそこに滞在したが、最終的には離れた」

「では、現状ではすべておしまいなのか?」と私は聞いた。

「まあ、三年もすれば彼がどうするつもりなのかわかるだろう」

「三年は長い。だが、『現行の条約には気に入らない部分があるので、大名たちと協力して修正できるように努めるように』という形で、帝が将軍に条約を締結する権限を与えたと思うのだが、京都での会議とはこれに関連したものではないのか?」

「いや、まさか!」と西郷は言った。「貴君はかなり誤解している。これは私が以前述べたように、政府の改革を幕府と協議しながらやる大名たちに促すという意図のものだった」

「恐らく長州の案件や、兵庫の開港に関しても議題に上ったと思われる。長州に対する態度はどのようなものなのか？　我々外国人には理解できないのだが」と私は聞いた。

「我々にも理解できない」と西郷は言った。「幕府は正当な理由もなく戦争をはじめ、同様に特に理由もなくそれを止めてしまった」

「講和はなったのか？」

「いや。停戦となり、兵士たちが退いただけに過ぎない。状況はまだ変わっていない」

「我々外国人からすれば、幕府が長州を攻撃したことを理解することは難しい。長州が外国の船に砲撃したことが理由とは思えない。もし本当に帝の不興を買ったのだとすれば、『天子』への愛着が強い貴君の主君も幕府に手を貸したであろう」

「恐らく、幕府は長州をずっと憎悪していたのであろう」と西郷は言った。

「この国の問題が本年中に片づくことは非常に重要なことなので、会議が開かれなかったことは非常に残念だ。我々は特定の個人ではなく日本と条約を結んでいるので、貴君らの国内の問題に干渉するつもりはない。日本が帝に統治されるか、幕府に統治されるか、あるいはいくつかの国によって構成される連邦国家になるかということは、我々の知ったことではないが、我々は誰が本当の最高権力なのかを知りたいのだ。正直に言えば、我々は幕府に対して強い疑念を抱いている。彼らは最強ではないし、また全能ではないということも、兵庫開港を延期してほしいと要求してきたときに明白に確認できた。そしてその後、リチャードソンの殺害事件が起こり、幕府が犯人を処罰できなかったのを見て、彼らの権限が薩摩にまで及んでいないことを知った。さらには、日本と友好的な関係にある国の船が長州から砲撃を受けたとき、幕府は自らこれを処罰できなかったので、我々が直接実行しなければならなかった。加えて、最近起こった戦争で、より多くの戦果を挙げたのは長州のほうだったことを知った。我々が幕府が最高権力であるということを疑っているのはこのような理由からであり、会議はこの問題を解決できるのではないかと期待していたのだ。我々は来年兵庫の開港を求めるが、もし大名たちがこれに反対すれば、幕府は再度困難に見舞われるだろう」

「私の主君は兵庫の開港自体に反対はしていないが、他の港と同じように開港されることには反対している。幕府のみが利益を得るのではなく、日本が利益を得られるような形で開港されてほしいのだ」

「貴君はそのためにはどうしたらいいと思うのか？」と私は尋ねた。

「幕府が自分たちだけの利益を追求し特権を享受するような事態を防ぐために、兵庫に関するすべての案件は五、六人の大名による委員会に委ねるべきだ。兵庫は我々にとって、非常に重要なのだ。我々はみな、大坂の商人たちから金を借りており、返済するためには我々の州で作られた物をすべて外で売らなければならない。もし兵庫が横浜と同じような形で開港されれば、我々は破綻しかねない」

「貴君らがなぜ兵庫を重視するのか、今わかった。それが貴君らにとって、最後の切り札であるということが。開港する前にすべての国内の問題を解決することができないということは、とても残念だ」

「吉井をサー・ハリー・パークスの下へと派遣したとき、吉井はサー・ハリーに、大坂で我々を訪ねてくれないかと尋ねた。こちらから彼を訪ねることは、疑念を生みかねないのでできないからだ。サー・ハリーは、薩摩の領主だけでなく他の大名も訪ねるであろうと返答してくれた」

酒と肴(サカナ)（酒の供のこと）がふるまわれ、我々はかわいらしい女性によるもてなしを受けた。この女性は、五代の恋人であるとのことだった。西郷は中座し、どうやら薩摩の密偵であった私の同行者・林とともに席を外した。二品目がふるまわれた後、彼は一刻も早く去らなければならないように見えたので、私も帰ろうと立ち上がったが、そんなに早く去ることを許してくれなかった。彼は長旅の途中であるらしかったので、礼儀などは気にせずに発つべきときに出発してほしいと伝えた。数分後、彼は立ち上がり、「もしサー・ハリーが我々と対話することを望まれるのであれば、江戸にある我々の館〔藩邸〕に伝言を送ってくれればいい。彼が会いたいと言った人物は誰でも京都から派遣する」と言い、その場を去った。わざわざ遠くまで会いに来てくれたことを心から感謝し、たがいに別れを告げた。宴会は続けられ、いくつもの料理がふるまわれた後、林と私は七時半にアーガス号に戻った。翌日我々は横浜へと出発した。兵庫に滞在中、自由に町を歩きまわり、人々はみな親切だった。彼らは外国人を見ることに慣れていたようで、我々が道を通り過ぎてもほとんど気に留めなかった。

第十六章　大坂初訪問

一八六七年一月十五日、横浜に到着すると、西日本で見聞きしたこと、そして現地で私が言ったことをすべて上司に報告し、翌日江戸の職場に戻った。江戸での仕事に戻ってから最初に知ったことは、将軍が諸外国の代表たちを大坂に招待したこと、そして、彼らはそれを受けるであろうということであった。将軍の政府は、八年前に友好条約を締結したにもかかわらず、これまでずっと諸外国に対して好意的ではなかったが、このたびこれまで貫き通してきた方針を改めて、本当の意味で友好的な関係を築き上げようと試みている。だからこのような行動を取ったのだと説明した。だが、サー・ハリーは、将軍の力が急速に弱まっているということがわかる程度には日本国内の政治状況を把握していたので、この申し出を受けるのに躊躇した。彼がこれに参加することを決めたのは、他国の公使たちがみなそうするつもりだと知ったからであった。とはいえ、サー・ハリーは、どのような宿泊施設があてがわれるのか事前に問い合わせたほうがいいだろうと、他の公使たちに言い聞かせ、そのためにミットフォードと私をアーガス号に乗船させて派遣した。第九連隊第二大隊のカーデュー大尉も我々に同行し、二日間の航海の後二月九日に兵庫に到着した。

将軍の外交担当部門に所属する下位の官吏が二人やってきて出迎えてくれた上に、我々が速やかに上陸して大坂に向かえるよう諸事取り計らってくれた。我々は、陸路で向かうことを強く望んでいた。プリンセス・ロイヤル号、バジリスク号、サーペント号、そしてファーム号の四艦は、福岡において筑前の貴人たちに、そして三田尻で長州の貴人たちに謁見した後、港に到着したばかりであった。プリンセス・ロイヤル号のウォルター・カー卿は、親切にも長州の貴人四人と、最も重要な二人の重臣たちの写真を私に手渡してくれた。これらの写真をここに掲載する。その中には、すでに述べた高名な桂小五郎の写真もある。プリンセス・ロイヤル号艦上では現地人の商人たち数人と面会し、彼らはみな兵庫がまもなく開港されるということに強い関心を抱いており、外国人居留地を設けるのに適切な場所がいくつかあるということを教えてくれた。

桂小五郎と吉川監物（他の写真は割愛）

彼らはまた、帝が亡くなったことも知らせてくれた。この情報は、この直前に公表されたばかりだった。当時は、彼は天然痘で亡くなったと伝えられたが、そのときの舞台裏をよく知っていたある日本人は数年後、確信をもって彼は毒殺されたのだと教えてくれた。帝は、外国人にわずかばかりの譲歩を与えることにも反対していたので、幕府が倒された後、宮廷が直接西洋列強と関係を結ぶ必要が生じることを予知していた人々によって排除されたのだ。反動的な帝が国の頂点にいては、問題が起こることは目に見えていて、最悪戦争にも発展しかねない。東方の国々で、重要人物が死んだときに毒殺の噂が出まわることはよくあることで、前の将軍が亡くなったときも、一橋（ヒトツバシ）によって排除されたのだという風説がかなりよく聞かれたものだった。帝に関連して、当時は同様の噂を聞かなかった。だが、彼がここで政界から退場し、後継者として残されたのは十五、六歳の少年であったということは、かなり都合のいい展開であったと言わざるを得ない。

野口と私のボーイであったヤスは、宇和島から送られて大坂へとやってきた。彼らはさまざまな弁明をし、私もそれを快く受け容れた。我々は、十一日の朝に出発した。デンマーク人の士官でアーガス号に乗船していたタルビッツァー中尉も一緒だったので、四人で行動した。日本の当局者によって小型馬が提供され、江戸の各国の公使館の警護を担当する現地人の部隊からも、剣を武装した男たちが九人派遣され、我々を護衛した。我々の馬は、小さく、十分なエサを与えられておらず、調教もされていなかったが、馬引きの男たちが素晴らしかったので、素早く移動することができた。道路沿いには、我々の身の安全のために兵士たちが並べられており、その総数は少なくとも千五百人は下らなかったであろう。重要人物扱いをされるのははじめてのことだったので、少し気恥ずかしかった。道は完全に平坦で、やたら大坂に到達するまでは比較的まっすぐだったが、そこから何度も曲がりくねるので、と長い距離を歩く羽目になった。このような道路設計は、防衛戦略上の目的から日本各地において大名が住む町で採用されていた。それらの道は、ほとんどの場合が田んぼに囲まれており、侵攻を試みる勢力は目的地へとまっすぐ向かうことができず、道路を進むしかなくなり、なおかつ防衛を試みる勢力による側面からの斉射にさらされることになる。

尼崎を通過すると、大坂の城が見えてきた。輝かんばかりに白い城壁と、何階にも及ぶ高い尖塔がある目立つ建物なので、一リーグ[1]先からでも見ることができた。長い距離を進んだ後、ようやく我々は町に到着した。案内人が出発直後に道を間違えたことから、狭い通りに並んだ兵士たちの隊列が分断されたが、民衆は我々のために道をあけ、建物の前に立ってわずかな音も発さなかった。街道沿いの我々のことが見える距離までずっと、好奇心旺盛な表情をうかべて群がる人々の回廊ができていた。町を流れる川にかかる大きな木製の橋を渡った後、川沿いを左折し、その後右に曲がった。そして、本覚院（ホンガクイン）という僧院に設けられた我々の宿泊場所にたどり着くまで、果てのないほど長い道を進んでいった。ここで、日本の外交担当部に所属する当局者数名が我々を待っており、また町の官吏も数人訪ねてきた。我々が快適に過ごせるよう必要なことはすべてなされており、また宿泊場所も提供し得る中で最もいいところを選んでくれた。この厚遇は、一八六五年に訪れたときに受けた嫌々ながらの応対――敵意に満ちたものと言っても過言ではない――とは大違いだった。将軍が新しくなってから時世が変わったことは明らかで、直前に帝が亡くなろうが亡くなるまいが、将軍は諸外国に対して友好的な政策を実行するつもりだったのだ。

我々の滞在が快適なものとなるよう、当局はでき得るかぎりの準備をしてくれた。長旅で浴びた埃を風呂場で落とした後、夕食の席についた。食事は西洋式に似たものであり、フランスのワインもふるまわれ、その中にはラロース産の素晴らしいものもあった。悲しいかな、それは一本しかなかったのだが。ただ、座席は四本足の座椅子で、滞在中はずっとその座り心地の悪さに苦しめられた。その後、寝室を検分した。ベッドは急ごしらえのものだったが、綿のかけ布団や絹が詰まった上がけなど、寝具は十分すぎるほどに用意されていた。洗面所には、極めて小さい二つの台があり、その下には大きな水がめがあった。その横にはアーモンドの石鹼と、オー・デ・コロンの瓶が一本置かれていた。だが、何よりも印象に残ったのは、我々の下へとやってきた官吏たちの丁寧な態度と言葉遣いだった。これまで対面した当局者たちは、みな例外なく横柄な態度で接してきたものだった。

翌朝、鈴木という名前の宇和島の氏族の官吏が、大坂駐在の家老の手紙を携えて我々を訪ねてきた。その手紙は、大坂にある彼らの屋敷を訪問してこないでほしいと要請するものであったが、鈴木と話をしたかぎりでは、彼は内心訪ねてきてほしいと思っているような印象を受けた。私は野口を薩摩の屋敷へと放ち、小松に我々の下に来てくれるよう要請した。また、宇和島の屋敷にも野口を送り、私の二人の給仕を手厚く扱ってくれたことに関して謝意を伝えた。

午後になると、我々は町の主要道路である心斎橋筋を散策しに出かけた。我々の前を一本の剣を帯びた数人の男たちが進み、カラスのような「カウ、カウ」という声を上げて民衆に道を開けさせた。通り過ぎると、異邦人を一目見ようとした人々による大きな人だかりがついてきた。数年前に長崎からのオランダの使節が通過して以来、大坂をヨーロッパ人が訪問したことはなかったのである。探求心に関しては我々も引けを取らず、できるだけいろいろなものを検分できるように遠まわりをし、日が暮れるまで書店や反物商を見てまわった。

次の訪問者は吉井幸輔で、彼については以前述べたとおりである。一八六五年の秋に西郷を最初に見た兵庫の船上で私たちは顔を合わせていたということを、彼は思い出させてくれた。吉井は小男で、快活であり、強い薩摩なまりでしゃべった。毎日、我々は一日の大半を観光して過ごし、官吏たちは常に丁寧であった。我々が何かを要請すれば、彼らは即座に応じてくれた。一、二日ほど経った後、我々は小松と吉井を昼食に誘った。前者は私が知るかぎりでは最も魅力的な日本人の一人で、家老の家系に生まれながら、そのような出自の人物にしては珍しく政治力に優れていることで有名で、礼儀作法も完璧に心得ており、聡明であった。容姿も並み以上ではあったが、口が大きかったので美男子とは言い難かった。彼らはフォアグラのパテとペールエールをたらふく飲み食いして、とても上機嫌になった。その場には徳川の臣下たちもたくさんいたので、彼らがいる中で、小松と吉井がその場に適さないことを言うのではないかと心配になるほどであった。

翌日、ミットフォードと私は、小松と吉井の訪問に対する返礼も兼ねて、川沿いにある薩摩の物産取り扱い場所である蔵屋敷（クラヤシキ）を訪ねた。吉井が門前で我々を迎え入れ、そこの責任者である小松と、松木弘安という人物がいる部屋へと通してくれた。後者は一八六三年に我々の捕虜となった二人のうちの一人で、その後大君のために働いていたと聞いたことがあったため、彼に対しては少し疑念を抱いており、完全に心を許してはならないと思っていた。そのため、社交辞令を交わした後私は内密に話をしたいと持ちかけたのだった。もっとも、このような考えは私の誤解であったのだが。松木はその後寺島陶蔵と名を改めた。あるいは、単に昔使っていた名前をまた使うようになっただけなのかもしれないが。彼は一八六八年の革命以降ほぼ常に、主に外交に関する政府の職についている。とにかく、そういう経緯から、小松、吉井、ミットフォードと私はともに奥の間へと入った。

帝は一月三十日に亡くなったが、それが発表されたのは二月三日だったと小松らは述べた。跡を継いだのは十五歳の幼い息子で、外交と内政に関してしっかりと教育されれば賢明な人物になる下地があるように思われていた。だが、残念なことに幕府は、新しい帝が彼の知性を育むことができる教師と接触することを許さなかった。新帝が幼かったころ、公務は名代として関白（クワンバク）（宰相に相当する）が執り行った。この役職は五つの宮廷貴族の家系から選ばれ、名目上は帝によって任命されていたのだが、実質的にはもちろん大君と主要な大名によって選出されていた。当時の関白は賢く善良な人物であったが、幕府の評議会の言うことを聞きすぎてしまうきらいがあった。

今回新しい将軍が諸外国の代表たちを大坂に招いたのは、単に薩摩と宇和島の大名がサー・ハリー・パークスを招待したことに対抗して行ったことだと考えられていた。恐らく将軍は、諸外国との関係をより友好的かつ密接にしたいなどと述べるであろうが、兵庫開港のことに関しては触れないだろうとも予想されていた。開港すれば帝や宮廷貴族たちの下に開明的な思想が押し寄せるようになるだろうから、幕府がそれを望んでいないことはたしかだった。小松は、幕府が兵庫における外国人居留地の場所をまだ定めておらず、この前年の六月に締結された関税協定を承認していないことを批判した。この件に関しては、幕府からまだどう対応しようか定まっていないと言われたらしい。彼が言うには、薩摩は神戸の近辺に蔵屋敷を設けるための土地を購入し、その内大部分は外国人居留地として我々に与えられるであろうとのことだった。薩摩は兵庫が開港されることを望んでいたが、同時に正当な形で行われるべきだとも思っていた。宮廷貴族たちの多くもそうされるべきだと思っていた。彼らは開明的で、仲間たちを収監した幕府をよく思っておらず、また帝に謁見することも禁止されていた。

政治的な状況が深刻なものだったので、恐らく将軍も京都に長く滞在するであろうということは想像できた。もし江戸に戻れば、帝を掌握することができなくなり、長州を再度宮廷へと走らせるきっかけを与えてしまうかもしれなかったからである。大名たちの中で、将軍の任官式に参加することを目的に京都へとやってきた者はおらず、京都に置いていた代理人たちが不在者たちの代わりを務めた。小松たちからサー・ハリーに、次のことを伝えてほしいと頼まれた。薩摩と他の大名たちが将軍と足並みを揃えたのは、幕府の不興を買いたくなかったこともあるが、もっぱらの趣旨は、幕府がその権力を濫用しないか監視したかっただけのことだったと。いずれにしても、帝が太古のようにこの国の実質的な支配者の座に返り咲くことを望んでいるとも小松は言った。薩摩の計画と目的は、すべて国のためという考えに基づいているのであって、それにそぐわない形で将軍に対して革命を起こすためではない。もしサー・ハリーがやってきて帝と条約を締結したいと提案すれば、大名たちは即座に同意し、この尊い計画に加担するためにこぞって京都へと集まったであろう。この件について少し力添えをすれば、後は彼らがすべてをやってくれたと思われる。

話があまりにも長くなり、これくらいでやめないとあらぬ疑念を抱かせかねないということで、我々は会話を止めた。別室に戻ると、素晴らしい日本式の昼食が広がっていた。驚いたことに、下関を攻撃したとき以来会っていなかった井上聞多がそこにいて、同席することになった。彼の顔は、大きな傷によって変形していた。長州の派閥争いの中で受けたいくつかの傷のうちの一つであった。井上の仲間たちは今や騒乱状態にあり、再度将軍を攻撃してやりたいと思っていると彼は言った。井上はまた、サー・ハリーへ宛てた領主の手紙も携えており、それには可能なかぎり早く長州を訪ねてほしいと記されていた。さらに、前回サー・ハリーが下関を通過したとき、会談をしたかったのだが、フランス公使がそこにおり、またちょっとした事情があったため、それが叶わなかったとも述べた。薩摩の人々は、ミットフォードと私にできるだけ早く鹿児島を訪問してほしいと言った。

我々は幕府の外交担当委員の一人である柴田日向守(ヒューガノカミ)と、サー・ハリーの公務での大坂訪問について話し合い、詳細について穏やかかつ友好的に取り決めることができた。ただ、将軍謁見の際の儀礼に関して話し合っていた際に、少し問題が生じた。柴田は、イギリス公使に将軍のいる部屋の外で一礼するように求めたのだが、これに応じることはできなかった。我々としては、このような場での儀礼をできるだけヨーロッパの宮廷のようなものに近づけるよう促したかったのである。

以前述べたとおり、野口は京都における将軍の兵士たちの中でも最も優れた者を提供していた会津の氏族の一員だった。私は野口を同僚たちの下へと向かわせた。戻ってくると、会津の者数人が私と面会するためにまもなくやってくると教えてくれた。その情報どおり、十七日の夜遅くに会津の者が四人現れた。彼らの名前は、梶原平馬（家老の一人）、倉沢右兵衛、山田貞介、河原善左衛門であり、[2]贈呈品として薄青色の緞子と、後ほどサー・ハリー・ミットフォード、そして私に贈られることになっていた剣などの物品の目録を携えていた。贈り物をする際は、奉書紙（ホーショガミ）と言われる厚くて薄クリーム色の紙の目録を携え、贈呈品とともに渡すということが慣習であり、品物が準備できていないときには目録をまず渡していたのである。我々はお返しの品を持っていなかったが、せめてできるかぎり彼らが楽しい時間を過ごせるようもてなした。特に梶原はその酒豪ぶりが目を引き、シャンパン、ウイスキー、シェリー、ラム、ジン、ジンの水割りなどを飲んでも瞬きもせず、しり込みすることもなかった。彼は相当な美男子で、見目麗しく、作法も完璧にわきまえていた。

彼らは外国の軍艦を検分したがっていたので、バジリスク号のヒューウェット大佐宛ての紹介文を書いた。これが、日本の内政に関する意見の完全なる相違から起こった革命戦争を生き抜いた、会津の氏族と親密な関係を築くきっかけとなった。彼らは派閥の利益のみを追求するような連中ではなかったので、イングランドは日本の国全体の利益になることを追求していたということも明確に理解しており、したがって我々が取った行動を恨むこともなかった。

新しい友人たちは、数日後昼食をともにするために戻ってきて、そこで彼らはシャンパンと保存された肉をふるまわれ、大いに気分が高揚したようであった。当時は夕食会で酔っ払うことは作法のようなものであり、むしろ来客がしらふで帰宅すると、主催者は自分たちのもてなしが十分ではなかったとがっかりしたものであった。彼らのうち一人は完全に酔っ払い、幼い男児や女児の耳にはふさわしくないようなことを話しはじめ、もう一人は卑猥な絵を描いて親切にも我々四人に配った。我々のもてなしの返礼として、梶原[3]は我々に、夜はともに酒を飲みに行こうと誘ってくれた。即座にその申し出を受け入れたが、このことは江戸の外交担当部の官吏とのあいだで問題になった。彼らには、たとえその大名が将軍の一派に属していたとしても、外国の公使館の人員が大名の家臣たちによってもてなされるということは、すべての先例に反するよからぬ行為であるように見えたのである。そのため、幕府が我々の背後で余興を邪魔することも大いにあり得ると推測できた。

イギリスの公使一行が臨時に設けられた公使館に向かうのに必要な小舟が用意されたが、その日の午後はその小舟の検分に費やされた。とにかく長くて遠い道のりであったが、やっとのことで軍艦の小舟がある場所へと到着することができた。そして小舟に乗り込み、試しに仮の公使館へと向かおうとしたがいろいろと面倒が多く、公使一行にそのルートを使わせるべきではないという結論に至った。まず、距離があまりにも長く、また流れに逆らって漕がなければならなかったので、舟足がとても遅かった。さらに、路地裏の狭くてあまりきれいではない運河を進まなければならず、市井の人々に姿を見せることはできなかった。そのような運河を通って、建物の近くの船着き場まで行き、そこから歩いて向かった。船着き場は暗かったにもかかわらず、我々を一目見ようと群がった人々でいっぱいだった。町に滞在してもう一週間以上経っていたが、住人たちの興味はまったく衰えなかった。滞在中、我々は町をくまなく散策し、長い距離を歩かなかった日はなかった。

野口は会津の者たちとともに、宴会を行う場所を探しに行ったが、なかなか帰ってこなかった。恐らく官吏たちに阻まれて宴が開けなくなったのだろうと判断し、夕食の席についてスッポンのスープと煮物をいただいた。だが、その最中に野口が戻り、準備はすべて整ったと告げた。通常我々を警護していた護衛たちは、夜だったこともあってみな休んでいたので、供をしてくれたのは明かりを掲げる一人の男のみであった。道には人気がなく、冒険をしているかのような緊張感が我々を覆っていた。今まで、夜の日本の町を自由に歩いたヨーロッパ人はいなかったのである。その後川沿いを下って大きな橋の近くにある建物に到着するまで二マイルほど歩かなければならなかった。そこで、友人たちが我々の到着を待ちわびていたことを知った。部屋の上座には我々のためにじゅうたんが敷かれており、その反対側には会津の男たちが座布団の上に座っていて、中間には背の高いろうそくが列をなして並べられていた。

招待を受けたとき、町でも選りすぐりの女性たちによる歌や踊りによってもてなされることを期待していたので、かなり高齢な女性たちによってお茶がふるまわれたときには幻滅させられかけた。だが、若い女性たちはこのとき化粧をしていただけで、酒がふるまわれたころには彼女たちも上の階から降りてきた。その中には、かわいらしい者もいれば、かなり醜い者もいたのだが、いずれにしても黒塗りされた歯と鉛で白く塗られた顔が彼女たちの見た目を台無しにしていると感じた。私はしばらく経ってから、既婚女性か崇拝者を得るほど年季を積んだ「達人」のみがすることを許された、黒く輝く歯に慣れることができた。皇后が、規範を示すためにこの慣習を止めたときには、私や日本のほとんどの人たちは新しいやり方を受け入れることができなかったものである。

私は、日本の踊り――それは、姿勢を正す動作と言ったほうが正確である――はかなり退屈だと常々感じていた。それは、三本弦のリュートのような楽器の奏でる音に合わせて歌われた詞を体現するかのように、重々しく（あるいは、それに影響されたかのように）肢体を動かしているように見えるのだ。歌の内容が事前にわかっていれば、まだましである。それは、イタリアのオペラの歌手によって歌われるものと同じで、ほとんどの聴衆には理解不能なのだ。だが、よほどの愛好者でないかぎり、この芸術を理解するために必要な知識を得ようとする外国人はいないであろう。より少ない時間と知的努力で理解できる芸術は、他にいくらでもある。ヨーロッパ人の耳には奏でられている音の十分の九が外れているように聞こえるこの音楽を理解するには、さらに長い訓練が必要であろう。このような娯楽は東方においては普遍的で、インド、ビルマ、シャム、中国、そして日本において地域的な差こそあれどの場所にも存在し、そして、芸術を理解できない私にとっては、おしなべて退屈なものに感じられる。

江戸からの官吏たちが我々を見つけると、宿泊先に戻るように執拗に促し続け、十一時ごろまでそれが続くと我々もとうとう根負けして招いてくれた人に別れを告げなければならなくなったので、そこにはわずかな時間しかいられなかった。彼らが遅い時間まで宴を続けたことは、言うまでもないだろう。これは、我々が大坂を去った前の晩のことである。

第十七章　大君による諸外国公使招待

江戸に戻ると、通訳候補生の後輩であったヴィダルが哀れにも自らの命を絶ったという知らせを受け、我々はおののいた。体調不良以外の動機は考えられない。少なくとも、彼は正気を失っていなかったことはたしかである。むしろ、彼よりも優れた知性を有する人物を探すことのほうが難しかった。彼は極めて有能な人物であったが、肝臓の機能不良を患っており、生前は常にそれに苦しめられていた。彼は当初シャムでの勤務を命じられたのだが、現地に送られる前に北京に勤務地が替えられた。一、二年ほどそこで生活し、気候が合わないと判断した彼は、日本への転任を許された。だが、この地も彼を満足させるには至らず、死を選んだ。

その後の数日間を、我々は横浜の友人たちとともに熱海と箱根を訪問して過ごした。この遠出に関しては特筆すべきことはないが、当時ほんの少ししかホテルのなかった熱海には、現在（一八八七年）少なくともそれが六つはあり、東京（江戸）在住の上流階級がおしゃれな冬の保養地として好む場所になった。交通費は、今よりもずっと安かった。箱根までの旅路、十マイルほどの距離に対して、荷物を運んでくれた苦力（クーリー）に支払ったのは一分銀一枚と四分の三で、これは一人あたり二シリング四ペンスに相当した。当時、村の東端には囲いがあり、旅行者はみなそこで通行許可証を見せなければならなかった。守衛所の掲示板にはいろいろなことが書かれていたが、死人、負傷者、そして不審者は許可なく通行することを禁止するという旨も記されていた。我々の一行に加わった女性は、小田原へと延びる、きちんと舗装されていない急な下り道を日本の馬に乗って進むという難行をやってのけた。公人御用達の宿に到着すると、主人は我々を親切丁寧に迎え入れてくれた。平屋の建物はかなり広く、日本においては一部屋は通常十二平方フィートほどなのだが、そのような部屋が十から十五もあり、加えて巨大な厨房と玄関もあった。

我々はここで一晩を過ごし、翌日野口が、我々が公用の値段で馬や苦力を利用できるよう手配してくれた。馬に乗せられるかぎりの荷物を預けて現金で四百六十四〔文〕、苦力に持てるかぎり預けると二百三十三〔文〕であった。当時現金六千六百〔文〕は一両と同額で、または一分銀四枚か、五シリング四ペンスと同等であった。つまり、苦力を公用料金で利用すると、全部で二ペンスと五分の一、あるいは一マイルにつき五分の一ペニーを少し上まわるくらいであった。苦力たちは賦役として働いており、人数が足りない場合宿場町の者たちは普通の料金で人を雇い、公的料金でこれを提供しなければならなかった。これは重荷だったので、革命の後に作られた新しい政府は、改革に着手したときにまずこれを廃止した。

保土ヶ谷に到着した後、一行は横浜へと戻ったが、私は彼らと別れて神奈川へと向かった。そこで本陣（ホンジン）という、公用で使用される宿に宿泊したのだが、私は通常大名のみが利用できる、その宿で最高の部屋に泊まった。保土ヶ谷からは駕籠（カゴ）と呼ばれる輿に乗って移動したのだが、五マイルほどの短い距離を進むのに二時間かかった。だが、当時はそれが普通だった。現地人の公使館警備兵が、駕籠に乗って私の前を行き、彼も竹と紙でできた提灯を持った男に先導されていた。私の駕籠は彼らに続き、さらにその後ろからは、一本のさおの両端に付けた籐製の箱（両掛（リョーガケ））に私の荷物を入れて運んでいた苦力と、二人目の護衛がともについてきた。野口は恐らく歩いたのであろう。

翌朝私は、一行の宿泊、酒と肴、夕食と朝食にかかった費用を支払ったのだが、それは八シリング六ペンスほどで、それに加えて私は宿の主人に茶代（チャダイ）として一分銀一枚（一シリング四ペンスほど）を手渡していた。恐らくそれは、茶代としては十分すぎる額であった。日本では、旅籠（ハタゴ）と呼ばれる宿に一泊するときの料金には、ご飯、お茶、宿泊費、燃料、ろうそく、入浴代のすべてが含まれていた。唯一別料金が取られたのは、酒と肴であった。寛大な旅行者は、宿の人のためにこれらを注文し、吝嗇家であればそうせず、二回の食事で満足したであろう。肴は、食事というよりはつまみといった感じで、酒の供のようなものであった。ろうそく、火元、風呂の料金も含めたヨーロッパのホテル代と比べると、その差は歴然である。加えていうならば、日本においてはチップが求められていないので払う必要がなく、お茶のための料金は茶室の使用料のようなものにすぎない。

旅行から戻った後、ミットフォードと私は公使館の外にあった小さな家に引っ越した。その家は、東海道から続く脇道沿いの丘にある泉岳寺の、きれいな庭園の中に建てられていた。実はその建物は門良院（モンリョーイン）という小さな寺院であり、我々は客間を間借りし、それぞれに対して寝室が一部屋ずつあてがわれ、さらには居間も利用することができた。柵によって囲われていなかったので、身を守るために頼ることができたのは、門の詰所にいた三、四人の別手組の人員だけだった。丘の下の公使館は夜通し警備されており、毎時間衛兵たちが互いに確認しあっていた。当時は安全な場所を離れて真夜中に暗殺される危険のある場所に住んだ自分たちの勇敢さを誇りに思ったものだった。我々はここに数ヵ月一緒に住み、その間日本食のみで生活した。それは、友人であった薩摩の男たちがよく通っていた、万清（マンセイ）[1]というレストランから一日三回運ばれていた。

ミットフォードは、かつて北京で中国語を勉強していたときと同じように、わき目もふらない熱心さで日本語の勉強に没頭したため、上達も早かった。私は彼のために、文章や対話の例文をまとめたものを作り、これは後ほど会話篇（クワイワヘン）という名前で出版された。公使館の敷地外で生活したことで、我々を訪ねてきた大名の家臣たちを何の気兼ねもなく迎え入れることができるようになったので、そういった意味では都合がよかった。三田にあった薩摩の屋敷を頻繁に訪れるようにもなり、そこで柴山良介、南部弥八郎という二人の男から政治に関する情報を得た。前者は、この少しあと、年末に驚くべき形で死を迎えた。数人の浪人や政治的不穏分子がかくまわれているという悪評が立ったので、将軍の警察によって火がつけられたのである。乱闘が起こり、多くが殺され、柴山は捕らえられた。検分の場に連れていかれたとき、彼は自分がすべての首謀者であると豪語し、その後、懐から拳銃を引き抜いて自らの頭を打ちぬいた。彼はよき同胞であり、何度か一緒に愉快な冒険をした仲であった。

四月の中ごろに、諸外国の代表たちは大挙して大坂へと向かった。フランス公使のロッシュ氏は、自らが推奨していた方針を推し進めようと、すでに三月の時点でそこに到着しており、将軍にも謁見していた。そこで支持を表明したことは疑いようもなく、仮にそうでなかったとしても何らかの助言を与えたことは間違いない。後にわかることだが、ロッシュ氏は幕府に強く肩入れしていて、この政権が倒された後の日本に一日たりとも滞在することができなかったほどであった。我々の側、サー・ハリー・パークスは将軍を、国の副頭領にすぎないという認識の下で対応した。そのため我々は、彼のことを「閣下」と呼び、そして我々の女王について言及する際には帝のことを指す際に使う称号と同じものを用いた。

サー・ハリーは、アップリン大尉の騎馬衛兵と、ドーント大尉とブラッドショー中尉によって率いられた第九連隊第二大隊の兵士五十人を伴い、大坂へと向かった。パークス夫人も一行に加わった。同行したのは、公使館書記官のシドニー・ロコック、ミットフォード、私(当時私は、一時的に日本語書記官代理を務めていた)、ウイリス、アストン、そしてウィルキンソンであった。我々は、新聞の挿絵画家であるチャールズ・ワーグマンの同行を許可するようサー・ハリーを説得した。総勢で七十人ほどのヨーロッパ人がおり、それに加えて三十人ほどの中国人と日本人の筆記役、給仕、そして馬丁もいた。大君の政府は、我々が必要とするものはすべて新品で提供してくれた。我々がこのような特別待遇を受けていることを知った「ジャパン・タイムズ」のリカビーはひどく立腹し、ワーグマンに向かってその怒りをぶちまけた。諸外国の代表の随行員として、商人社会の者が誰も呼ばれていなかったことに抗議したことは理解できなくはないが、彼らが同行すればほぼ間違いなく会議の妨げになったであろう。

イギリスの公使館員は、寺町という通りの奥にある、四つの広い寺院に滞在した。他の国の代表たちは、通りの入口に近い、もう少し格式の低い建物に案内された。だが、イギリスの公使は、必要なものを手配するため部下を二人事前に派遣しており、また他の国の代表たちも日本政府から提供されたものに納得した。ミットフォード、ワーグマン、そして私は、町を一望できる寺（長法寺）の一角に滞在し、別の部屋にサー・ハリーの仕事場と臨時の公文書記録室が設けられた。イギリス公使館一行は、通りを挟んで反対側の寺にまとめて放りこまれ、サー・ハリーとパークス夫人もそこで寝泊まりした。その隣の寺は衛兵と二人の通訳生にあてがわれ、四つ目の寺は我々が招待した同行者たちのために割りふられた。私には、三つの階にまたがるいくつかのすばらしい部屋が与えられた。いちばん下の階の部屋は、日本人の筆記役と私の給仕たちが利用し、中央の階の二つの部屋は、一方が寝室、もう一方が仕事場になり、そしていちばん上の部屋は来客時に客人を通す場所として使われた。そこは十二×九フィートしかなかったが、家具が一つもなかったので、十二人ほどは入ることができた。

滞在中は忙しかった。朝から晩まで翻訳や通訳の業務に忙殺され、我々の上司が昼食時と夕食時の両方で日本人の招待客を招いたときには、十一時間のあいだ絶えることなく日本語はほとんどが記憶に依拠しており、日付に関してのみ公刊済みの史料で確認した次第である。

滞在中は、兵庫と大坂の開港後に当地で必要となる規則や、外国人への土地貸与に関する条件、そして両方の開港地における自治組織などの制定に関する話し合いに、ほとんどの時間が費やされた。諸外国の代表たちの中でサー・ハリーが最も実務的な経験を有していたことから、ほとんどの仕事は彼が担うことになった。日本政府も、諸外国の代表たちと争議を起こさないよう望んでいたようで、そのため交渉はそれまでなかったくらいに効率よく、速やかに進んだ。江戸においては、公式対談では常に怒りに満ちた熱い言葉が飛び交ったものだが（そして、日本人たちが我々に対して頑なに沈黙を貫き、我々の上司がそれとはまるで対照的な様相で激情をぶつけたものであった）、今回はそのようなものとは無縁だった。新しい将軍の鶴の一声で、日本の政府は新しい方針に基づいて行動するようになり、条約に記されていた友好的な精神を現実のものにするべく動き出していた。

その後、我々は薩摩、阿波、そして宇和島の男たちの来訪を受け、彼らからは、ここ十三年間ずっと続いていた政治的な動乱が、どのような結末を迎えるのだろうかということを聞き出そうと試みた。だが、状況を総合して見ると、将軍たちのほうが敵対勢力よりも分があるように見えた。そして、将軍が諸外国の公使を大坂に招いた最大の理由は、幕府に対する彼らの個人的な支持を得て、諸外国とさらに友好的な関係を築き上げることだったのであろう。各国の公使たちとの関係を改善するべきだということを耳打ちしたのは誰なのか知る由もないが、諸外国の代表のうちの誰かである可能性は否定できない。

将軍に謁見する際の儀礼について、長いこと議論が交わされたが、最終的にはヨーロッパの慣習に基づいて行われるということで合意した。最初の対談は、非公式な形で行われた。サー・ハリーは馬に乗って入城し、公使館員も随行し、警備の騎兵が先導し、一行の前方と後方にはさらに歩兵が護衛として伴った。我々の両脇には別手組と呼ばれる日本人の衛兵もいて、民衆が近づかないようにしていた。滑稽なことに、城の前の広場に整列した兵士たちは、先導する衛兵の指揮官が豪華な服を着ていたことから彼が公使だと勘違いし、彼に対して武器を掲げて敬礼するという出来事も起こった。堀の上にかかる通路の入口には、漢字で「馬から降りるように」と記された木の立て札があったが、これを気に留める必要はないと事前に合意を得ていたので、我々は城の玄関口まで馬に乗って進んだ。この立て札は、門のすぐ近くにあったと記憶している。

城は、一八六八年二月に大坂から幕府の軍が敗れて撤退したときに起こった火事によって焼け落ちてしまい、残念ながらもう残ってはいない。だが、当時は日本で最も素晴らしい建築物の一つとして知られていたのである。少なくとも、京都の帝の宮殿よりもはるかに素晴らしかった。廊下は広く、豪華なじゅうたんが敷かれていて、絵画が描かれた杉の屏風で仕分けられていた。その横には大きな部屋がいくつもあり、そのさらに右手側の先に、三つの大きな部屋によって構成される大広間（オービロマ）という謁見の間があった。他の大部屋にはそれぞれ名前が付けられており、大名たちはそれぞれの格式によってこれらの部屋に割り振られ、自分たちが謁見する番になるまでそこで待たなければならなかった。木の屏風の上には、鳥や動物の形に彫られた木の羽目板があった。それは、日光にある家康の霊廟に収められているものと同じような様式で、少し華美に彩色されすぎている感があった。

我々は、外交担当委員に案内されてじゅうたんの敷かれた廊下を進んでいったのだが、彼は日本の宮廷の慣例に従って自分の足よりもはるかに長いズボンをはいており、まるで膝を使って歩いているような印象をうけた。そして、将軍が待っていた奥の部屋につくまで時間がかかった。彼はサー・ハリーと握手し、長机の上座に座った。彼の右側にサー・ハリーが、左手側には筆頭大臣のような立場にあった板倉伊賀守が座った。公使館の職員たちはサー・ハリーの横に腰を下ろし、私は彼と将軍のあいだに置かれていた長椅子に腰かけた。将軍は、私が見た中で最も貴族的な風貌をした日本人であり、額の位置が高く、鼻筋の整った見目麗しい紳士であった。私は、公的な儀礼の場において必要とされる日本語が理解できるか不安だったので、少し緊張した。以前サー・ハリーが、イギリスと日本のあいだにあった見解の不一致に基づく対立はすべて水に流すと述べたとき翻訳に大失敗した記憶が呼び起こされた。この場では政治の話は行われず、会話が終わった後一同はより小さい部屋へと退き、そこにはヨーロッパ式の夕食が広がっていた。将軍は威厳のあるたたずまいで長机の上座に座っていた。三十六人の詩人の歌に添えられた絵が壁一面にかかっており、サー・ハリーがそれを称賛したことから、将軍はそのうちの一つを贈呈した。食事の後にウイスキーと水がふるまわれ、私は御大に水割りを作る名誉にあずかることができた。我々が去るとき、すでに周囲は真っ暗だった。

数日後、公式な謁見の場が設けられ、そのときには我々の軍艦の艦長たちを紹介した。事前に、サー・ハリーの声明とそれに対する将軍の返答の内容を準備していた。また、将軍には誰かからの発言を受けたときどのように返答するべきかという指導もされた。その様子は、『イオセン』[2]に出てくる、トルコのパシャの声明を通訳が訳したときの描写にいくらか似ていた。たとえば、北極探検を行ったこともあるハスウェル大佐に対して、「長い旅路を行った」という意味の言葉も述べたが、かなりかしこまった訳語が用いられた。のちに西郷とその同輩が来訪したとき、我々と将軍との関係が改善されたことを快く思っていないと言われた。私は西郷に、革命を起こす機会はまだ失われていないはずだとほのめかした。もっとも、兵庫がひとたび開港されれば、大名たちがそうする機会は失われていたであろうが。

諸外国の代表団の滞在先があった通りは、両側の入口にあった木製の門が固く閉ざされており、別手組数名が昼夜を問わず常に駐在していた。警備の者たちは、我々がどこに行こうと必ずついていくように厳命されていたので、我々だけで町に繰り出すことは不可能だった。ミットフォードと私にとってこれは非常にわずらわしいことだったが、ある日寺の一つを囲う塀に穴を見つけ、それからは野口とともに夜な夜な抜け出して町をくまなく散策した。何か危険が待ち構えているのではないかという感覚と、悪いことをして楽しむ学生のような感覚を抱きながら、日本の夜を満喫することができた。あるときには、松根の息子が我々に同行し、歌って踊る若い女性たちがたくさんいる場所へと繰り出した。その夜は月が明るく、衛兵が我々のことを見つける可能性はいつもよりも高かった。塀の穴を抜けて外に出た後も我々は常に背後を気にし、公使館の背後を通り過ぎた後に我々が滞在していた建物に並行して延びていた低い通りに出て、家屋の影の下をしばらく走り、右に曲がって別の通りに入ると再度右に曲がった。ここまで来ればさすがに追っ手もいないだろうと確信できる場所まで来ると、ゆっくりと歩きだし、川にかかったいくつかの長い橋の一つを渡り、目的地に到着した。

松根の名前で部屋を取ったので、おしろいと口紅を塗った少女たちは日本人の一行がやってくると待ち構えていたのだが、三人のヨーロッパ人が案内されたのを見たとき、彼女たちは驚きおののいた。当時の大坂の女性たちにとって、我々は興味ではなく警戒の対象だったのである。美しい乙女たちは悲鳴を上げてすぐさま逃げ去り、私の友人がどれほど説得しても戻ってきてくれなかった。建物の主は、これで衆目が集まり、騒ぎになってしまうと罰を受けるかもしれないと思い、我々に去るように頼んできたので、不本意ながらそれに従わざるを得なかった。だが、そうは言っても、それまでこのような場所に入ったヨーロッパ人はいなかったので、現地の美人を一目見られただけでも、危険を冒した甲斐があったというものだった。

別の機会に、衛兵に付き添われて出かけて行ったときはもう少し成果があり、芸者（ゲイシャ）とのひと時を堪能することができた。政府の官吏は我々の行動を許可してくれただけでなく、我々を受け入れるよう説得してくれたのではないかと思う。松根は大名の家臣だったので、官吏たちから強い疑念を向けられた。そのような状況にもかかわらず、常に行動を共にし、しかも白昼堂々、現在造幣局がある場所の向かいにある茶屋にも同行してくれた松根は、勇敢であった。大坂で経験したすべてが新鮮で、刺激に満ちていた。政治や外交は我々の興味と興奮を常にかきたて、町並み、店、劇場、そして寺院の周辺で見受けられた人々の生活の様子は、江戸や横浜で慣れ親しんだものとはまったく異なっていた。そして、方言や服装の違いは女性たちにまた違う魅力を付け加えていた。

滞在した五週間で、退屈な日は一日もなかった。仕事の合間にできることは常にあり、寺院や劇場を訪れたり、茶の湯（チャノユ）と呼ばれた、洗練されたお茶飲みの儀式を体験したり、堺という名前の巨大な商業区域を散策したりした。大坂という、それ自体が非常に大きな町の極めて近い場所に、もう一つとても大きな町がどうやって確立することができたのかは、私にはわからない。

滞在先の近くには花屋がたくさんあり、特に蘭の花が多かった。日本においては、花は花冠ではなく葉っぱのほうが重宝され、そちらのために栽培される。琉球（ルーチュー）、中国、そして日本には、目を引くような美しい花を咲かせる品種が少なく、育種家でなくても調達できるものしかないからである。ヨーロッパ人の関心をひいたのは、むしろ滞在中に行われていた牡丹の木の展示であった。これらの花は、今でこそイングランドでも好まれるようになっているが、当時はそれほどよく知られていなかった。ピンクか白の、直径九インチほどになることも珍しくない、大きな花が影を落とすその美しさに勝るものはなく、中国で「花の王」と呼ばれるのも至極当然であると言える。中国や日本の絵画においては常に獅子のそばに描かれ、ヨーロッパ人はこれをバラと間違えることが多い。そのほかに、頻繁に骨董品や絹の店を訪れた。日本の織物は、後世その美しさが高く評価されるようになるが、当時はそれほど質がよくなかった。我々は町を全方面にわたって散策し、その間何度も二本差しの男たちと遭遇したが、一度たりとて無礼を働かれたことはなく、また市井の人々は例外なく我々に友好的であった。

諸外国の代表と日本の政府の委員たちによる交渉は、ゆっくりとではあったが着実に進んだので、五月の中旬になるともうこれ以上望むべくはないというところまで至ることができた。そのため、公使たちは江戸へと戻る準備をはじめた。出発する前にサー・ハリーは、新潟の代わりの開港地として候補に挙げられていた敦賀へと足を延ばした。新潟の港は河口の砂州が浅く、さらには強い北西からの危険な風にも常にさらされるので、一年の半分は商業が事実上できなくなる。そのため、必要であれば佐渡の島の夷港(エビスミナト)を、避難場所として開港することも日本の政府と我々のあいだで合意された。もっとも、その場所は寄港地としてのみ開港されるのであって、商業はできないということになっていたが。そして、もしこの二つを合わせても不十分であれば、敦賀か七尾のどちらかに代替の開港地を設けるべきだという話になっていたのである。サー・ハリーは、パークス夫人と公使館職員数名を引き連れて行った。彼は伏見を経由して琵琶湖の西岸沿いを進み、戻るときには東側を通った。伏見は京都の郊外にあったので、「蛮族」が聖なる首都のすぐ近くを通行することを許可した政府に対し、反将軍派の者たちは強く遺憾の意を表明した。薩摩の者たちもこの件に関して上奏文を提出したが、これは我々に対して敵意を表明するというよりも、大君の政府を苛立たせるためであった。もちろん、我々はずっと後になるまでこのことを知らなかった。私は、陸路で江戸まで帰還する許可を得ることができ、ワーグマンが旅の供としてつきそった。

　サー・ハリーは、現在江戸にある開成所に英語の教師を招き、それをより規模の大きいパブリック・スクールに発展させるべきであるということを、川勝近江守[3]を通じて大君の政府に提案した。女王陛下の政府はテンプル博士という人物に対して、このことに関して十分な数のスタッフを集め、公使館の職員が十分であると思える額の給料が支払われるよう手筈を整えてほしいと要請したが、彼は骨を折る気がなかったので、この国の高等教育をイギリス風にする機会を失ってしまったのである。

第十八章　陸路大坂より江戸へ

何世紀ものあいだ、すべてのヨーロッパ人は日本の内陸部に足を踏み入れることを禁止されていた。唯一の例外は長崎にオランダ人たちが設けていた商館兼工場の長であり、彼は決められた時期に将軍とその大臣たちに謁見し、献上物を納めるために陸路で江戸へと向かった。この使節に関する記述の中で恐らく最も優れたものは、ケンペルによって記されたものであろう。だが、新しい条約は諸外国の外交的代表に国内のあらゆる場所を旅行する権利を与え、サー・ラザフォード・オールコックは数年前この権利を行使した。このことは『大君の宮廷と都』[1]でも述べられている。

彼の記述は、後世の旅行者の手助けになるようなものではなかった。だが、日本人は彼ら自身が素晴らしい旅行者であり、書店には宿、街道、旅路の距離、渡し舟、寺院、特産品、その他観光旅行者が必要とする情報がかなり詳細に記された旅行案内書がたくさん並んでいる。緻密とはいいがたいが、それでも道中の地理に関してかなり細かく情報を提供してくれる、なかなか質の高い地図も簡単に手に入る。また、素晴らしい東海道の図説もあり、マレー社[2]が出している当地の伝承や歴史も紹介する旅行ガイドブックに慣れ親しんだイングランドの男たちをも満足させ得るであろうほどのできであった。東西の都をつなぐ幹線道路は二つあり、一つは山の中の道を意味する中山道（ナカセンドー）という道路で、名前が示すとおり中部諸州を通る。もう一つは、東の海の道を意味する東海道（トーカイドー）で、道路のほとんどが海岸沿いにある。厳密にいうとこれは道路の名前ではなく、この道路が延びる地域のことを指す行政上の名前だったのだが、現在では事実上同一のものとして扱われている。私は、より優れた宿がそろっている後者の幹線道路を行くことにした。

三代目の徳川将軍が、すべての大名は一年のうち数ヵ月を江戸で過ごさなければならないという規則を定めてから、幹線道路は内陸の情報伝達において非常に重要な役割を担うことになった。数マイルごとに、人夫や荷物を運ぶために用いる駄馬を提供する中継場所が設けられており、本陣（ホンジン）と呼ばれた、大名や政府の高官が利用する官用の宿が一、二軒あった。これらの周辺には、大名の家臣たちや行商人が利用する一般用の宿や娯楽を提供する場所などがたくさん立ち並んでいた。東海道は、京都より西の大名たちがよく利用した幹線道路であり、そしてもちろんこの道路沿いに領地のあった大名たちにとってもそれは同じであった。また、ここは毎年神聖な伊勢の神社へと押し寄せる巡礼者たちにとっての主要道路でもあり、他の高名な寺院にもつながっていた。そのため、日本にあるすべての道路の中でも最も利用者が多く、またさまざまな観点から最も重要な道路であった。

日本人の生活を鮮やかに描写する日本の彩画の収集家であっても、東海道の美しい風景を描写する絵が連載されていることを知らない者は多い。現地人のあいだで最も流行している小説は、江戸から京都へと上る二人の愉快な下郎たちによる冒険を記したものであり、その中に出てくる五十三の中継町の一覧は、読み書きの勉強をはじめたばかりの日本人の子供が最初に覚えなければならないものであった。その美しい風景もさることながら、日本人にとってそれは歴史・伝承の上でも非常に重要な場所であり、日本人が東海道を見て思い浮かべる情景は、たとえるならばライン川のローレライの岩を見たときにイングランド人の旅行者が抱く思いに似ている。もちろんそれは、まだ岩に穴が開けられておらず、無知な旅行者の群れが鉄道で数時間のうちにつむじ風のように大河の岸から岸へと渡れるようになる前の話だが。かつては、四頭の馬に引かれた馬車に乗って、もったいぶって渡ることが一般的だったのだ。だが、ある場所のことを知りたいと思うのであれば、どれだけ地図を一生懸命検証しても不十分であり、自ら足を運ぶこと以上に有益なやり方はない。それに伴う幾多もの快楽や労苦、そしてさまざまな天候を経験した後に、人はその土地のことを詳細に知ることができ、また歴史学徒も戦争における戦局の変遷を理解できるのである。

日本は、何世紀にもわたって繰り広げられた内戦の下で特殊な政治体系が作り上げられた国であり、内地の実情を見ると、当時敵対していたいくつかの勢力が互いを攻撃しようとしたときに、どのような困難に直面したのかということを理解することができる。だが、そうは言っても、私が上司に陸路で江戸の職場に戻ることを願い出たのは、そういうことを知りたいという理由からではなかった。日本におけるすべてを知りたいという底なしの好奇心と、冒険を愛するゆるぎない心、そして軍艦での生活が嫌だという気持ちが、そのような行動に駆り立てた真の動機であったのだが、恐らくいちばん大きかったのは最後の感情であろう。多くの人が同意してくれると思うのだが、私はたった一時間と十分だけのドーバーとカレーの距離であっても汽船に乗るのが好きではなく、可能であれば船で天候の悪い中を進むのではなく、一日かけてでも歩いて渡りたいと思うくらいなのだ。

　このころ、ワーグマンと私は日本の食事にかなり慣れてきていたので、食料、ナイフ及びフォーク、グラス、テーブルナプキンなどかさばる荷物は持っていかなかった。駄馬を手配することができなかったので、引戸駕籠（ヒキドカゴ）という官吏が使用する乗り物を中古で二つ購入し、それを修理した。それぞれ一分銀三十二枚、あるいは四ポンド以下と安かった。乗り物を担ぐための棒は長く、英語では仰々しくパウロニアの木[3]と呼ばれる素材でできていた。綿の生糸が詰まった、絹の緞子の座布団が敷かれ、人が一人、窮屈ながらも脚をたためば何とか座れるくらいの広さがあった。前方にある窓の上には小さな棚があり、下には机として使用できる、折りたたみ式の板があった。両側の引戸には、片方には寒さを防ぐための紙の障子があり、もう片方は空気を入れ替えるために開放されており、埃が入らないように薄い布がぶら下げられているだけであった。雨が降ったときには、細い竹でできたすだれを降ろした。乗り物は、わずかなのぞき穴が開けられた黒い漆塗りの紙で覆うこともできるようになっており、それに加えて同じ素材でできたすだれを引き上げて包み込むこともできた。もっとも、これは雨が絶え間なく降り注ぐような日にのみ使用されたのだが。

　各々が衣服をしまうための、両掛（リョーガケ）という横長の籐でできたかごを二つずつ持たされ、それらは一本の黒いさおの両側につけられて、一人の男がこれを肩の上に担いで運んだ。私が寝具として使用していた、白いクレープ織のカバー二枚と、大和錦（ヤマトニシキ）というブロケードによって覆われていた日本のマットレス二枚、夜着（ヨギ）という詰め物のされた巨大な寝間着一着、そしてヨーロッパ風の枕二つは、明荷（アケニ）という籐の箱に詰め込まれ、二人の人夫が背中に担いでいた。すべての荷物には名札がつけられており、私の名前と肩書がインドのインクを使って漢字で記されていた。供として、現地人によって構成される公使館護衛の男たち（別手組（ベッテグミ））十人が選別され、また日本の外務担当部門（外国方（ガイコクガタ））の官吏も二人同行しており、彼らは道中の滞在先を手配するために派遣されていた。最終的に、道中で昼食をとり、夜を過ごす場所をすべて記した一覧表が作られ、伏見からの三百二十マイルを踏破するのに十六日間かかると計算された。

五月十八日、外交担当委員の面々に別れの挨拶をした後、宿舎として使用していた寺院を朝九時に出発した。伏見でサー・ハリー・パークスの一行に合流する予定だったウィリスも、我々に同行した。八軒屋の岸壁にあった船着き場のボートに乗り込み、護衛と外国方の人たちも別の舟に乗り、もう二艘舟が用意されてそれに一行の荷物が載せられた。流れが急だったので舟はなかなか進まなかったが、それゆえに威厳を持って悠々と旅をしているような気分に浸ることができ、苛立たずにいられた。岸沿いが十分に深いところでは、船頭は舟を岸に寄せ、舟の前方にある帆から伸びた綱を丘の上から引き、舵取りは我々が岸に駆け寄らないよう持ち場から見張っていた。反対側の岸に移って引き舟をするときには、船頭が舟に戻り、棹を使って移動した後そうした。川はかなり曲がりくねっていて、高い堤防に囲まれていたので、広い川面と土手の背後に覗く山の尾根しか見えなかった。その日は晴天で、五週間一生懸命働いてくたくたになった後に得られた二週間ほどの休暇を、まだ見たこともない箱根までの道中の風景を見て過ごすことができると思うと、期待で胸がふくらんだ。

我々は一時前に、大坂から北に五マイルほどの位置の、川の右岸にあった吹田村（スイドムラ）に上陸し、昼食をとった。米と豆腐しかなかったので、ごちそうという感じではなかった。だが、行軍中にはそれ相応にふるまわなければならなかった。途中、客をいっぱい乗せて川を下る渡し船や、米俵を載せたはしけ舟十艘とすれ違った。六時半に、吹田村よりもう少し大きな集落である枚方（ヒラカタ）に到着した。ここで岸に降り、スープ、魚、そして米を食べた。これらは、旅行者の食事としては一般的な組み合わせであった。我々三人と、給仕三人の食事代は一分銀一枚以下にも満たない額であり、「お茶の料金」という意味の茶代（チャダイ）こみで一分銀二枚を渡した。野口が出納長であり、この権限の下で彼が適切だと考えた料金を支払った。食事代が極めて安かったのは、公用の旅行者の料金は一般客の四分の一にしなければならないという決まりがあったからだった。月の光が灯りはじめたころ、再び旅路に戻ったが、夜が更けるにつれてほのかなもやが立ち上って広い川面を覆い、恐らく日本でしか見ることのできない神秘的で、妖しく、ぼんやりとした風景が眼前に広がった。その美しさは、このような風景に子供のころから慣れ親しんだ現地人の芸術家でなければ再現できないであろう。

日中は暑かったが、夜になると空気は冷たくなった。ワーグマンとウィリス、そして私は荷物から毛布を持ってきてもらい、小舟のそれぞれの角に横になって眠りについた。午前二時に目を覚ますと、右手側に橋本の守衛所があった。大君の評議会の一員である、松平伯耆守の兵士が管理しており、その反対側は伊勢の大名である藤堂氏が管理していた。我々は淀まで到達したが、旅行許可証に判が押されていなかったため一度引き返さなければならず、淀に戻ってきたときには四時になっていた。月が夜中に沈んだので、まだ暗かった。ここで川は木津川（キツカワ）と合流し、その川も多くの小島によって流れが分断され、支流がいくつもでき上がっていた。右岸沿いを進み、六時ごろに伏見に到着すると、ここでサー・ハリーに遭遇した。伏見は、彼の敦賀への旅路の出発点だったのである。

ここで、彼に同行した者の一人が、持っていた最後の葉巻を気前よく分けてくれた。我々のものは、大坂での長期滞在中になくなってしまい、その後は日本のたばこで我慢することを余儀なくされた。だが、これは極めて細いパイプからちまちまと煙を吐き出さなければならないものだったので、もっと強い刺激への欲求を満たすことはできなかった。鉄製の雁首と堅い竹の管でできた日本のパイプは、一日に一回は堅い桑の樹皮を使って作った縒り（こよ）で掃除しなければすぐにだめになってしまうところが最悪であった。ウィリスは、上司と同行するためにここで我々と別れた。日本の政府高官たちは、サー・ハリーが京都へと向かうことがないようにと神経をとがらせていた。彼らはサー・ハリーのことを冒険心に満ちた人物であると考えていたため、そのような誘惑にかられるかもしれないと思っていたのだ。

朝食を食べ終わった後、駕籠に乗って陸路を進んだ。町の官吏（町方（マチカタ））が晴れ着を着て大勢集まっており、町の外へと案内してくれた。宇治川の岸と、立派な竹やぶともみじの木におおわれた丘のあいだにあった道を一マイルほど進むと、右手側に宇治の茶畑が広がった。そして、その先にあった追分（オイワケ）の平坦で曲がりくねった道をさらに行くと、東海道に合流した。京都から次の休憩場所である大津までの道は、車輪の幅が広い牛車が通行するために作られた石の軌道ができており、都にいた大君の兵隊たちのための米を載せた牛車と二台ほどすれ違った。追分は、たばこ、計算用の板（アバカス〔そろばん〕）、そして鳥羽絵（トバエ）という簡易的に作られた版画の産地として有名で、山城の州と美しい琵琶湖のあいだにある丘のふもとにあった。道沿いにあった茶をいぶすための小屋を見学することができた。当時日本にあった施設はすべてが小規模だったが、その小屋も同様に小さかった。茶の生葉はぬらされて平らなテーブルの上に敷かれ、そのテーブルは石膏の容器にくべられた燃料で下から熱されていた。その後、茶葉は手でひねられていた。日本では新茶はぬるいお湯でつけて出されるのだが、こうするとおいしくてさわやかな味わいになり、質が大変良くなる。一つの小屋につき、作業をしている人の数は一人か二人であった。

　一時に大津に到着し、昼食をとった後、高名な湖の景観を楽しもうと良善寺（リョーゼンジ）という寺院へと向かった。だが、日中の気温上昇によりその表面には鈍い灰色のもやがかかっており、水面はまったく見えなかった。昼食と休憩をとるために立ち寄った高島屋（タカジマヤ）は、我々を丁重にもてなすよう護衛と外交担当部門の男たちから命じられていたため、我々は申し分ない接待を受けることができた。大津からは湖に向かって平坦な道が延びており、本多隠岐守(オキノカミ)[4]の城下町である膳所(ぜぜ)を少し過ぎたところで、駕籠を降りて歩いた。巨大な瀬田の二重橋を渡ったとき、二人の男が鯉釣りをしているところを見た。浅瀬は、泥の中に埋められた葦の入ったでこぼこな入れ物でいっぱいになっており、風が強いときに魚がそこに避難してきたところを捕まえられるようになっていた。草津に到着する前に、駕籠に戻った。民衆にもみくちゃにされ、尊厳を傷つけられるようなことがないようにするためには、歩いているところを目撃されないようにしたほうが賢明だと判断したのである。町の境のあたりにまでやってくると、町の官吏の代表と御用宿の者たちに迎えられ、我々に好奇の目を向ける者たちを退けながらの仰々しい案内を受けた。駕籠の担ぎ手たちは急いで進んでいったが、ただでさえ座り心地が悪い中で担ぎ手に小走りされたせいで、我々は気分が悪くなった。

町の角を曲がって、ようやく黒い門を通り過ぎた。門の前には丁寧に積まれた砂が二つ置いてあり、御用宿の広い玄関の横には水の入った桶が置かれていた。この宿は、私が見たことのある建物の中で、最もきれいに装飾されていた。極めて質のいい材木と、目ざわりではない色の壁。漆色に輝く木の枠にはめ込まれた、金色の葉っぱが描かれた引き戸。そして、刷り込み模様の綿の布がふちに編み込まれた、青草の堅くて厚いマットが使用されていた。宿の中で最高級の部屋は、広さが十二平方スクエアしかなかったが、他の場所よりも六インチ高い場所に作られており、二枚の厚いマットがベッドのように積み重ねられており、高貴な客人がそこに正座できるようにできていた。荷物は、建物の両側を囲っていた通路に置かれた。窓から敷地外の風景は見えず、無機質な黒い木の塀の内側にある小さな庭が見えるだけだった。重要な人物は、みだりに人目にさらされるべきでないし、軽々と人に会いに行くべきでもないと思われていたのだ。宿の主人はちょっとした贈り物を持ってやってきて、敷居に額をこすりつけるようにお辞儀をした。その数分後、彼は再びやってきて、先ほどと同じくらい丁重に、茶代（チャダイ）として一分銀二枚をくれたことに謝意を述べた。その後、熱い風呂を浴びに行ったのだが、澄ました感じのない素朴な少女が、我々の「高貴な」背中を洗う名誉にあずかってもいいかと尋ねてきた。沐浴の際にかわいらしい女性に世話をさせるということになじむことなく育った我々は、その申し出を断った。

夕食時には、魚料理と酒のボトルを注文したが、それは絵師のワーグマンが満足するまで何度も補充されなければならなかった。宿の人々は、ヨーロッパ人の食事は牛肉と豚肉のみであると信じこまされていたようで、そのため我々が米を食べられると知ったときにはたいそう驚いていた。眠りにつこうと部屋に戻ったとき、大きな柔らかい絹のマットレスが床に敷かれており、女中が蚊帳の中に火箱を入れ、それには白い灰の上に赤く燃えた炭がきれいに収められていたので、それを使ってその日最後のたばこを吸い、また新しい茶を飲んだ。どうぞゆっくりとくつろいでください、という意味の「オヤスミナサイ」という言葉が、初日に聞いた最後の言葉だった。

日本の旅人の朝は早い。現地人は日が昇る前に目を覚まし、厨房からぶら下がっているかごに入った塩を手に取って、それを使って歯を磨き、石鹼を使わずに手と顔を洗って慌ただしく洗顔をすませ、朝食を急いでかきこみ、夜明けと同時、あるいはそれよりも早く出発する。このような行動を取る理由は、次の夜を過ごす町にできるだけ早く到着して、いい部屋を確保して一番風呂を浴びたいがためであった。風呂場に桶は一つしかなく、お湯の替えもなかったのである。へんぴな場所の宿屋には、お湯を毎日替えないようなところもあり、私も一度緑色になって臭いがするほどお湯が古くなっている風呂を見たことがある。だが、我々はそんなけちな連中とは違ったので、ほとんどの場合七時半ごろに出発することができた。平均で一時間三マイルほどの距離を歩くことができたので、一日でおよそ二十マイル弱を進める計算となるが、道中頻繁に足を止めたので、六時前に宿泊地に到着することはまれであった。

道中、最低一時間の昼食（御昼休（オヒルヤスミ））をとったが、我々のように高貴な者たちはさらに午前と午後に一回ずつ休憩（御小休（オコヤスミ））をとるべきだと思われていた。そのうえ、何世紀も前から旅行者が踏襲してきた慣習にのっとって、景色のいいところでは必ず足を止めてお茶を飲み、ケーキやほかの食べ物を味わった。そのため、三日目に我々は伝承にも出てくる美しい百足山（ムカデヤマ）（百本足の虫の山、という意味）[5]がよく見える梅ノ木（ウメノキ）でお茶を飲んだ。その後石部において「イングランドの通訳（官吏）のための小さな休息所」という看板が立てられていたので、そこでも再度半時間ほど足を止めた。水口（ミナクチ）で魚、スープ、そして米という、大変ぜいたくな食事をとったので、これにも一時間十五分ほどを費やした。味噌漬けのきじ肉の保存食で有名な小野でもお茶を飲んだが、そこで対応をしてくれたのは、恥ずかしそうに振る舞っていたかわいらしい少女たちであった。ワーグマンは、幅広の青い綿のズボンと、襟のないゆるい黄色の紬を着て、灰色のフェルトの円錐型の帽子を被っていたので、彼はヨーロッパ人ではなく、本当は中国人ではないのかという大論争が起こるようになった。

お茶の産地の中心地にある前野では、お茶の商人の店にあるものをいくつか試飲するため、またも半時間足を止めた。地位の高い人物は通常このようなことをしないので、これをするということは我々の威厳にもかかわるのだが、見くびられないように購入の際のお金のやり取りは野口を通じて行った。日本の貴人たちはお金のやり取りについてまったくわからないので家臣に払わせるのだが、それと同じようにしたのである。商人からは、新茶を摘んだらすぐいぶらないと飲むことはできないと教えられたのだが、何も知らない外国人だと思って出まかせを言ったのではないかと思われる。

ほとんどの建物の内部には、「諸事節約」という意味の漢字が記された紙が貼ってあった。これは、建物の中にいる人たちが社会的娯楽やその他の不要な出費をしないことを誓約した質素倹約の宣言であるように感じられた。ワーグマンは、宿の主に絵をたくさん描いて渡したので、一躍有名になった。絵は、我々の旅装を描いたものもあれば、町の風景を描いたものも少しあり、かわいらしい少女の絵もあった。彼女らが、自分たちの姿が描かれたことを知ったときに見せた恥じらう様子は、何ともほほえましかった。

女中たちが必要以上に遠慮しなくなるまで、いつもかなりの時間がかかった。宿の人たちが言うには、通常高貴な人々は自らの給仕を引き連れて身のまわりの世話をさせるため、女性たちは上級の部屋に近づくことを許されないので、立ち居振る舞いがぎこちなくなってしまうということであった。我々は、自分たちの地位が高くなってしまったことを後悔し、また大名たちが少なくとも人前では自らの威厳を保たなければならないことを残念に思った。地位が高くなったことで起こったもう一つの現象は、多くの町で我々が通過する際に市井の人々が道路の端でひざまずくようになったことであり、町の官吏がえらそうな態度で我々を先導し、「シタニロ、シタニロ（低く、低く、という意味）」と叫んでいた。大名たちは、自分の土地や他の諸侯の領地を移動する際にはみなこのような名誉ある扱いを受け、市井の人々は将軍の政府の高官たちにも同じようにしなければならなかった。たとえば神奈川の長官が移動しているときにもそのようにしなければならなかったので、ヨーロッパ人の住人たちは大変憤慨したものである。報告されているかぎり、このような受け入れがたい現地人の慣習に従った外国人は、哀れなリチャードソンが殺害された日に島津三郎の行列に出くわした、ユージーン・ヴァン・リード氏のみである。このような風習は、もともとは貴人たちを不意の攻撃から守るためにはじめられたことだったと考えられ、日本においては立位を不敬とみなすことと合わさって、慣習が確立されたのであろう。

こうした慣習の存在を、私は府中において侍の子弟が通う公的な学校を訪れたときに否応なく思い知らされた。入口で靴を脱ぎ、帽子を床に降ろすと、三十人ほどの子供たちが床に座っていた部屋へと通された。彼らは中国語の本の前に座り、年上で地位の高い生徒がその内容を音読したものを年下の生徒が復唱し、それを六人ほどの教師が監督するというやり方で読み方を勉強していた。私は礼をした後立ったままでいたのだが、そこにいた全員が私の挨拶を無視したので、驚いた。私は、無知ゆえに日本の人々にとって無礼な態度を取ってしまい、私を案内してくれた人たちの一人が指摘してくれるまでそれに気づかなかったのだ。私はただちに挨拶をやり直し、頭を床につけるという作法で挨拶をすると、教師たちも礼を返してくれた。この後、私の硬い関節が許すかぎり日本の習慣に従うことの必要性を理解したのだが、極めて限られた時間しか膝の上に座ることはできなかったし、それ以上に私が額を床につけている隙に、対面している者が背中を直立させて座ることで、まるで私が服従の姿勢を取っているかのように見せかけて「蛮族」に恥をかかせようとするのではないかという不安を抱かずにはいられなかった。どうやら日本の人々も同じような不安を感じていたようで、お辞儀をしながら、相手が自分と同時に、そして同じように頭を下げているか横目で確認している様子を目撃したこともある。

大きな町を通過したときには、常に住人たちが大挙して我々を囲み、祝日であるかのような騒ぎになった。たとえば大名の城下町である亀山においては、晴れ着を着た侍とその子供たちで道路がいっぱいになっており、みな嬉しそうであった。若い少女たちの中には、当時の流行に従って白い粉を顔に塗りたくっていたにもかかわらず、極めて美しい人もいた。

この地域では、なかなか珍妙な方法で移動する人たちがたくさんいた。一人の男が担ぐ二本の棹に荒縄をつけて作られた網に乗って移動する子供たちや、女性の小型馬の二人乗り。関から桑名へと続く平原では、小さな乗り合いの車も見た。それは、ロンドンの道路に群がる、果物の呼び売りをする人が商品を陳列する荷車に似ているが、それを牽引しているのはロバではなく男なのである。一八六九年以降大流行した人力車の原型とも言えるこの車両には、成人六人ほどが乗ることができた。ワーグマンは自らの威厳というものに対して無頓着だった（一応立場の上では、彼は画家ではなく、政府の官吏を意味する役人（ヤクニン）として旅行していたのだが）ので、これに乗ろうと言い出して、富田から桑名まで少なくとも五マイルはあった距離を移動し、約二・五シリングに相当する天保銭（テンポー）三枚を支払った。小向（コムキ）の茶屋において、店の主が非常に質の悪い万古焼（バンコヤキ）の急須を見せてくれた。これは、手でこねたものを素焼きするというやり方で作られることで有名な陶磁器で、内側にも外側にも指紋がついている。

二十二日、徳川家の重臣が世襲で支配する桑名の町に到着した。ここでは、おびただしいほどの数の人々が、我々が入城するところを見ようと長蛇の列を作ったので、これを割って入るのになかなか苦労した。最終的に我々は脇道にそれ、塔の下にある勝手口に入り、城の外郭沿いに進んでようやく湾の近くにある御用宿にたどり着いた。万古焼や美濃の奇石、名古屋の扇子を売る商人たちが群れをなしてやってきたので、その夜は買い物をして過ごした。

桑名から宮までは、尾張湾を船で渡って移動した。現在（一八八七年）人々は汽船に乗るようになったが、当時は板を屋根にしただけの粗末な小舟に乗るしかなかった。七時半に出発し、目的地には十一時過ぎに到着したが、次の目的地まで七里、もしくは十七マイル半あったので、この日のうちに出発することはあきらめた。宮は名古屋の郊外だったので、午後は名古屋で過ごそうと提案した。

その町の名物は、十六世紀末に信長によって建てられた城である。ドンジョン[6]の上にある二つの金のイルカは日本中で知られており、最も優れた城郭の一つである。だが、外交担当部門の官吏たちは我々が幹線道路から逸れないよう厳命されており、必要な取り計らいをしてくれなかった。尾張の領主ほどの有力者が支配する町に入城するためには特別な許可がいるので、町の長官に使いを出すと彼らは言ったが、それはもちろん詭弁にすぎなかった。扇子、金属細工、漆塗りの陶磁器や縮緬細工の商人たちがいっせいに我々を取り囲んだので、名古屋の高官たちから返答を得るために必要だと言われた時間は彼らとそれらを見て費やした。ワーグマンの画筆についての評判が広まっており、持ち込まれた大量の唐紙や扇子に彼は圧倒されていた。宿の主によると、住民の中の有力者たちがそれらのものに絵を描いてほしいと希望しているとのことで、その脇に私も添え書きをした。創作意欲をたぎらせるために、酒のビンが持ち込まれた。だが、その後これらの扇子が外で一分の値段で売られることを知ったので、これ以上この仕事を強要されることは拒んだ。

その日の夜、歌い踊る少女たちを呼びよせ、現地人の服を着て、外交担当部門の官吏たち二人と我々の随行者数人も宴に招いた。後者のうち一、二人はとにかく気分が楽しくなり、ふざけた舞いを踊りたいという欲求に抗うことができず、その中で最も大柄で面白かったサノは有名な役者の物まねをした。我々は、九時になるまで招いた人々を帰さなかったのだが、そのころには彼らはかなりの量の酒を呑んでいた。

翌日、インドのバンダナと同じ染め方で作られる、木綿の絞(シボリ)の名産地である有松を通過した。その際、長崎のオランダ商館の館長が年に一回江戸へ向かう折に、大昔から必ず立ち寄っていた店に立ち寄り、毎年の購入記録が残された帳簿を見せてもらった。長年の慣習に従うことは、我々からしてみれば半ば義務のようなものであり、そこでいくつかの品物を買った。不思議なことに、これらの品物には当地の名前ではなく、一つ前の中継地である鳴海の名前がつけられていた。野口と二人の外交担当部門の官吏が商人との交渉を行い、ワーグマンと私はそれを見ながら何も言わず、たばこを吸いながらまるで金額のことなど何も気にしていないような風体でそれを眺めていた。店主は地元ではよく知られた人物で、町内の公職にもついていたようであり、家の中に数丁の火縄銃を置くことも許されていた。町内の家も平均よりも立派なものが多く、地元の産業を通じて町が栄えていたことがうかがえた。

知立(チリウ)においては、昼食をとった店(イン)の主が、野口に対して密かに、一分銀四枚を「お茶の料金」としてもらえないかと尋ねた。一八六一年にサー・R・オールコックが訪問したときにこの額を支払ったようだが、この請願は却下され、主は我々が他の場所で支払った額と同じ、一分銀半分の金額で満足することを余儀なくされた。このようなことの対応は野口に一任しており、彼は適切に対応したと思っている。午後、いつもどおり乗り物を担いでいる人たちに休憩を与えるために立ち止まると、立場（タテバ）という簡易的なお茶屋の人たちが、この地はそばが名産品であると言って、それを提供してくれた。しかしながら、これは他の場所で食べたものよりも質が劣っていた。ワーグマンの名声はすでにこの地にも届いており、紙、筆、そして墨が持ち込まれたので、彼は我々が麺を食べながらひょうたんから酒を飲み干す様子を描いた傑作を生みだして見せた。宮においてひょうたんが空にならないよう注意していたのは、彼だったのだが。

矢作（ヤハギ）川の橋が落ちてしまっていたので、渡し舟で川を渡り、町の入口で町の官吏と巡査に出迎えられた。後者は、一行の先頭を歩いて「下に、下に」と叫ばせるために、当地の大名がよこしたのだった。二本の剣を帯びた男たちも含めて、民衆はみな低くなったが、乗り物の窓から我々の顔を覗きこむには、どの道それくらい頭を低くしなければならないので、案外みな望んでそのようにしていたのかもしれない。入城するときと城をでるときは必ず乗り物に乗るということが作法だったので、自らの足で進むという無作法な行為は幹線道路が田舎に差しかかるくらいにならないとできなかった。

翌日は雨が降っており、これがずっと続きそうだったので、我々の乗り物は油紙で覆われた。わずかなのぞき穴があり、視界は左右にわずか数ヤードほどしかなかった。道はほとんど平らだったが、場所によっては六インチも冠水しているところもあり、そのような道をかき分けるように進まなければならなかった。浜名湾の岸沿いにある新居においては、当時は守衛所があり、旅行者はみな乗り物から降りて歩いてここを通過し、敬意を示すために帽子と靴を脱ぎ、荷物を検分させなければならなかった。これは例外なく誰もがやらなければならなかったのだが、前日の夜に我々は酒を飲みながら、このようなつまらない規則があることを知ってそれをあざけった。私は内心、このような規則に従ってなるものかと思っていたのだが、職員は私の駕籠が通過する際に扉が半分開いていたことを見て満足したようだった。このようなわずかな譲歩ですんだのは、我々を乗り物から降ろさず、検分するだけで通過させてやってほしいと外交担当部門の官吏が取り計らってくれたからであった。扉を開いたのは番所の官吏ではない第三者であったこともあって、我々は満足し、乗り物を降りなかったことでヨーロッパ人の尊厳は守られたのである。

　数年前、湾の最も浅い箇所に一マイルほどの長さの運河がいくつか掘られ、その上に何本か橋もかけられた。しかし、当時は駕籠を一つ乗せるのがやっとという感じの小さな小舟に乗って移動するしかなかった。湾の入口には二つの岬があり、互いに肉薄していたため、一見すると丘に囲まれた湖のようで、実際我々も湾を半分ぐらい進むまで割れ目が見えなかった。だが、そうは言っても我々が渡った海は鏡のように滑らかだったが。浜松から二マイルほど西の場所で、黒いパンケーキのように平べったい帽子を被った、井上河内守（カワチノカミ）[7]の家臣たちが待っていた。大君の評議会の一員であったこの大名が、我々を丁重に招き入れるよう特別な指示を出したことは疑いようもなく、町の入口ではさらに多くの家臣たちに迎えられた。

　ここからは、以下のように先へと進んだ。緑色の外套を着た二人の町方（マチカタ）と、彼らのあいだを歩いた茶色の外套を着た人物がまず我々のだいぶ先を歩いて露払いをし、その次に町の重役（宿役人（シュクヤクニン））二人が通りの両端を進んだ。その後、セイシと呼ばれるお触れ役が続いた。[8]彼らがいかめしい様相でシタニロ、シタニロと叫んで、やや近づきすぎかけていた若い侍たちに対して、距離を取るよう厳めしく警告するさまは、目を見張らされるものがあった。我々の駕籠は彼らに続き、両側には日本人の護衛（別手組）がついていた。駕籠の背後には槍を持った警吏（同心（ドーシン））がおり、お付きや給仕、荷物持ちがその後ろに続いた。

　宿に到着すると、有力商人たちが訪ねてきて、我々を丁重にもてなすようにと大名によって命令されたということを教えてくれたが、大名の家臣たちは監視役や衛兵を台所に夜どおし待機させていた。そこは大人数が待機できるほど広く、また宿の表側にあったのである。翌朝、町を出発したときも入ってきたときと同じ隊列が組まれ、城門を通過する際にそこにいた高官が名刺を別手組に見せて、私に渡すよう頼んでいた。町の外れまでくると隊列が替わって、四人の黒い帽子を被ったセイシたちがこれを取り仕切り、彼らは大名である井上の領地を離れるまでついてきた。

　一昨日雨が降ったことが、景色を特に美しくしていた。近くの丘へと延びる松の木に囲まれた道の背後に、実り切った大麦の畑が広がっており、その丘の背後にはさらにいくつもの青々とした丘が連なっていた。この日とその前日、大君の第三連隊の精兵たちが、政府の長が新しい方針を実行する手助けをし、あるいは西部の有力大名たちの軍事同盟から大君を守るために、京都へと行軍していた。

　地元の同行者たちが立ち去るや否や、我々は乗り物から降り、徒歩で天竜川へと向かい、舟に乗って川を越えた。川はとても広くて流れが速く、増水していないときには中州によって二つに分けられている。ワーグマンはスケッチを描くために立ち止まり、私は外交担当部局の官吏の一人とそれが終わるのを待っていたのだが、そのとき彼は、恐らく道中で「野蛮な者」に遭遇するであろうと告げた。これを聞いて、日光の家康の墓を訪ねて帰還する途中の、帝の宮廷の高官である例幣使(レイヘイシ)のことであろうと思った。例幣使は日本のどの大名よりも位が高かったので、遭遇したら誰もが乗り物から降りてひざまずかなければならなかった。情報をくれた人は、できれば遭遇せずにいたいものだと述べ、私もそれに心の中で同意した。後ろを歩いていた者たちがようやく追いついてきたので、我々は再び歩き出し、田んぼのあいだの近道をとおったので二マイルほど省略することができた。正午前には見附(ミツケ)に到着し、そこで昼食をとった。通りは、外国人を一目見ようと群がったかわいらしい少女たちでいっぱいだった。宿の主人は礼服のローブをまとって現れ、低くお辞儀をした。彼が持ってきた乾燥させたシラスの稚魚は、しょうゆにつけて揚げるととてもおいしかった。寝室には、美しいトルコ風のじゅうたんが敷かれていた。完璧に礼節をわきまえた十歳くらいのかわいらしい少年二人が、我々の給仕となるように命じられていた。

この日、主に話題に上ったのは、やはり例幣使のことであった。彼らはまだ通過していないようで、我々に同行していた人たちも気になっているようであった。野口によれば、例幣使の従者は、自分たちの主人に対する敬意が足りないと言って、通りすがりの人から金を巻き上げることがよくあるので、二本差しの男たちも含めたすべての日本人は彼らを避けるそうである。私も日本人の例にならい、可能なかぎり彼らを避けるべきだと思いはじめていた。情報提供者のおかげで、このときまでには我々のあいだでの例幣使の評判はかなり落ちていたのだが、彼らはわずか四マイルしか離れていない隣町の袋井で一夜を過ごすことになっていたので、午後早いうちに目的地に到着できるよう急いで出発した。台地を二マイルほど進み、そのあと松の木に覆われた美しい丘を何度も曲がりながら降り、さらに二マイルほど田んぼ沿いの道を進んで袋井に到着すると、乗り物と荷物の運搬役を交代させ、止まることなく急いで出発した。

この日は五月二十七日だったのだが、農民たちは麦を刈り、米の苗を植えていた。ここから掛川までの距離およそ六マイルを、運搬役を交代した時間も含めて二時間で進んだので、かなり速く進んだ。長崎へ向かう途中の若い薩摩の男が我々の宿を訪れ、例幣使と随行者たちの所業について軽蔑の念をあらわにしながら教えてくれた。随行者たちは、京都での下層の者たちによって構成されており、このときにかぎり雇われてわずかな権限を与えられているだけにすぎないと教えてくれた。江戸の郊外の中でも最も遠くにある品川において、彼らは帝の使節に対する敬意が足りないと言って十八人を捕縛した。噂では、彼らは六時ごろに到着して袋井で夜を過ごすつもりとのことだった。だが、六時になっても例幣使は来なかった。今にも到着すると思いながら、結局床に就くまで彼らは現れなかった。

ワーグマンと私は別々の部屋で眠り、野口にも別室があてがわれ、同行していた人たちは、一人を除いて全員が少し離れた別の建物に滞在した。一時十五分、「サトウさん、サトウさん、剣を取りなさい。奴らが来た」と日本人に言われ、目を覚ました。私の剣は、古い騎兵用のサーベルで、武器としてはあまり使い物にはならなかったが、示威のために使う程度のことはできた。私は起き上がり、暗闇の中をはって部屋のくぼみがある場所に置いてあった刀かけから剣を取った。日本人たちの一人が手を取って隣の部屋へと案内してくれたが、これからどうなるだろうかと思いながらその部屋の角に一緒に立ちつくした。案内してくれた彼は、「護衛たちが来てくれればいいのだが」と言った。その後、誰かが押し入ろうとしているかのような、激しい物音が響き渡った。暗闇の中で状況がわからなかったが、侵入者は私の寝室が面していた、小さな庭から来ようとしているのではないかと思われた。我々は微動だにせず、息を殺してその場にいた。三分もするとすべてが静かになり、「サトウさん」という叫び声が聞こえた。声の主は野口であり、明かりを持って現れ、賊が逃げ去ったことを教えてくれた。ワーグマンと、給仕であったヨキチは見つからなかった。私を起こしてくれたのは、帯同していた者の中でいちばん若年のマツシタであった。

我々は、野口の部屋へと向かった。ここから賊が押し入ったので、反対側の木の扉が床に倒れていた。廊下に立っていると、他の同行者たちもやってきた。彼らはみな戦闘用の外套を羽織っており、抜き身の剣を持ち、鉢金もかぶっていた。私が着ていた寝巻用の赤いズボンを見て、それを隠すか脱いでほしいと言ってきたが、危険が去った後だったので私は笑ってしまった。ワーグマンを探すために二人の者が放たれ、建物の奥の通路で見つかった。ワーグマンは、彼を探しにきた者たちをあやうく銃で撃つところだったそうである。

少しずつ冷静さを取り戻してきたあと、野口が事の顚末を教えてくれた。野口は、玄関が破られる音を聞くと飛び起きて帯を締め、剣を右手に、拳銃を左手に携え、部屋の入口に立った。何人かの男が詰め寄り、「蛮族」を出すように言ったのに対し、中に入ってくれば「蛮族」などいくらでもくれてやると野口は言い返した。その毅然とした態度と声色を前に、侵入者たちは逃げ出した。野口によると、全部で十二人ほどの者がいたらしく、二人は長剣を持ち、他の者は短剣を持っていたとのことであった。建物の中を見まわると、ワーグマンが泊まっていた場所からはす向かいの部屋の蚊帳が細切れにされていたが、中の人たちは脱出できていた。眠りに戻る前に提灯の火を消したことは、襲撃者に場所を知らせずに済むという意味で、いい判断だった。

ワーグマンは、押し入りの音と「蛮族」を出すように求める怒声を聞いて目を覚まし、宿の人に連れられて行ったと説明した。「ならず者」たちの一人が提灯を落としていったが、それを見て彼らは例幣使一行の一員であるとの結論に至った。侵入者たちの中に一人、逃げ出した際に仲間に誤って傷つけられた者がいたが、それ以外にけが人はいなかった。互いに自分たちの経験を語り合った後、私は床に戻ったが、ワーグマンは酒と生魚の切り身を注文し、供の者といっしょに夜明けまでそれを堪能した。

朝起きてまず、二人の外交担当部局の官吏に対して、今回の襲撃者を処罰するよう要請した。従者たちは、危機が去るまで現場に現れることができなかったので、何らかの勇敢な行為を見せてその埋め合わせをしたいと強く思っていた。従者たちがやる気に満ちあふれていたので、私は官吏たちに、下手人を捕まえて連れてこられないならば、当方の従者たちの手で力ずくでもそのようにすると言ってのけた。日中までこのような姿勢を保ち続けた。もし私が合図すれば、従者たちは例幣使の滞在先を襲撃したであろうと、私は確信している。

しばらく経った後官吏が帰ってきて、例幣使は下手人の身柄を引き渡すことを拒否したと報告した。だが、書面での謝罪と、京都に戻った後に今回の行動を起こした者たちを罰するという確約を得ることはできるとのことだった。夜になる前に旅路に戻りたかったので、それで手打ちにしていいと返答した。だが、交渉が長引いたので、その日のうちに出発することは叶わなかった。それで楽士を招き、外交担当部局の官吏二人と従者たちも宴に呼ぶことになった。ワーグマンと給仕の一人が、踊りで一同を楽しませた。他の給仕は酔っ払い、自分を野口と同じような待遇で働かせてもらえるよう私に頼んでほしいと懇願してきた。聞いたところによると、町の人々は例幣使とその黒衣の護衛たちが二人の外国人の存在に気を煩わされているところを見て喜んでいたとのことである。帝の使節に対して我々ほど不遜な態度で接した者は、未だかつて存在しなかった。従者のうちの四、五人が酔っ払って、戦闘用の外套をまとって町に繰り出すと、例幣使の家来たちは襲撃を受けると本気で心配し、恐れおののいてこの町を支配する大名に護衛を派遣してくれるよう頼んだ。例幣使の護衛団長と二人の官吏は、すがすがしいほど態度が横柄だった。このようなやりとりがあったが結局事態の収拾がつかなかったので、我々はここで二晩目を過ごすことになった。

翌日目を覚ますや否や、事態はもうすぐ解決するという報告を受けた。襲撃犯たちはこの町を支配する大名に引き渡され、城の者が彼らの身柄を拘束したという証書を大名の名代として出すとのことだった。だが、その書類は朝のうちに私のもとに届かなかったので、心配になった。私は待ちくたびれて眠りについたが、あいだに入ってくれた外交担当部局の官吏の一人が私を起こし、町の長官が署名した証書を持ってきてくれた。それには、例幣使一行の長官は三人の襲撃者とともにこの場に残ると記されていた。この証書の複写は、外交担当部局の官吏に手渡され、彼は従者一人とともに大坂へと向かった。それを踏まえて、例幣使を出発させてもいいかと尋ねられたので、これを認めた。

我々は、彼の一行が宿の前を通るのを見た。二つの大きな乗り物と、六つの小さな乗り物、そして緑色の羽織を着た、ならず者のような風貌の連中が五十人ほどいた。かくして我々は、勝利を得たことを実感しながらその場に立ち尽くしたのである。例幣使がいなくなった後、三時に我々は逆方向へと進みだした。大名の臣下たちが、町を出るまで護衛を貸すと言ってくれたが、護衛は私の従者で十分足りていると返答した。出発するときには儀仗兵の一隊が見送ってくれ、町を出るまで八人の警官が帯同してくれた。

この事件に関与した三人と、その他三人の男たちは、最終的に数ヵ月後江戸に護送されて裁きを受けた。二人は死刑に処され、その他四人が島流しにされた。サー・ハリーは私に処刑を見届けてほしいと思っていたようだが、他の人を派遣するよう頼むと、聞き入れられた。自分を手にかけようとした人物の処刑を見に行くということは、まるで仕返しをしているみたいで、恐らく相手も嫌だろうと思ったのである。当時の状況を考慮すると、適切な罰が与えられたと考えている。

次に到着したのは、丘のふもとにある日坂（ニッサカ）という、町並みのきれいな小さな町であった。その先には急な坂道があり、上るのに骨が折れたが、そこで我々は自分たちが台地の上にいることを知った。右手側には海が、左手側にはさらに高い丘がそびえたっており、その丘の側面には山頂に至るまで小さな畑が作られていた。道の最も高い場所にあった茶屋で休息をとり、小柄な少女が、麦芽のようなものがまぶされていた柔らかい米のケーキを運んできてくれた。十五歳で、ほとんど成人しているにもかかわらず、彼女は身長が四フィートもなかった。

台地のさらに先には、次の中継町である金谷（カナヤ）が、そのさらに先には大井川があり、これを渡らなければ次の宿泊地に到達することはできなかった。百人の荷物運びが、裸になって乗り物や荷物を対岸へと運んだ。我々は四角い輿のようなものに乗せられ、安全のため十二人の人夫によって肩に担がれたが、そのうちの一人が深間にはまりかけたのを見て、彼らがどれほど大変な仕事をしているか理解することができた。当時人々は、この川は流れが速すぎて船で渡ることができず、橋をかけることも不可能だと思っていたのだ。だが、この川にはその後橋をかけることができたので、彼らは恐らく、日本を分割統治していた諸侯たちの便宜のために幼いころからこのように刷り込まれていたのであろう。服を脱いで、溺死する可能性がある川を歩いて渡らなければ別の領地に行けないと人々が思い込んでいれば、しかも対岸に到着したときに半裸で丘に上がらなければいけない、という気恥ずかしさも味わわなければならないとあれば、たしかに国を分割することは容易になるだろう。もちろん、自分たちを担いで運んでもらえるだけの金があれば別だが。

日本ではチップの習慣がほとんどないということを、我々は道中常に目の当たりにしていたので、人夫に対して一分しか渡さなかったのだが、彼らは我先にと群がってできるだけ多くを手にしようとした。一分は、三分の二ペニーほどの金額であった。宿に着いたのは八時すぎのことだった。宿の主はことさらに丁重で、つまらない宿にわざわざ立ち寄ってくれたことに心からの謝辞を述べた。つい先ほど冒険を経験したばかりの我々はまだ興奮していたので、酒と魚を注文し、護衛の中で最も賑やかな者たちも宴に誘った。そのうち一人は、当時流行していたバラード調の民謡に、例幣使の蕪の葉のようなコートを嘲る詞を付け加えたので、同感だった我々は大いにうけた。その曲は、傍らにいた、赤い顔の極めて醜い少女が弾くリュートの音に合わせて吟じられた。

翌日、府中という大きな町にたどり着いた。ここは、十七世紀に家康が国政から引退した後に住んだ場所であり、のちに静岡と改名されている。ここは茶と紙の通商の重要な中心地であり、我々が立ち寄ったときには日本最大の大学校があったのだが、その学校は今やかつての栄光を失ってしまった。この地において、さまざまな地元の珍味を味わったのだが、その中には極めて粘り気のあるおかゆがあり、その見た目はとりもちに似ていて、野生の芋の一種であるニホンヤマイモの根をすりおろしたものから作られていた。町は我々のことを一目見ようと群がった人々でいっぱいであり、好奇心旺盛な見物人たちの群集事故を避けるために乗り物に入った。この町は、タンスや一般家庭で使用される漆塗りの食器でも有名であり、宿の隣の部屋は我々が到着する前にそれらの品物の陳列場のようにされていたが、製品の質は、横浜で見られるものと比べ特に優れているというわけではなく、また大幅に安いというわけでもなかった。恐らく値段は、旅行を楽しむ余裕のある人たちに向けて設定されたものだったのだと考えられる。当時日本においては、寛大な額を支払うということが「貴人の義務」だったのである。

翌朝、六時に目を覚ますと、「唯一無二〔不二〕」を意味する富士の美しい景色を見ることができた。まるで宿のすぐ背後から、真っ青な空を横断する長い雲の上へとその尾根を伸ばしているかのようであった。朝食の後、「大学校」を訪問した。そこには、三十人ほどの子供たちが漢書の古典の写本に向き合いながら座っており、年上で勉強が先に進んでいる生徒たちが声に出していることを復唱しながら、読み方を学んでいた。この授業は毎朝二時間ほど行われ、教師たちによる書物の内容の授業は一ヵ月に六回ほど行われた。学長は江戸の儒学の学校から招かれ、毎年交代した。このような形での授業と、筆を使った字の書き方の授業が、昔の日本における教育だったのである。それは、記憶力を養うには有効だが、論理的な思考を育むことはまったくできなかった。もちろん、このような教育法は今の日本では完全に消滅し、ドードー鳥と同じように過去のものとなっている。

巨大な山がようやく地平線から姿を現し、この後はずっと旅の供とすることができた。江尻の近くでは、左手側にあった山々のあいだから富士の尾根が覗くという、たまらない光景を見ることができた。一時に興津（オキツ）に到着し、昼食をとった。宿は海岸近くにあり、上階の部屋からの風景が素晴らしかったので、我々は上段（ジョーダン）と呼ばれる高級な部屋ではなく、こちらに泊まった。左手側には伊豆の青い岬が、もやに隠れて見えなくなるまで海の方向へと延びていった。右手側には、久能山の低い丘の先に、日本の詩で有名な三保ノ松原（ミヨノマツバラ）という、松の木が不規則に植えられている低い砂州が見えた。部屋の背後の窓からは、雪を被った富士の山頂が周辺の山々のあいだから覗いているところが見え、そこからさらに首を横に伸ばすと箱根の近くにある二子山の二つの尾根が見えた。

後ろ髪を引かれるような思いでこの場を去り、海岸沿いの崖を二、三マイルほど進んだ後に道を曲がったのだが、その瞬間富士の姿が目の前に現れた。そのふもとは、蒲原（カンバラ）の近くの海へと延びる低い丘に隠れており、中腹は雲に囲われていた。ワーグマンは座り込んで素描をはじめ、このときに作った彩色画を私は今も保持している。この次に到着したのはビーナスの耳（鮑（アワビ））とサザエという巨大で面白い巻貝が有名な倉沢（クラザワ）であった。もちろん、地元の食べ物を何杯かの酒と楽しむためにここで休憩し、これには随行者たちも加わった。危険をともに過ごした経験のある男たちは強い友情で結ばれるようになるが、掛川での一件の後の我々もそれは同じだった。ここから蒲原までの道は海岸沿いに延びていたのだが、海岸沿いに絶えることなく点在した汚らしい漁村さえなければ、日本でも最も美しい風景の一つと呼ぶことができたであろう。

翌朝、我々は早いうちに動き出し、低い丘をいくつか越え、八時には富士川の川岸にたどり着いた。御用宿の入口には靴ぬぐいが敷かれ、高級な部屋の床には赤い毛布が敷かれており、我々を迎え入れる準備は万端であった。宿の主が懇願したのでここで足を止めることになったのだが、このとき、ワーグマンが大昔、一八六一年にサー・ラザフォード・オールコックといっしょに陸路で長崎から江戸へと向かった際に、この宿を訪ねたことがあったのを知った。宿で最高級の部屋に極めてうやうやしく招き入れられ腰を下ろすと、間もなく重ねられた箱（重箱）が運びこまれ、その中には村の名物である、蕪の漬物が添えられた栗のケーキが入っていた。そのほかにここで売られていた「特産品」は、すずりや、一般の人がガラスだと思っていた緑色の線が入った水晶、そして瑪瑙だった。狭くて流れの急な富士川の両岸に設けられた、船着き用の鉄の桟橋のあいだを小舟で渡った。現在は、列車で渡ることができる。そこから、富士の山麓が海へと降りていく姿を見た。その姿は興味深かったが、あまり美しくないと感じられた。低い山々に囲まれていないと、山はまるで迫りあがったモグラの穴のように見えるのである。

道中、伊勢の神聖な神社と讃岐の金毘羅への巡礼から江戸への帰路の途中だという十二歳から十四歳くらいの少年二人に遭遇した。彼らは、背中に担いだ風呂敷に、油紙でできた神社のお札を大量に入れていた。道は砂っぽくて熱く、家屋の庭を囲う竹の塀に視界を遮ぎられていたので、風景は風光明媚とは真逆のものであった。

我々は箱根で宿泊するつもりだったのだが、素描のために足を止め、また柏原ではウナギの煎じ焼きのご馳走を酒とともにいただいたので、丘の西側のふもとにあった三島の先に行くことができなかった。

翌朝、六時半に坂道を進みはじめた。それは山間を通る、ローマのフォーラムから延びるアッピア街道に似た、巨大な石でよく舗装された道路であり、道沿いに松や杉の木が植えられていた。丘を半分以上登ったかというくらいのところにあった集落の近くで、数人の狩人が現れ、彼らの昔からの慣習に則って、卵を提供してくれた。三時間ほど歩くと、湖の南側に面し、深い草に覆われた丘に囲まれた箱根という小さな山村に到着した。この日は暖かかったので、湖で行水をしたいと思ったのだが、これは同行した外交担当の官吏によって強く反対された。見たところ、湖には小舟を浮かべることも、泳ぐことも許されていなかったようである。旅行者が湖を伝うことで、旅行許可証を見せることなく番所の背後を通り過ぎることを避けるためであろう。この官吏を説得することはかなり大変だったが、最終的に私は水泳がそれほど得意ではないことを説明すると、ようやく引き下がってくれた。

その場所は、今は横浜在住の外国人に人気の避暑地になっている。この素晴らしい場所に二時間ほど滞在した後旅を再開し、丘の東側を降りた。この道については、すでに前の章で説明してある。そして、五時に小田原に到着して宿を確保したのだが、このときにはこの先何が待ち受けているか知る由もなかった。

サー・ハリー・パークスからの手紙が私のもとに届けられ、重要な交渉が今にも始まりそうなので、すぐに帰還するように命令されたのである。随行員の団長に相談したところ、ただちに出発し、急いで夜どおし進めば、翌朝までに江戸に到着できるかもしれないと言ってくれた。二人一組の運び手を四組、つまり総勢八人が交代しながら乗り物を運べば、大体一時間で四マイルほど進むことができたのである。そのための人夫たちがすぐさま集められた。このような事態におちいったとき、日本人たちは気合を入れるために綿の布を腰と額に巻くのである。この布は、乗り物の屋根からもぶら下げられており、中の人がつかむことができるようになっていた。私は他に手段がないと観念し、乗り物に布団や枕を詰め込んだ。中継町において代わりの人夫を確保するための交渉役として、野口とその他従者二人がついてきて、七時に我々は出発した。運び手たちは、進行を合わせてできるだけ乗り物の振動をおさえるために、常に「ええや、おい」「ええや、おい」と声を上げていた。この声が夜通し聞こえてきたので、眠ることは不可能だった。夜が明けたときには二十六マイルを進んでいたが、これは思っていたより遅かった。そのため、まだ疲れていなかった男たちと交代させ、その結果十時までに残りの二十二マイルを踏破することができた。とにかく長いあいだ足を組んで座っていたので、公使館に到着したときにまっすぐ立つことができなかった。この一連の出来事の中で最も腹立たしかったことは、私を急がせた重要な会議というものは、実は誰でも簡単に翻訳できる官吏たちの一群の儀礼的な訪問に過ぎなかったということであった。

第十九章　日本の官吏たちとの交流、そして新潟、佐渡金山、七尾への訪問

我々と日本の政府の官吏たちとの関係を改善させることは不可能だ、と長年思われていたが、大坂を訪問したころから彼らは突然友好的になった。この背景にはもちろん、我々と薩摩及び長州の家臣たちが活発に交流しているのを見た大君が、それに対抗するために諸外国の外交使節たち、特にイギリス公使館と友好的な関係を育むよう大臣たちに厳命したことがあった。外交担当委員たちは、それぞれ代わる代わる私を日本式の夕食に招待した。私は日本の作法にとても疎かったので、野口につきあってもらい指導を受けた。宴の場では、贈呈品の交換する必要があったのだが、横浜の外国人の店にはイングランドの製品の見本として提供するにふさわしいものがなかなかなかったので、贈り物を探すのは大変だった。

官吏たちは、ほとんどが質素な生活をしていた。客人を招いたときに使用された部屋は多くの場合二階にあり、十二×十五フィートもなかったが、家具がまったくなかったので広く感じられた。家に到着すると、極めて狭い階段を通り、その後それと同じくらい狭い扉のあいだを入って行く。そしてすぐさまひざまずき、額を床につけてお辞儀をすると、家の主人も同じように礼を返した。その後、互いの礼儀正しさを競い合うように、招いた側が我々に上座に座るよう促し、それに対して我々は今いる場所で十分くつろげていると言い返すの

だ。もちろん、最終的に私は貴人のための場所である部屋のくぼみ（床間（トコノマ））の手前に座らされ、野口は最初に通された場所である部屋の入口にとどまった。私の関節が未だに日本人ほど柔らかくなかったことから、大抵の場合は上座に通されたときにその場であぐらをかいて足を楽にすることを許可された。

それが終わると、野口が仰々しく贈り物を開け、床の上にそれを滑らすようにして家の主人と私のあいだに置いた。日本では、荷物を包むために茶色い紙を使わず、代わりに布を使った。すべての家にはさまざまな大きさの布があり、小さいものは絹か縮緬で、大きいものは緑色に染められた綿でできており、これらが包み紙と同じ役割を果たしたのである。その後、私は贈り物を優しく家の主人のほうへと押し、「本当につまらないものですが、恥ずかしながら私の国で作られたものでして」と言うのだ。これに対して彼は「恐れ多いことです。とても素晴らしい。これをあなたから奪いとるのは心苦しいことです」と返す。この間、すべての女性、給仕、そして子供たちは、西の果てからやってきた珍しい客人を一目見ようと、扉や縁側から首を伸ばして覗いていた。そうしているうちに、三、四人ほど他の客人がやってくる。ここで各々は、両手を床につき、額が床につきそうなほどに体を前方に倒して、「はじめてお目にかかります。私の名前は某です。今後長らく懇意にしていただけますと幸いです」と言うのだ。あなたのご高名については常々聞き及んでおり、お会いする機会を楽しみにしていたと付け加えた人もいた。

このような挨拶と社交辞令のやり取りが終わると、客人の前に小さな喫煙用具が持ち込まれ、その後お茶と甘味が出される。家の使用人は、米の炊きかたと一般家庭でよく食べられていたシチューの作り方しか知らなかったので、食事はレストランから取り寄せなければならず、一時間ほどを過ごしたものである。当時は時計も普及しておらず、時間厳守という考えかたでもなかった。もし二時に来るよう招かれれば、一時や三時に行ってよかったし、それより遅れても問題はなかった。日本の時間の区切りかたは二週間ごとに変わり、日の出、正午、日の入り、深夜を除いては時間を正確に理解することが難しかった。

とにかく、そうしているうちに、ようやく階下で穏やかに皿が鳴る音が聞こえはじめる。湯呑、ケーキ、甘味が下げられ、布で覆われた漆塗りの膳と、先端が紙で包まれた箸が持ち込まれた。同時に、水が半分入れられた水差しを一人の少女が部屋の中央へと運び、そのかたわらに小さく平べったいコップをいくつか積み上げた。家の主人はこれを取り、細い陶磁器のビンから熱燗が注ぎ込まれる。これを飲み干すと、コップを洗うために水差しの下へとこれを滑らせた。水をかけた後、彼は客の前へと這い、うやうやしく一礼をして、客人の対角の手にコップを手渡した。客人は一礼し、両手でこれを受け取った後に床に置き、これを少女に掲げて注いでもらった。

もしコップを手渡した家の主人や他の客人が極めて礼節を重んじる人物であれば、両手を自分の前についた状態で、コップが空になるか少なくともほとんど飲み干されるまでその状態で待ったものだった。この儀式が終わると、家の主人はお椀のふたを取り、客人たちにもそうするよう促した。スープを少し飲み、肉に触れそうなところまで箸の先をつけた後に、お椀を降ろす。このときに、再度ふたをかぶせることが普通であった。魚のケーキ、砂糖で煮られた白豆、焼き魚と煮魚が載せられた皿がいくつか運び込まれ、煮られた鶏肉やあぶられた野生の鴨の肉が細かく切り分けられたものが出てくるときもあった。これらはソーサーのような小皿を使って各々に取り分けられ、また客人はそれぞれ卵でできたプディングに似たものと、ドジョウ、そしてイチョウの大きな種が入った入れ物も受け取った。生魚は通常カツオかカレイが出され、薄く切り分けられ、しょうゆ、生の海苔（ワカメ）、そしてホースラディッシュと同じ系統の植物で、味もよく似ている山葵（ワサビ）という植物の根っこをすりおろしたものにつけて食べた。

　宴が終わるかというころ、水に漬けられた根菜のスープと、煎りつけられたウナギが運び込まれた。料理が運び込まれても空いた皿が下げられなかったので、膳と床の上に宴のあいだ持ち込まれたすべての皿が転がっていた。あっちの皿から一つ、こっちの皿から一つという感じでつまんだので、量はそれほど食べなかったが、その代わり酒は飲めるだけ飲み、ときには飲める量以上を飲むこともあった。二、三時間ほど歓談を交わし、このときのために招かれた専門家たちの音楽と歌唱を楽しんだ後、もうこれ以上リキュールは飲めないと思ったら家の主人に頭を下げ、米をもらえないだろうかと頼む。こう言えば、言わんとすることを理解してもらえるのである。こう言うと、米の入った大きな漆塗りのボウルと、スープの入ったもの二つが載せられたお盆が運び込まれた。そのかたわらにはほぼ例外なく、鯛という宴のときに必ず提供される魚があり、これは大きければ大きいほうが名誉であるとされた。そこから客人のお椀に米を入れるのだが、温かい酒を絶え間なく飲まされてこのころには食欲がなくなっているので、少し口をつけた後女中にお椀を戻すと、彼女はその半分をとても薄いお茶で満たしてくれる。とても格式ばった場所では、お茶ではなくてお湯が注がれるのだが、とにかくこうしてくれることでお椀の中身を飲み干すことができるのである。このとき、大根の塩漬けや酒漬けされた野菜の芯なども提供される。そしてそれを食べ終わると、お椀の上にふたをして、お盆を自分から一、二フィートほど前に押して、楽しい席を設けてくれた主人に対して礼をするのである。ごちそうは階下に移動され、残り物はすべて白木の箱に入れられ、給仕を連れてきていた場合は彼に手渡される。そこでは新しいお茶も渡され、宴を主催してくれた主人に礼を言い、家族一同に付き添われながら玄関まで案内され、できるかぎり低く頭を下げた後に小柄な馬か乗り物に乗ってその場を去るのである。

その後の六、七週間ほどは、イングランド人将校を招聘して日本に海軍を設立する計画についての話し合いに費やされた。これは、年の初めからフランスが軍隊の使節団を派遣していたことに対抗して行われたことで、イングランドの大学を卒業した者が監督する学校を作るということも議題に上った。前者の計画は実行され、現在は大将で、当時中佐だったリチャード・トレイシーが団長を務めた使節団が日本に招かれた。だが、学校を設立するという考えは結実しなかった。最終的に日本人は長崎在住のアメリカ人宣教師の指導者の協力を得た。現在（一八八五年）の日本の教育制度は、アメリカからの教師たちによって作られたものであると言っても過言ではない。

すでに述べたように、サー・ハリーは、新潟の代わりの西部の開港地として候補に挙がっていた敦賀を訪れたことはあったが、この件に関して結論を出す前に新潟を一度詳しく見ておく必要があると判断した。そのため彼は、七月の後半に視察のための船旅に出かけ、ミットフォードと私を同行させた。公使館の筆記役の一人であった小野清五郎と、信頼の厚かった野口にもついてきてもらった。七月二十三日に、のちにヴィクトリア十字章を授かりナイトに叙されるウィリアム・ヒューウェット大佐が艦長を務めるバジリスク号に乗船して横浜を出発した。箱館には四日もかからないうちに到着し、いつもどおり現地の長官の訪問を受けた。小柄で顔の黒い、小出大和守（ヤマトノカミ）という名前の男だった。いちばんの話題は、蝦夷の西岸にある岩内（イワナイ）の炭鉱のことで、私の友人エラスムス・ガワーの監督の下で採掘作業が最近始められていた。この地には、すでにケッペル大将が帆船サラミス号で到着していて、八月一日に新潟に向けて出発し、三十六時間の安全な航海の後に到着した。

海から見た新潟の景観はとてもよかった。背後には、内陸に左右に延びる会津の山脈が見えた。その前には平坦な平原があり、そこはほとんどが田んぼになっていて、周辺には木が植えられていた。そのさらに前方には砂浜が、そして河口の右側には砂山があり、地平線は西側にあった弥彦山（ヤヒコサン）のふもとに差しかかってようやく途絶えた。海が穏やかで砂州を越えることも難しくなく、バジリスク号のウィルソン医師とともにただちに上陸した。湾は深く、八十隻ほどの小さな帆船が碇泊していた。町は湾沿いではなく、河口を少し上ったところにあった。上陸地点として適当に見えた場所を選び、そこに乗り入れた。すぐに二本差しの官吏たちが数人やってきて、外国人の滞在のためにあてがわれた仏寺に案内してくれた。

数分待つと、現地の長官がやってきた。その人物は白石下総守（シモーサノカミ）[2]で、一八六四年から一八六五年にかけて横浜の長官を務めていた私の古い知人であった。当時は、日本人商人の契約不履行に対するイギリス人の請求や、関税のことなどで彼とはよく争議したものだったが、このときの彼の様子は当時とはまったく違った。彼はとても丁寧かつ快活で、かつて現在とは異なる情勢の下で私とばかばかしい口論を繰り広げなければいけなかったことを悔いていると述べた。諸外国の公使が大坂を訪れた後、我々の交流は友好的なものになった。白石自身も、そのように応対するよう指示する書簡の写しを京都から受け取っていた。その場で少し新潟の開港地としての可能性について意見を交換した後、私は翌朝バジリスク号艦上でサー・ハリーと対談できるよう手筈を整えると約束し、白石から渡された地図を持って、その場を去った。

船に戻る途上で、最近建てられたとおぼしき旅館に立ち寄り、日本風の夕食をいただいた。そして、もくさ塗りという会津で生産されている面白い漆塗りの品物と、内陸の村で生産されている苧（カラムシ）の織物を購入した。これは、店頭ではなく町を歩いていた田舎からの行商人から買ったのであった。私はここで、はじめて凍った雪を見た。当時の日本における氷の代替品で、暑い季節だったので大変貴重なものだった。新潟は、切断された円周のような形で展開している町であり、また町中には柳の木が岸に立ち並ぶ運河がいくつも交差していたため、ひょっとしたらオランダの町をまねたのかもしれなかった。ただ、運河は狭くて汚く、溝と言ったほうが正確かもしれなかった。我々が訪れていたときはちょうど七夕の祭りの時期で、紙のランタンを持った少年たちが道を埋め尽くしていた。紙のランタンには、日本の伝承や言い伝えを題材にした上手な色付きの絵が描かれていた。

翌日、約束どおり船上で対談を行い、午後にはその返礼も兼ねて長官の公邸を訪問した。そこには革の座椅子がなく、長椅子に赤い布を被せた急ごしらえのものを用意してくれた。

ちなみに後年のことであるが、白石老人とは十二年後に東京で再会し、謡という演劇の翻訳の仕方を教えてくれた。彼の息子は私の書斎の管理をしてくれたが、ある日私の家で死んでしまった。

二時間ほど対談をした後、外国人居留地の候補として挙げられていた、川の中州を検分しに行った。行動的で好奇心の強かったサー・ハリーは、周囲の景色を眺めるために現地の人々が小型の帆船を作っていた小屋の屋根に上っていき、衆目を集めた。このときまでにミットフォードと私は東方の感覚にかなり慣れていたため、サー・ハリーが日本の紳士たちの憤怒を招きかねないような行動を取ったことを見て、気が気でなかった。このような大胆な行動を取った後、彼は我々とヒューウェットを含む全ての人員を引き連れて、六時半まで町中を引きずりまわしたのだが、それでもサー・ハリーの冒険心を満たすことができなかったので、軍艦の士官と水兵たちは夕食を逃す羽目になってしまい、立腹していた。私は彼らと別れ、野口とともに再度日本風の食事をとり、岸辺にて数時間ほど完全な自由を満喫した。

実を言うと、翌日の午後まで船に戻らなかったのだ。干潮のため船が出発するまで少し苦労したが、海に出た後は風も波も荒くなかった。

新潟から我々は、昔から金鉱があることで有名な佐渡の島へと向かった。日本の言いまわしに、「佐渡の土は最良のほれ薬」というものがある。新潟の長官は、佐渡にはいい港があるので、冬に北西からの風が吹き荒れ、信濃川の河口が荒れて入港できないときの寄港地になり得るのではないかと教えてくれた。

我々が到着する前日、イギリスの公使が佐渡に向かっているという旨の書簡が新潟から送られていたので、投錨するや否や現地の官吏たちがやってきた。しかしながら、鉱山は島の反対側の相川という場所にあり、現地の長官もそこにいた。長官は、彼が個人的に使用している駕籠(カゴ)をサー・ハリーのためによこしてくれたのだが、サー・ハリーはこのようなもので移動することも、陸路で島を横断して、日本の家屋で日本の毛布にくるまった状態で床に横たわって一夜を過ごすことも、米と魚しか食べるものがない生活も好まなかった。そのため彼は、私を代理として陸路で移動させ、自身はバジリスク号に乗って相川まで移動することを選んだ。これは、私にとってもありがたいことだった。常に上司の後ろについてまわるより、自分一人で行動したほうがはるかに楽しいからである。相川までの距離は十六マイルほどで、官吏たちのおかげでとても快適に一夜を過ごすことができた。

翌日、サー・ハリーと、サーペント号の士官一同、バロック中佐、通訳のW・G・アストンを含む一行は大挙して沢根に上陸し、私はそこで彼らを迎えた。その後、我々は丘を越えて、私が泊まった金鉱の近くの村へと向かった。サー・ハリーが到着したときには、すでに彼を迎え入れる準備がなされていたのだが、そこで何人かの日本人たちが外国人に対して怒声を浴びせてきたので、不届き者どもを退ける必要に迫られた。当時、こういうことはよく起こったのである。玄関で、サー・ハリーは二人の副長官のうち一人によって出迎えられ、彼は長官が呼ぶまでの間「控室」としてあてがわれた小部屋へと通した。しかし、サー・ハリーはこのときもサー・ハリーらしく、一言もしゃべらずにきびすを返して建物から出て行った。私は彼に追いつき、何が問題なのかと尋ねてから、不安そうな表情をしている官吏たちの下へと戻った。長官たちはイギリスの公使を玄関で迎えなければならないと彼らに告げると、二人の副長官は追いすがるようにしてきて、おかしな言い訳をした。それを受けて我々は再度きびすを返し、彼らに時間を与えるために悠々と威厳に満ちた風貌で戻り、玄関に到着したときには一人の老人がまるで何事もなかったかのように満面の笑みを浮かべて我々を待ち構えていた。ただちに彼は赦され、我々を大広間に通した。そこには、我々が座るための長椅子が片側にあり、その反対側には長官と副長官の合計三人が腰かけた。

我々は相当の量の酒を飲んですぐさま親密な仲になり、サー・ハリーと長官はまるでどちらがより優れたお世辞を述べられるか競うように社交辞令を交わしあった。この後会談はお開きとなり、我々は金鉱を訪れた。現在はどうなっているかわからないが、当時は水で半分満たされた巣穴に低い屋根がつけられたような作りであり、その中に入った者は、イングランド人というよりも半分おぼれかけたウサギが、新鮮な空気を求めるような様相でそこから出てきたのであった。私はこの手の地底探索が楽しいと思ったことはないので、賢明にも外で待っていた。その夜、我々は船に戻り、錨を上げて七尾がある能登へと向かった。そこにも、新潟の代わりになり得る良港があると聞いていたのだ。

八月七日の早朝、我々の視界に、一万フィートほどの高さがある立山という火山を中心に展開する越中の山脈が飛び込んできた。そして十一時に、湾の反対側にある大きな島に作られた港の南側に入った。サーペント号が一行を先導し、測量船としての役割も果たしたのだが、浅瀬になっている場所が多かったので慎重に進行せざるを得ず、結局町の前に投錨できたのは十二時半になってからであった。七尾、またの名を所口（トコロノクチ）と言うのだが、ここには当時八、九千人ほど住人がおり、加賀の大名が購入したいくつかの汽船を碇泊させておくための港としてその重要性が上がっていた。そしてこの地の行政をつかさどっていたのは、知事を意味する町奉行（マチブギョー）という役職の阿部甚十郎（ジュンジロー）であった。彼は若かったものの長崎に行ったことがあり、英語も少し理解できたので、当時の基準では見聞が広く知識も豊富だと思われていたが、領主の代弁者としてふるまうことは許されていなかった。そのため、領地内の首都である金沢から、大名の代理になる権限を有していたサノとサトミという名前の官吏たちが派遣され、我々は彼らの到着を待った。彼らは八月九日にバジリスク号に乗船して、サー・ハリーと対談した。いや、五時間もの間、サー・ハリーが一方的にしゃべっていることを聞かされたと言ったほうが正確だろう。このときの最も重要な議題は、七尾は新潟の代替になり得るかということだった。加賀の人々は、長崎や新潟と同様に、開港地が大君の政府に没収されないかと恐れていた。だが、彼らはこのことを明言はせず、住人が外国人を見慣れていないとか、輸出が本格的に始まると物価が上がって人々の不満を招きかねないとか言って、大名も貿易のために当地を開港したいとは思っているものの、人々の不安をあおるようなことはできないのだとさまざまな言い訳を述べた。

サー・ハリーは、直接的に七尾の開港を迫ることをやめ、代わりに新潟は碇泊地として不都合な部分が多く、非常事態に避難できる港が必要で、事実として七尾より近くに適当な場所がないということを説いた。新潟の代わりの港を探すため、佐渡の夷港を検分したことは伏せられた。彼は、新潟の天候が悪いときに外国の船が七尾に碇泊することに、大名は反対するだろうかと聞いた。この問いに対して、人道的な観点から、そして我々の友好的な関係を考慮しても、拒否することはできないだろうという答えが返ってきた。それならば、船が七尾に長時間碇泊しているあいだ何もしないというわけにもいかないので、新潟へと護送されるまで積荷を降ろして一時的に港で保管することに反対するだろうか、とサー・ハリーはさらに聞いた。加賀の官吏たちは、人道的な観点からみてそれも恐らくしないだろうと答えた。ならば誰が倉庫の建設を行うのだとサー・ハリーがさらに問うと、外国人か加賀藩のいずれかであろうとの答えだった。さらにサー・ハリーは、港に保管された外国人の品物を七尾の人々も買いたがるだろうから、当地で通商を禁ずることは無理があるのではないかと指摘した。これに対して加賀の官吏たちは、それを許可すれば七尾は外国への開港地になる。もし新潟へ輸送されるためのものの中から選ばれたものではなく、自分たちの注文によってもたらされたものが取引されるのであれば、七尾における貿易を許可してもいいだろうと述べた。そして、正直なところ大君の政府の手助けがなくても港や品物の管理は自分たちだけでできると思うとも付け加えた。七尾の地は大昔から前田の氏族の領地であり、加賀、越中、能登の三州の中で最も優れた港だったので、他の勢力に掌握されるわけにはいかなかったのだろう。この港を手放すことはもちろんのこと、管理を大君の政府と共同で行うことでさえ嫌だったのだと思われる。

サー・ハリーはこの見解に同意すると、話題を変えて、自分たちは陸路で大坂へと向かいたいのだが、移動手段をどうしたらいいだろうかと切り出した。この件に関しては、江戸を出発する前に公使館内でも議論されていたのだが、サー・ハリーは、七尾から陸路で帰路につくつもりではなかったのかと新潟の長官から聞かれたとき、そんなことは頭の片隅にもないと返答した。サー・ハリーの考えがわかり、加賀の官吏たちの表情から友好的な感情が消え去り、これまでの外国人たちとの友好関係はなかったことにしてほしいとまで告げられた。それは、他の氏族の者が見せた態度とは対照的なものであった。遠慮のない申し出に、彼らは完全に機嫌を損ねてしまった。彼らは不機嫌そうに黙り込み、腹が減ったと言って――恐らくそれは本当であったであろうが――その場を去ってしまった。

彼らが船を去って間もなく、サー・ハリーはミットフォードと私を陸路で大坂に派遣することを決め、そのあいだ彼はバジリスク号で長崎へと向かうこととなった。サー・ハリーが帯同することになっていたなら、より格式ばった形で旅をしなければならなかったであろう。そしてミットフォードと私からしてみれば、この国の中でまだ外国人が見たことのない場所を通ることができるということも、とても喜ばしいことであった。私は、知事と話をつけるために陸へと派遣された。バロックはサーペント号に残り、湾の測量をするように命じられた。我々より一日先に新潟に到着していた提督は、サラミス号に乗船してエンジンを起動させ、三時半に出発し、バジリスク号もその二時間ほど後に出発した。

サー・ハリーは、我々をできるだけ長く自分のそばに留めおきたかったようで、湾の入口まで帯同させ、我々はそこで手回り品をサーペント号の小舟に乗せた。だが、漕ぎ出して間もなく、バジリスク号が浅瀬に乗り上げてしまい、船員から引き返すよう指示が送られた。最終的に我々がようやく解放され岸に到着したのは、夜の八時になってのことであった。

すでに何回も夜を過ごした場所へと向かい、そこに到着して間もなくサノと阿部が訪ねてきた。彼らは旅に必要な準備をすべて整えてくれた。その後、江戸の外交担当部局から派遣された二人の官吏もやってきた。彼らは、サー・ハリーとともに横浜からやってきたのだが、バロックの測量を手助けするために当地に残されたのであった。だが、我々が陸路で大坂へと向かうつもりだと知ると、どちらか一人を同行させてほしいと申し入れてきた。その目的が監視だということは明白だった。彼らが言うには、加賀の領地では問題は起こらないと思うが、ここを出れば困難に見舞われるかもしれない。荷物持ちや乗り物担ぎの苦力（クーリー）を見つけることにも難儀するだろうし、襲撃されて殺されることもあり得る。加えて言うならば、我々が上陸した際には常に同行するよう指示を受けており、また外国人は外交担当部局の官吏を同行させずに旅行してはいけないと日本の法律で定められていると主張した。これに対して私は、貴君らはサー・ハリーの供をするために大君の評議会から派遣されたのだから、彼からの指示にも重きをおかなければならないと反論した。サー・ハリーは貴君らに、測量の手伝いをするために七尾に残ってほしいと告げており、また我々も貴君らを同行させないよう命じられているのだ、と。道中快適に過ごせるよう、加賀とそのすぐ隣にあった越前の大名たちが最善を尽くしてくれると確信しており、そこから京都までの道中に関しては、そこにいる大君の家臣たちに対して必要な指示を送ればいい。あるいは、自ら指示の記載された書簡を通過する町の当局者たちに直接渡せばいいだろうと主張した。

彼らが述べた法律とやらに関しては、そのようなものが存在しないことを確信していた。ひょっとしたらそのような慣習があったのかもしれないが、そのようなものに我々が従う必要などなかった。我々を論破することが不可能だと悟った官吏たちは、情に訴えかけようとしはじめ、我々のみで出発させてしまうと江戸で上官から罰せられてしまうと告げた。だが、これも取り合わなかった。最終的に彼らはいっさいを諦め、たとえ我々が困難に見舞われても自分たちにはまったく責任はないと理解してほしいと述べた。我々は、喜んでこの申し出を受け入れ、彼らは、密かにこの場を立ち去る許可をバロックからもらおうと、彼の下へと向かった。そして我々は、勝利を得たことを確信して床に就いたのであった。

第二十章　陸路、七尾から大坂へ

翌朝、サノと阿部から、出発するために必要な手筈はすべて整ったという喜ばしい知らせをもらい、これまでいろいろ面倒をかけてしまって申し訳なかったという言葉ももらった。立派な乗り物を用意してくれていて、野口と、ミットフォード付きのリンフーという気難しい中国人給仕にも一般用の輿を用意してくれた。護衛として、長い棍棒を持った二本差しの男たちが二十人同行し、トミナガという名前の指揮官に率いられていた。我々は八時半に出発した。海を見ると、すでにバジリスク号は出発した後で、サーペント号は湾に静かに碇泊していた。外交担当局の官吏たちは現れず、恐らくついてくることを諦めたのであろうと我々は結論づけた。つまり、サー・ハリーからも、大君の官吏たちからも、他のヨーロッパ人からもまったく干渉されない状態で、この国の中でまだ誰も足を踏み入れたことのない地域への冒険に旅立ったのであった。どのような結末を迎えるかは我々にもわからなかったが、これはまだ誰も挑戦したことのない試みであった。

町が見えなくなると、乗り物から降りて歩いた。とにかく暑い日だった。護衛の二十人の男たちはみな、片手に扇子を持って扇ぎ、もう片方の手で持ったタオルで眉間の汗をぬぐっていた。一時間半も歩かないうちに、街道沿いに住んでいた人の格別の厚意にあずかることになり、休憩しながらおいしいスイカとお茶をごちそうになった。桃もふるまわれたが、明らかに熟れていなかったので、決して手をつけなかった。一時間後、再度休憩した。道中出会った人は、度が過ぎていると言っていいほど礼儀正しく、農民たちはみな脱帽してひざまずくよう命じられていた。恐らくサノと同僚たちは、前日サー・ハリーにそうさせるようにと、怒鳴りつけられたのであろう。道路は、徐々に狭くなっていく谷のあいだを延び、そこではアブラナと麻が採取されていた。一時十五分に我々は、昼食をとるためにきれいな旅館に立ち寄り、そこで提供できるかぎり最上級の食事をいただいた。昼寝をした後、三時ごろに移動を再開してもう一つ谷を降り、四時半に休憩して、六時にその夜の宿泊先に到着したときには十八マイルを踏破していた。その場所は風光明媚な志雄（シオ）の村であり、谷の入口にある小川のそばにあった。谷底から延びる丘を見上げたときの光景は、私が日本で見た風景の中でも最も美しいものの一つであった。熱い風呂を浴びた後、素晴らしい夕食をいただくことができたのだが、宿の主人は謙遜して、粗末なもので申し訳ないと繰り返し述べていた。

　翌日、我々は十六マイルほど進み、海岸沿いの二つの大名の領地を通る道路の出発点にある、海岸にほど近い津幡（ツバタ）に到着した。護衛はここで去り、別の男たちと交代した。より人口が密集している地域を通過していたので、住民の好奇の目をより強く集めることになった。森本においては、通りの両側にある家の軒先に三、四列ほどの観衆がおり、道路沿いに置かれたマットの上にも多くの人が群れをなしていた。

　この場所を出発してから間もなく、松の木のあいだからかすかに覗く金沢の城の白い壁を見ることができた。町に近づくと乗り物に入り、町で最初に目にした建物でサトミとツネカワという名前のもう一人の官吏と面会した。人だかりができ、何としてもその好奇心を満たそうという思いから、建物の背後にあった泥だらけの蓮池に入る者もいた。ここでは、背後の山からとられた凍った雪がまぶされた、おいしいメロンとリンゴをいただいた。金色の屏風が壁沿いに並べられ、テーブルの上にはフルーツとケーキが積んであった。また、上座の後ろには、書きものをするときのために最上級の金箔が塗られた美しい筆記具の箱が置いてあった。それは、儀式の場所において最も必要のない気づかいであった。

官吏たちは、我々の姿が民衆にも見えるように、ここからは徒歩で移動してほしいと頼んできたが、旅装が埃にまみれてくたびれていたので、乗り物を利用することにした。通りにはさまざまな階級および年齢の観衆が分厚い列をなしており、その中にはかわいらしい少女たちもいた。我々はもう宿に向かいたいと言ったのだが、いい休息所が別の場所にも設けられているので、ぜひともそこに立ち寄ってほしいと要請された。その後、好奇心旺盛だが分別のある人々が集まっていた通りを進んで橋を渡り、左右に何度か曲がった後にようやく宿に到着することができた。面倒な儀礼が多かったので、なかなか疲れた。

サトミは先を急いで進み、建物の玄関先で我々の到着を待ち構えていた。そしていくつかの部屋を通り抜けて、奥の大広間に案内してくれた。毛の立った巨大なビロードのカーペットが敷かれており、中国風のテーブルと、仏寺の高僧たちによる重要な儀式で使用されるものに似た、赤く塗られた椅子が置かれていた。建物の主は間もなくその場に現れて、まるで二人の王様に謁見しているかのように床に額をつけてお辞儀をした。タバコやお茶が載ったお盆を持ってきた給仕たちも、まず低くお辞儀をした後に持ってきたものを両手にとって高く掲げ、テーブルの上に置いた後にカーペットの端へと退き、再び床に額をこすりつけてから去って行った。彼らからは我々にゆっくりと風呂に入り、その後客を迎えるため持っている中でいちばんいい服（それは、決して新しい物でもいいものでもなかったのだが）を着るように言われた。

最初に現れたのは、この地を治めていた大名からの特使であり、暑さに苦しんでいなければいいのだが、と述べてから、この地にやってきてくれたことを大変喜んでいると言ってくれた。ミットフォードは仰々しく、暑さには参っていないと返答した。厚意と親切な対応に対してはとても感謝しており、可能であれば大名に直接お礼を申し上げたいとも言った。「私の主君は」と使者は述べ、「残念ながら今はそれができないのだが、可能であったならば喜んでそうしたと思う」と言った。それを聞いてミットフォードは、体調が早く良くなることを祈ると告げた。本当のところは大名と二人の外国人のあいだで対談が行われるとなると、儀礼の作法などで重大かつ複雑な問題を生みかねないので、簡単にそれができなかったのだと私は思った。使者は我々に対してちょっとした宴を提供するよう主人から命じられているので、どうかいっしょに来てほしいと懇願してきた。これに対してミットフォードは、それに負けないほど美辞麗句だらけのお世辞を述べた。彼は、ハリー・パークスからの伝言であると偽って（あるいは、彼が言い忘れていたからだということにして）、加賀の大名と人々との永遠の友好を誓うと述べ、使者だけでなくそこにいたすべての者を大いに満足させた。領主は、暑さによって我々が体調を崩していた場合に備えて、数人の医者もよこしてくれたので、彼らとも面会した。

このように社交辞令を交わしあった後、宴がはじまった。内容自体は今まで経験したものとほとんど同じだったが、その規模と、提供された料理の数はいままで経験したものをはるかに超えていた。宴を催してくれた日本の人々が椅子に座ることに慣れていないことを見て、我々は家具を部屋から運び出して、この国の慣習に則って床に座ろうと提案した。そのほうが、酒のコップも早くまわすことができるだろうとも考えたのである。とりとめのない会話をしながらかなりの時間が過ぎ、その場にいたほとんどの人に多かれ少なかれ酔いがまわったころ、政治的な話を切り出した。多くの人がいる中で、本来であればあまり公にするべきでない話を切り出したのだ。

日本の家屋において、秘密の会話をすることは不可能である。屏風やふすまの反対側には必ず誰かが聞き耳を立てており、秘密の会話をしたいのであれば盗み聞きをしようとする者を遠ざけることができる庭の中心に行くしかない。だが、この場においてはそれをすることもできなかったので、ならばもういっそのこと聞きたい者は聞けばいいと開き直った。会話の内容を要約すると、以下のようになる。加賀は外国人と貿易をしたいと考えているが、七尾を表立って開港地にしてしまえば大君の政府に没収されかねないので、そのような事態は避けたい。だが、新潟に近いその地に外国船が碇泊し、乗せている貨物を降ろすこと、そしてその後自然と起こるであろうことを認める準備はできている。大君の政府が、加賀はこの件にどう対応するつもりか尋ねるようであれば、彼らはこれに対してあいまいな答えを返す、ということだった。我々の返答は、もちろん自分たちは大名の希望どおりに行動したいと考えているので、彼の利益に反するような行動を取るつもりはないというものだった。これは宴の主人たちをたいそう満足させたようで、我々に強い親愛の情を抱いていると言ってくれた。また、我々が江戸に戻った後も秘密裏に対話を続けるための手段を教えてくれた。もっとも、具体的なやり方は忘れてしまったが。この話は内密に、ということをその場にいたすべての人間が約束し、お開きとなった。

　その後、極めて豪華な布団が持ち込まれた。絹と縮緬で覆われ、羊毛が詰め込まれた柔らかいマットレスの周辺には蚊をよけるための薄い絹の布でできた網が張られていた。そして蚊よけの幕の下から、新しく入れられた緑茶とコップがお盆に載せられて持ち込まれ、さらには喫煙用具も手渡された。そして、建物の人たちはどうかゆっくり休んでほしいと告げた。翌朝、目を覚ます前に同じものが枕元に運び込まれていたが、それによって眠りが妨げられることはなかった。

　午前中は、漆器や陶磁器を見てまわった。前夜に、町の近くにあった丘を登るための手筈を加賀の人たちと整えたのだが、少し手違いがあったので、代わりに金沢の港町である金石（カナイワ）を案内してもいいだろうかと言われた。五マイルほど離れていたので、騎乗して三時ごろに出発した。我々が乗ったのはあまり見た目のよくない小柄な馬で、蹄鉄をつけておらず、鞍はヨーロッパ風ではあったものの革ではなく厚い黒紙でできたもので、手綱もよくなめされていないとても硬い革でできたものだった。野口は、見事な現地風の装飾を施された小柄な馬に乗り、賢いリンフーは馬に乗れなかったので輿に乗せられた。それほど長い道のりではなかったが、彼らは我々のことをすぐに疲れてしまう極めて繊細な者たちだと思っていたようで、途中三つの休憩所に立ち寄り、二ヵ所は道中に、残り一ヵ所は金石にあった。港だと言われてやってきた場所は、特筆すべきところのない川の河口にあった開けっ広げの土地でしかなく、天気が極めて穏やかでないかぎり使い物にならなそうであった。

その夜、夕食を食べながら二人の官吏とさらに話をした。昨晩の話を検討した結果、七尾においてある程度の交易を行うよう大君の政府に進言することが得策であるという結論に至ったとのことだった。そうすれば、密輸などの問題に悩まされることもないだろうとのことだった。我々は彼らの申し出に同意し、政府や諸外国の代表とこの件を話し合うために江戸に使節を派遣するよう勧めた。政治に関しても話が及んだが、加賀の官吏たちは大君の政府を支えなければいけないと考えており、薩摩や長州などの氏族が主張する政権打倒はなされるべきではないと述べた。だが同時に、その権力に対してある程度の制限は設けられなければならないとも言った。彼らは私が書いたパンフレットを読んでおり、そこで提唱されていたことを全面的に支持していた。その場では、我々も加賀の氏族の見解に全面的に同意すると言うしかなかった。また、彼らは政治の中心から離れた場所にいたために、西部や南部の氏族を詳しく知る機会があまりなく、共感できなかったのであろう。彼らの領地は北方の辺境にあり、無知で文化的に不毛な地域だったのだ。彼らは、自分たちのことしか考えなかった。加賀の大名の領地は他の封建領主の領地よりも価値があるとみなされており、そのことに完全に満足していた。政治的改革で彼らが得られるものはほとんどなく、心の底から現状維持を望んでいたのだ。

それに対してイギリス公使館は、行使できるかぎりの影響力を駆使して帝が国の元首の座に返り咲く手助けをしたいと思っていた。そうすることで、締結した条約が帝によって承認されれば、その有効性が議論されるようなことは今後絶対になくなるだろうと思ったからである。そして、この目的のためには大君の政府の政治体系が改革され、有力大名（あるいは氏族）にも政策決定に関与する権限を与えるべきだと考えていた。

我々を招いてくれた人たちはもう少し長く滞在してほしいと思っていたようだが、期日までに大坂に到着しなければならなかったので、それには応じられなかった。我々は八月十四日の朝に旅を再開した。宿の主は、道中に彼らの親戚が専売している薬の店に立ち寄ってほしいと強く懇願してきた。それは主成分が硝石で、麝香（じゃこう）によって香りづけがされていた「紫雪（シセツ）」という薬で、この世のほとんどの病気に効くと信じられていた。通りは、またも我々を見ようと群がった人でいっぱいだった。町を出て少し経った後、駕籠を降り、城がきれいに見える丘にあったレストランで食事をとった。城の周辺には木がふんだんに植えられており、公園のようになっていたので、ヨーロッパで要塞という名詞から連想される殺風景な風景とはまったく異なっていた。ここで我々は魚を食べ酒を飲みながら一時間を過ごし、これまでまったく交流のなかった加賀の氏族の人々と永遠の友情を誓った。

その日、松任で昼食をとり、多くの人に囲まれながら町長と長いことといろいろな話をした。その夜、小松に到着したころには、一日で二十マイルを踏破していた。途中、さまざまな理由から足を止めたり、頻繁に休憩をとったりしたことを考えれば、これだけの距離を進んだことは特筆すべきことだった。翌日、金沢と大聖寺の間の領地の境界を越え、そこで護衛が交代した。大聖寺の町においては、道路にはまったく人がおらず、民衆はみな静かに軒先に座っていた。町の名士の娘たちも礼装していて、銀色の花の冠をかぶり、白い鉛の粉を顔に塗りたくっていた。ベニバナの染料で塗られた唇が、鉄のような色の顔の中で目をひいた。この地で、オカダとシンボーという、前日から我々に同行していた二人の加賀の官吏たちと正式に別れた。別れを告げるときにはミットフォードの中国人給仕もいたのだが、叩頭ばかりする様子を見て、自分には日本の慣習が理解できないと気難しそうに言っていた。

そこからさらに三マイルほど進むと、ようやく前田家の領地を離れ、越前の地に足を踏み入れた。迎えの護衛はおらず、わずか二名ほどの巡査がいただけで、半マイルほど前にあった茶屋に戻り、護衛の準備が整うまでそこで待っているよう勧められた。我々は、護衛がいなくても先に進むつもりだと返答した。大聖寺の大名の留守居という職名で呼ばれる廷吏長も、領地の外で衛兵が随行することはできないと述べた。だが、最終的に妥協がなった。大聖寺で別れを告げたにもかかわらず、まだ同行してくれていたオカダとシンボーが、廷吏長から十人ほど人を借りてくれたのである。この者たちは、大聖寺の兵士ではないという名目の下、我々に同行した。少し歩くと、越前の下級官吏（会計補佐を意味する、目付という役職の者）が一人我々を出迎えてくれた。ここで加賀の友人たちは本当の別れを告げたのであったが、迎えに高級の官吏をよこさなかった越前の者たちは失礼であるとも言った。実際、我々はまったく歓迎されておらず、越前の人々はいい食事と滞在先を準備してはくれたが、常に距離を置いていた。夜を過ごした金津においては、町が色付きのランタンで彩られており、大通りに集まった人々はみな、この国の人々がいつもやるようにひざまずいていた。

滞在した寺院においては、大変優れた客間があてがわれ、テーブルと椅子が用意されており、驚くほど静かで聞き分けのいい少年たちが二人、我々の背後に座って蚊を追い払ってくれた。この地が加賀と比べて優れていたのは、ビールやシャンパンの製造であった。翌日、州の首都で四万人ほどの人が住む福井に到着した。ここでも、通りは人払いがされていた。通り沿いに並ぶ店の軒先には、多くの人がいちばんいい服を着て列を作っていたのだが、恐らく女王が議会の開会宣言をするところを見に行くときのように、その場所に居座るためにお金を払ったのではないかと思われる。この町ほど、かわいらしい少女たちが多くいるところを、私は未だかつて見たことがなかった。道路の掃除がすんで埃が払われた家の前には、その印として白いほうきとバケツが置かれていた。

できたばかりできれいな本願寺派の寺院に案内され、大広間をあてがってもらい、またその部屋には越前の紋章が記された絹縮緬のカーテンがつるされていた。部屋の奥には、六フイートほどの長い蓮の花束が挿さっていた美しい壺があった。テーブルにはフルーツやケーキが積み重ねられており、日本で一般的に食べられる昼食がシャンパンといっしょに提供された。長崎で外国人の応対をしたことがあるという、英語を少し喋ることができた若い日本人以外は、近寄ってこなかった。だが、高官をふくむ官吏数名が、我々のことを廊下からじっと見ていた。尊大な東方の人々がよく見せる冷淡な態度にならい、我々は彼らを無視した。このときからすでに雰囲気はよくなかったが、この後もっと悪くなるのであった。

福井を去るときに露払いをした護衛は失礼で、我々のことをバカにした。夜を過ごした府中の町では、町に入ってから宿に入るまで、やかましい群衆が常に後ろをついてまわった。その宿は、通りの中央を流れていた川の反対側にあった。宿に到着すると、最上級の部屋は閉ざされており、部屋の掃除をするときに敷かれる渋紙（シブカミ）というものが床に広げられていた。それは、イングランドで掃除が行われるときに家具を覆うために使用される、ダストシートに似たようなものであった。我々はもちろん憤ったが、よくよく考えると、我々が日本におけるマナーや習慣を知らず、靴を履いたまま建物の中に入るのではないかと考えたから、彼らはこのような失礼なことをしてしまったのではないかと思う。

この翌日、栃ノ木峠（トチノキトーゲ）（マロニエの道、という意味）の丘の上で領地の境界に到着し、無礼な越前の護衛に別れを告げ、彦根の大名である井伊掃部頭（カモンノカミ）[1]の家臣たちの応対を受けた。彼らが提示した乗り物や宿泊、そして苦力（クーリー）の料金はあまりにも良心的過ぎたので、その分ビールやシャンパン、そして魚の代金を支払おうとしたのだが、官吏たちは頑なにそれを受け取ろうとはしなかった。

越前の人々がなぜあれほどまで失礼だったのか知る由もないが、恐らくは彼らの氏族が難しい立場に置かれていたことが理由だったのだと思う。氏族の長は大君の政府を創設した家康の子孫であり、そのため大君の重要な同盟者であった。大君が難しい状況に置かれていたことは理解しており、またイギリスの政策に関しても私が書いたパンフレットを通じて知っていたと思うが、だからと言って帝の復権を狙っていた薩摩や長州の一派に与する気はなかった。大君の政府が最近方針を転換させたことも知っていたとは思うが、外国人と友好的な関係を築くという方針をとりはじめたのは本当にこの直前のことで、南西諸州の大名たちでさえも公的には外国人と友好的な関係を模索すると言っていなかった状況下では、我々から完全に距離を置いたほうがいいと越前の人々は判断したのであろう。表向きには、まだ「蛮族排斥」のスローガンは維持されていたのである。越前の人々が見せた尊大な態度の背景には、極めて強い警戒心があったのだと、私は思っている。

中河内（ナカノカワチ）という丘にある小さな村で夜を過ごしたが、そこでは米とお茶以外に食べ物を得ることができなかった。標高が高いことから、通常はあまり蚊が出ない地域だったようで、そのため蚊帳を手に入れることが難しかった。この場所は、全体的にカンバーランドのスコーフェル峠を連想させた。峠のふもとには検問所があり、女性はここを通過することが許されておらず、男性もみな通行許可証を提示しなければならなかった。長浜においては、塚原寛次郎（塚原但馬守（タジマノカミ）の兄弟）[2]という大君の政府の官吏が外国公使館衛兵十八人とともに我々を出迎えてくれ、以降の護衛をしてくれた。サー・ハリー・パークスが五月に敦賀から戻るときにここを通過していたのだが、地元の人々からかなりぞんざいなもてなしを受けた。このとき受けた扱いは、囚人よりかろうじていいと言えるようなものであった。この国の他の場所で人々が見せてくれた友好的で親切な態度は、ここではまったく期待できなかった。ここに来る前には、親切なもてなしを受けたくてゆっくり移動したものだったが、以降はできるだけ早く通過しようと努めた。

昼食をとった高宮においては、特上の部屋が閉ざされていたが、宿の主人とその使用人たちにそこを開放するよう促した。このやり取りの後、我々が日本の慣習を理解していることを彼らは知り、それまでの無礼な態度を一転させて極めて丁重に我々を扱った。井伊掃部頭の領地からもう少しで出るというところで、宿泊費や苦力（クーリー）の使用料を支払うと申し出たが、官吏たちは何も受け取ってはならないと厳命されていると言ってそれを固辞した。そのため、代わりに書簡をしたため、江戸に戻ったら、当地における大名の代理人に対しても謝意を告げると約束した。領地の境界である中宿（ナカジク）に到着すると、地元の護衛が離れ、外国公使館衛兵のみが我々に付き添ったのだが、彼らは熱心ではなかった。そのため、村を通過するごとに極めて無礼な群衆にもみくちゃにされるはめになった。武佐（ムサ）の村で衛兵の隊長に静かに怒りを爆発させると、翌日にはすべて首尾よく進められるよう手筈を整えると答えた。

翌日、草津に到着すると、驚いたことに私がよく知っている大君の官吏、高畠五郎と、米田（コメダ）桂次郎が出迎えてくれた。米田は、英語がかなり達者な若者であった。[3]彼らは、江戸から陸路で、大君の第二評議会の一員である平山図書頭[4]とともに来て、我々の応対をするためにここに残されたのだと告げた。瀬田橋のすぐ下にある、五月のサー・ハリー来訪時には閉ざされていた石山の寺を見せるよう平山から命じられたとのことで、一見の価値がある場所なのでぜひ行こうと言った。この寺は、塚原から勧められた旅路の途中にあった。草津でボートに乗り、琵琶湖から流れる川が早瀬になるまで下り、そこから二リーグ（五マイル）ほど歩いた後にまたボートに乗って伏見の方向へと向かう。彼が言うには、こうやったほうが五月にワーグマンと私がたどった行き方より楽だとのことだった。我々はこの平山の提案を即座に受け入れた。その後、日本の政治に関して友好的な会話が行われ、高畠と米田は私がパンフレットの中で書いたことはすべて間違っていると説得しようとしたが、その効果はなかった。

　高畠たちが去った後、宇治の丘は彼らが言うようにここから十マイルや十二マイルではなく、実際は二十五マイルほど離れているので、昼過ぎに着くのは不可能だと野口は言った。これを聞いて、彼らから寺院に招かれたことには何か裏があるのではないかとの疑念を抱いた。恐らく、サー・ハリーが五月にここを通ったときそうなったように、我々が反大君派の一派と一緒に何か問題を起こすかもしれないと考えた大君の家臣たちが、幹線道路沿いにあり京都にも近い大津から遠ざけようと考えたのであろう。そのため、私は野口を塚原の下へと派遣し、距離について尋ねるよう指示した。彼が帰ってきた後報告を聞き、私の疑念は確信に変わり、それはミットフォードにも伝えられた。そうして我々は、危険を冒して大津を経由して目的地へと向かう決心をした。高畠ともう一人の男を夕食に招待し、彼らがやってくる直前、野口が部屋に戻ってきたので、我々の疑念を告げた。野口は、考えすぎではないかと言った。

高畠らがやって来るや否や、よく使用されている旅路を進みたいと高畠に告げた。これに彼は非常に強く異議を唱え、それは不便、いやむしろ不可能であるとさえ言った。私は、このあたりの寺院や風景については何も知らないが、できるだけ早く目的地に到着したいので、距離の短い大津への道を行きたいと返答した。我々の決心が固いことを見た彼は、野口を部屋の外に呼び出して、何とか説得してくれないかと頼み込んでいた。それを受けて野口も私を部屋の外に呼び、最初の取り決めに従ってはくれないだろうかと聞いてきた。説得は無意味だと私は返答した。短いほうの道で進みたいと考えており、もし予定を変えるために小舟の手配に費用が掛かるのであれば、それを支払うとも申し出た。食事部屋に戻り、高畠にも考えを告げると、彼は米田(コメダ)にもそれを伝えた。米田が戻ってくると、私に部屋の外に来るように求めた。二人きりになると、我々のあいだだけの話として、これはすべて思惑のあることだったのだと白状した。私はやはりそうかと答え、大君の筆頭大臣(板倉伊賀守)が我々をあざむくために京都から塚原を派遣したのだろうことを、薄々感づいていたと言った。もし彼らが最初から本当のことを言っていれば、我々も要求どおりにしたであろう。だが、もはや言われたとおり大きく遠まわりをする気はなくなってしまった。我々は再度食事部屋に戻り、食事を再開しようとした。

三人の日本人は非常に落ち込んでいた。すると、ミットフォードが突然米田のほうを向き、京都から何らかの任務のために派遣された個人秘書（御目付）が、なぜ旅路を変えてほしいのか理由を説明した書簡をしたためてくれれば、貴君らの望みどおりにしようと告げた。だが、それができないようであれば、たとえ護衛が同行することを拒否したとしても大津を通って行くとも付け加えた。これを聞いて、日本の官吏たちは余計に憂鬱そうになった。

少しの抗議の後、我々の提案が最善策であることを彼らは認め、高畠は書簡を準備しに行った。書簡の内容を理解することは、難しかった。その書簡には、我々が政府の許可なく旅をしていると記されていた上に、言いまわしが難しすぎて内容が把握できなかった。そのため、高畠は書き直しを余儀なくされ、次から次へと三つの書簡を作成する羽目になった。はっきりとわかりやすく書いてほしいと促した結果、朝の三時にようやく満足のいく書簡が作られ、それには、帝の首都からわずか六マイルしか離れていない大津をサー・ハリーが五月に通過した際、重大な問題が発生したため、ミットフォードに宇治を経由してほしいと要請したのであると記されていた。これは我々にとって重要な勝利であり、また日本の官吏にとっては敗北であった。

翌朝は七時に出発しなければならなかったので、私はあまり眠れなかった。乗り物に乗って瀬田まで行った後、小舟に乗って川を下り、石山寺へと向かった。寺の責任者である僧侶が我々の姿を見た瞬間、彼らは門へと駆けつけ、我々の目の前で門を閉ざした。この寺を見せてくれると言った平山の言葉は、うそだった。

その日はとても暑かった。川辺を去り、四マイルほど小さな丘をいくつか上ったり下ったりすると、また川の近くへと出た。ここで、粗末な米と茶の食事をとった。このような辺鄙なところでは、それくらいしかなかったのである。八月の燃えるような太陽の下、川沿いに延びる、片岩質の崖にある道を進んだ後、勾配の急な坂を上った。いくつかの農民の小屋に立ち寄ったが、彼らはみな宇治までは四マイルだと言った。岩から流れるせせらぎでのどを潤すため、頻繁に立ち止まらなければならなかった。そうしているうちにようやく丘の頂上にたどり着くことができ、そこから美しい平原の景色を見下ろすことができた。その中央には、外国人が足を踏み入れないように厳重に管理されていた、日本のメッカこと京都があった。その左手側には伏見とその周辺にある運河や川が見え、そのさらに背後には愛宕山(アタゴヤマ)の神聖な山頂が見えた。

四時には宇治に到着したが、正午からずっと暑い中、足を引きずるように歩いてきたので、とても疲れていた。壊れた橋の近くの川岸にこぎれいな茶店があったので、そこで二時間休憩した。六時に乗り心地のよい小舟に乗り込み、川を足早に下って伏見へと到着し、そこで御用宿に泊まって熱い風呂と夕食をいただいた。後になって野口から、宿にいた数人の男たちが、我々を暗殺したほうがいいのではないかと言っているのを聞いたと教えてもらった。だが、彼らは実行する勇気がなく、我々は何事もなく九時に舟に乗って出発することができた。中で寝るには暑すぎたので、私は水面の真上にぶら下がっていた甲板の船べりに一晩中横たわっていた。

早朝、大坂に到着し、川で顔を洗い、着替え、春に滞在した寺へと向かった。午後、サー・ハリーがそこに現れ、長崎の貧民街で酔っ払って寝ていたイギリス軍艦イカルス号の水兵二人が殺害された、という情報をもたらした。この新たな大事件と比べれば、我々の道中の経験など取るに足らないものとなってしまった。

第二十一章　大坂及び徳島

それから数日は、日本の当局者に対して長崎でイカルス号の水兵たちを殺害した犯人を探し出し、処罰することを要求する仕事に費やされた。サー・ハリーは当然のことながらこの件を非常に重く見て、大君の筆頭大臣に対して極めて強い口調を用いた。主要大臣は板倉伊賀守という名前で、朗らかながら決して意志が弱いわけではない老紳士であった。彼は老けて見えたが、それでも四十五を超えてはいなかったであろう。

長崎においては、港に碇泊していた土佐の汽船が、殺人事件が起こった直後、夜明け前に突然出港したので、下手人は土佐の者ではないかとの噂されていた。下手人は汽船が出港する前に小舟で逃げ、湾外で汽船に乗り移ったのだ、とも言われていた。見たかぎりでは、大君の政府も同じような疑念を抱いていたようだった。土佐の男たちは、日本の他の誰よりも野蛮だともっぱらの評判であった。政府は、長崎の長官二人を更迭し、同様の事件が起こらないよう五百人の人員を江戸から派遣して、外国人居留地の警備に当たらせることを約束した。

この後、サー・ハリーは大君から会談に招かれ、彼はこれに応じた。大君は、長崎において現地人のキリスト教徒たちが最近検挙された一件についてフランス公使のロッシュ氏と対談するため、京都から下ってきていたのであった。その日は暑く、またいい小型馬が手配できなかったので、サー・ハリー、ミットフォード、そして私は輿に乗って城へと向かった。通されたのは、非公式な謁見を行う際に使用される応接室（シロイン）[1]だった。大君は少し疲れているように見え、その両脇には板倉と平山が控えていた。平山は、低い身分の出身の、狡猾な印象を抱かせる人物で、最近昇進したばかりであった。我々は彼に、キツネという相応な仇名を与えた。

とりとめのない話を一時間ほどした後、ケッペル提督と部下たちがその場に加わった。そのため、海軍についても話が及んだが、閣下はそれほどこの件に関心はなさそうに見えた。しばらくした後、大君は肥前の前の大名である松平閑叟（カンソー）[2]を呼び、サー・ハリーと提督に紹介した。当時四十七歳だったが、少し老けて見えた。顔つきから怜悧な印象を与える人物で、突発的にしゃべりだす癖があり、また目を頻繁に瞬かせていた。日和見主義者で、また権謀術数にも長ける人物という評判もあり、一八六八年に革命が起こるまでどの勢力に味方するか誰も予測できなかった。彼は、他の大名たちよりも大君に敬意を払っていることを示すため、彼の左に座り、通常であれば「あなた」と呼ぶところを大君に対しては「上（カミ）」と呼んでいたが、それ以外に特に懇切丁寧な態度をとることはなかった。サー・ハリーは、佐賀に招待してもらえるよう促そうとしていたが、閑叟は用心深く、いつか長崎でお目にかかることもあるかもしれないと言うにとどめた。そして、結局そのような機会はやってこなかった。大君が会話に疲れると、我々は隣の部屋へと退き、そこで日本式の昼食と冷たい酒がふるまわれた。それは、必要以上に食べてはならないということを示す暗黙のサインだった。
翌朝早朝に、西郷吉之助が訪ねてきた。彼が大久保一蔵に宛てた手紙の中に、このときに交わされた会話について説明しているものがあるので、その翻訳を以下に引用する。元本は、この何年も後に岩倉侍従の文書の中から発見された。そして、一九〇六年に私が北京から母国に帰国するとき東京に立ち寄った際に、その写しが私の旧友松方正義(マツガタマサヨシ)から手渡されたのであった。

西郷隆盛から大久保利通への手紙の写し[3]

昨日、朝の六時に私は大坂に到着し、イングランド人たちの宿舎はどこか尋ねたところ、春に滞在した寺院にいるということを突き止めた。そのため、私はすぐさまサトウに使いをやり、今日いつであれば面会できるか聞いた。そして、七時に来てほしいという返答を得た。その時間に訪問すると、彼はつい先ほど起きたようだったので、上の階に案内された。私は彼に、すでにわかっているかもしれないが、公使が大坂にやってきたので特使として私は派遣されたのだと告げた。通常の社交辞令を交わした後、イングランド行きの郵便が十時ごろに送られ、十一時半に公使が城へと向かうことになっているとサトウは言った。私は、特に用件はなかったのだが、公使が大坂に到着したことを歓迎したかったのだと告げた。彼はとても忙しいかと思うので、非公式な会談は必要なく、公使にもそのように言ってほしいとも述べた。サトウからは、公使も私には特に会いたがっているが、他の案件に忙殺されている状態なので、今日は勘弁してあげてほしいとの返答だった。だが、公使は二、三日ほど大坂に滞在し、そのあいだに私に会うことを特に所望しているので、二、三日後には会談の場を設けることもできるだろうとも言った。サトウは、翌月二日にこの地から出航し、横浜に（そして恐らくは江戸に）戻る予定だと言った。

サトウと面会したとき、彼は、状況は前と同じで重要な変化は起こっておらず、自分たちの置かれている状況も以前と変わっていないと言い、柴山の予想とはまったく反対のことを言った。そのため私は、以前貴君に述べたとおり、大坂商会がフランスと協力関係を締結し巨利を得ようとしていると告げた。（この後、あいまいな文章が続く）

フランスの対日方針について議論したいと私は持ちかけ、サトウも喜んでそうしたいと応じてくれた。フランスは、日本は西洋諸国のように一つの統一政府が必要で、そのためには大名の特権を剝奪しなければならないと言っている。長州と薩摩を打ち破ることは特に重要であり、そしてフランスはこの戦いに参加する用意をしていると私は述べた。このことについてどう考えるかサトウに聞いた。サトウは、政府は長州に二度攻撃をしかけたが、長州一州でさえ屈服させることができなかった政府が、国内のすべての大名から特権を剝奪することなど不可能だろうと答えた。それでは、このような哀れな者たちをどうやったら救済することができるだろうかと尋ねた。彼は、返す言葉がないと答え、恐らく不可能であろうと言った。また、そのような議論が公然と行われはじめたら、フランスは間違いなく政府に加担して大名たちを打ち破る手助けをするであろうとも言った。政府は、

二、三年のうちに資金を集め、兵器を購入し、フランスからの援助を得て戦争をはじめるつもりであると噂されていた。恐らくフランスは援軍として兵士を派遣すると思われるので、対抗する勢力の助けを得なければ危険である。そして、イングランドが兵士を派遣するという情報が流布されるようになれば、フランスが予備兵を派遣することもできなくなるだろう。だからこそ事前にしっかりと取り決めをする必要があるのだとサトウは述べた。イングランドは、日本の元首が自身の下で政権を運営する権限を大名たちに与え、西洋諸国と同じような組織体系（または国の政治体制）[4]を確立するべきだと考えていると述べた。これが、まず（この部分は語句が抜け落ちている）ことだと言った。

イングランドの元首は、最近日本の元首に宛てた書簡を幕府に送っている。これは、前の皇帝の死を悼むためのものであった。そして、幕府から皇帝に送られるようにも要求されていた。何かしらの返信をしなければならないと思うのだが、現在のところ返答がされたとは聞いていない。

彼らは日本の皇帝に、敬意をもって言葉を送ったのだが、京都の陛下はそれを決して受け入れなかった。依然として、都が汚されてしまうので外国人が首都に足を踏み入れることを許したくないと考えていた。だが、そういうわけにもいかないので、諸外国と日常的に交流することができるように確固たる権限を持った政府を樹立する必要があるだろう。サトウは、イングランドに何かを打診したいのであれば、協力は惜しまないので連絡してほしいと言った。私は、日本の政府の体制が変わるよう努力をすると述べ、また我々は外国人に（不明）権限がないのだとも言った。

フランスは横浜において利益を得て、私利を満たすためにさまざまな合意を結んだ。イングランドは商業国であり、彼らの貿易を妨げるものには強く抵抗するので、いたく立腹していた。

長崎においてイングランドの水夫二人を殺害した下手人については、まだわかっていない。長崎*の男たちによる仕業だという噂である。サトウは、長崎の評判が悪いことは聞いていると述べた。サトウが仲間と一緒に越前から陸路で移動していたとき、長崎の男たちが伏見で待ち構えていたらしい。また、彼らは京都において乱暴を働き、博徒を集めているとも噂されていた。もし長崎の男たちが長崎において外国人を殺害したのであれば、それは多大な損失につながると考えられるので、非常に残念である。

サトウたちが越前に到着したとき、誰も彼らを出迎えにこなかったとのことである。都市部の外においては地方官吏が応対したとのことであったが、城下町に入ったときには誰もこなかった。その後、酒や肴をふるまわれ、丁重に接待されはしたようだが。サトウは、なぜこのような扱いを受けたのか理解できないと言っていた。

右に記した内容が、重要な点の要約である。サトウは、明日十時にここに来ると言っており、そこでもっといろいろ話ができると思う。予定よりも二、三日長く滞在したいと思っているので、ご理解いただきたい。サトウが幕府について語るときに用いる語句は、強

＊西郷は、本来土佐と記されるべきところを長崎と記している。

い侮蔑の念に満ちている。いずれ、詳しく報告したい。敬具。七月二十七日。

西郷吉之助

大久保一蔵様

筆者注記[5]――この手紙の複写には、一部意味のわからない箇所や、写し間違いがある。

翌日私は、京都における動向について教えてもらうために、西郷に会いに薩摩の事務所へと向かった。西郷は、現在の大君の政府に代わって全国にまたがる議会を開設するという案を、ずいぶん長々と聞かせてくれた。私の友人であった松根の息子によると、この案は現在反大君派のあいだではかなり一般的になっているとのことであった。これは、あまりにも突拍子のない考えだと私には感じられた。西郷は、政府が二十人ほどの裕福な御用商人に大坂と兵庫の貿易をまかせることで、その地における貿易を独占するつもりだということも教えてくれた。それは、間違いなく一八四〇年のアヘン戦争より前の広東におけるやり方を模倣したものであった。

この知らせが公使の下に届くと、彼は激怒し、すぐさま大君の政府の筆頭大臣を捕まえてすぐに計画を中止するよう強く促した。ギルドの設立を無効化する新しい訓令が発されたが、それは強い外交的圧力の結果発布されたものだったので、その新しい訓令に基づいて彼らが行動するかはかなり疑わしかった。日本人は、過去そして今も、国内外の商業をギルドを通じて管理しようと考える人々であり、独占権を与える見返りに利益を得ようとする。そのやり方に効果があるかはわからないが、それは西洋的な考え方に相反するものであり、東方の国々においてこの慣習が我々の前に立ちはだかった際には、常に毅然と戦った。

その他に、大君の政府に対して強い語句で抗議しなければならなかったことは、女王が送った手紙への返信で用いられた語句についてであった。これは、先代の帝の死を悼むための手紙であり、国家元首が亡くなったときに通常送られるものと内容は同じであった。大臣たちは、非常に恐縮して非礼を詫び、将来同じことが起こらないように気をつけると約束した。イギリスの公使に対する公式文書の書式の問題も、我々が日本の官吏たちと終わることのない論争を続けた案件であり、革命の後になってやっとこれを正しい形に改めさせることができたのであった。彼らは常に、諸外国の代表は大君の大臣たちより位が下であるという印象を自国の人々に抱かせるような語句や言いまわしを使おうとした。大君の大臣たちは大名よりも地位が低く、したがって間違いなく公使たちを相手にするに相応な位格を有していなかったので、それを認めるわけにはいかなかった。東方の国で外交官が国家元首の代理であるということを理解させることは、常に難しかった。

横浜での日本語教師の一人が、阿波の大名の家臣だということは、すでに以前の章で述べたとおりである。春にはじめて大坂に来たとき、阿波の大名の城下町がそれほど離れていなかったことから、彼を訪ねるという話も出たのだが、手違いもあってそれは現実にならなかった。今回の滞在においても阿波の人々は私を招待してくれようとしたのだが、私ではなくサー・ハリーと提督を招待するよう促した。このときすでにイギリス公使館一行は、イギリス軍艦イカルス号の水兵二人を殺害した犯人を探し当てるために、大君の特別委員とともに土佐へ渡るということを決めていた。大君の特別委員には信用ならない平山と、そのほか数人の官吏が選ばれており、彼らは事前調査がしたいからと言って我々より数日先に出発していた。我々が阿波の訪問を検討していることを大君の大臣たちが知ると、阿波は土佐への道中にあるのでぜひとも招待を受けるべきだとサー・ハリーに言った。その地の大名は脅威とは思われておらず、むしろどちらかというと大君を積極的に支持していると思われていたのだ。サー・ハリーもこの手の接待を受けることが好きだったので、誰もが満足する形でこの件は取りまとめられた。実際は、大名は「英国策論」を書いた人物に会いたいと思っており、したがって招待されたのは私だったのだが、このことは伏せておいた。

サー・ハリーとミットフォードはヒューウェットとともにバジリスク号に乗船し、私は翌朝サラミス号に乗って出発した。サラミス号は十一時に出航する予定だったので、夜通し準備をし、朝早くに出かけなければならなかった。私は公使館筆記役の小野とともに急いで出発し、野口に荷物をまかせたが、彼はいつもどおり遅刻した。ずいぶん待ったのだが、それでも彼は来なかった。待ちきれなくなった私は、筆記役だけを引き連れて小舟を漕ぎ出した。大坂の外国人居留地の候補地として検討されていた場所を通過しようとしていたころ、小舟に乗った野口が我々に追いついてきたのだが、荷物は携えていなかった。さらに川を下り、河口に近づいたころ、砂州を越えるために用意されたより大きい舟に乗りかえ、出航予定時刻より三十分遅れてサラミス号に搭乗した。二人の阿波の官吏も、我々が到着する直前に乗船していた。そして十五分後、荷物を載せた小舟が軍艦に届いたことは喜ばしく、安堵した。正午ちょうどに錨を上げ、蒸気を上げて由良海峡[6]を南に進み、夜の六時ごろに阿波の根井（ネイ）という小さな港に到着した。バジリスク号はすでに到着していた。見たかぎりでは、我々を案内するための者はいなかった。そのためサー・ハリーは、どのような接待を受けるのか探るよう命じて私を徳島へと派遣した。私は、阿波の官吏の一人とともに現地人の大きな帆付きのボートに乗り込み、もう一人の官吏は別の船に乗って急いで先に行った。

いい風が吹いていたので、崖の下を素早く進み、徳島の町がある河口の砂州にたどり着くことができた。あたりはすでに暗く、また波は河口にまで入りこんでいた。先を進んでいた船が引き返してきて、船員たちは我々の横を通り過ぎる際に入港を試みるのは危険だと叫びかけてきた。だが、我々の船頭はその忠告に耳を貸さず、大胆にも船を進めた。湾の入口は長い砂浜に挟まれていて、非常に狭かった。我々が乗っていた船はなかなか大きかったのだが、強い波にあおられて、子供のおもちゃのように振りまわされていた。緊張感のある時間を少し過ごした後、ようやく入港できたが、湾の内側は比較的穏やかだった。船は右に左に揺らされ、みな意味もなく叫び声を上げていたが、そうしているうちに砂浜のほうへと流されて行った。そこには、私と別の船で徳島に向かっていた日本人たちもいた。彼らは、かなり強引に船を進めた結果砂州に乗り上げ、かろうじて沈没を免れたのであった。

互いに無事を祝福しあった後、小舟に乗って川を上り、波止場に到着したのだが、衛兵が到着するまでしばらく待たなければならなかった。そのため、夜であったにもかかわらず人だかりができてしまった。そうしていると、ようやく衛兵が到着した。騎兵たちは長いブーツを履き、馬の毛でできた飾りがついた三角錐の帽子を被っていて、蜂須賀美作（ハチスカミマサカ）という白髪交じりの老兵士によって指揮されていた。彼は、阿波の領主の家系の創始者となった盗賊の首領の子孫であったが、それにもかかわらず現在は家臣という立場であった。衛兵たちは仰々しく行列を作り、滞在先として準備された寺院に私を案内した。寺院には赤い羅紗のじゅうたんが敷かれ、急ごしらえのテーブル、椅子、ベッドが運び込まれていた。

彼らは明らかにヨーロッパ人三、四人ほどの小人数しか想定していなかった。それで、私は、サー・ハリーは提督を伴わずに上陸することはなく、二人とも部下を全員引き連れてやってくるであろうと説明した。その忠告を聞いて、彼らは私が満足するまで準備のためにさらに時間を費やすことを余儀なくされた。彼らは、我々にあてがった部屋のドアに各々の役職を表記し、私の部屋には通訳のことを大げさに表現した「舌役」[7]と記されていた。日本では通訳は下位の階級にある者がなる仕事だと思われており、侍はいやしい外国の言語を口にするべきではないと思われていたので、私のことは名前で表記するように改めさせた。自分は小間使いや用務員ではないので相応の待遇をするようにということを、位の高い日本人たちに対して強く要求しなければならないことがしばしばあり、口論になることもよくあった。

阿波のよき友人たちは、私を喜ばせようと自分たちが有しているすべての知識を用いてヨーロッパ風の夕食を準備したが、それはとにかくひどい晩餐会であった。みすぼらしい皿の上に置かれた魚は食べられるようなものではなく、ブドウとメロンは熟れておらず、スポンジケーキには味がなく、黒い柄のついたナイフとフォークは使い勝手が悪かった。以前水夫としてアメリカに行ったことがあるという、品の悪い英語を少しばかり知るみすぼらしい男が私の給仕にあてがわれた。どうやら、私のことを日本語がわからない者と見たようで、通訳が必要だと思われたらしい。彼らの氏族の中で、ヨーロッパの作法や慣習を知っている人物は彼だけだと説明された。彼は不愉快なほどなれなれしかったので、同行していた阿波の官吏に対して密かに抗議したが、私にあてがわれたこの男は、「たゆまぬ勉学を通じて」強い尊敬を得た人物であったらしい。だが、官吏は問題の人物を叱責し、その後日本的な礼儀作法に基づいて接してくれるようになった。

私は日中から何も食べていなかったので、かえって食欲がなくなっていた。我々は、イギリス公使一行が大名の城を訪問した際の儀礼についていろいろと話し合った。位の高い外国人が当地の領主の城塞の内側に入るのは、これがはじめてであった。最終的に我々は、下馬を命じる立て札のある場所を越えて馬に乗ったまま進み、内門の前で下馬するということが決められた。席順もこの場で定められた。片方には、大名とその長男、森という名前の家老、サラミス号のサッティー中佐、王立工兵部隊のクロスマン少佐、そしてスティーブンソン海軍大尉（艦隊の副官）が座り、反対側にはサー・ハリー・パークス、サー・ハリー・ケッペル提督、ヒューウェット大佐、ミットフォード、そして提督の秘書のリスク氏が座ることになった。私はテーブルの先端、サー・ハリーと大名のあいだに座ることになった。サー・ハリー・パークス、提督、そして私には、個別に贈り物を与え、他の随員にはまとめて贈り物を与えるので各々で好きなように分け合ってほしいとも告げられた。このような面倒な話が終わった後、かなり遅い時間に、ようやく床に就くことができた。

翌朝早い時間に起きて、砂州を渡ってサー・ハリーに会いに行くことはできないかと思い河口のほうへと向かったのだが、やはり海から波が絶え間なく入ってくるので不可能と理解した。この無駄な努力にかなりの時間を浪費した後、私は町に戻って九頭の馬を手配し、それらを引き連れて軍艦が碇泊していた根井へと陸路で向かった。道路はおおむねよく整備されていたが、場所によっては狭い箇所があり、また丘のあいだを縫うように曲がりくねっていた。小型馬は小さかったが足腰が強く、蹄鉄をつけていなくてもつまずいたりはしなかった。もっとも、気が強くて命令を聞いてくれなかったことには閉口させられたが。

根井で小舟を見つけて軍艦へと向かった。サー・ハリーと部下たちはみな、天候が悪かったにもかかわらず陸路で徳島まで行きたがっていた。強い雨風の中、我々は四時に出発し、二時間ほどで町に到着した。小川は、私が昼間に通過したときには水かさが少なかったのだが、戻るときには小さな馬の胴まわりに至るほどになっていた。我々はとにかくずぶぬれだった。寺院で着替えても、城に向かう途中でまた濡れてしまうかもしれなかった。そのため、そのままで城へと向かい、城の更衣室で着替えることを許可してもらった。ミットフォードとアストンは、服を乾かしはじめた。私はパジャマに着替えたので、その服装で馬に乗ることはできなかった。そのため、乗り物を三つ手配しようとしたのだが、これに思った以上に時間がかかってしまった。サー・ハリーが我慢の限界に達してしまい、いまいましい日本の大名に会うためになぜこれほどまで待たされなければならないのかと吐き捨てた。沼田（私のかつての教師）と他の阿波の人々は、サー・ハリーが怒り狂う中で感情を殺して無関心をよそおい続けた。ミットフォードは馬に乗って行くと自発的に名乗り出て、すぐに出発した。アストンは準備が遅れたので、罰としてサー・ハリーに同行することを禁止されたのだが、彼は心からこれを喜んだ。ようやく私の乗り物が到着すると、それに乗り込んだ。担ぎ手たちがとても速く走ったので、先に出発した人たちに追いついてともに城に入ることができた。もう九時か十時くらいだったので周囲はとても暗く、門を入りながら見上げた外郭が巨大な石積みの城壁であるように思えた。実際には、それほど圧倒的なものではなかったのだが、暗闇の中ではそう見えたのだ。事前に官吏たちと取り決めた場所よりも外側で下馬することを余儀なくされたが、幸運なことに我々が事前の取り決めと違うことをしていると気づいた者はいなかった。我々は入城し、着替えのための部屋へと案内された。一同がそれぞれまったく違う服を着ている様子は滑稽であり、正装や夜会服を着ている者は一人としていなかった。私も、シャツ、白いコート、そして白いズボンしか持ってくることができず、ウェイストコートもカマーバンドもなかった。根井から向かってくる際にみな足が濡れてしまったので、その場で靴を履いていたのはサー・ハリーだけだった。

ようやく準備が整った後、我々は広い廊下を通って宴の間へと案内され、そこで領主に迎え入れられた。平服でいいと事前に取り決めていたので、幅広のズボン、ガウンと絹のマントを着ていた。公的な地位の高い順番に自己紹介をした後、領主は奥にあった各々の席へと案内した。上座には楕円形のテーブルがあった。恐らく先月、ミットフォードと私のみが訪問すると思っていたときに作らせたのであろう。その他の場所には、四角いテーブルが置かれていた。領主とその息子は、装飾を丁寧に施された古風な椅子に座っており、その他の者には三本脚の上にいびつな円形の座面が載っているだけの椅子があてがわれ、座るとぐらぐらした。我々は、部屋の奥（床間（トコノマ））に背を向ける位置に座った。日本人が客人をこの場所に通すということは、敬意を払っていることを意味していた。その後、贈り物として準備された、二フィートほどの高さの壮大なブロンズ像が部屋の中央で開示された。

サー・ハリーと提督は、領主に拳銃を二挺贈り、これはたいそう喜ばせたようだった。そのお返しとして金襴や縮緬などを一反ずつ贈るということを家臣の一人が宣言した。このころにはサー・ハリーの機嫌も回復していたので、領主に対して食ってかかったりすることはなく、「双方の国をつなぐ親睦」やよくある外交的な話などではなく、とりとめのない話をして過ごした。領主は、阿波守（アワノカミ）という公的な肩書を有しており、年齢は四十七歳ほど、中背で、顔立ちは端正ながらかすかにあばたの痕が確認できた。衝動的で横柄ではあったが、極めて冗談が好きな人物であった。彼の息子である淡路守（アワジノカミ）[8]は、二十二歳ほどで、父親より少し背が高く、穏やかでふくよかな顔つきで、柔和で控えめな人物であった。父親に対して極めてへりくだった態度をとっていた。

このときは、通常の日本の夕食とは逆で、まず米、スープ、そして焼き魚がテーブルに出された。そしてそれらが下げられた後に酒席へと移行し、まずサー・ハリーに赤い漆塗りのコップが渡された。私はサー・ハリーに、器をすすぐためのボウルを頼むようささやき、彼はそうした後にそれを領主へと戻した。領主は続けてコップを提督とヒューウェット大佐にまわし、その後スティーブンソンの下にまで届けられ、彼の手で領主に戻された。目の前に広げられたさまざまなごちそうに我々の箸も進み、酒もたくさん飲んだ。しばらくした後、劇が行われ、よく見えるように椅子を部屋の反対側へと移し、皿やコップの載ったテーブルは我々の前に移動された。役者はみな領主の家臣で、礼服用の長いズボンをはいていたが、役に合わせた服装はしていなかった。第一部には、主君、臣下、そして客人の三人の登場人物がいた。主君は家臣に対して、自分の言ったとおりに行動するよう命令し、家臣はそれに忠実に従い、主君が客人を迎えた際にとった態度をそのまま真似た。主君は家臣に対して激怒し、叱責すると、家臣は客人に同じ態度を取る。主君の我慢が限界に達し、家臣を部屋から追い出すまでこの愉快なやり取りが続けられる、という寸劇であった。

第二部は、「三人の障碍者たち」[9]というよく知られた演目だった。それは、裕福で慈悲深い人物が障碍者を雇うことに決め、博打におぼれた結果、物乞いになってしまった三人の人物が、それぞれ足が不自由な者、目が見えない者、口がきけない者に身を扮してお恵みを頂戴しようとすることから始まる。彼らは採用され、三軒の倉庫番に任命された後、彼らを雇った人物はその場を離れる。三人は顔見知りだったので、酒がいっぱいに入っていた倉庫を開けてそれを飲み干し、その後で他の二つの倉庫に入っている品物を盗んでしまおうとした。だが、彼らはあまりに酔っぱらってしまったので、雇用主が戻ってきたときに自分たちがどのような障碍を持っていることになっていたか忘れてしまう。目が見えないはずの男は口がきけないふりをし、足が不自由なはずの男は目が見えないふりを、そして口がきけないはずの男は耳が聞こえないふりをする。彼らの詐欺が明るみになり、当然のごとく罰を受けるのであった。

劇が終わると、我々は小机を集め、くだけた様子で互いにコップを回しながら酒を飲み交わした。阿波守は、提督を自分の父と仰ぎ、サー・ハリーを兄と仰ぐと宣言し、淡路守も同じように親愛の情を表明した。翌日、一緒に兵士の演習の視察を行うことを約束すると、深夜ごろに雨風が弱まってきたのを見て、我々は城を去り、午前一時に宿舎に戻った。このとき私は、我々の侍従も一人の例外もなくみな贈り物を受け取っていたことを知った。我々を接待してくれたのは、真の貴人だったのである。言い忘れていたが、我々が城に向けて出発する前にはサー・ハリーを歓迎するという内容の手紙も届けられており、また三フィートの長さの箱も一緒に運び込まれ、それぞれ箱いっぱいの卵、麺、そしてかごに載せられた魚が入っていた。彼らが予想していたよりも我々一行の人数が多かったこともあって、接待には非常に骨を折ったはずである。彼らはベッドやテーブルを準備し、洗面所もこしらえなければならなかった。

翌日の天気は、少なくとも前日嵐だったことを踏まえた我々の予想よりは、ずいぶんよかった。朝食をとった後、我々は城の敷地を通り、その片側を流れる大きな川を渡って、演習が行われる場所へと向かった。演習場としては大変いい場所だったが、少し小さかった。領主は、これを大きくするには仏寺をいくつか倒さなければならず、そんなことをしてしまえば民衆の篤い信仰心が傷ついてしまうと説明した。五百人ほどの男たちが、大きさがまちまちな五つの部隊に分けられて演習を行った。彼らの制服はヨーロッパのものを模しており、側面に赤い線の入った黒いズボンをはき、黒いコートをまとっていた。運のいい兵士はブーツを履くことができたが、他の者は藁のサンダルを履いていた。頭には赤い横線の入った、円錐型かお皿の形をした紙張り子の帽子を被っていた。彼らの演習は、イギリス歩兵隊が行うものとほとんど同じだったが、唯一違ったのは火器を発射する際に叫び声をあげることであった。演習は非常に首尾よく行われ、この手の演習に詳しい者であれば誰もがそのように評価したであろう。我々はこの演習を高台から見学した。我々の前にはテーブルが置かれ、その上には食べ物や飲み物があった。もちろん酒もふるまわれ、領主は間違いなく顔を真っ赤にしたヒューウェットを我々の中でいちばんのアルコール好きだと認識したであろう。この朝我々は、いくら飲んでも後を引かない酒というものは、極めて優れたリキュールであることを認識した。前夜も、心身ともに不覚になるようなことはまったくなく宿舎に戻ることができた。

正午ごろ、我々は演習場を去った。サー・ハリーは若い領主の息子に指輪を与え、提督も阿波守の指に指輪をはめたので、彼らを喜ばせた。演習場からの帰路、我々は見晴らしのいい丘にある寺に案内され、そこで午餐をいただいた。そこでふるまわれたシャンパンは、この機会のために横浜から取り寄せられた出来の悪いものだった。領主は、自分は譲位してイングランドを訪問したいと考えていると私に耳打ちした。サー・ハリーに対しては、兵庫の開港に対して好意的なことをずっと述べていた。提督は、イングランドの軍艦がどのようなものかを見せたいので、次の冬にオーシャン号とロドニー号を率いて根井に来ると言った。宿舎に戻った後にも、昼食として軍艦から持ってきた食料をかなりの量食べたのだが、我々を招いてくれた人々は、最後に別れの盃を交わし、領主からの別れの挨拶を述べるため五分だけ時間をいただきたいと懇願してきた。それが終わって我々はようやく徳島を出発することを許され、ある者は馬に乗り、またある者は輿に乗って行き、三時間後に無事に軍艦に乗り込むことができたのである。サー・ハリーがバジリスク号に乗船するまで、阿波の高官四人が彼に付き添い、ヒューウェットは彼らに質が素晴らしくいいシャンパンを渡し、彼らは惜別の言葉を告げた。提督、ミットフォード、アストン、そしてクロスマンはサラミス号に乗船してただちに横浜へと向かって出港し、その他の者は翌日バジリスク号に乗って土佐に向かう予定だったため、その場に残った。

第二十二章　土佐と長崎

九月三日の早朝、我々は土佐の須崎（スサキ）という小さな港町の外湾に錨を降ろした。内側には大君の軍艦イーグル号（回天丸（カイテンマル））と、土佐の領主が所有していたもう少し小さい軍艦が碇泊していた。敵対的な応対を受ける可能性も十分あったので、我々の軍艦は臨戦態勢を取った。まもなく、高畠五郎と米田桂次郎が我々の船へとやってきて、上役の平山は現在高知にいると告げた。土佐の筆頭大臣である後藤象二郎も訪ねてこようとしたが、我々は船を港に入れた後にしてほしいと告げた。その後、二人の委員（戸川という名前の者と大目付（オーメツケ））がやってきて、土佐の男たちが下手人であることを示す証拠は何ら見つからなかったと報告した。下手人が長崎から逃亡する際に乗船したと疑われている南海（ナンカイ）号という小型スクーナーは、ここから外湾の方向にある浦戸に碇泊しているとのことだった。

その後、後藤が現地の官吏二人とともにやってきた。彼らは、たとえ犯人が土佐の男たちではなかったとしても、犯人を探し出すために全力を尽くすと言った。サー・ハリーは、犯人は土佐の男たちであると信じて疑っていなかったので、威嚇的な態度をとったが、同時に、土佐と友好的な関係を築きたいとも述べるなど、ずいぶんと不思議な接し方をしていた。いずれにせよ、公的な交渉は大君の政府と行わなければならなかった。彼らが去った後、平山がやってきた。長く荒々しい対談が行われ、サー・ハリーはもちろん強い語句を用いて、貴君はまるで使い走りのようでまったく役に立たないと告げた。彼は哀れな様子で、土佐の人々は嫌疑をかけられたことで非常に強い敵意を向けてきており、そのため自分はここに到着してから苦難続きなのだと言った。

その後、サー・ハリーは私に後藤に会うために浜へと向かうよう指示し、すべての状況証拠は彼の氏族の者が犯行を行ったことを示していると告げるよう命じた。サー・ハリーは朝に述べたことを再度強調し、また、私の筆記役を務めていた小野と野口は政府のスパイであると確信しているとも述べた。翌朝、私はまた後藤に会いに行ったのだが、そこで後藤はまた抗議すると同時に、サー・ハリーの乱暴な言葉遣いや態度に対しても非難し、いつか大きな問題に発展しかねないと述べた。私も、目に余るような言葉遣いを常時使用する上司の仲介者を務めることにうんざりしていたので、もし本当にそう思っているのであれば彼に直接諫言するべきだと告げた。とてもではないがそんなことをサー・ハリーに言うことは私にはできなかった。平山とも面会し、浦戸から連れてこられる南海号の船員の取り調べに立ち会わせてもらえることになった。三時に小さい汽船が二隻到着したが、大君の官吏たちがバジリスク号までやってきて準備がすべて整ったと告げたときには、すでに七時になってしまった。もう夕食も始まっていたので、取り調べは翌日まで延期された。

九月五日、私が立ち会う中で取り調べが始まった。スクーナーが出港したわずか一時間半後の朝四時半に南海号が出発したと信じこんでおり、ゆえに土佐の男たちを疑っていたサー・ハリーに対し、日本人は、八月六日の夜十時まで南海号は出発していないことを示す証拠があるとしてそれを提示した（彼にとって残念なことに、一八六八年にこの事件の犯人は筑前の者であったということが判明した）。サー・ハリーにこのことを伝えると、予想どおり彼はかなり不満気になった。その後、後藤はサー・ハリーに会うために乗船し、イングランドと土佐の間の友好関係を築き上げるという外交の場における定型的なやり取りが交わされた。

サー・ハリーは、可能であれば私を正式な使者として土佐の前代の大名の下へと巡遣したいと述べた。これに対して後藤は、もし日本とイギリスが友好的な関係にあるのであれば、サー・ハリーが直接前大名と対談することもできると返答した。だが、友好関係にないのであれば、使者を介した非公式な打診をしても失敗するだろうとも言った。サー・ハリーが回りくどいやり方で私を老公への使者にしようとするのではなく、案件を私に一任してくれていれば、すぐにでも高知に入ることができていたであろうと私は確信している。

このころには、私は日本の人々と良好な関係を築き上げることができており、日本のどこにでもまったく安全に向かうことができた。この後、平山と彼の同僚たちがやってきた。この案件に関する証拠の信憑性が議論され、サー・ハリーは長崎において取り調べを行う必要があるので、平山もそこに行ってほしいと要請した。これに対して平山は、彼の同僚の二人ならば行くことができるが、自分はできないと強く抗議したものの、最終的には要請に応じることを余儀なくされた。哀れな老人は、もはや我慢の限界だった。彼はかなり無作法なことに、この殺人事件はイングランドのみの問題だが、自分は江戸で諸外国すべてに関係する案件に対応しなければならないのだと言った。このような失礼な口の利き方を日本人にされたにもかかわらず、サー・ハリーが激情的にならず静かに反論したことに、私はかなり驚かされた。だが、もっと興味深い出来事がこの後起こったのである。

夕食の後、後藤が政治について話をするために船に乗り込んできた。彼は、議会を設立してイングランドのものを基にしたコンスティテューション[2]を作るという案について言及し、同じような考えは西郷も抱いていると言った。これについては、我々も大坂ですでに聞いていた。その後、彼は大君の政府に対する罵詈雑言を吐き、特に大坂や兵庫において貿易を寡占するギルドを作ろうとしていることについては強い怒りをあらわにした。我々は、大君の政府から、ギルドの創設を止めるという言質をとったと告げた。彼は、それはまやかしにすぎないと述べたので、正直に言うと私もそのとおりだと思っていると告げた。サー・ハリーはずいぶんと彼を気に入り、自分が会った中でいちばん聡明な日本人であると言い、私にとっても西郷に次いで最も印象に残った人物であった。彼らは永遠の友情を誓い、後藤は一ヵ月に一回は必ず文を送り、イカルス号事件について情報を得たらすべて報告すると約束した。最後に彼はサー・ハリーに対し、彼の乱暴な言動に対してはっきりと、そして時間をかけて抗議し、他の者であればこのような扱いを受けておとなしく聞いていなかったかもしれないとほのめかした。彼の言葉を英語に通訳することは私にとっては快い作業ではなく、ヒユーウェットの面前で叱責されることは彼にとって特にしゃくに障ることだったので、サー・ハリーも最初は日本人の講釈を嫌がっていた。だが、彼は感情を抑えることができたので、誰も傷つくことはなかった。

哀れな平山老人は、何度もサー・ハリーと困難な交渉を続けなければならなかったので体調を崩しはじめていたが、それでも捜査のために長崎に向かうという約束を反故にすることはなかった。私はサー・ハリーによって書かれた書面での長い命令文を受け取り、それには、我々が古狐と呼んでいた人物を追って長崎に向かい、大君の官吏たちと土佐の人々の両方に働きかけて捜査がしっかりと行われるよう見届けよと記されていた。サー・ハリー自身はバジリスク号に乗って江戸に戻らなければならなかったので、私は土佐の汽船に乗ることになり、嫌疑をかけられていた南海号の船員たちや捜査を任された官吏たちとともに長崎へと向かった。私には領事と同等の権限が与えられたが、長崎の領事の判断には常に従うように命じられた。サー・ハリーは九月六日に出航し、私は忠実な筆記役の野口とともに土佐の汽船へと乗り込んだ。

翌日は船上で過ごし、そのあいだ大君の軍艦イーグル号が平山を乗せて出発したところを見届けた。夜中に後藤からの使者に起こされ、高知で前大名に謁見するよう招待された。彼らは曳船（ひきぶね）を準備してくれたので、私は米とお茶をかきこんだ後乗り込み、四時に出発した。船にあった棚の上で眠り、夜明けとともに目を覚ますと、船はもう須崎からだいぶ離れていた。浦戸に投錨したときには、もう九時半になっていた。遠くから眺めた崖と、松の木が立ち並ぶ海岸は、コロンボの港が作られる前に東方への郵便船が中継地として寄港していた、セイロンのゴール岬を強く想起させた。

高知湾は、実質的には河口と言っても過言ではないほど入口が狭く、また入港する際に障害となる岩礁も多かった。我々の船は、砂浜に乗り上げるのではないかと思うほど海岸に近づいた後、川のある左方向へと突然進路を変え、水深十五フィートほどの小さな入江の内側で投錨した。河口に入ると川は一気に広がるのだが、水深一フィート以下ととても浅いので、かなり小さい舟でないと入れなかった。私も小舟に乗り換えたが、進行は極めて遅かった。途中、池のように広くなっている流域を二、三ヵ所ほど越えて、ようやく高知の城を視界にとらえることができた。四階建ての城の頂点にそびえるドンジョンは、遠くからでも目についた。船着き場が設けられた運河を左へ進み、町の郊外にある大きな新しい建物の下で接岸した。

この建物で後藤が私を迎え、前大名はすぐにやってくると告げた。到着を待つあいだ、私は服を着替え、後藤の同僚たちに紹介された。そして、満を持して前大名の容堂の到着が宣言され、私は彼が待つ上階へと通された。彼は私を部屋の入口で出迎え、指先でつま先を触れるくらい深くお辞儀をした。私も同じぐらい仰々しく礼を返した。そうした後、我々は席に着いた。彼は、部屋のくぼみを背に、立派な日本製の肘かけ椅子に座り、私は彼に対面できる位置から少し右側に、座面が木の茎で作られたこの国においてよくある形の椅子に座った。後藤と彼の同僚は皆、この部屋と隣の部屋を分ける仕切りの上にひざまずいていた。

前大名は、私の名前を聞いたことがあると言って会話を切り出した。私は、このたび光栄にも謁見する機会を与えてくれたことに感謝すると返答した。その後彼は、後藤がこれまで言っていたことをあらためて保証し、もし犯人が土佐の者であれば逮捕して処罰し、もし犯人が別の氏族の者であったとしても追跡の手を緩めることはしないと述べた。前大名は大君から、土佐の者が今回の犯行を行ったという確固たる証拠があるので、彼らを罰するよう忠告する手紙を受け取ったと述べた。もちろん、犯人が土佐の者であればすすんでそうするが、大君が言う「証拠」とは何なのか、見当がつかないとも言っていた。私は、サー・ハリーがそう言ったからという理由だけで土佐の者が犯人であると確信しているとは思えないので、恐らくまだ公開していない証拠があるのだと思うと答えた。だが、ひょっとしたら彼らは不愉快な話し合いをすることを避けるべく、我々の嫌疑の目を土佐に向けようとしているのかもしれない、とも付け加えた。これを聞いたときに後藤があらわにした怒りはすさまじく、政府に対してもそれをわからせてやると宣言した。老公容堂は、イングランドはこの事件に対して大変立腹しているので、この一件を穏便に落着させるため妥協すべきだと忠告する手紙も受け取ったが、自分はそのようなことは決してしないと告げた。彼の臣下が罪を犯したのであれば彼らを処罰するより他にできることはないが、無実であれば毅然と無実を宣言するつもりだと言った。

　松根図書（ズショ）（宇和島の最有力人物）は、サー・ハリーが大君の政府から、土佐の犯行で間違いないと言われたことを伊予守（イヨノカミ）に告げた。[3]私は、大君の大臣たちの態度から推測して、彼らは嫌疑を裏づけるための証拠を持っているとしか考えられないと再度伝えた。容堂は、我々にかかっている嫌疑として平山から伝えられたのは、汽船南海号がスクーナー船横笛号から犯人たちを引き受けたということだったが、このことに関しては何の証拠も挙がらなかった、と述べた。私は、現段階ではこれ以上のことは何も言えないが、これで犯人が違う氏族の者であったと判明したら我々はかなり恥ずかしい思いをすることになるだろうと述べ、今のところ自分たちが土佐の者に対して抱いている嫌疑が間違いだとは思えないと告げた。

この件に関しては後藤と私のあいだで口論になり、彼からそのように疑う理由は何なのかと問い質された。最終的には彼も、これまでの経験を考えれば我々が日本人すべてに対して疑念を抱くことは当然だと理解してくれたが、それでも今回は話が別だと言い張った。

この後、容堂と後藤はルクセンブルク事件[4]やイギリスのコンスティテューション、そして議会の権限と選挙制度について質問した。彼らの頭の中に、イギリス的なコンスティテューションを作ろうという構想があったことは明白だった。その後、ミットフォードか私のどちらに対してだったかは忘れたが、我々のうち一人に帝の顧問官として議会設立の準備の手伝いをしてほしいとまで言われたのである。

これが終わると、魚の載った大きな皿がテーブルに並べられ、大名の居城における正装であった派手な服をまとった女中たちが酒(サケ)を注いでくれた。我々が呑みながら対談しているあいだ、我々が喜ぶかと思い、彼らは男と女、それぞれ一体ずつの等身大の解剖模型を運びこみ、それを分解していったのだ！　その後、隣の部屋で米がふるまわれたが、容堂は気分がすぐれないと言ってこれに加わらなかった。実は彼は大のアルコール好きだったため、酒のボトルを片手に一人その部屋に残ったのであった。私はかつて、彼が漢字で「酔った老人（酔翁）」と記した巻物を持っていた。

辞去する前に、もう一回彼と数分だけ話をし、白い縮緬を七反もらった。当時の状況を考えてこれは謝絶するべきだったのだが、後藤からこれらは接待のうちの一つなので、受け取らないことはぶしつけを通り越して極めて無礼であると告げられた。そのため、サー・ハリーの許可が得られなければ返すという条件でそれらを受け取り、そして最初に行った礼のやり取りを再度行ってからその場を離れた。

容堂は長身で、かすかにあばたの痕があり、歯が悪く、急いでしゃべる癖があった。恐らく酒の飲みすぎが原因だろうが、かなり体調が悪そうに見えた。彼の話を聞くかぎりでは、偏見にとらわれずに物事を見極めることができる人物に見え、また決して保守的には見えなかった。だがそれでも、薩摩や長州と同じくらい抜本的な改革を望んでいるかは疑わしかった。

町の中を散策することは安全ではないと言われ、推奨されなかったので、それをおして観光をすることはなかった。屋形船で浦戸から帰還した際、一五九六年にスペインのガレオン船が難破して以来この地にはじめてやってきたヨーロッパ人を一目見ようと、好奇心にかられた多くの人々が小舟に乗って我々についてきた。その中には、その好奇心を満たすために我々につかみかかってきた者もいた。秩序などまったくなく、このような状況下で高知を歩けば大混乱が生じるということは容易に想像できた。

翌日、須崎に連れて行かれ、長崎行きの汽船スーイリン号に乗せてくれた。この二日前から、私は右手の指の一本にひょうそができており、それに煩わされて自分のまわりで起こっていることに気がまわらなかった。まずい食事、汚い船室、ひどい暑さ、そして船内が乗客であふれ返っていたことが、憔悴して何もできなくなっていた私を余計に苦しめた。スーイリン号のボイラーは古く、一時間に二ノットのスピードで航行していた。幸運なことに天候が穏やかだったが、もしそうでなければ間違いなくこの船は沈んでいただろう。下関を通過するとき、私は旧友たちに会うために岸に降り、そこで井上聞多を発見したのだが、彼はまったく何も話してくれなかった。周辺に大砲や軍艦といった、長州がまだ大君の政府と戦争状態にあることを示すものは何もなく、平和と繁栄が広がっているようにしか見えなかった。土佐の官吏たちも、さまざまな名目の下で、全員が上陸するまで一人また一人と船を降りてきて、この日は終日を碇泊地で過ごした。夜になるにつれて我々は再度ゆっくりと航海を再開し、九月十二日の夕暮れ時に長崎に到着した。

ここで私は、領事のマーカス・フラワーズに会った。夜、夕食を一緒にとっているとき、一八六四年からの旧知の仲であった伊藤俊輔が高名な木戸準一郎——またの名を桂小五郎——を連れてきてくれたので、はじめて彼と会うことができた。桂は温和な印象を抱かせる人物だったが、その裏では軍務の面でも政務の面でも極めて強い勇気と意思を兼ね備えていた。夕食の後、政治に関して少し話をしたが、いささか私に信用がおけないという様子を長州の人々は見せた。ともかく彼らは、領主は今まで一度たりとも大君の政府を転覆させようと考えたことはなく、誤解されやすいが、無実で無害な人なのだと強調する必要があると思ったようだった。だが、我々はすでに、西部の大名たちが一致団結して将軍の政府の廃止を最大の目的として行動を起こしていることを示す、疑いようのない証拠を手にしていた。

翌日、フラワーズと私は税関局で平山と面会した。当地の長官二人もその場にいた。彼らはサー・ハリーの厳しい嫌疑の対象となっていたが、それを特に気に留めているような素振りはなかった。土佐の汽船南海号はすでに出発した後で、実はサー・ハリーがバジリスク号に乗って出発した直後に出航したのだった。イカルス号の水兵二人が殺害された八月十九日、南海号は鹿児島へ向けて出港しようとしていた際に呼び止められ、その夜から二十日の昼まで臨検されたが、事件に関与した証拠を得ることはできなかった。船員は土佐の代理人（聞役（キキヤク））であった岩崎弥太郎の監督下に置かれ、岩崎は長崎の官吏が召喚するときにはいつでも出頭させるようにと命じられた。だが、土佐の人々が言ったところによると、南海はその日の夜のうちに岩崎の指示を無視して出港してしまった。真犯人が誰なのかはわからないままであり、長崎の長官が力を入れて捜査しているようには見えなかった。

十四日は、町の背後に流れる川に面した場所にあった、タマガワという茶屋で伊藤と桂とともに過ごした。日本国内外の政治について話し続け、少なくとも我々が生きているあいだは、ヨーロッパ人と日本人が交わり合うことはできないであろうという結論にたどり着いた。宿舎に戻るとき、私は彦蔵（高名なジョセフ・ヒコ）の下に立ち寄った。彼は、薩摩、土佐、芸州、備前、そして阿波によって署名され、慶喜(ケイキ)将軍に対して政府の再構築を促すため辞任するよう要求した書簡について教えてくれた。

　十五日の日曜日、私は平山と昼食をとった。彼によると、土佐の目付(メツケ)（法務長官に相当するが、法律の訓練は受けていない）であった佐々木三四郎が、犯人を見つけ出すための捜査に協力するように、という土佐の領主による命令を伝達してきたようだが、土佐の結社で現地の船乗りの連盟のようなものであった海援隊(カイエンタイ)がこれを拒否したとのことだった。後にわかったとおり、土佐の男たちは無実だったのだから、これは当然のことだった。

　十六日は、土佐の帆船横笛号の男たちの尋問を行うため、税関所で過ごした。これまでの捜査の結果、南海号が八月六日の夜まで長崎を出港していないことが明らかになっていた。イギリスの水兵が深夜に殺害された現場の向かいの娯楽場において、二人の海援隊の人物たちが目撃されたという証言があり、そのうち一人が横笛号の船長だとのことだった。疑わしい発言だったが、それでも私は日本人の官吏たちに対して、もし貴君らがこの証言を疑っていないのであれば、私も同様であると告げた。土佐の人々は横笛号を長崎に戻す気はなく、政府の官吏たちもそれを強要する様子はなかった。殺人犯の逮捕の責任は、政府にすべて負わせるべきだと考えていたので、私もそれを強いることはせず、またこの件に関しては私とともに尋問の場にいたフラワーズの判断にまかせた。

　十八日の夜、平山と面会し、殺人事件が起こった夜に横笛号の若い船長とともに件の娯楽場にいたとされる、険しい顔つきをした若者に対する嫌疑について伝えた。さらに、この人物の足取りを探るために部下を派遣するべきだと勧め、また南海号に乗って唐津（肥前の北、筑前との境界の近くにある）に上陸したとされる四人の人物も探り当てるべきだとも主張した。娯楽場の主人に対しても捜査を行い、書類はすべて写しを取り、特に二人の土佐の男に関連する物がないか綿密に調べたほうがいいとも告げた。彼の地にいるのは、人殺しなど何とも思わない者ばかりであるという悪評が広く流布していたので、そのような先入観もあって彼らに対して強い疑いを抱いていた。

十九日の昼に長崎の長官から返信が届き、二人の土佐の男に対しては捜査を行ったほうがよさそうなので、少なくともそのうち一人は必ず長崎に連行するということが記されていた。翌日は、この書簡の翻訳に一日を費やした。その後、二十一日に私は薩摩の家老であった新納刑部に面会し、この殺人事件について薩摩の者たちに対しても調査してほしいと要請した。彼は、すでに捜査を行い、その報告書の写しがあるので受け取ってほしいと答えた。特に疑わしいことはなかったと言ったので、私は写しを受け取ることを丁重に謝絶した。そして、諸氏族が下手人を探り当てて我々の前に連れ出せないのであれば、二本差しの男たちが夜中に外国人居留地に入ることを拒絶せざるを得なくなるかもしれないと私はほのめかした。この事件に薩摩が関与しているか否かを判断し得る証拠を政府がつかんでいた場合、このように揺さぶることで情報を教えてくれるかもしれないと考えたからで、これはフラワーズと私に対するサー・ハリーの助言に基づいた行動だった。新納は、まったくいい顔をしなかった。

この後、私が土佐に行ったときに同行してくれた佐々木三四郎の下へと向かった。彼は、長崎の長官が横笛号の船長ともう一人の男を捕まえるために汽船を借用したと言った。佐々木は、自分が行っている捜査を平山が手ぬるいと考えているようだと述べ、そして平山が長崎にいるすべての捜査官に金を与え、殺人犯を捕まえた者には銀四千枚（四百五十ポンドに相当）のほうびを与えると宣言したことに不満そうだった。

この後、私は平山に対して、長崎にいる各氏族の代理人たちも、自分たちの氏族に所属する男たちに対して、土佐の代理人たちと同じくらいの厳しさで取り調べを行うよう命じるべきだと主張した。我々はすでに十日も長崎にいたが捜査が一向に進展を見せないので、他の氏族の男たちが関与している可能性もあると考えはじめていたのだ。すべての二本差しの男たちに殺人事件が起こった夜に何をしていたか報告させ、またすべての娯楽場は当日の客のリストを提示させるべきだと私は提案した。そうすれば、下手人を探り当てることも容易になるであろう、と。このやりとりの後、長崎の長官の一人が翌日私の下を訪ねてきた。我々は、二本差しの男たちは夜中には外国人居留地に入ることを禁止されるべきであると言い、長官は、喫緊の案件があるときには、同行人と一緒であれば入域できるということにしてほしいと返答した。この後、我々は再度、すべての氏族と、殺人現場の近くにあった娯楽場の調査を要請した。長官は、外国人居留地の周辺三地点に衛兵の屯所を作ると約束した。

二日後、同じ長官がやってきて、我々が提案した安全策を実行すると確約してくれた。その後、しばらく進展がなかったが、二十八日に二人の土佐の男たちが政府の船で高知から連れてこられたと聞いて、その尋問に立ち会うために税関所へと向かった。取り調べの結果、事件当日に横笛と南海に乗って長崎を離れた土佐の男たちにかけられた嫌疑を裏づける証拠は、得ることができなかったと長官たちは宣言した。これに対し我々は、この事件は深夜過ぎに、白い洋装の男たちによって起こされたという状況証拠があり、これは不確かな目撃証言によるものではないので、彼らに対しては強い疑念を抱いていると告げた。二人の男のうち一人は殺人事件が起こったときに現場の近くにおり、彼ら以外にそのような服装をしていた者は歓楽街にはいなかった。これらの情報をもとに、長官たちに対してこれらの二人の男たちの逮捕を要請する書簡を送ったが、政府の官吏たちが土佐の人々に対して拘束力を発揮することは不可能だというのは明白だったので、実行されることはないだろうと思った。

その後、捜査はほとんど進展しなかった。後に判明するように、土佐の人々は完全に無実だったのだから、それも当然だった。十月六日、副長官と友好的な雰囲気の中で対談をした。容堂公がこの件に関して厳密に捜査することを望んでいると表明したにもかかわらず、土佐の人々は犯人を探り当てることを邪魔しようとしているようだと私は言った。また、この事件を通じて政府は外国人の信頼を失ってしまったとも告げた。まず、このような事件が起こってしまったこと自体が、政府が治安を維持する能力がないということを示唆しており、また自らを政府と自認する組織が、今回の税関局での取り調べの最中に、大名たちの治外法権を認めざるを得なかった点もよくなかったと述べた。副長官は、この案件には自分は関与していないと答え、これに対して私は、だからこそ貴君にこの話をするのであると返した。二人の土佐の男たちを逮捕してほしいという我々の要請は、拒否された。

この数日後、一人の土佐の男が酔っ払ったイングランド人の男の頭部を斬りつけ、アメリカ人の腕にも軽傷を負わせたのだが、この人物はすぐさま自分の氏族の当局者に自首したので、彼らを通じてこの事件のことは明らかになった。だが、イカルス号の事件に関しては、土佐の者が犯人であると認めさせることができなかったので、これ以上私がここに残っても意味がないとフラワーズと合意し、江戸に戻った。私を横浜に帰投させるために提督が派遣してくれたイギリス軍艦コケット号は、十月十二日の深夜に出発した。

長崎に滞在しているあいだ、町の近くの浦上(ウラカミ)という村に現地人のローマ・カトリック系キリスト教徒がいることが判明し、連行されたという事件も人々の関心を集めていた。十月十二日に私を訪ねてきた薩摩の新納刑部は、浦上の人々だけでなく、その村の近くの、大村の大名の領地にある別の村の人々も改宗したようで、彼らは長崎の牢獄に拘留されていると告げた。キリスト教への改宗は、日本の法律では大罪であった。大村の官吏たちは、犯罪者の処罰に関してはこれまでずっと長崎の政府当局のやり方に追従しており、この案件に関しても同じようにしようとした。だがそんな折に、逮捕したものの数があまりにも多かったため、長崎の官吏たちはキリスト教の信仰を放棄する意思のある者を放免しようと考えているという風説が流れた。このことは、キリスト教の信仰は重罪であると信じていた大村の官吏たちを怒らせた。何よりも、犯罪者の数が多すぎるから放免するというのは、健全な政府が考えるようなことではなく、自己破壊的であると感じたため、九州の他の大名にも働きかけて江戸の政府に抗議しようとした。

当然のことながら、これは将軍の政府を、この件だけでなく他のさまざまな理由からも批判することを目的としていた。私は新納に対して、世界のいかなる国もキリスト教の信者によって危険にさらされたということはなく、またローマ・カトリックの信者がその信仰のみを理由に迫害されたと知れば、イングランドのようなプロテスタントの国であってもそれを快くは思わないだろうと告げた。だが、抗議の目的が単に将軍の政府をいらだたせることだけならば、我々はそのこと自体には反対しないだろうとも言った。日本の内政に関する全体的な印象として、新納は内戦が起こるであろうとは信じていないと言った。あるいは、そう思い込んでいるふりをしていたのかもしれない。もっとも、それが起こる可能性があることは理解していると言っていたが。その日、平山に別れを告げたのだが、彼は、「二度とキリスト教を信仰しない」と誓約した浦上のキリスト教徒は放免するつもりであると言った。実を言えば、信仰したい者にはそれを許可するつもりだとも言っていたが、もちろんそれはあまり表に出ないかたちで信仰することが条件であっただろう。彼は、大村の官吏たちもキリスト教徒たちを許すであろうと信じていると述べた。だがそれは、私が新納から聞いた話と正反対のことであった。

長崎での滞在は、南方の氏族の侍と知り合う機会を得ることができたという意味で、有意義だった。すでに述べたとおり、ここで私は木戸準一郎とはじめて会うことができた。

十四日は、一日のほとんどを木戸と伊藤とともに過ごした。数日後、木戸は、もし江戸に戻るために必要なのであれば、大坂まで自分たちの船を使用してもいいと言ってくれたが、そのときはまだ今後の見通しが不透明だったので、返答を差し控えた。その後、イギリス軍艦の一隻が横浜へと連れて行ってくれることになったので、彼の社交辞令を謝絶することができた。九月二十三日に、伊藤は私に別れを告げるためにやってきたのだが、彼は同じ氏族の若者を連れてきており、その者は自分を私の生徒として江戸まで連れて行ってほしいと頼んできた。この男は遠藤謹助（キンスケ）で、すでに述べた一八六三年に秘密裏にイングランドへと渡った五人の使節団に、伊藤とともに所属していた人物であった。彼は、ヤマモトジンスケという異名も用いていた。伊藤の変名は林宇一、井上聞多の変名は高田春太郎（ハルタロー）だった。伊藤は、一八六四年十月に私と横浜まで同行した私の友人山県圭蔵が、宍戸備前に召し抱えられたという耳寄りな情報をもたらしてくれた。彼の父親である山県太華（タイガ）は、「もはや大名たちは大公（将軍）の臣下ではない」という旨の意見文を書いた人物であった。一般的にこれは長井雅楽（ウタ）によって記されたと思われているが、本当は違うのである。伊藤は、高名な愛国者であり、山県や長井に反論する本をいくつか著した吉田寅二郎（トラジロー）の弟子であった。彼は、日本における中国哲学研究には二つの潮流があり、一つは程子（Ch'êng-tzu）で、もう一つは王陽明（Wang Yang-ming）であると説明し、前者は主に暴君に抵抗することの必要性を説き、後者は自己研鑽に重きをおくと述べた。山県は後者に属していたため、既存の政治体制を揺るがせるようなことに対しては強く反対していた（もっとも、日本で最も浸透していたのは朱子 Chu Hsi という哲学者による体系だったのだが）。

新納刑部とは四度対談した。彼と夕食をともにしたとき、彼は一八六七年にパリ万博に参加した薩摩の岩下佐次衛門[6]がフランスの男たちと交流し、モンブラン伯爵の影響下におかれたことを知らなかった。だがそのことを知るや否や、新納はすぐに岩下に書簡を送り、当地で交わされた約束はすべて無効化するよう指示したのだが、パリに届いたときにはすでに手遅れだった。私が述べたのは、もちろん我々は薩摩がフランス人を雇用することを阻害する権利はないが、フランスの日本の内政に対する考え方は我々とはかなり異なっており、また我々の考え方は薩摩と似通っていると考えていたので、今回のパリでの取り決めは薩摩の氏族が方針を改めた結果なのかと尋ねざるを得ないということであった。新納は、その心配はもっともだが、実際にはそのようなことはないと返答した。薩摩はイングランドに倣うべきであると大隅守（オースミノカミ）（薩摩の領主の父親で、公職から引退した後も氏族の実質的な指導者とみなされていた）が宣言したときから、この州に住む者はみな親英的であり、フランス人を雇用するという案に対しては反対意見が強いとのことだった。そのため新納は、彼らを帰国させなければならなくなるかもしれないとも言った。

数日後、ラッセル・ロバートソン（長崎領事館の補佐官）の家で、新納を夕食に招いた。このときのコックはフランス人だった。この場で政治の話は交わされなかったが、西郷が大隅守の密偵であり、また小松帯刀は薩摩の氏族の七人の執政（シュッセイ）（行政担当官）の一人であると教えてくれた。領主は二十九歳で、官職は修理大夫（シュリノタユー）であり、彼の弟の島津図書（ズショ）は二十八歳だった。兄弟姉妹を合わせると十人おり、それに加えて前領主であった薩摩守（サツマノカミ）には他に三人の娘がいた。[7] 新納と最後に話をしたのは十月十二日で、そのときに現地人のキリスト教徒について教えてくれたのだが、その内容についてはすでに述べたとおりである。

前年ロバートソンの家を訪ねたときは、久留米の氏族に所属する医者に会ったのだが、今回その医者が自分の息子を連れてきていて、氏族の他の仲間も紹介したいと述べた。彼は、十月八日にそのようにした。彼らの名前は、氏族の政府とつながりのある今井栄（イマエサカイ）、生まれてはじめて長崎を訪問していたナガタチューヘイ、そして田中久重（タナカコノエ）だった。[8] 田中は、もともとは京都の時計職人だったのだが、その後機械技師としての技術を習得し、いくつかの日本の汽船のためにエンジンとボイラーを作り上げた。ともにシャンパンのビンを一本空けた後、我々は日本風のレストランへと赴き、そこで現地風のささやかな宴を開き、政治について大いに語り合った。彼らが兵庫の開港に反対している最大の理由は、久留米で消費される茶のほとんどが兵庫の西にある諸州で生産されたものであるため、開港されてしまうとそれらが別の場所に輸出されてしまうことを恐れているからだと述べた。内政に関しては、大名たちの考え方に隔たりがあり、戦争もしくは動乱なくしてこれらが収められるとは考えられないと私は言った。内戦になればそれは二、三十年続くかもしれず、そうなれば国は疲弊し、諸外国が国内の勢力を支持することで日本から領土を獲得しようと試みるかもしれないと言った。だが、もし外国との戦いになり、京都が攻撃対象になれば、日本の諸勢力は立場の違いを乗り越えて団結するかもしれない。そうすれば、講和の際には帝と条約が結ばれ、国の体制の中における大君の立場が明白になるかもしれない、とも付け加えた。

ナガタはすでに酔っており、「京都を攻撃してはいけないが、幕府（バクフ）は滅ぼしてほしい」と声を上げた。幕府とは「軍事政権」という意味で、大君の敵対勢力が彼の政府のことを指すときに好んで使った言葉であった。このことからも、久留米の男たちがこの国で全般的に広まっている感情を共有していることは明白だった。この後、別のレストランへと移動し、盛大な宴がもよおされた。久留米の氏族の者たちが大勢入ってきて、部屋は少しずつ接客役や楽団によって埋め尽くされて行った。友人たちのほとんどは泥酔してしまったので、私は二時間ぐらいでその場を離れ、会もお開きになった。夕顔号という船の船長であった由比という土佐の男とも夕食をともにした。

その他、長崎で知り合った者の中には、肥後の領主の弟でフラワーズを訪ねてきた細川良之助[9]がいた。彼はふくよかで丸い顔立ちをしており、二十五歳ほどで、聡明だった。彼は、土佐の一件について私から情報を引き出そうとしたが、その試みは失敗に終わり、また彼が政治の話を切り出したときも、私は肥後は薩摩の一派に属していないと記憶していたので、口をつぐんだ。その後、彼は私を自分の汽船に招待し、そこで腰をすえて話そうと申し出たのだが、翌日指定された場所に行っても彼は来なかった。

だが、その翌日彼の家臣が二人やってきて、約束を破ってしまったことを謝罪した。彼自身もやってきて、彼らの氏族の艦隊による演習をどこかの海岸沿いで行うので、中国方面艦隊司令官のサー・ハリー・ケッペル提督に見てほしいと招待した。この氏族は甲鉄艦一隻に加えて戦闘用の汽船を二隻イングランドに注文しており、これをどのように操ればいいのか知りたがっていた。彼は、自分が木戸（桂の変名）と極めて友好的な仲であり、諸外国の中で最もイングランドが好きであるということを必死に伝えようとしていて、汽船だけでなく一万六千丁のさまざまな様式の小銃を我々から購入したのだということを述べた。私は、提督を熊本の城ではなくどこかの海岸に招くということは、決して家の中に入れるつもりがない大道芸人の一団を、自分の家の前に呼んで曲芸を行わせるようなものであると返答した。客人を家に招き入れられないのであれば、むしろそこまでの道中半ばまで来てもらうよう頼むほうがまだ礼儀正しいと言えるが、少なくとも提督を招きたいのであれば良之助自身が長崎に赴き彼を訪問しなければならないと告げた。彼は近々肥後と長州のあいだで同盟を結ぶため、肥後の家老（カロー）とともに下関に向かうつもりだと述べた。

遠藤は、十二日に訪ねてきたのだが、直接私の下にやってこずに、名刺を会津の家臣である野口に手渡した。野口は、それを読んだ瞬間に彼が誰だか理解した。野口と私はその夜、イギリスの軍艦に乗り、午後十一時に港を出発した。瀬戸内海を通ってどこにも寄港することなく、十六日の深夜に横浜に到着した。

第二十三章　幕府（ショーグネイト）の瓦解

江戸を離れる前、港を一望できる岬の上にある高屋敷（タカヤシキ）（高級邸宅のこと）を借用した。月々の家賃は一分銀百枚で、六ポンドと一三・四スターリングに相当した。この家はもともと、家督を長男に譲った日本人の紳士が土地を購入して、引退後の住居として自分の好みに合わせて造らせたものであった。想像を絶するほど奇抜な住居で、さまざまな大きさの小部屋がいくつも作られ、庭は草の生い茂る小さな丘の上にあり、植木や灌木が植えられていた。そこにあった花はカメリアとセントジョンズワート（ビヨウヤナギ）の草むらのみであった。夏の雨量の多い日本では、幹のない植物はすべてなぎ倒されてしまうので、草本で庭の仕切りを作るようなことは不可能なのである。

それは全部で三分の二エーカーほどであった。建物の上階には私の寝室と、日本人の客人がきたときに通すための部屋があり、階段が三つあったので深夜に暗殺者がやってきても逃げることができた。下の階には、ヨーロッパ人の客人がきたときに通すための部屋が一つ、客人に待ってもらうときに使用する部屋が二つ、使用人のための部屋が一つ、そして私の書斎が一つあった。書斎は九平方スクエアで、円形の窓から海を、四角形の窓からは庭を覗くことができた。小さな食器棚と、本や紙を収納するための棚がたくさんあった。事務作業を行うための机と小さなテーブルがあり、私と日本語の教師のための椅子が一つずつ、そして公使館付きの中国語の教師のための長椅子も一脚あった。大きな洗面室と台所もあり、そしてこの建物の近くには二階建ての建物があり、そこには使用人と、若い日本人が住んでおり、後者には英語を教えるつもりだった。私の食事は完全に日本風になっていたので、万清（マンセイ）という有名な店から仕入れていたが、ビールだけはイングランドのものを飲み続けた。

私の使用人（すでに述べた、会津の侍の野口のことである）は、家のことを一切取り仕切り、各種料金を支払い、必要であれば修理を手配し、そして私との直接の対談を必要としない客人への応対などを行った。そして、食事の際の給仕とその他の雑用を任された十四歳の少年がいた。彼は侍の階級に属していたので、外出するときは二本の剣を帯びることができた。さらに、三十歳くらいの女性がいて、床の掃除、朝夕の雨戸の開け閉め、そして私のシャツにボタンを縫いつける作業を担当した。ほとんど家具がなかったので、掃除の作業はまったく時間がかからなかった。人夫も一人おり、用事があるときに走ることなくゆっくりと使いに行き、また必要とあれば家にいた全員のために米を炊くなど、何でもやった。門番もおり、彼は庭の掃除も任され、必要に応じて馬丁や召使の役割も担った。私が外出するときには、歩いて出かけるときでも馬に乗って出かけるときでも、大君の政府が派遣した騎馬の衛兵が二人同行した。彼らは、この年のはじめに陸路で大坂から旅をしたときに同行してくれた者たちだった。

このように、自分好みの生活環境を整えたことで、私はまた日本研究に集中することができた。日本人と親しく生活することで彼らの考え方や物の見方を理解できるところもあるので、とても満足であった。私の日記には、十一月六日に私は新橋の近くにあるサンクテイでナカムラマタゾーと夕食をとり、もちろん酒をついで音楽をかなでてくれる芸者も呼ばれ、その中で楽しく会話をしたと記されている。七日には、外国語学校（開成所《カイセイジョ》）の教師であった柳河春三《シュンサン》と霊岸橋《レイガンバシ》の大黒屋でウナギのかば焼きと米を食べた。政治的な状況がかなり煮詰まっていたので、サー・ハリーのために公文書を日本語に、もしくは日本語から翻訳する仕事の量はかなり増えており、この仕事は朝の九時から夜の九時までかかることもあり、その間わずかな休憩と食事をとることくらいしかできなかった。

十一月十六日、夜もとっぷりふけたころ、外交担当委員の一人であった石川河内守《カワチノカミ》[*1]が、大君が政権を帝に返上し、自身は今後陛下の命令に従うことを宣言したという大事件についてサー・ハリーに知らせてくれた。我々は、別の情報源から大君が退位し、将軍の政府が廃止されるということを知っていた。すでに十四日の段階で小笠原壱岐守《イキノカミ》が、将来は有力大名による評議会によって政治的決定がなされるようになるであろうということと、今後は大君の決断が実行されるためには帝の承認が必要になるということが伝えられた。[*2]正式に慶喜《ケイキ》が退位したのは十一月八日だった。

＊この出来事について詳しく知りたいのであれば、私の友人J・H・ガビンズ氏が記した「日本の進歩、一八五三―一八七一年」という素晴らしい著書があるので、この本の第五章を参照されたい。

二日後、サー・ハリーと対談した際、壱岐守はなぜ大君が政権を帝の手に返す判断をしたのかという理由を説明した長い公文書を読み上げた。彼は、諸外国との交流が再開されたときまでさかのぼった。当然のことではあったが、このような事態になったのは政治的変化を起こそうとした者たちのせいである、という語調であった。慶喜は徳川氏の家長としての座を降りたわけではなく、単に将軍の政府を廃止しただけであるとのことだった。また、政治が一新されても、前年交わした新しい港を開港するという約束を反故にすることはないと述べた。政府の委員の二人、縫頭《ヌイノカミ》と兵部大輔《ヒョーブタユー》が京都に派遣された。[3]

勝安房守《アワノカミ》は、大君の一派が早まった行動を起こして内戦を引き起こさないかが不安であると言っていた。酒井飛騨守《ヒダノカミ》の家臣であったカネコタイスケは、大名たちは大坂に兵を集めているとも教えてくれた。薩摩はすでに五千人の男を集結させており、毛利長門《ナガト》[4]に率いられた長州と土佐の男たちもそこにいたので、我々が開港を見届けようと現地に向かうのであれば、蜂の巣の中に身を投じるような目にあうことを覚悟しなければならなかった。大君は、四、五千人の男を派遣するよう命令した。政府の委員たちは彼の長と松平伯耆守《ホーキノカミ》に、いずれ大君の男たちは帝の兵隊とみなされるであろうと述べた。また、前将軍の家茂《イエモチ》は慶喜によって毒殺されたのだとして彼に対する敵意をあおる秘密の文書が旗本《ハタモト》（徳川家長の家臣で、米一万石以下の領地を持っている者のこと）のあいだで流通し、この書簡を信じる者は江戸の郊外にある向島に集まるよう記されていた。撒兵《サンペイ》（精兵のこと）も、報酬をもとめて群がっていた。京都で内戦が勃発することは避けられない情勢になっていた。

古い政権の最後が、本当に訪れたように思われた。

一週間後、壱岐守は前回の文書を差し替えるためにもう一つの書簡を送ってきた。前回の書簡は、反大君派を必要以上に強く非難していると判断されたのである。大君が退位してから、状況は落ち着きを取り戻していた。カネコからは、以前報告した噂はまったく根拠のないものであると通達があった。

この前日の夜に、後藤休次郎とその同行者によって後藤象二郎の手紙が届けられた。後藤休次郎というのは、後に我々がよく知ることになる中井弘蔵[5]の別名だった。彼らは、大君に退位を勧め、さまざまな改革を断行することを提唱する土佐の上奏文の写しも渡してくれた。提唱された改革の主なものは、二つの院による議会の設立と、主要都市に科学と文学を教える学校を作ること、そして諸外国と新しい条約を交渉することであった。彼らは、議会に関する慣習について詳しく教えてほしいと言ったが、私はこのことに詳しくなかった。そのため、我々は大坂が開港されるときに当地に向かうので、そのときにミットフォードから知ることができるだろうと伝えると、彼らは去って行った。翌日は薩摩の吉井幸輔の使者がやってきて、すべてはつつがなく進んでいると言った。大坂に来るときには、訪ねてきてくれれば光栄であるとも述べた。西郷と小松は、大隅守（オースミノカミ）か修理大夫（シュリノタユー）を大坂まで連れてくるために、鹿児島に出向いていた。

このとき我々はすでに、江戸の薩摩の代理人たちと親しい間柄になっていた。日本は議会を通じて支配されるべきであると考えたから大君は政権を手放したのだ、という流説を、留守居（ルスイ）（大名の筆頭代理人の呼び名）の篠崎彦十郎（シノサキヒコジロー）は一笑に付した。大君は、そうせざるを得ない状況に追い込まれたからそうしただけにすぎないと篠崎は言った。その後、土佐と薩摩から文書が届いた。帝が最近下した外交に関連する勅書では、これら二つの氏族は「外国人について詳しい二、三の氏族」に含まれると記されていた。土佐と薩摩からの手紙を見るかぎり、彼らは我々からの支持を切望しているようだった。そして我々は、大坂へと出発する準備をはじめた。

十一月二十七日、私の若い生徒で、太鼓叩きのような格好をしていたテツとともに、横浜へと下った。ミットフォードと私は、三十日の日中にスワン大佐が艦長を務めるイギリス軍艦ラトラー号に乗って出発した。十二月二日、紀伊海峡を北上している際に北西方向からの強風に遭遇したため、船は速力二ノットしか進めなかった。当時のイギリス軍艦のボイラーは、その程度の出力しかなかったのである。午後に大坂の港の外に投錨したが、岸から小舟をよこしてくれなかったので、砂州を越えていくことは不可能に思えた。だが、〔翌日の〕正午ごろになんとか上陸することができ、城の反対側にある公邸にいた提督の下を訪ねた。この場でミットフォードは素晴らしい言語能力を携えていることを証明し、日本にまだ十二カ月も滞在していなかったにもかかわらず、私の手助けなく日本語で会話することができた。

我々の任務は、大坂において公使館一行が滞在できる場所を探すことであり、交渉の後、城の背後にある屋敷を見せてもらった。そこは、春には慶喜の筆頭大臣である伊賀守（イガノカミ）が使用した場所であった。我々は、建物の修復と、騎馬儀仗兵と我々を護衛する第九連隊の男たち五十人が滞在できる仮設の宿舎の建設を要請した。十八日までに準備できるように努めるとのことだった。平和で、かつ極めて商業的なこの町には、さまざまな大名の家臣であった二本差しの男たちがたくさんいた。西郷はまだ鹿児島から戻っておらず、吉井は京都にいたので、大坂まで下ってくることはできるだろうかと尋ねる書簡を彼に送ったのだが、忙しすぎてできない、西郷が戻ってくるのを待ってほしいとの返答があった。我々は、外国人居留地としてあてがわれた土地も視察し、そこには保税のための倉庫と税関所、そして町から外国人居留地を隔離するための守衛所と柵があった。これは条約の内容に反することだったので、現地の長官たちにすぐさま抗議した。

十二月七日、我々は政府の委員たちと、大君の第二の評議会に所属する彼らの同僚二人（稲葉兵部大輔（ヒョーブタユー）、松平縫頭、永井肥前守（ヒゼンノカミ）、そして川勝備後守（ビンゴノカミ）[6]）を訪ねた。彼らは江戸に戻る途中に大坂で我々と面会するよう命令されていた。彼らが教えてくれた情報の中で特筆すべきものは何もなかったが、大君は帝に政府を返上するという考えはずっと前から検討されていたのだと強調した。だが、我々はこれを信じず、彼が全国の大名による会議に基づく政権運営を提唱したのは、薩摩、長州、土佐そして肥前の執拗な干渉にとうとう疲れ果てたからであり、またこうすることで自分の勢力の結束力を高められると考えたからであろうと見ていた。さらに言えば、会議の場において彼は大名たちの過半数から信任を得られるかもしれず、そうすれば自身の基盤を強化することができるとも考えたのかもしれない。

十二月十二日、大坂での仕事をすべて終わらせた後、我々は輿に乗って兵庫へと向かった。ミットフォードは遠く尼崎まで歩き、到着するまで三時間四十五分ほどかかったが、私は輿に乗っていたのでそれよりさらに三十分多くかかった。すでに六時間も旅路を進んだ後で、昼の三時になっていたにもかかわらず、まだ兵庫への道の半分にも至っていなかった。そのため、我々は自ら歩くことにした。ミットフォードの日本語教師である長沢（ナガザワ）は、ついてくるために小走りしており、我々は六時にラトラー号に乗船した。

スワン大佐と夕食をとった後、再度上陸し、町の役所（総会所（ソークワイショ））をその夜の宿とした。翌日我々は、新しく現地の長官に任命された柴田日向守（ヒューガノカミ）と面会し、さまざまなことについて話し合った。彼からは、この間一週間にわたって、神戸においてまもなく行われる開港を祝うための宴が開かれ、赤い絹の縮緬をまとった人々が外国人居留地を作るのに必要な土を運ぶための台車を携えながら行列を作っていたと伝えられた。状況は、我々にとって満足できるものであった。兵庫で祝宴が開かれることも予定されていた。我々はこれを、日本の政府と人々による好意の証であるととらえ、日本人と諸外国のあいだで友好的な関係が将来約束されていると感じた。

我々は、ラトラー号のノール副艦長（後にサー・ジェラード・ノール提督になる）とともに小舟に乗り、その日のうちに大坂に戻った。現地では、町が外国との貿易に開かれることを祝う祝祭にすべての住人が参加していた。人々は晴れ着を着て「いいじゃないか、いいじゃないか」と歌いながら踊っており、すべての家屋は色のついた餅、ミカン、小さな袋、わら、そして花で飾られていた。ほとんどの人が赤い縮緬を着ていたが、青や紫のものを着ている人も少ないながらもいた。踊っている人の多くは頭に赤いランタンをつけていた。最近、伊勢の神二柱の名前が記された紙が降ってきたという噂が広まったことが、今回の祝宴のきっかけになったとのことだった。

十四日、薩摩の友人吉井が訪ねてきた。自分たちの主張を貫きとおすためには武力行使もいとわないと決意した薩摩、土佐、宇和島、長州、そして芸州が、同盟を結成したと伝えてくれた。肥後と有馬も参加したがっているが、肥前と筑前は無関心であるとも告げられた。だが、全体的に見て西部の大名たちは一致団結しているようだった。大隅守（脚気（カッケ）という、脚に水腫ができる病気に苦しめられていた）は体調が悪くて京都に来ることができないので、代わりに修理大夫が数日のうちに到着するとのことであった。長崎で知り合った才谷梅太郎（サエダニウメタロー）という名前の土佐の男が、数日前京都の滞在先で三人の男に殺されたが、下手人は不明とのことであった。大君は一万人ほどの兵士を京都に派遣しており、薩摩と土佐はその半分くらいの数の兵士を、一部は京都に、一部は大坂に駐在させていた。芸州など他の大名も兵士を派遣するとのことだった。大君派には長州を完全に崩壊させることを望む者がたくさんいたので、長州の一件を平和裏に解決することは難しそうであった。

この機会に、我々の水兵たちが長崎で殺害された事件はまだ解決されたわけではなく、新しい政府にまず要求したいことは殺人犯の処罰であると告げた。金で解決しようとしても無駄であり、もし日本人が外国人と良好な関係を保ち続け、惨事を繰り返さないようにしたいというのであれば、このような事件がもう起こらないようにしなければならないとも付け加えた。吉井は、もし内政の状況が安定しないようであれば、大名たちは大君と諸外国とのあいだに争議をもたらすために外国人を襲うであろうと答えた。これに対して私は、もはや大君は国を支配していないので、そのような事件の責任を負う必要がなく、したがってそのような行動で大名たちが目的を達成することはできないであろうと返した。

十六日、須藤但馬（ストータジマ）と西園寺雪江（ユキイエ）という宇和島の男たちが二人訪ねてきた。前者は宇和島の氏族の高官であり、もう一人の官吏にはこの年の春に私が宇和島を訪れたとき一度面会していた。彼らは、伊達伊予守（イヨノカミ）が一月の頭に大坂に到着する予定なので、それに先行して当地に入っていたのだった。議会が開設される機運が高まっている現在の状況を、主君は大変喜んでいると彼らは教えてくれた。老公は以前、議会の開設を望んでいるということを重ねて述べていた。長崎事件に関しては、吉井に告げたものと同じ内容を彼らにも通達し、この状況下で事件の補償問題を追及することは得策ではないことはわかっているが、決して不問に付したわけではないと述べた。そして、土佐とは引き続き友好的な関係にあるとも告げた。

彼らが去るや否や、中井が私の下にやってきて、後藤が昨夜到着したのだが多忙につき我々を訪ねることができないと伝えてくれた。ならばこちらから赴こうと言うと、その提案は喜んで受け入れられ、彼とともに土佐の屋敷（事務所）の前で後藤に会った。まず、二人の水兵の殺人事件のことが話題に上がった。我々からは、殺人事件が起こった夜に横笛号と南海号がともに港を離れたという噂には根拠がないということがわかったため、土佐に対する嫌疑は晴れたが、イギリスの男たちが日本人によって殺害されたことは揺るがぬ事実であり、処罰が行われるまで追及の手を緩めることはないということを告げた。また、賠償金を与えればイギリス政府は満足すると考えている者もいるようだが、我々が求めているのは犯人の処罰である。しかしながら我々は、新しい政府のコンスティテューションが確立されるまで、要求を提示することを差し控えるつもりであるとも通達した。

後藤からは、最近土佐の臣下が二人殺害される事件が起こったことで、自分たちも同胞が殺害される気分というものを理解できたので、前領主の容堂も自分も犯人の追及のために全力を尽くす所存であると宣言した。続いて私からは、このあいだの容堂の厚意に対する返礼として、価値のあるものでも美しいものでもないのだが銃を贈呈したいので受け取ってほしいと申し出た。その後我々は、後藤によって作成された新政府のコンスティテューションの案について議論し、彼は特に上院は必要だと考えていると言った。さらに彼が言っていたのは、公使が大坂に到着したら彼に会いに京都から下り、そこで数泊する予定なので、そのときにミットフォードと私からイギリスの政府について学びたいということだった。このとき我々にできたのは、内閣の形成と議会において法案を審議する際の手順について情報を提供することぐらいだった。

後藤からは、外国の情報を得るため、そして相談役として私のような外国人を雇用したいとも言われた。私は、自分の政府に奉仕することに満足しているので、他国のために働くこだと告げた。

とはできないと返答し、もし土佐の氏族が官吏を欲しているのであれば公使に相談するべきだと告げた。

どれだけ高い地位が約束されていたとしても、私は日本から俸給を受けるつもりはなかった。女王陛下の政府のためでなければ日本関連のキャリアを追求するつもりはないと、心に決めていたのである。

その夜、ミットフォード、ノール、そして私は、六時半にトカクという日本の食堂で外食をするために、六時半に三人兄弟のように出発した。町はお祭り騒ぎをしている群衆でいっぱいになっていると思われたので、私の護衛をする二人からは、他の者も呼んだほうがいいと提案された。だが私は、二人いれば十分だろうと返し、護衛としての責任を彼らにまかせると、彼らもそれ以上は何も言わなかった。そうして我々は町に繰り出し、本能の指し示すままに目的地への最短距離を求めてさまざまな裏道を練り歩いた。だが、最終的には護衛が私を制し、回りくどい道筋をとおった末に娯楽場へと連れて行ってくれた。

燃えるように赤い服を着て「いいじゃないか」と繰り返し叫びながら踊り続ける群衆をかき分けて進むことは、なかなか大変だった。彼らはランタンを持って踊ることに夢中で、我々に気づく人はほとんどいなかったが、護衛（別手(ベッテ)）が道を開けるために乱暴に人々を押しのけていたので、口論にならないか少し不安だった。だが、人々は我々の無礼を一向に意に介せず、道を開けてくれた。

トカクに到着すると、最上級の間はお祭り騒ぎの首謀者たちによって占領されており、他の部屋も閉ざされていた。到着する直前に我々の使いが、店の者に入店を断られていた。その場で店の主人に一部屋開けてくれるよう交渉している最中、若い男と少年の群れが叫んで踊りながら建物の中に入って行った。彼らは、とても豪華な装いをした巨大な人形を載せた輿をかついでいた。宴を楽しんでいる者はみな表に出てきて彼らを出迎えた。日本の建物にはドアがないので、どこが表かはわかりにくいところがあるのだが、部屋を分けるふすまをとおす敷居のところから外に出てきたのである。その場にいるすべての者が一斉に狂ったように踊った後、一団は去って行った。その中には、予想していたよりもはるかに多い数のかわいらしい女性の踊り手がいた。前回大坂に滞在したときの経験から、この町にこんなに女性がいるとは想像できなかった。トカクに入れてはもらえなかったが、彼らはここから歩いて「五分ほど」の場所にある場所のことについて教えてくれた。だが、そこの扉も閉ざされており、中の者はみな踊りに行ってしまったということだった。

　我々は悲観的になり、宿舎に戻って「哲学者」（ミットフォードの中国人給仕リンフーのこと）が出せる冷たい食事で我慢するしかないかと考えはじめていた。だが幸運なことに、小柄ながら頑健な脚を持った案内役の男が、松翁亭（ショーオーティ）（松の木の老人の館、という意味）という場所があることを知っていると教えてくれた。それは、ここから宿舎への道中にあるので、立ち寄ってみてはどうだろうかと勧めてくれたのである。我々はそこへ行き、数分待ったのちに素晴らしい部屋へと通してもらい、食事をとった。その家の者が会話を促しながらワインをコップに注いでまわしていた。こういう仕事は、通常であれば芸者が受け持つものであったのだが。江戸では、ときには敵意を感じることもあるほど冷淡な応対をされることが多かったが、それと比べて大坂の女性は我々にまったく恐れも不快感も抱いておらず、とてもありがたかった。どうやら、好奇心が他のいかなる感情にも勝ったようだった。それに、彼女たちはみな自然な白い歯ではなく黒ぬりになっており、これは成人した女性の証だったので、口説かれる心配もないと考えていたのだろう。我々は冒険の結果に満足して、早めに宿舎に戻った。

ノールは翌日彼の軍艦に戻り、我々は寺町の宿舎から、公使館一行のためにあてがわれた城の裏の建物へと移動した。母屋は公使の他に三、四人が滞在できるほど広かった。サー・ハリーは、中国で軍事行動に参加した際に、軍隊では高官の身近な者を「スタッフ」と呼ぶことを知り、以来同様の人員を近くに置いていたのだが、母屋は彼らにあてがわれた。それ以外には五つの建物があり、一つ目のものはミットフォードが、二つ目は第九連隊第二大隊の士官たちが、三つ目は客人たちが、四つ目は騎兵の護衛兵が、そして五つ目は私が使用した。歩兵の護衛兵には、仮設の小屋が提供された。

その後、我々は西郷を訪ねた。彼は、友人モンブラン伯爵とともに最近ヨーロッパから戻ったばかりであった岩下佐次衛門と一緒にいた。イギリス軍艦イカルス号の水兵二人が殺害された事件が話題となった。西郷は、まだ事件の核心に迫ることはできていないものの、少しずつ状況証拠をそろえられているようだと言ってくれた。今後類似の事件が減るかどうかについては、意見が分かれているようだった。日本の進歩を願い、彼らに対する友好的な思いに突き動かされている人もおり、彼らは外国人に対する襲撃は減るだろうと言っていたのだが、客観的に物事を見られる者たちは引き続き拳銃を持ち歩き続けた。そして我々は西郷に対して、賠償金の支払いを通じてイカルス号事件を解決しようとしても、それに応じるつもりはないということを明言した。

このとき巷では、八月に土佐と薩摩の者がミットフォードと私を伏見で殺害しようと企てていたという噂が流れていたので、彼らはそれを払拭しようと必死になっていた（幸運なことに、我々は別の理由から本来通るはずだったものとは違う道を通ったので、難を逃れることができたのだが）。だが、このことに関しては私の中では疑いようもなかった。大坂に到着したとき野口が、土佐の侍だと思われる人物が計画を遂行できなかったことを悔しがっていたのを聞いたと教えてくれていたのだ。須崎で後藤にこのことを伝えたとき、彼も当時京都にいたので事後報告を受けたが、もしそのような計画が本当にあったのなら実行しないよう命じたと言っていた。西郷も、その疑惑が真実ではないと証明するため、当時後藤は京都にいなかったはずだと述べた。それに対して私は、恐らく薩摩も土佐も外国人を殺害したいと考えてはいないだろうが、中には指導者の命令を聞かず勝手に行動を起こしてしまう狼藉者もいると理解していると答えた。

十八日、外交担当委員の一人である石川河内守が訪ねてきた。大名たちの会議を開く日どりは確定しておらず、また自分が大名たちよりも遅く京都に到着したとしても彼らは何の文句も言えないと言った。もしすでに京都に大名が数人おり、また今後さらに他の大名がやってくる予定だとして、そして会議の場で何かの合意がなされたとしても、反対意見も間違いなく挙げられるであろう中で、その決断を実行するにはどうすればいいというのか、と述べた。この会話の後、内戦の勃発はありえないことでは決してないという結論に至り、また大君が会議の日程を決めないのは、政敵の体面を損わせるためにやっているのだとも感じた。

二十日に陸路で江戸から届いた書簡からは、大君はもう存在せず、慶喜は何者でもないという認識が江戸において広まっていると感じられた。京都での状況が長い距離を口伝てで伝わったため、現実とは異なる風聞が出回っているようだった。伊藤俊輔が言うには、大君が現在領している版図はあまりにも広大で、それを保持することが許されれば強い力を持ち続けることになり、この国の泰平を脅かしかねないので、領地を奪うための戦争が間もなくはじまるであろうとのことだった。大君の指揮下で京都に駐屯していたのはわずかに七個の歩兵大隊だけで、戦争は起こらないと思われていたので、それ以上の増援を送ることはなかった。もちろん、戦争が起これば兵庫や大坂は外国人にとって安全な場所とはなりえず、大坂の城の周辺が激戦地になることも明白だったので、その要塞の背後にあった我々の公使館も危険にさらされるであろうことは自明のことだった。

伊藤は、サー・ハリーの到着と兵庫と大坂を貿易のために開くことを遅らせることはできないだろうかと尋ね、この件について西郷から公使に何か打診されていないかとも聞いてきた。私は、「もちろん、そのようなことはない」と答えた（実は知らなかったのだが）。伊藤は、それならば自分たちは、この二ヵ所を開港して外国人を満足させ、そして同時に、日本の政府の改革も進めなければならないと述べた。また、日本の代理人を大坂と兵庫に任命する必要があるとも言った。現在の長官たちが適当なのではないかと私は言ったが、彼らは戦争が勃発すればすぐに職を解かれるであろうと伊藤は返答した。これに対して私は、蜂起軍が外国人居留地を攻撃しさえしなければ大君の一派に対して何をしてもかまわないが、もし我々の日常生活を妨害するようなことがあれば、貴君らは徳川の兵士の他にイングランドの大隊と諸外国が準備できるすべての軍艦と戦うことになるだろうと再度釘を刺した。伊藤は、そのようなことは考えていないと述べ、軍事行動をはじめる具体的な日時が決まったら事前に通達すると約束してくれた。毛利平六郎[7]と福本志摩（シマ）が長州の男たちを引き連れて上ってきており、桂（木戸）と吉川監物（キッカワケンモツ）は地元に残って州の行政を担当した。

サー・ハリーは十二月二十四日に到着し、公使館の建物を検分した後、乗ってきた船へと戻った。この日は一日中てんてこまいだった。シノサキヤタローという人物から受け取った手紙には、現在のこの国の状況は、手で抱えられた卵の殻のようであると記されており、また小松と西郷に平和的に事態を解決するよう要請してほしいとも書かれていた。クリスマスの日には、外交担当委員の糟屋筑後守（カスヤチクゴノカミ）[8]が訪ねてきた。三つの有力大名である彦根、備前、そして芸州の兵士たちは京都に入っているとのことだったが、本当に勃発するのか疑っている様子でもあった。

一月に私とともにイギリス軍艦アーガス号に乗船して日本の近海を周航した旧友である林謙三も二十八日に訪ねてきて、毛利内匠（タクミ）[9]に率いられた長州の男たち千五百人が、二十三日に西宮に上陸したと告げた。今後戦いが起こるかどうかはわからないものの、西郷と後藤は平和を保つためにできるだけのことをしていると考えているようだった。私に同行していた遠藤は、当然のように西宮へと向かって彼の氏族の男たちに会いに行った。江戸で知ったことをすべて毛利内匠に報告したのであろう。後者は有能な人物だとの評判で、だからこそ若いうちに公職から退いた（隠居(インキョ)）のかもしれない。

二十九日、伊賀守が、大君の事実上唯一の相談役であると言われていた永井玄蕃頭(ゲンバノカミ)[10]を引き連れて、サー・ハリーを訪ねてきた。もちろん、伊賀守も閣員であったのだが。大坂と兵庫のすべての長官が全員その場におり、議題として挙がったのは一月一日に執り行われる開港のことのみであった。「すべての長官が」という表現をしたのは、当時は慣習的にすべての役職に二人以上の人員があてがわれており、その場は長官だらけだったからである。

伊賀守と玄蕃頭は翌日またやってきて、今度は長崎での殺人事件が議題に上った。この件に関して、満足のいく結果を得られないであろうと我々は思いはじめていた。もっとも、平山老人を再度長崎に派遣してほしいという要請に対しては、彼らも合意してくれた。玄蕃頭は、平山がこの面白くもない仕事をしなくてもすむようにしようと努めたが、我々は聞き入れなかった。外務省からも承認を得られたので、サー・ハリーはこの案件を大君の政府に突きつけ続けることで、ずっとわずらわせ続けようと考えていたようだった。殺人犯たちが逮捕され処罰されるまでは、我々はこの案件についての追及を止めることはないと、サー・ハリーは極めて強い口調で告げた。その後訪問者たちは、後藤と同じように、イングランドのコンスティテューションについてたくさん質問したので、どちらの派閥も我々の助言を受けたがっているように見えた。

だがこのときサー・ハリーは、大坂にいる兵士たちが外国人と衝突を起こす可能性があるので、彼らを退却させないのであれば自分たちの部隊を派遣すると言ったのである。私は、このような形で日本の内政に干渉し、大君派に恥をかかせるのはよいことだとは思わなかった。大名の兵士たちも大坂にいたが、彼らは単に京都へと向かう途中そこにいただけだった。兵士たちは、首都の外では大坂にしか滞在できる場所がなかったのである。このように宣言した後、サー・ハリーは薩摩の代理人である木場伝内(コバデンナイ)の下へと私を派遣し、彼らに対しても撤兵してほしいということをその理由とともに要請した。木場の返答は、大坂には二百五十人しかいないが、彼らを他の場所に移すことは問題ないので、この件に関しては西郷に書簡を送るとのことだった。

そこから私は、西宮からやってきて芸州の人々といっしょにいた長州の長松文輔に会いに行った。首都の近くまで来るよう命じられていた長州の兵士たちに対しては、西本願寺の近くにある芸州の屋敷を滞在場所とする許可が出ていた。だが、彼らは大坂に来るつもりはなかった。そして、イングランドの公使が大君に兵を引くように命じたことは、彼ら自身も心から望んでいたことであり、彼らにとっては非常に幸運なことであった。なぜ長松らが来ていたのかということについては、最後までわからなかった。

伊賀守の言ったところによると、使いの者が長州の使者に対して西宮へと向かわないようにという命令を伝えるため、十五日に芸州を出発したとのことだったのだが、彼は海路で向かったため、陸路で現地に向かった長州の使いの者に接触することができなかった。そのため、長州の使者は芸州から放たれた使いの者が出発する前に出された、兵を大坂へ向けて出発させるようにという命令に沿って行動したとのことだった（これは明らかに詭弁であったのだが）。また伊賀守は、兵士をいっぱいに乗せた長州の汽船が二十日に芸州の御手洗（ミタライ）に到着し、芸州の官吏に同行するよう要請したとも告げた。この要請は断られ、長州の者たちは地元へ戻るように促されたが、彼らは領主の命令であると言ってこれを却下し、主命がなければ長州に戻るつもりはないと返答したとのことであった。もっとも、これは芸州が伝えた話であり、信用することはできなかった。二つの氏族が、いっしょに練り上げた作戦を実行しようとしていることは明白であった。

長州が兵士を派遣したことを受けて、大君もそれへの対抗措置を取るよう命令していたということからもわかるように、長州が兵士を派遣する命令を出したとき（もしそれが本当に出されていたとしたらの話だが）大君はまだ退位を決断しておらず、その影響力の保持のために大名たちと戦う意志をまだ有していたのだ。このことは、彼が退位したのは以前壱岐守（イキノカミ）が述べていたようにずいぶん前からそれを検討していたからではなく、大名たちの連合によってそうせざるを得ない状況に追い込まれたからにすぎず、彼の本意ではなかったということを示す何よりの証明であるようにも思われた。サー・ハリーは、当初私を西宮まで派遣してその土地がどのようなものか調べさせようと考えていたのだが、長州の男たちが私にその情報を自ら進んで提供してくれたのでそれを取りやめ、そのおかげで私は無駄な船旅をせずにすんだのである。

一八六七年の最後の日に外務省から公文書が届き、私は箱館の領事に転任することになったユースデンの後継者として日本語書記官に任命され、年間七百ポンドの給料を受け取ることになった。

第二十四章　内戦勃発（一八六八年）

元日、大坂の町と兵庫の港が貿易のために開放された。これを記念して、大坂の川の河口にある天保山の要塞と兵庫において、礼砲が放たれた。このころ、新潟の開港の延期が正式に決定し、日本国内では「西岸の港」の開港が延期されたと通知されていたため、多くの人は兵庫の開港が延期されたと勘違いしていた。また、このころ私は、日本人が互いに喉首を切り裂き合うような事態に陥ることを防ぐために、公使に京都に行ってもらい、敵対し合う勢力同士の仲介をさせるという計画を練っており、それを実現させるために一足先に伏見に行って西郷や後藤と必要な話し合いをすることを提案していた。だが、状況が急速に変化したため、この大胆な計画の実行が困難になったのである。

その後数日間、さまざまな噂が飛び交った。最初に聞いたものは、長州の二人の領主の地位回復が認められたということだった。土佐の隠居（容堂）は一月一日の午後に到着し、大坂に泊まることなくまっすぐ京都へと向かった。大君の基盤は弱体化しつつあり、会津とその他一、二の小氏族しか彼を支持していないと巷では言われていた。長州の人々は西宮を軍事占領し、襲撃を恐れてか常に警備兵に周辺を巡回させていた。私の使用人である野口の話では、長州の兵士たちは西宮を出発して京都への道を十マイル進んだところにある昆陽というところに陣取っているとのことだった。

大坂にいた会津の兵士たちはみな京都へと向かっていた。会津の領主は、大君が長州の一件に対して取った煮え切らない態度を不服としており、帝の個人的護衛役（守護職）を辞することも検討していた。一月四日、今後大きな騒乱が発生することを予感させるような事件が京都において起こった。日本と条約を締結した他の国の公使たちが私の上官の下へとやってきて、現在起こっていることに対する自らの見解を交換し合った。彼らは日本の内政のことには暗かったので、彼らの意見はほとんど参考にはならなかった。北ドイツ連邦の臨時代理公使フォン・ブラントは、芸州と紀州を混同するほどこの国の地理にうとかった。

西宮から戻ってきた遠藤は、毛利内匠は長州の兵士の一部を連れてすでに京都に入っており、別動隊は薩摩の兵士たちとともに伏見を占領していると伝えてくれた。だが、何よりも特筆すべきことは、薩摩、芸州、そして土佐が会津に代わって皇帝の宮殿を守っているという事実であった。大君が大坂まで下ってくるつもりだという話もあり、訓練を受けた部隊に川を下らせるために淀では一般の船がすべてせき止められているとのことだった。このとき大名たちが目論んでいたのは、大君と戦うことではなく、彼から何らかの利権を譲与してもらおうとすることにすぎないとも言った。反大君派は、徳川家の失政に対する罰として、大君から百万石分に相当する土地を没収するつもりだった。長州に関する問題が解決されたことは間違いないと遠藤は言い、そして宮殿の護衛は交代させられたと遠藤は述べた。

野口によると、会津は大君に対して嫌気がさしたことから辞表を提出したが、桑名によって道半ばで遮られたため、届くことはなかった。しかし、大君は会津の意思をすでに知っているということを、彼は大坂から戻ったときすでに直接伊賀守に伝えており、ゆえに会津はその後すぐに解任されたとのことだった。そして、上述の三氏族が、この機を逃さず皇帝の宮殿の周辺を自分たちで固めた。大名たちは現在の状況について話し合うために宮殿へと向かったが、大君は出席を拒否した。彼は、戦うことも断固たる行動も起こすことも望んでおらず、状況を平和裏に収めたいと考えていたとのことだった。野口が、血気にはやる会津の氏族の同胞たちに影響されていることは明白だった。石川河内守はまた違った説明をしたが、この段階ではまだ平和を脅かすような騒動は起こっていないことも明らかになった。一八四一年に五十二歳で他界した大君家斉(イエナリ)の甥であった二条関白(クワンバク)が解任され、近衛か九条が代わりにその官職についたという噂も流れていた。[1] 長州の兵士たちは、一月二日に京都に入っていた。

　大坂はまだ首都で起こっていた出来事によって影響されてはおらず、五日に私は自分の日本人の護衛たちを連れて市内のレストランへと向かい、いっしょに食事をした。二人のかわいらしい芸者たちが我々に同伴し、そのうちの一人はまるで絵画から飛び出してきたかのようで、気品のある顔立ちと弓なりの鼻、小ぶりな下唇と、細い目、そして朗らかな表情を有していた。西洋人の美的感覚からすればもう一人のほうが魅力的だったかと思われるが、彼女の視線からはかすかに悪意が感じられた。そして、二十六から二十八歳くらいの、年季の入った芸子と呼ばれる演奏役がいたのだが、彼女は賢い女性だった。祭りがまだ続いていたので夜も明るく、道は踊りを舞う人々でいっぱいだった。

たしかな情報が得られないという状況は、六日に終わった。石川がやってきて、大君の地位だけでなく関白、伝奏（テンソー）、議奏（ギソー）といった、帝と大君のあいだを取り持つために設けられた官職も廃止するべきであるという提案が、三日に薩摩から出されたことを教えてくれたのである。石川の言うところでは、新しい政府は大臣に相当する総裁（ソーサイ）、内閣に相当する議定（ギジョー）、そして第三に次官に相当する参与（サンヨ）によって構成されるとのことだった。これは、将来の政府の基本的な体制として我々が後藤に提案したものに似ていた。* 石川によれば、この提案は譜代大名を含む多くの者の反対にあったとのことだった。これを受諾すれば、過激派がさらに事を進めて帝の廃位まで試みるかもしれないという不安があったのである。そのことについては心配いらないだろう、と私は言った。石川は、「この案件は」と言い、「机上の議論で解決できる問題ではなく、戦いによって決められなければならない」と述べた。彼の語りぶりを見ると、大君自身は反対しなかったものの、彼の支持者がこれに反対しているという印象を受けた。もっとも、石川はこの状況を平和的に解決するためにすべてを尽くすつもりであるようだった。

一月四日に私が母に送った手紙には、その三日前にロコック、ミットフォード、公使館付き医官のウィリス、そして私は、兵庫で提督と夕食をとったと記されている。提督は、我々

*もっとも、全く同じというわけでもなかったが。実際のところでは、総裁は筆頭大臣に対する副大臣のようなもので、議定とは政府省庁の長のようなものであった。

のための汽船を大坂へと回送して来てくれたのであった。外国人居留地へと向かった後、他に手段がなかったので、櫂を持った一人の小さな少年が漕ぐ大きな日本のボートに乗った。最初は非常にゆっくりと進んでいたのだが、帆船が曳いてくれたので岸を離れることができ、その後は少年にまかせた。北東からの風が吹く、とても寒い日だった。私は船首に座り、鉄道で旅をするときに使用する毛布を口でくわえて体を覆った。他の者のうち、二人は傘を差して自分たちを風から守り、ミットフォードの忠実な中国人給仕リンフーは帆柱にじゅうたんを掲げた。このようにして川を下り、その河口にある港へと向かったのである。

汽艇はそこには影も形もなかったが、湾は十一マイルほどしかなく、またいい風が吹いていたので、日本人の船に乗って湾を横断しようと考えた。だが、そこにいた船頭たちはみな帰ってくるときに逆風になってしまうと言って、誰も乗せてくれなかった。そのため、荷物をボートに乗せて戻らざるをえなかった。要塞から公使館までの距離は七マイル半ほどであったが、外国人居留地に新築された副領事館に立ち寄らなければならなかったので、到着するまで数時間かかった。我々は全員で公使館にて夕食をとったが、公使は腰痛がひどかったため部屋で養生することを余儀なくされた。だが、それでも彼はその直後に騎兵の護衛と、横浜の駐屯地から派遣された歩兵五十人とともに、馬に乗って大坂に入った。

一月七日は、大君の命運が尽きた日であった。その日の朝、外国の公使たちと老中の通訳を担当した森山というオランダ語を専門とする老人が、慶喜（ケイキ）が京都から撤退したということを我々に知らせてくれた。これを聞いて、私は最初、彼はフランス公使に会いにきたのではないかと考えているふりをした。これを見て森山は、「そんなことは決してない、彼は将軍としての地位を剥奪されて、ここに来るのだ」と答えた。彼は四、五日前にすでにそうするつもりだったのだが、京都から去れという命令に抵抗するよう側近たちに言われ、その地に踏みとどまっていたとのことであった。大坂に駐在していた外交担当委員たちも、大君がそのようにしたことを大変喜んだ。だが、その命令が再度通達され、今度は実行せざるを得なくなった。表に出ると彼を迎えるための準備がなされているところが見えた。ドラムを叩く者たちに先導され、精鋭の兵士たちによる小さな集団が狭い道を行進した。道路から人を払うためか、野戦砲が並べられていた。さまざまな軍服を着た男たちがいたが、みな寒さに耐えるために防寒具で頭をぐるぐる巻きにしていたので、勇ましくは見えなかった。

我々は、春によく日本式の食事をとりに行った川沿いの料亭へと向かったが、そこは会津の男たちでいっぱいであり、彼らの武器はすべて店の外に積んであった。家老がそこにいたので、挨拶をした。彼の説明では、大君が京都から撤退したのは帝の宮殿の中で戦うことを避けるためであったとのことで、また有力大名のあいだでも意見の相違があるようだった。もっとも、薩摩は自分たちの計画を武力によって達成しようとしており、土佐は武力を用いない方法で達成しようとしているが、その目的は同じであるとも言った。薩摩と大君を調停しようとしていたのは、加賀ではなく土佐だった。彼は政府の体制についても長々と語り、後藤の計画は本当に実行できるなら素晴らしいものだとの見解を示したが、この国に抜本的な改革をほどこすにはまだ機が熟していないと考えているとも述べた。私もそれに同意し、民衆の代表者によって構成される政府というものは、今までの専制的な権威体制の代案としては少し急進的すぎるのではないかと言った。

二時ごろ、ミットフォードと私は再度軍隊の準備の状況を見に行くために、京都への道にかかる京橋の周辺をうろついた。大君はいつ到着してもおかしくないという状況であった。鎧の上にさまざまな派手な色の陣羽織をまとい、槍と兜を装備した男たちの集団は、正に壮観であった。ここで我々は、訓練を受けた大君の部隊の指揮官であった窪田泉太郎とその同僚たちに出くわした。そのうち一人は乱暴な日本語で、自分たちは勇敢で、死ぬ覚悟があると告げてきた。それを聞いて私は、勇敢な男なのであれば京都から撤退しなければよかっただろうにと、窪田に耳打ちした。これに対して彼は、大君が撤退したのは、宮殿で戦闘が起これば帝にも危害が加わる可能性もあると判断したからだという点を再度強調した。私は、それでも彼は宮殿の護衛の役割から退くべきではなかったと返した。窪田は、それは帝の命令だったのだから仕方なかったのだと言った。これに対して、帝が戦わないよう命令したのであれば、みなそうするべきではないかと私は主張した。彼は、「大君は確かにそう思っているが、彼の臣下たちは違う」と答えた。

城の堀に沿って延びる道の端まで来たとき、軍のラッパが鳴り響き、訓練を受けた兵士たちが長い行列を作って進んでいく様子が見えた。見事な赤い陣羽織を羽織った男の反対側に立ち、兵士たちが通過するまで待った。彼らが通過した後、これもまた見事な軍服をまとった男たち（勇敢な戦士たちという意味の「遊撃隊（ユーゲキタイ）」）も続いた。背中まで伸びる黒か白の毛が付随された兜や普通の兜、たらいのような形をした帽子（陣笠）や、平らな軍用の帽子をかぶっている者がいて、長い槍、短い槍、スペンサー式小銃、スイス式小銃、マスケット銃などを装備しており、単純に二本の剣だけを携えているだけの者もいた。

　すると突然、その場に沈黙が下りた。騎馬の一団が近づくにつれて、すべての日本人がひざまずいた。慶喜とその行列だった。敬意を払うために、我々も脱帽した。彼は黒いフードのようなものと普通の軍用の帽子をかぶっていた。疲弊しているように見え、また表情は悲しそうだった。彼は我々に気づいていないようだった。だが、その後に続いた、大君の評議会の構成員である伊賀守と豊前守[2]は我々に気づき、笑顔を浮かべてうなずいた。会津と桑名もいた。遊撃隊の別部隊もそれに続き、訓練された兵士たちがさらに通過すると、行進は終わった。我々は行列について行って、彼らが城に入るところを見届けた。その途上で、大君の権威をおとしめるような数々の行為によって退位に少なからず貢献した、我々の公使と遭遇した。彼も、大君を見に来ていたのだった。色彩豊かな行列が堀の上にかかる橋を渡り、一同は正門（大手）を通って入城した。大君を除く全員が下馬した。このときの状況にふさわしく、あたりには雨が降りはじめていた。

　私はいい考えだとは思わなかったのだが、公使は、翌日の面会を要請するために使いを派遣するべきだと主張した。私が出した手紙において、慶喜のことを大君殿下（His Highness the Tycoon）と呼称した。その返信には、彼のことは単純に「上様」とだけ記されていた。この称号は、徳川家の家長が帝の朝廷によって正式に将軍と認められる前に用いられていたものであった。

遠藤が戻ってきて、次のような情報を提供してくれた。皇族の血筋である有栖川（アリスガワ）と山階（ヤマシナ）に加えて、宮廷貴族の正親町（オーギマチ）と岩倉[3]がこのたび総裁に任命され、尾張、越前、芸州、薩摩、そして土佐の諸侯は議定に任命された。大原[4]（宮廷貴族の一人）などが参与に任命され、すでに述べた有力氏族からはそれぞれ三人ずつが選ばれた。ここでは、岩下、大久保、そして西郷が薩摩の代表を務めた。他の氏族のことは、遠藤は知らなかった。長州の領主とその息子の地位は回復された。宮殿は薩摩と芸州の兵士たちが護衛し、京都の治安維持の任は長州の兵士たちが担った。一八六四年に亡命した五人の宮廷貴族たちを迎えに行くために、薩摩の汽船が筑前へと向かった。この五人とは、三条（後にしばらく首相を務める）、三条西、壬生（ミブ）、四条、そして東久世（ヒガシクゼ）（後に外務大臣を務める）のことである。

慶喜を臆病者として糾弾することは酷である。彼のことをそのように評価する者を、私は知らない。彼は恐らく、兵士の士気に自信を持つことができなかったのだろう。徳川家の長を除外して新政府が成功することができるかは、未知数であった。彼には、大名たちの連合に加わるか、それとも滅ぼされるかという選択肢しかなかった。政敵たちが望んだのは、恐らく後者であろう。慶喜は翌日公使と面会することを謝絶し、面会は後日に延期する必要があるように思われた。私が「ジャパン・タイムズ」に掲載した記事の翻訳である策論（サクロン）で提案されている内容が、状況に強く影響しているように感じられた。また、江戸を貿易のために開放するということに関しても、ロコックがこのことに関する責任を取ることを拒否したため、延期されなければならなかった。

一月八日の朝になると、公使の我慢は限界に達し、正午に彼はロコックと私に書面を準備し、面会の機会を得る手筈を整えるために城へと向かうように命令した。だが、木場伝内（コバデンナイ）から、私と一時間ほど話がしたいのでいつであれば空いているか教えてほしいという機密書類が届いたので、私の手紙の城への発送は遅れた。三時に送り出されたのだが、ちょうどそのとき塚原と石川がやってきて、当時まだ我々が大君と呼称していた人物とフランス公使が面会する予定で、慶喜は明日サー・ハリーとも話をしたいと考えているため、何時であれば都合がいいかと聞いてきた。フランス公使に出し抜かれたことを知ったサー・ハリーはとても立腹し、地位が上である自分が優先されるべきであり、また儀仗兵もつけられなければならないと主張した。我々は、雨が降りしきるなか城へと向かった。私は一行の少し後ろを進み、入城したときにはロッシュとサー・ハリーが言葉を交わしていた。ロッシュは、面談を邪魔するという礼節を欠いた行為によって恥をかかされたと言っていた。だが、サー・ハリーも負けずに言い返していた。会津と桑名が大君に謁見した後、その場を退くよう命じられてから、我々との対談がはじまった。

会津は、肌の黒い鉤鼻の男で、三十二歳ほど、中背で細身だった。桑名はみにくい若者で、見るかぎりでは二十四歳ほど、あばたの痕があり小人のような体格だった。平山の古狐は上様の背後に座り、記録を取っていた。フランス語に堪能な塩田三郎（シオダサムロー）がロッシュの通訳を務め、私も慶喜の口から出た言葉は即座にサー・ハリーのために英語に訳した。慶喜は、過去数日間に起こった出来事に関して冴えない説明をした。宮殿から兵士を撤退させよという勅命が出されたときには一度はそれに従ったが、再度の命令が出されたときには、薩摩が主導して出されたものと感じられたので応じなかったと述べた。実際に薩摩は、大君の地位を廃止し彼を宮殿から締め出したのだから、猜疑心を抱くのも当然のことだったと言えるだろう。

慶喜は、内大臣の地位を放棄して二百万石を自発的に手放すべきだと示唆を受けたが、彼の土地と地位は、長州や薩摩、そして他の大名と同じように所有しているものであると述べて、それを拒否した。反大君派の大名たちは、諸侯会議を開いて大君に自分の意思を語らせるのではなく、事前に練り上げた作戦を推し進めていると感じたようだった。つまり、大君は敵対勢力の策略にはまってしまったと怒っていたのだ。

会議開催の提案は、彼の目を欺くための作戦だったということは、今や明白であった。宮廷を護衛していた会津の兵士たちが撤退するはめになったのは、薩摩と芸州を含む他の大名たちが会津によって護衛されていた門を牛耳り、関白や他の高官が一月三日の朝に退いた後、何人かの別の宮廷貴族たちが敷地の中に招き入れられ、彼らによって新しい政府の創設が宣言されたからであると主張した。これは、事前に計画されたことであり、他の者に知らせずに実行に移したのだと、慶喜は言った。彼は、あるときには五人の有力大名のあいだには意見の隔たりがあると言っておきながら、また別の機会においては彼らが連名で宣言を発したと述べるなど、話す内容に一貫性がなかった。

自分の見解を示した後、二人の公使に意見を求めた。両者は、自ら大君の座を退いた慶喜の愛国心を称賛し、またすべての問題を全国会議で解決するべきだと考える彼の姿勢を支持した。ロッシュはおべっかを使うような口調だったが、サー・ハリーはそのような表現は避けた。二人がいろいろな質問をしたが、彼ははぐらかすような答えしかしなかった。慶喜は、大坂まで下ってきたのは、自分がそこにいれば宮殿の近辺で戦いが起こるかもしれないという懸念と、怒りに燃える支持者たちをなだめたいという気持ちがあったからだと説明した。大坂に長期間滞在したいと考えているが、敵対勢力がここまできて自分を攻撃しようとするかはわからないとのことだった。京都においてどのような政治体制が確立されたのかと尋ねると、帝は君主であるがそれはあくまで名目上のことであり、京都にいる者は現在誰もが互いを非難しあっているだけで、統治などというものは存在しないと彼は返答した。一方で、彼は自分に権威があると言うつもりもないようで、また自分の下に他の大名たちが集結するかも未知数であると考えていた。京都にいた者の中には、会議が確立されないことに失望して地元に帰った者もいて、五大諸侯の傍若無人ぶりに混乱してどうしたらいいかわからない者だけが京都に残っていると、慶喜は主張した。しかしながら、そのような者たちは大君派でもないということは、当然ながら察することができた。

長い対談ののち上様（ウエサマ）は、疲れたのでもう終わりにしたいと述べた。五月に会ったときにはとても自信に満ちて堂々とした男だったのだが、様子はすっかり変わっており、同情を禁じ得なかった。今はやせ細って疲れており、声色も落ち込んでいた。彼は公使たちに向かって、またいろいろと相談したいと告げた。外交担当委員たちは、慶喜が将軍の地位から退き、彼の敬称を「上様（ウエサマ）」に戻すと宣言する書類を渡した。

先ほど木場がやってきたのは、上様の計画を知っているかと聞くためだった。彼は江戸に戻って兵士を集めるつもりなのか、それとも大坂に滞在してから「逆賊として」首都へと進軍するつもりなのかということを知りたがっていた。私からは、伊藤を通じて慶喜の計画については何もわからないということを伝えた。[5] そもそも私がそのような情報を提供すると思っていた時点で、彼らの考えは甘かったのである。

諸外国の外交機関はみな、日本国内のすべての勢力に対して中立を保ちたいと考えはじめていたので、この旨を宣言することを考えており、共同宣言の内容の大枠を決めるために一月九日の朝にプロイセンの公使館に集結した。我々は同時に、日本の新しい政府はどこで意思決定を行うのかということも尋ねたいと考えていた。フランスの公使は、大名たちの個人的な利益のために行動しないという文言を宣言に加えようと画策した。彼の通訳である塩田と私とで、宣言を別々に日本語に翻訳した。彼の文書は「さまざまな派閥」という語句を、日本語で共謀者という意味としかとれない言葉を用いて翻訳していた。また、私はこの宣言を、原文に忠実になぞらえたものではなく、日本語として自然な表現で翻訳したいと申し出たのだが、この点も口論になった。塩田が去った後、石川がやってきたので、私は自分の翻訳を彼に手渡し、共同宣言がどのようなものになるかはわからないが、この文書がイギリス公使館の方針を示すものであると告げた。

夜遅くまで話し合いが続いたが、何の合意にも至らず、ただちに行われる予定だった上様との会談の予定も延期となった。翌朝、宣言の二つの訳文を比較した公使は、フランス語の原文から口論の原因になっていた箇所を取り除くことを提案した。その後、ロコックと私は他国の公使に対して、私の翻訳を採用してもらえるよう働きかけた。我々がフランス公使館にいる間、平山と川勝が入ってきて、上様による返答を準備するために文書を持っていった。ロッシュとサー・ハリーのあいだで、位が高いのはどちらかということも口論になった。ロッシュは全権公使だったが、私の上官は特命全権公使だった。外交に関するあらゆる規則と照らし合わせてもサー・ハリーのほうが格上であることは明白だったが、他の公使たちは、ロッシュのほうが先に日本に来たのだから彼のほうが格上だと主張した。この主張が通ってしまったので、サー・ハリーは公使たちの中心役としての地位と、他の誰よりも先に会談する資格を失った。他の公使たちが述べた理由は、当然ながら理に適っていないものだったのだが。

　三時に、外交団はみな、城の御白書院（オシロジョーイン）に呼び寄せられた。他の部屋は、会津、桑名、そして紀州によってすべて使用されていた。儀式は、ヨーロッパの宮廷において行われるものと似ていた。上様の背後には、彼の側近が並んでいた。左側には会津、桑名、そして評議会の委員である牧野備中守と松平豊前守、確か大垣[6]という名前だったと思われる貴人、そして平山と塚原がいた。右側には、数人の御目付がいた。日本では中国と同様、左側が上座であった。

閣下のすぐ近くには伊賀守がおり、諸外国の外交団による宣言の訳文を読み上げる役割を任された。それに対する返信は非常に長く、上様自身が読んだ。彼はまず、自分は行動を正当化するために、全国会議の決断に従う意思があることを示そうと京都から退いたのだと述べた。そして、外交使節たちから挙げられたいくつかの質問に対して、外国人は日本国内の事件に干渉しないことを求め、そして状況が落ち着き新しい政府の体系が定められるまで、外交は自分の仕事であると認識していると言った。外交担当委員たちも、当然自分たちはいつ官職を失ってもおかしくないと思っていたようだったので、安堵の表情を浮かべた。彼らは喜び、少し勝ち誇ったような態度もとった。会談は一時間半で終わった。

声明を発表した後、上様は諸外国の公使たちの下へと向かい、それぞれに一言二言何かを告げていた。サー・ハリーに対しては、彼の友好的な態度が今後も続くことを期待しており、そして日本の海軍を作るために力を貸してほしいと述べた。公使は自分も心からそう思っており、また今この場で窓から日の光が差し込んでいることは吉兆であると、仰々しく答えた。彼の比喩を日本語に翻訳することは、少し難しかった。だが、上様はそれを了解したというふりをしていた。彼の個人秘書の一人である妻木中務（ナカツカサ）[7]がその夜やってきて、上様の声明の英訳を手伝ってくれた。

その後、黒田新右衛門[8]から京都の勅書の正確な内容を記した文書を手に入れた。また黒田は、二百万石に相当する土地と京都の宮廷における官職を返上するよう要請された慶喜がそれにどう返答するか、大名たちがみな注目していることも教えてくれた。また、西部や北部の大名たちは、自分たちの側につくだろうと考えているとのことだった。私は、もし戦わずして事態が収拾できるのであればそうするべきだが、それが不可能なのであれば行動は速やかに行われるべきだと言った。彼も同意してうなずいた。三、四日もすれば大名たちも自分たちの意思を諸外国の公使たちに通達するだろうと思われていた。薩摩の者が城の衛兵の横を歩いて我々の下へと来るのは大変な勇気がいるので、私のほうから彼を訪ねると約束した。

石川は、阿波、肥前、肥後、筑前、そしてその他の有力大名によって記されたという抗議書を持ってきた。それには、薩摩の一派による強引なものの進め方に反対し、全国会議の開催を要求すると書かれていた。その書簡の語句を見るかぎりでは、双方とも戦争という手段をとることを検討しているようには見えなかった。一、二日後に、尾張、越前[9]、そして宮廷貴族である岩倉が、先述の土地返還を求める要請に対する上様の返答を聞きに下ってくるという噂も耳にしていた。上様の臣下である若狭・小浜の酒井雅楽頭（ウタノカミ）の兵士たちは強力だと知られていたが、彼らは薩摩や長州の兵士が駐屯していると思われていた西宮へと派遣された。遠藤は、戦争が勃発することは間違いないと考えていた。彼は、流刑先からの帰還を許可された五人の宮廷貴族を護衛するために百人の薩摩の兵士が京都から派遣され、昨夜大坂に到着したとも言った。

十二日、私は黒田新右衛門と木場伝内に会いに行き、諸外国の外交代表たちが前大君に提出した宣言書と、それに対する彼の返答の写しを手渡した。彼らは、阿波とその他十一の氏族が抗議したことは事実であると認め、また慶喜が政権を帝に奉還したことを承服していない者は他にいるとも言った。これを知って、五大氏族が事をおこそうと急いでいたのは、他の氏族が干渉してくる前に自分たちの計画を進めたかったからだということがわかった。加賀は、兵を集めて慶喜を助けるために京都を去ったとのことだった。

　徳川の一派も戦争の準備をしていることが明白になった。紀州の男たちは、大坂の近くにある天王寺、住吉、そして木津に駐屯していた。会津は、彼の兵士五百人とともに、淀の城に滞在していた。この城は、京都の南方わずか数マイルほどの位置にあり、京都に直接つながる道路沿いにあった。最近集められた徳川の歩兵部隊である新選組（シンセングミ）三百人もそこにおり、道路沿いのいたるところに小さな部隊が配置された。尾張、越前、そして岩倉は一月十八日にやってくる予定だったが、それより前に五大氏族が大坂に軍隊を進める可能性もあった。

　十四日に木場伝内が招待してくれたので、ミットフォードと私は屋敷へと向かった。そこには、その朝京都から到着したばかりの寺島陶蔵（以前は松木弘安と名乗っていた）がいた。彼の説明では、元大君が土地を返還するまで、帝が新しい政府の設立を諸外国に宣言することは延期すると決定されたとのことだった。土地返還の案件は、尾張と越前に一任されていた（余談だが、大君という称号は外国人との交流のときにのみ使用することを意図して作られた言葉であり、このときの対話で用いられることはなかった。我々が用いたのは、徳川もしくは幕府（バクフ）という単語であった）。

　当初は会津と桑名のみが大坂に戻り、海路で自分たちの地元に戻るという予定だったのだが、彼らが単独で行動することを拒んだので、慶喜も同行することに合意したとのことだった。彼から没収された土地は、国の重要な財源として使用するとのことで、土佐や一部の他の氏族たちは大名たちも同様に自分たちの土地を一部奉還するべきであると主張したのだが、これには薩摩が反対した。帝による勅令は古代の日本語*によって発せられるとのことであり、その内容は、大名たちの連邦の長は彼であるということ、彼のみが日本の元首であるということ、将軍の官職は廃止されること、政府としての機能を受け持つのは大名たちの全国会議であり、それは彼の管理下に置かれるということ、そして条約の調印者は彼の名前に差し替えられるということであった。

寺島の言うとおり、先行きの見通しが不透明な現在の状況でこのような勅令を発することは適切ではないと、我々は同意した。京都においては文官が任命され、また公共の秩序を乱すごろつきなどを検挙するために夜警も配置された。当然のことながら、慶喜が今後の政治は大名たちによる全国会議によって決められるべきであるということを提案したのは、そうすることによって彼の臣下の力を借りて会議における過半数の支持を取りつけ、自らの権威を再確立しようという思惑があったからだった。だがこの作戦は、薩摩が大胆にも帝を自らの手中に収めたことによって失敗に終わったのである。

翌日サー・ハリーは、全国会議と新しい政府の体制に関する上様の計画を知るために、城

＊このことは、宮廷儀礼にて用いられる言語について質問した際に教えてくれた。最終的に手渡された文書は、古典的漢文で記されていたと私は記憶している。

を訪問した。だが、到着するや否や上様は、イギリスのコンスティテューションについての質問を指定の時間のあいだ延々と続けたので、最終的にサー・ハリーは質問を一、二個くらいしかできなかった。上様は、昨日伝えたようなことがおこったので、計画はすべて台無しになってしまったと言って、サー・ハリーの質問をかわした。そしてその後、護衛が呼ばれてしまったので、我々も引き退がるしかなかった。我々が退去しようとしたとき、会津が我々の下にやってきて公使にとても丁重に挨拶した。公使からも、大名たちといい関係を築き上げたいと考えており、すでに数人とは懇意になっていると返答した。彼は、より多くの者と知り合いになりたいと考えていた。そのため、会津の領主に対し、阿波の領主は京都か大坂にいるのだろうかと尋ねた。それはわからない、と会津は答えた。公使は、昨年阿波の下を訪れたときにはたいへん親切に応対してもらったと言った。そうして言わんとすることをほのめかしたわけだが、効果はなかった。

同日、土佐の若者で、もともとは紀州出身の陸奥陽之助（ムツヨーノスケ）が訪ねてきて、諸外国の公使は帝の政府を承認するだろうかということを話し合った。諸外国の代表は誰も、率先したいとは思わないだろうと私は返答した。徳川の長は行政を引き続き執り行うという保証を慶喜からもらっており、京都からまだ何の打診も受けていない以上、今までと同じように彼を通じて公式なやり取りをするしかないとも言い添えた。京都の政府が事態を掌握したいのであれば、自分たちの大臣が外交を執り行うということを幕府に対して通知し、その後各国公使を京都に招く必要があると私は言った。こうすることで、帝の地位が明確になるだろう、と。

陸奥は、自分はまだ後藤から知らせを受けていないので、今述べたことはすべて私見であると告げた。さらに付け加えて、皇族の者に大坂まで来てもらい、城で諸外国の代表と会談し、徳川の家長も同伴させその場で外交を執り行う権限を奉還させるべきだと考えていると言った。皇族の者が帝の政治方針に関する宣言を通達するべきだとも述べた。もちろん、彼は大名たちとその兵士によって護衛される。私は陸奥の提言に心から同意し、また彼の要請どおりこれを他言しないことを約束した。

翌日、ミットフォードと私は再度薩摩の屋敷へと向かい、京都から我々に質問したいことの一覧が送られてきたことを知った。薩摩の質問に対して、我々は一つの回答でそのすべてに答えた。その回答とは、帝は京都に公使たちを招き、その場で前大君に外交を行う権限を放棄するよう宣言するべきであるというものだった。彼らは、慶喜が我々に対して十日に言ったことを撤回させるよう努めると述べた。そして、女王が先代の帝の死を悼んでいることを知らせるサー・ハリーの書簡と、それに対する板倉の返信、それぞれの写しを薩摩の者たちに手渡した。彼らは、これが宮廷に送られたかはわからないと言った。また、肥後の大名が到着して京都へと向かっており、西宮の防衛は備前が受け持つとのことだった。流刑処分を受けていた五人の宮廷貴族たちはその夜に到着し、川を上って京都に入る予定だとも教えてくれた。

数日前から告知されていたとおり、越前と尾張が京都から下ってきて城へと向かって行った。前者は、自分たちの兵士の訓練をイギリスの衛兵に見てほしいのだが、いつか彼らをそちらに派遣していいだろうかということを、日本の外交担当部局を通じて質問してきた。こちらからは、衛兵たちは訓練のためにいるのではないと返答した。以前大君に騎馬衛兵を見せたことがあったかもしれないので、越前の人々はそれを聞いて勘違いをした可能性がある。このようなことは、外交担当部局を介せず直接打診してほしかった。

二十三日には石川がやってきて、江戸で騒動がおこったので我々の日本人衛兵の数を百人増やすと通達した。彼によると、十六日の夜に薩摩の男たちの一部が、北部庄内の大名である酒井左衛門尉（サエモンノジョー）の兵舎を襲撃したが、返り討ちにあった。翌々日、酒井の男たちが政府の兵士を数人借りて、十六日に事件を起こした下手人を手渡すよう要求するために出て行ったのだが、薩摩の屋敷に到着する前に野戦砲や小銃の斉射を受けたので、彼らもこれに応戦した。最終的に屋敷は全焼した。護衛の数人は殺害され、一部は捕虜となり、その他は港に碇泊していた薩摩の軍艦に逃げた。この軍艦は政府の船を攻撃したが、戦闘の結果は明らかになっていない。だがとにかく、薩摩と島津淡路守の他の屋敷も焼け落ちた。江戸から逃げた薩摩の者たちが、仕返しのために大坂で騒動を起こすかもしれない。彼らが城を攻撃するとは考えにくいが、万全を期すために兵士をこの地に駐屯させることが賢明であると考える、とのことであった。

公使は、公使館に兵士を派遣する前にまずは今の内容を書簡で公式に通達する必要があると返答した。石川は我々をさらに不安にさせるために、一月十四日付の書簡の内容を語った。江戸に残してきた通訳候補生が、田町で薩摩の屋敷から銃撃を受けたと現地の舟漕ぎかたのだった。書簡の日付は薩摩が酒井の屋敷を襲撃した二日前だったので、我々はこの話を信じなかった。慶喜が大名の最後通牒を拒否し、その結果大坂で襲撃される恐れがあるのではないかと我々は推測した。越前と尾張はその日京都に戻ったが、彼らの任務の結果がどのようなものであったかはわからなかった。

二十四日に提督が江戸からやってきて、石川の言ったことは真実だと保証した。彼によると、薩摩の者たちは自分たちの領主の家系で先々代の大君と結婚した天璋院様（テンショーインサマ）を奪還するためにに城に火をつけようとしたとのことであった。その後、政府の者たちは江戸にあるすべての薩摩の屋敷を焼き払い、中にいた者たちはみな薩摩の汽船に乗って海へと出た。そのあいだ、政府は所有していたイーグル号とその他の汽船を起動させ、薩摩の汽船を攻撃するように命令した。海戦がはじまり、イーグル号と薩摩の汽船は沖へと消えていった。前者は翌日帰投したときに、前檣のいちばん下の帆桁を失った状態で提督の旗艦ロドニー号と遭遇しており、後者は九州南岸にある大島岬で二十三日に目撃された。通訳候補生のクインとホッジスが、十二日に舟で薩摩の砲兵隊の前を通過しようとしたときに攻撃されたという話は事実だったが、負傷者は出なかった。

第二十五章　伏見にて戦闘開始

二十七日の夜、京都の方向から大きな火の手が上がるのが見えた。遠藤は、元大君の兵士たちと薩摩の同盟者たちが、首都から三マイルほどの場所にある伏見において戦っているのだと言った。開陽丸をはじめとする政府の船が、兵庫において薩摩の船を海上封鎖していた。この前日には、大隊が二つほど京都に向かって行進していくのを見たので、恐らく彼らも伏見で交戦したのだろう。慶喜自身が戦場で陣頭指揮をとるつもりだという話も伝わっていた。同日伏見の近くを通りがかったウィリスの忠実な給仕サヘイは、薩摩の兵士たちが道路上で暖を取っているのを見たが、他の親皇帝派の大名の兵士たちがいたかはわからないと報告した。サヘイが通過した場所よりもう少し伏見に近い場所には新選組が陣取っており、その背後には歩兵部隊がいて、彼らはみな戦いたがっていたようである。

翌日の夜、我々と友人たちとの会合の場所としてよく使っていた、土佐堀（トサボリ）の薩摩屋敷が焼け落ちた。その屋敷の住人たちが、逃げ出す際に自ら火をつけたのだという報道もあれば、徳川の兵士の放った三、四発の砲弾によって燃えたのだと述べる者もいた。いずれにせよ、薩摩の者たちは追撃する徳川の男たちに川沿いから銃弾を浴びせられる中、舟に乗り込み川を下って逃げ出した。その過程で、逃亡者たちのうち二人が犠牲になった。

サー・ハリーは板倉を訪ね、板倉は上様（ウエサマ）の京都入りを阻止しようとした薩摩の兵士たちが伏見の町に火をつけたと説明した。戦いは四時にはじまり、その顛末はまだ明らかになっていなかった。別動隊が川の右岸沿いに延びる鳥羽街道を行軍したが、待ち伏せされて撤退を余儀なくされた。上様がいつ出発するかはわからないとのことだった。伏見において交戦した兵士たちは前衛部隊であり、越前と尾張が勧めたように京都の二条城を手中に収め、上様がそこに戻れるようにするため派兵されたのであった。他の大名たちは、みな薩摩の傲慢な態度にうんざりしていた。そのため、伏見で上様の部隊と戦っていたのは、薩摩の兵士たちのみだったと思われる。伏見の指揮官が塚原と豊前守に対してつづった手紙を、石川が見せてくれた。それには、薩摩の屋敷を破壊するために武器を提供したと報告されていた。塚原が姿を消したという話も伝わっており、彼は伏見の長官公邸にて親皇帝派の銃撃を受けたとのことだったが、そもそも彼が淀より先に行っていたのかどうかも定かではなかった。

翌日、サー・ハリーは、我々の公使館の近くにある玉造（タマツクリ）門の少し内側にあった板倉の家を訪ね、永井玄蕃頭とも面会した。永井が教えてくれたことには、徳川の兵士たちは二方向から攻撃を試みたがいずれにおいても押し返されたので、今度はさらに西側の竹田街道から攻撃を試みるつもりだとのことだった。彼らは一万人の兵力を有していたので、六千人の相手に対してもう少し上手くできなかったものかと思った。彼らによると、敵は薩摩と長州の兵士の他に、浪人（ローニン）、つまりその他一部の氏族の者も加わっているとのことだったが、それ以外の大名たちは中立の立場を保っているようであった。上様の総司令官は竹中丹後守（タケナカタンゴノカミ）だった。玄蕃頭曰く、先鋒部隊は上様の従者によって構成されており、彼らは薩摩を糾弾する書簡を携えていったとのことだった。彼は、上様は戦闘を望んでいたのではなく、戦わなければならない状況に追い込まれてしまったから不本意ながら武器を取ったのだという主張を繰り返した。だが玄蕃頭は、一月二十六日の夜の段階で、薩摩の汽船ロータス号に大砲を斉射したことに対する満足のいく説明を与えることができなかった。同じ夜、徳川の兵士たちが伏見から七マイル半撤退し、薩摩の進軍を防ぐために淀の下手側にある木津川の橋を破壊したという報告が入った。負傷者でいっぱいになった舟が七艘、川を下ってきた。

三十日の朝に入手した情報を聞くかぎりでは、徳川派の状況は芳しくないように思えた。午後になると、大坂と伏見の中間地点にある枚方や橋本（ハシモト）のほうから火の手が上がっているのが、城の隣にある丘からはっきりと見てとれ、戦闘が近づいてきていることが理解できた。公使と職員たちのあいだで話し合いの場がもたれ、我々が保管している重要文書をイギリス艦隊のもとに運ぶため、可能なかぎり多くの舟を手配するべきだという結論に至った。そうすることで、より落ち着いて事の顛末を見守ることができるであろうということであった。

夕食の後、サー・ハリーはフランス公使のもとへと出かけ、九時半ごろに戻ってきた。諸外国の公使たちには、もはや上様からの保護は受けられないので、自分たちの身は自分たちで守らなければならないと告げる回覧書を出すつもりだとのことだった。十一時、正式な書簡を携えた使者がやってきて、我々が荷物を運べるだけの小舟を準備すると約束してくれたので、重要文書をまとめた後眠りについた。

朝四時にロコックに起こされ、フランスの公使からの伝言が届いたと告げられた。それによると敵は本日の早い時間に都市に入ってくるであろうと思われるので、抱えられるものはすべて抱えて夜明け時には逃げ出さなければならないとのことだった。とても寒い日だったが、我々は起き上がり、持ち物をまとめた。小舟はまだ一艘も到着していなかった。夜明け時に私の日本人護衛兵がやってきて、大変苦労したが何とか大きめの舟を手配することができたと言った。これに重要文書を載せ、九時ごろ出発した。この後、石川がやってきて、我々の力になることはできないと告げた。親皇帝派はまだやってきていないが、できるだけ早く逃げたほうがいいとも言われた。サー・ハリーと私は、荷物の運び手を探すために石川といっしょに出発し、城の正門の外で人手をみつけることができた。

そのとき、興味深い行列が進んでいるところを目撃した。それは、宗教的な儀式で使用される、大きな傘がかかった神輿（ミコシ）という神を掲げるためのものに似た乗り物と、長い竿からぶら下げられたランタンを運ぶ二人の男たちによって構成されていた。石川は、恐らく帝からの使者だと思うと述べた。私と彼は、荷物運びの人夫とともに戻り、荷物のほとんどを公使館の裏手の川岸に運び出したが、小舟はまだ現れなかった。

そのため我々は、官吏たちの助けを求めて長官の公邸へと向かった。彼らは非常に忙しそうで、小舟を確保するのは不可能だと告げられた。石川は泣き出しそうな表情で、公使館のために小舟や荷物運びを手配する作業なんて二度としないと言っていた。そもそも自分が責任を負うべきことではなかったのに、と。結局我々は、荷物の大半を城で保管してもらうことにした。だが幸運なことに、公使館に戻ると五艘の小舟が到着しており、サー・ハリーが満面の笑みを浮かべていた。そのため、十時ごろに公使館一行は外国人居留地の方向へと出発することができたのだが、私は残った。いっしょにいてくれたのは、一八六七年に陸路で大坂から江戸へと向かったとき以来ずっと苦楽をともにした、六人の日本人護衛兵たちであった。私が残ったのは、うっかり忘れてしまった自分の荷物を運ぶための小舟を手配し、公使館の備蓄品を城へと運ぶ必要があると判断したからであった。だが、予想していた以上の数の小舟が到着したので、挽肉の入った巨大な釜を含めたすべての荷物を載せることができた。だが残念なことに、ミットフォードが一分銀八百枚を支払って最近購入した、金箔で塗られたタンスは、見落とされてしまった。

正午ごろ、私は意気揚々と外国人居留地に向かって出発した。我々の船団には、家の形をした舟（屋形船（ヤカタブネ））もあった。私のことを知らない船頭に対して、これはいったい誰のために用意されたのか尋ねたところ、サトウ様のためのものであると何も知らずに答えたので、身にあまる光栄であると思ったとのことだった。彼らのおかげで、全行程を歩くよりもはるかに楽に下ることができた。みなろくに寝ていなかったので、川を下っている最中にはずっとうつらうつらとうたた寝をしていた。時折、川岸の守衛に呼び止められることもあったが、我々を押し留めようとする者はいなかった。居留地に到着したときには、西から強い風が吹いていたので、河口の砂州を乗り越えることは不可能だった。

公使、ロコック、ウィリス、そしてウィルキンソンは、みな熟睡していた。歩兵の護衛部隊を率いていたブルース大尉が巡査とともに、残してきた持ち物を回収するために公使館に戻り、私も同じ目的のために小舟を手配してブラッドショー中尉を派遣した。夕暮れどきに、彼らは戻ってきた。艦隊の汽艇が居留地の近くに碇泊しており、公使館の機能は当地の副領事館に移管された。とても寒かったので、当時の状況を考えれば非常に上等と言えた夕食をとった後ベッドに入ったときには、心から安心した。他国の代表たちは、河口にある天保山に立てられたテントに身を寄せており、食べるものも少なかった。彼らに同情すると同時に、自分たちの置かれた立場を彼らと比べて少し誇らしく思ったものだった。市井の人々のあいだでは、慶喜が正式に反逆者（朝敵(チョーテキ)）に認定されたという噂もとびかっていた。

翌朝（二月一日）の九時ごろ、ロコックと私は第九連隊第二大隊の護衛兵を引き連れて、偵察のため城へ向かった。城の前には大きな人だかりができており、どの門にも関係者はいなかった。長官の部屋の扉をノックしたが、返事はなく、彼と彼の同僚たちが逃げ去ってしまったことを明白に示していた。民衆は笑っていた。中に誰がいるのかを知るために、私の日本人護衛兵の一人を城に差し向けた。慶喜はすでに立ち去った後で、城は空っぽであると伝えられた。その後公使館へ向かったのだが、建物の中は我々が去ったときとまったく同じ状況で残されていた。外国人居留地に正午前に戻り、昼食をとっている最中にフランスの兵士十三人が戻ってきた。彼らは、民衆から石を投げつけられた報復として発砲し、八、九人ほどを殺害していた。これは、日本人にとっては外国人をむやみやたらと中傷してはならないという教訓となるのだが、諸外国の外交使節一行のほうも大坂は危険だと思い込んでしまったので、そのことは非常に残念であった。城まで歩いて行って帰ってくるあいだ、我々は民衆から何の敵意も感じなかった。彼らは外国人の間の国籍の違いを認識できるようになっていたようである。フランスの公使館は略奪され、家具が破壊されていた。

昼食の後、サー・ハリー、ウィリス、そして私は天保山へと向かった。公使は各国の公使たちに会いに、ウィリスは京都において親皇帝派の兵士たちと交戦して負傷した会津の兵士たちの治療に行ったのであった。サー・ハリーは幸運にも彼の所有物のすべてと重要文書を保持することができ、また彼は大胆にも、危険であると言われていた大坂から、他国の公使たちよりも四マイルも近い位置に留まっていたのだが、これらのことに他国の公使たちはえらく立腹していた。なかなか怒りのこもった言葉のやり取りが交わされた。サー・ハリーは、それがいつになるかはわからないが、公使館のすべての所有物を運び出すことができるまでは大坂から去ることはないと宣言した。これに対して他国の公使たちは、国旗を降ろしてしまった以上は、神戸（兵庫）へと移動して事態の推移を見守るつもりであると告げた。

私は、会津の負傷兵の中から知己を得たかったので、ウィリスの下へと向かった。彼らは、徳川の輸送船に乗るため、小舟がやってくるのを待っていた。彼らが言うには、もし十分な援護を得られていれば敵を倒せたのだが、防衛の最重要地点である山崎（川の右岸にあり、淀のほぼ向かいにある場所）において藤堂が裏切り、淀においても慶喜の将軍であった竹中（タケナガ）が敵に投降した。そして、歩兵の精鋭部隊はまったく使い物にならず、我々の言いまわしを用いるのであれば羊の群れのようで、一人が逃走すれば残りもそれに従うという有り様であったらしい。薩摩の軍勢はわずか千人ほどだったが、非常に首尾よく交戦し、後装式小銃を携えていたとも述べた。慶喜は逃走し、どこへ行ったかはわからないが、恐らく江戸へ向かったのであろうとのことだった。

天保山と、川をもう少し上ったところにあった二つの堡塁は、郡山（九州の大名）[2]の管轄にあったのだが、武器はすべて撤去させられていた。天保山の堡塁の大砲はすべて使用不能にされており、弾薬も徳川の軍艦開陽丸に積み込まれ、船は正午に出発した。慶喜も、それに乗っているのではないかと思われていた。平山老人も天保山の堡塁にいたが、必死に隠れていたようである。シャノワン（後ほど彼は、わずかのあいだながらフランスの軍務大臣になる）ともう一人の軍人によって構成されたフランスの軍事使節団は前夜江戸から到着したのだが、戦闘に参加するには遅すぎたため、非常に残念そうに江戸に帰還した。当然ながら、彼らは慶喜の総司令官の顧問となるべく招聘されたのだが。堺の町は焼失し、大和川の上にかかる難波橋（ナンババシ）周辺の家屋も同様の状態だったとのことだったが、偶然だったのか意図的に火をつけられたのかはわからなかった。薩摩の男たちは、まだ大坂に入っていなかった。フランス公使の言うところによると、大多数の大名たちが敵対していることを知った慶喜は、宮廷からの使者として丁寧に接してくれた越前と尾張に、大坂の城と町を譲り渡したとのことだった！　会津の男たちは、戦傷者の手当てをしてくれたウィリスに強い感謝の念を抱き、イングランド人は世界で最も優秀で優しい人々であると感じたようであった。

サー・ハリーは、他国の公使たちと軋轢を生むことを避けるため、兵庫へと向かうことを決断した。だが私は、我々の国旗がはずかしめられないよう、大坂の副領事代理ラッセル・ロバートソンと第九連隊第二大隊を指揮していたブルース、そして部隊の約半数とともに大坂に残ると申し出た。野口と私の日本人護衛兵たちは、襲撃を受ければ強い意志を持って最後まで抵抗してくれるだろうと確信していたが、そのような事態には陥らないだろうとも思っていた。長州出身で私の生徒である遠藤を京都へと派遣し、大名たちは早く諸外国の代表たちに対して自分たちの方針を宣言するべきだと促した。ミットフォードと私は薩摩の友人たちにも同様の旨を告げる書簡の草案を渡しており、また土佐とも極秘裏に合意がなされていた。堡塁の守備を任されていた会津の兵士たちは、薩摩の男たちが変装した状態で城の中にいたのを目撃したと告げ、慶喜の精鋭部隊の中に紛れ込んでいる者もいたとのことであった。もしそれが本当であれば、悪魔のように狡猾な連中であると言わざるを得ない。

前日決めたとおり、二月二日に公使は神戸へと一時的に撤退することになった。イギリス軍艦ラトラー号には、彼を神戸まで送ってもらうことと、そして江戸の公使館を一時的に任されることになったロコックを横浜へと連れて行ってもらうことを依頼した。八時半ごろ、城の方向から白い煙が上がり、その後黒い煙が雲になっていく様子が副領事館から見て取れた。まもなく城に火が放たれたという話が聞こえてきた。そしてその噂は真実であった。朝食の後、ロコックと私は第九連隊第二大隊の衛兵四十人、そしてブルースとブラッドショーを引き連れて、火事の現場を見に、そして我々の公使館が燃えているか否かを確かめるために出かけた。

我々は城の京橋の門まで川沿いの道を進み、そこから中へと入ると、穀倉と本丸（ホンマル）（内部の広場）が燃えているのを見たが、何者が火を放ったのかは誰にもわからなかった。風が北から吹いており、城の南方にある、かつて精鋭部隊が駐屯していた兵舎に火花が飛び散って火事が拡大していた。我々は大まわりして玉造まで移動したのだが、そこで公使館が最も下賤な連中によって略奪されているところを目撃した。彼らを捕らえようとしたが略奪を止めるには遅すぎた。家具はすべて破壊され、貯蔵庫も略奪されていた。その中には、ミットフォードの美しい戸棚もあったのだが、残念なことにこれが持ち去られたであろうことは想像に難くなかった。城の前には大きな人だかりができており、さまざまな男たちが出たり入ったりしていた。彼らが我々につっかかってきたり、石をなげたりするのではないかと思っていたが、そんなことはされなかった。ただ、もちろん、群衆は長官たちの公邸を、可能なかぎり破壊しつくしていたが。

我々は、正午ごろに副領事館に戻り、そこには任務を終えて帰還していた遠藤がいた。彼が言うには、二、三百人ほどの長州の者がすでに入城しており、そこには尾張に城を明け渡すために残された官吏が一人いたが、そのための儀式が終わる前に火の手が上がったとのことであった。火が偶然ついたのか、それとも慶喜の配下によってつけられたのかは彼にはわからなかった。親皇帝派の中でその場に到着していたのは、長州の男たちだけだった。

イギリス軍艦ラトラー号に乗船して江戸へと出発する予定であったロコックとウィルキンソンとともに、二時ごろ救命用のボートに乗って外国人居留地を出発した。川を下って半分ぐらいまで来たところで、二艘の大きめの舟を引き連れた汽艇に遭遇し、それには公使とイギリス軍艦オーシャン号の艦長スタンホープ大佐が乗っていた。彼らは、大坂の町全体が燃えていると思い込んで、我々を避難させると同時に公使館の国旗を降ろさなければならないと考えてやってきたのだ。これを聞いてどれだけ腹の立ったことか！　我々は、まったく危険にさらされていなかったのである。内戦の勝者に襲われる心配も、城から上がる火の手に巻き込まれる心配も皆無であったし、仮にもしそんなことがあったとしても私は同行者たちの安全のために命をかけて行動できたであろう。さらに私は、薩摩、土佐、そして長州から、我々の公使館をぞんざいに扱ったりはしないと繰り返し保証されていたのだ。だが、命令には従うしかなかった。

はしけ舟をみつけることに難儀したので、可能なかぎり調達できるよう汽艇を派遣することを余儀なくされた。そうして三艘入手することができたので、副領事の家具も含めてすべてをそれらに載せた。重要文書と第九連隊第二大隊の荷物は、すでに出発していた。六時半までにはすべてが発送され、我々もその後無事に砂州を越えた。汽艇は私が乗っているあいだ三回も座礁し、最終的には動かなくなったが、イギリス軍艦サーペント号のバロック艦長がギグボートで私を拾い上げてくれた。公使館の予算が入った金庫を持っていたウィリスは、サーペント号の艦載ボートに引っ張って行ってもらうまで小舟に残らざるを得なかったため、深夜になるまで軍艦に乗ることはできなかった。軍艦はすべてのはしけ舟をつないだ状態で、兵庫まで向かった。

翌朝我々は上陸し、荷物を岸に降ろした。一行のほとんどは、領事館に寝泊まりした。私は、そのときは税関の官吏によって使用されていた、地方行政官の建物に転がり込んだ。家主の代理人は抵抗した。だが私は、我々は幕府のせいで大坂から退避しなければならなくなったのだから、幕府の官吏によって放棄された建物を使用する権利があるはずだと主張した。こうして私は、自分の荷物をそこへ運ばせ、ここを自分の住処とすることができたのである。公使は領事館に居を構え、フランス、オランダ、アメリカ、北ドイツ、そしてイタリアの代表たちは、税関の建物を拠点とした。これは、二階建ての大きな洋館で、もし彼らが移り住んでいなければ内戦の勝者の手に渡らぬよう幕府の官吏が火をつけていたであろう。当地の長官であった柴田という名前の男は、我々の旧友であった。彼は部下とともに江戸へと向かうために、大坂という名前の汽船を一日五百ドル（約百ポンド）で貸し切り、その日の昼に出発した。

私が聞いたところによると、前日の夜かその翌朝早くに薩摩の五代が大坂へと向かったとのことだった。公使に対してその地に滞在していても安全であると告げようとしていたらしいのだが、もしそれが本当だとしても少し遅かった。次に聞こえてきた噂は、慶喜が、大坂と京都、そしてその二つの町のあいだにある地域から兵を撤退させないかぎり、彼は反逆者として認定されるということであった。そして、もし彼が最初に越前と尾張によって告げられた忠告に従わなかった場合、薩摩、芸州、長州、そして土佐は、武力に訴えてでもそうさせるよう命じられたとも言われていた。この噂は、慶喜が急いで逃げ去った理由を上手く説明しているように感じられたが、いずれにしても、彼がとった行動はヨーロッパ人が見ても日本人が見ても格好の悪いことであった。外交使節たちに対してこの国の外交方針を定めるのは自分であると告げた後、慶喜の官吏たちが外国人たちにしたことと言えば、もはや自分たちは公使館を守ることができないと宣言したことくらいであったが、それでもまさか彼が逃走するとは思わなかった。

他に聞いたところによると、帝の宮廷が京都に公使たちを招待するつもりであり、慶喜にはその招待状を持って行くように命じられたとのことだったが、彼はその役割を放棄した。事実、条約関係が始まったころから、徳川政府は遠くヨーロッパからやって来たよそ者が京都の者たちと交流しないように腐心していた。そして、この方針はフランス公使のロッシュによって手厚く支持された。京都から退いてきた慶喜に城で面会したとき、外交担当委員たちの一部が「貴君らは京都に行けると考えているようだが、そう簡単にいくと思うな」といった内容の言葉でなじってきたことを、私はよく覚えている。

兵庫と神戸のあいだにある水が涸れた川の近くにある砦が、薩摩か徳川のいずれかによって爆破されるという風聞が出まわったので、イギリス軍艦オーシャン号とフランスの旗艦ラプラス号、そして軍艦オネイダ号からボートが放たれた。扉は施錠され、鍵も別の場所で保管された。

第二十六章　備前事件

二月四日は、朝から備前の兵士たちが神戸を通って行軍し続けていたのだが、二時ごろ、彼らの家老の配下が行列の前を横切ったアメリカ人の水夫に向けて発砲するという事件が発生した。日本人の考え方では、そのような行為は極刑に値するほどの非礼であったのだ。その後彼らは、目に入るすべての外国人の命を奪おうとしたのだが、我々にとって幸運なことに彼らは成果をあげられなかった。後に外国人居留地が設けられた場所は、当時はただの開けた空き地であった。その土地の山の手には大通りがあり、ここを備前の者たちが通過していた際、彼らは突然後装式小銃と思しきものを斉射してきた。すべての外国人たちが、必死に平地を駆け出して安全な場所へと避難した。

アメリカの海兵隊がただちに襲撃者の追跡をはじめ、我々の第九連隊第二大隊の護衛兵たちも呼び出され、フランスの水兵も数人加わった。我々の護衛兵の半分は、ブルースに率いられて神戸の外国人居留地の入口を占領するために出発し、もう半分は追跡に加わった。平原の東端にある、生田川の川敷に到着すると、備前の男たちがびっちりと隊列を組んで六、七百ヤードほど先を進んでいるところを見つけたので、我々は距離をつめて斉射した。我々には、少なくとも六人の非軍人が同行しており、みな小銃を携えていたので、彼らも同様に銃撃した。ウィリス、ミットフォード、そして私は、拳銃しか持っていなかった。我々の攻撃を受けた敵は、道のそばの平原に展開し川岸から一斉に撃ち上げてきた。反撃すると彼らは逃走した。時折隠れることに失敗した者たちに銃撃を浴びせながら我々は追跡を続けたが、最終的に彼らは丘の上に逃走し、完全に姿が見えなくなった。サー・ハリーは元警官の騎馬護衛兵を引き連れて道路を西宮の方向へとかなり進んだのだが、敵の姿は見えなかった。もし彼らの中に被弾した者がいれば、仲間によって抱え去られていたのであろう。

銃弾が両足の足首を貫通し、川岸に倒れていた農民の老女を発見したウィリスは、連れ帰って傷を治療した。その後我々は、逃げ遅れたみすぼらしい荷物持ちを人質にとった。この人物は、身を隠していた場所から起き上がったときに、至近距離から少なくとも十五発の拳銃の弾が飛んできたにもかかわらず、奇跡的にも無傷でいることができた。逃走した者が残していった袋を開けたが、火縄銃と榴弾砲を兼ね合わせたような武器が三つと、工兵用の道具が少し入っていただけで、特に価値のあるものはなかった。

捕虜とした荷物持ちの者に問い質してわかったのは、この部隊は池田伊勢と日置帯刀（ヒキタテワキ）という備前の家老二人が率いる四百人ほどの男たちで、西宮に駐在している部隊の下に増援として向かっているところであった。部隊の一部は兵庫に残っているとのことでもあった。我々が居留地に戻ると、ブルースによって攻撃を阻止された男たちから奪い取った、戦利品の入った袋がたくさんあった。神戸の大通りには入口の門まで衛兵が並べられ、また入口は榴弾砲を携えた屈強な兵士が見張っていた。衛兵は平地の北側と東側にも配置された。

この中の一部、アメリカ人の水兵もしくは海兵が、十時ごろに騒ぎだした。海軍の軍人たちが大騒ぎし、野戦砲と小銃を携えた者たちを上陸させた。だが、敵は誰一人としてその場にはおらず、単なる勘違いであったことが明らかになった。私はサー・ハリーに対し、もし備前の人々が自分たちのしたことに関して満足のいく説明ができないのであれば、諸外国は本案件を日本全体に対する外交問題として取り上げるということを、備前に宣言するべきだと提案した。彼は、他の公使たちにもこれに同意するよう促し、捕虜にこの内容を記した書簡を持たせて解放した。もっとも、この人物が備前の部隊の下へ到達できるであろうかは疑わしい、と私は思っていたのだが。

一時半ごろ、神戸と兵庫が徳川の兵士たちの手に落ちることを阻止するため、長州が派遣した百人ほどの兵士たちが、我々の部隊がいた村の中央部の近くに到着し、もう少しで我々の兵士たちが発砲しかねないほどの状況に陥った。だが、幸運なことに私はちょうどその場に居合わせることができたので、長州の兵士たちが滞在しており、彼らの部隊の名簿が掲示されていた宿舎へと向かって、撤退を促すと、彼らも即時これに応じた。

午後には兵庫(キョーゴ)と神戸において、筑前、久留米、宇和島、そして恐らく徳川のものと思われる汽船を、日本人がこれ以上我々に危害を加えないための「物的保証」として拿捕した。

二月五日の朝には、吉井から再び書簡が届き、政治について話をしたいので大坂まで来られないかと聞かれたが、私はあまりにも忙しくてとてもではないがそんなことはできなかった。長崎のグラバー商会が所有する汽船ワンポア号が到着し、その船には薩摩の兵士八百人が乗っているという事実無根の噂が出まわっていたので、彼らの上陸を防ぐために私は小舟に乗せられて派遣された。だが、薩摩の男は一人たりとて乗っていなかった。四国の阿波の男たちが、小舟を用いて兵庫に上陸したため、我々の軍人たちによって追跡されたが、彼らは数が少なく見た目もみすぼらしかったので、軍人たちも彼らを危険だとはみなさず、襲いかかるようなことはしなかった。

その後我々は宣言を発することになり、私がそれを執筆することになった。その宣言は、まず我々がなぜ汽船を拿捕したのかを説明した上で、人々に変わらず平穏に日常を過ごすよう求め、そして武装していなければ我々の駐留地を通過してよいと告げるものであった。一時ごろ、オランダの男が、日本人が攻撃をしかけるために進軍していると述べ（そして一般の人々も、同様のことが起こっていると考えていた）、人々の注意を喚起した。この報告は、税関局の中に設けられていた諸外国の代表たちのための区画にまで伝わり、そこではフォン・ブラントが、少なくとも三百人の男たちが神戸の北側にある丘から町に向かって来ていると騒いでいた。彼の望遠鏡を拝借してその方向に向けると、たしかに男たちの集団が目に入ったが、もし彼らが武装していたとすれば間違いなく友好関係にある長州の男たちであった。

これを受けて、私はイギリス軍艦オーシャン号のガードン大尉以下十人の男とともに周囲の哨戒に出かけ、長州の者を見つけたときには宣言書を見せることになっていた。だが、丘にいたのは農民だけだった。長州の兵士たちは、丘から二マイルほど離れた勝福寺（ショーフクジ）という大きな仏寺に滞在していたので、彼らは我々との約束を遵守していた。我々は兵庫の中を行軍し、備前が公的に使用していた宿（本陣）の扉に宣言書の一枚目を貼り付け、兵士たちが四日の夜を過ごした建物には合計四枚からなる宣言書をすべて貼り付けた。その後、我々は外国人たちの不安を和らげるため帰還した。

同僚たちの下へ戻ると、吉井と寺島が私を訪ねてやってきたことを知った。公使は短時間の対談に応じ、帝は諸外国の代表に対して使者を送るべきであると忠告した。彼らは、薩摩兵三百人の通過を許可してほしいと要請してきたが、公使は、帝から正式な通達が来ていない以上、薩摩が陛下の命令の下で動いていると認めることはできないと述べて、これを拒否した。そのため彼らは、兵隊を別の経路で兵庫に上陸させると合意した。

この後私は吉井と寺島とともに兵庫における彼らの本陣へと向かい、そこで最近の動静について詳しく教えてもらった。彼らは緒戦から連戦連勝だったとのことで、「袋のネズミ」というべき状況から生還するためには、必死に戦い、勝ち続けるしかなかったのだと述べた。伏見でも厳しい戦いを強いられたが、最初の攻撃をしのぐと押し返すことに成功し、徳川の軍勢を淀まで撤退させたという。淀と、その近くにある川にかかる長い橋には、撤退した兵士たちによって火が放たれたとのことだった。

会津の男たちは、勇敢に戦った。幕府の作戦は、薩摩と長州の兵士たちに会津と新選組（最近育成された、武装された侍の集団）をぶつけ、その間精鋭歩兵部隊を親皇帝派の軍勢の右翼側から忍ばせ、京都を占領するということだった。肥後も宮廷を掌握したいと思っていたようで、薩摩が弱るのを待っていたようだったが、そのときにはもう、こうした下心は捨てていたようである。

戦いに参加した薩摩と長州の男たちは千五百人ほどで、他の兵士たちは町の防衛にあたっていた。もっとも、重要な道路はみな幅が狭かったので、大軍であれば優位になれるというわけではなかった。親皇帝軍は袋に詰め込まれた弾薬を野戦砲に装填し、これが敵を攻撃する際に極めて有効だった。薩摩の男たちの中で戦死したのは二十人ほどで、全体を見まわしても死傷者の数は百五十人を越えなかった。彼らはたくさんの敵を捕らえ、野戦砲や小銃などの戦利品も獲得した。藤堂の裏切りは、親皇帝軍にとって非常に大きかった。藤堂は薩摩と長州を相手によく戦っていたのだが、帝の旗、つまり赤地に金色の太陽と銀色の月が描かれた旗を見た瞬間、戦意を失ってその身をひるがえした。薩摩と長州のもう一つの勝因は、白兵戦に秀でていたことであろう。

彼らの総司令官は、皇族で御室御所（オムラノゴショ）とも呼ばれる仁和寺宮（ニンナジノミヤ）[1]であった。彼らは、西日本から箱根までの氏族はみな降伏し、仙台もそれに加わるであろうと期待していた。すでに紀州が講和を望んでいるそぶりを見せており、大垣は降伏し、敵対した他の氏族のほとんども、会津を除いてすべてが同様であった。

吉井と寺島が言うところでは、岩下、後藤、そして流刑処分となった五人の宮廷貴族の一人である東久世が神戸まで来て帝の宣言を諸外国の代表たちに通達するつもりだとのことだった。新政府は、諸外国に対して平等に接することを望むだろうが、イングランド人が京都の一派と友好的だったので、特に好意的で友好的な態度で接してもらえることを期待できた。吉井と寺島とは、夜の十時半までともにいた。彼らは、我々に日本人の汽船を拿捕する権利があることを認めていたように思われ、いっしょにいるあいだ、彼らは大坂にいる自分の同僚たちに向けて、状況を説明する長い書簡を記して送り、その書簡には我々の宣言の写しも添えられていた。彼らは同時に帝に対しても書簡を送り、諸外国の代表たちに対する声明文を携えた帝の使者を至急派遣するべきであるとも告げた。

六日の早朝には、前日我々と約束したとおり、薩摩の兵士たちは西宮から大きな舟に乗ってやってきて、兵庫に降りた。

　肥前の大村の家臣である渡邊昇とフクザカコーゾーがやってきて、拿捕されてそのときはフランスの手の中にあった彼らの汽船について問い合わせた。汽船は宇和島の所有物で、移動のために大村に貸し出されていたのであった。備前に対する我々の宣言と、汽船を拿捕した理由を示した書簡の写しを彼らに手渡すと、彼らは我々が正当な権利を行使したのだということに納得した。しかしながら、我が国やアメリカ、フランスの海軍軍人がつまらないことでよく問題を起こしたので、我々の評判も下がってしまった。

　長州の兵士たちを率いていた片野[2]を訪ねた。彼によれば、備前の二人の家老は四日の小競り合いの後、大坂もしくは京都のどちらかに向かったが、どちらに行ったかはわからないと言った。将校や兵士たちは残っているとのことだった。

二月七日、帝の使者として芸州の小さな汽船に乗って兵庫にやってきたのは東久世で、彼は岩下、寺島、伊藤とその他の随行者数人を従えていた。彼らが訪ねてきたと聞いてすぐに公使の下へと向かった。彼は他の公使たちを訪ね、帝の使者との会談の場所と時間を調整した。各国の公使たち、特にフランスの公使は、帝と彼らのあいだを取り持つ役割を担ったのがイングランドの公使であったことに苛立ちを隠せないようであった。彼らはサー・ハリーから、帝からの書簡の内容を聞き出そうとしていた。実のところサー・ハリーは、ほとんど情報をもちあわせていなかったのだが、それすら教えようとはしなかった。対談は、翌日正午に税関局において行われるべきだと決められ、私は兵庫まで行ってこのことを岩下に告げた。備前の男たちが三百人、町に入ったという情報が流れていたが、影も形もなかった。多国籍の部隊は統率が難しいという判断から、我が国の海兵隊は撤退した。その後、町の中央にある門を管理し、その中で繰り広げられていた些末な事件を収束させるという任務は、アメリカが行うことになった。彼らは不快なほどに融通が利かず、彼らが任されていた門を通してくれなかったので、私は大まわりをして行き来しなければならなかった。

そして二月八日、我々が指定した場所と時間において、東久世は非常に重要なことを述べたのであった。東久世は、日本人の基準と照らし合わせても小男で、輝く瞳をもち、並びの悪い歯はまだ当時の宮廷貴族の慣習であった黒染め（御歯黒（オハグロ））から完全に自由になってはおらず、またたどたどしくしゃべる人であった。書簡は古文調の漢文によって記されており、翻訳すると以下のような内容になる。

日本の皇帝は、将軍徳川慶喜（ヨシノブ）*が政権を運営する権限を自ら返上したことを受けてこれを承認したことを、すべての外国の元首とその国民に対して通達する。これにともない、以後は帝の政権が日本における内政及び外交の最高責任者となる。また、これまで締結された条約の中で大君と記されている箇所はすべて皇帝という語句に差し替えられなければならない。我々は現在、外交を担当する官吏を任命している。条約国の代表たちが、この宣言を承認することを希望する。

一八六八年二月三日　睦仁[3]

この書簡の文体は、極めて美しかった。それは、帝は条約の内容を尊重する義務を負っているという前提で記されていたので、条約に関してはそれほど記されておらず、わずかに大君と記されている箇所を帝という語句に差し替えるということが述べられているだけであった。翻訳が作成され、それが公使たちに見せられると、彼らは使節に対して雨あられのように質問を浴びせたのだが、使節はそれに上手に返答していた。ロッシュは、帝の権威は日本全国に及んでいるのかと尋ね、これに対して使節は冷静に、現在徳川の反乱によってそれは達成されていないものの、いずれそうなるであろうと返答した。この後、ロッシュの通訳

*この人物は、ケイキと呼ばれることが多かった。これは、慶喜という名前を記すときに使用された二つの漢字の別の読み方に由来している。

(彼は徳川派の男だった)は、使節の言ったことを意図的に誤訳し、「すべての者が帝に恭順したとき、彼は国を支配することができるであろう」と言ったので、我々がこれを問い質すと、彼は「帝が権力の座に戻った以上、人々は当然彼に従うであろう」と言い直した。

備前との一件に関しては、帝の政府は今後、神戸の外国人の命と財産の安全を保障し、また備前の処罰を求める諸外国の代表たちに対して満足のいく結果をもたらすことを約束した。我々は、その条件であれば海兵や水兵を軍艦に引き上げさせ、拿捕した汽船も解放すると合意した。大坂はまだ完全に平穏を取り戻したわけではなかったが、すぐに平常どおりに戻るだろうから、そうなれば外国人に対して公式に再開放できるであろうとのことだった。

使節は、帝の政府の代理人として諸外国の代表たちに質問し、今回の帝の宣言を本国政府に報告し、自分の国の人々に対しても通達するつもりはあるのだろうかと尋ねた。これはつまり、自分たちを「承認」するのかと聞いていることと同義であった。ロッシュは大変立腹し、「我々の身を彼らに委ねてはならない」と述べたが、イタリアのデ・ラ・トゥール伯爵とドイツのフォン・ブラントは異議を唱え、我々はそもそもそのようなことはしておらず、彼らが何か要求することを待っていただけではないかと反論した(もちろん、彼らは大坂の薩摩屋敷において取り交わされた秘密交渉については知らなかったのだが)。最終的に、全員がそれぞれの本国政府に報告すると返答したので、使節は満足の意を表明した。彼を兵庫まで連れて行く軍艦を待っているあいだ、長いこととりとめのない話をしたが、特筆に値する内容のものはなかった。伊藤は、我々が京都に向かうことに関してはもはや何の問題もないと述べた。私は無関心を装っていたのだが、内心では、外国人が二世紀にわたって頑なに排除され続けていた都とその高名な建築物をぜひとも見てみたいと思っていた。

翌日、東久世の希望に応え、イギリス軍艦オーシャン号を見せた。

諸外国の代表たちは東久世に対して、備前での事件に対する対応、つまり日本側の非を全面的に認めた上での謝罪と、斉射を命じた士官の処刑を要求するという合同の声明文を手渡した。今回の事件が起こったときには公使たちも銃火の下にいたので、彼ら、特にロッシュ氏はこの事件をことさら問題視した。彼らがそこにいたことを、行軍中の備前の軍隊が知ることができたかということは、かなり疑わしかったのだが。伊藤は、政府が備前の家老に腹切(ハラキリ)をさせることに同意するのではないかと考えていたようであった。彼は、長州が征服した小倉（下関海峡の南方にある）と石見(イワミ)の州を帝に献上したことも教えてくれた。桂（木戸）と伊藤が長州の大名に望んでいたのは、さらに一歩進んで、一族にとって必要な最低限の土地、家臣、そして各種財産以外はすべて帝に譲渡することであった。もしすべての大名たちがそのようにすれば、それは当時の制度の下では実現不可能であった、強力な中央政権を作ることができた。大名たちが、中央政権に協力するかを任意に決められる、そして各々異なるやり方で軍隊を整備することができるうちは、日本が強くなることは不可能だった。北ドイツ連邦と同様に、小さな国々はより大きなものへと吸収されなければならなかった。徳川の忠臣であった松山と高松は倒され、領地は皇帝に捧げられると思われた。土佐はこれを遂行することを申し出て、実際にそれを任された。兵庫の数マイル西にあった姫路も、親皇帝派から攻撃されるであろうと思われた。

岩下、伊藤、そして寺島は、外交担当機構の官吏として宣言書を記してそれに署名した。それには、帝は条約を遵守する意向を示しているので、民衆にも外国人にも正しい態度で接しなければならないと記載されており、市内に掲示された。その後、ロッシュと通訳官の塩田は夜のうちにヨーロッパに出発し、秘書官のブラン男爵が代理として残ると伝えられた。京都からの使者によって前日発された公式声明の内容は、彼の計画が完全に失敗したことを意味しており、それを見届けることに耐えられないと思ったのだろう。彼はまず横浜に向かうつもりだったとのことで、恐らくそこで何かしらの策を弄して自身の外交官としての名声を回復しようとしているのだろう、と私は推測した。だが、彼はその後賢明にも考え直し、事態の見通しが立つまで日本にいれば、帝によって京都に招待されるかもしれず、そこで新しい政治体制を承認する機会を得るかもしれないと判断した。パークスの先導に従うという選択肢以外になかった他の公使たちも、正しい行動をとった。

二月十日、諸外国の公使たちは、東久世と彼に同行した岩下と後藤の一行と再度会談を行った。彼らは、伊藤が臨時で税関管理官と神戸の町の長官としての役割を担うことになると言った。これらの職務を兼任しているのがそれほど身分の高くない人物であるにもかかわらず、日本の民衆がそれに従っていることを私は奇妙に思ったが、日記に示したとおり、日本の下級層は誰かに支配してほしいという思いが非常に強いので、権力を有していると自称する者に対しては条件反射的に従うのである。その者が軍隊に支持されているように見えれば、なおさらであった。

伊藤は、当時の日本の政治に関与している者にしては珍しく英語に堪能だったので、引く手あまただった。民衆の従属的な気質を考慮して、外国の人々が日本を統治することは難しくないだろうが、そのためにまず二本差しの階級に属する者たちを排除し、また日本語を話し、読み、書くことができるようになる必要があった。それができなければ、外国人たちの試みは完全に失敗するであろう。また、侍の数は非常に多かったので、このような考えは到底現実味のないものだった。一九一九年現在、振り返って思うに、あの当時に日本人の精神を理解していた者で、そんなばかげた考えを一瞬の冗談としてでも検討した者はいなかった。

後藤は、備前の一件に関する公使たちの共同声明を携えて京都へと向かうことになっていた。宮廷が責任者の処刑を指示することは間違いなかったが、斬首ではなく家老の日置帯刀に腹切（ハラキリ）を命じるであろうということは、想像がついた。私は、関係者から内密に、事態が収束するまで備前の男たちが滞在している西宮を訪れることはやめたほうがいいと言われていた。大坂においてはすべてが平静を取り戻しているとのことで、近いうちに戻ることができる日が来ることを心待ちにしていた。

当時は後藤休次郎と名乗っていて、現在は本名である中井という名前で知られる人物は、外交担当機関に属していた。彼は非常に明るく朗らかな人物で、常に娯楽を好み、宴会を行うと決まったときにその手筈を整えることを任されたのはいつも彼であった。そのため彼は、外交担当機関の道化、を意味する「外務省の太鼓持（タイコモチ）」という異名を得ることになった。

十一日、サー・ハリーとフォン・ブラントと交渉を行うため、東久世の一行が領事館にやってきて、三時間ほど会談が行われた。開港に関するすべての条約、協定、そして合意は、帝の代理を務めた、皇族の仁和寺宮（ニンナジノミヤ）によって承認されなければならなかったので、それらをすべて提示した。我々は、京都における最近の動向についても多くの質問と回答を交換した。最終的に東久世は、前政権を支持する小笠原壱岐守らが発した宣言を否定するために、彼らのものよりも詳細な情報を提供すると約束してくれた。全国会議も、慶喜は薩摩によって強制的に中断させられたと抗議していたが、それは十二月十五日に開催される予定だったそうである。西部の大名たちは、他の地域の大名たちがやってくることを、期日を過ぎてもずいぶんと長いこと待ったのだが、結局自分たちだけでこれを開催することを余儀なくされた、とのことであった。

　幕府に対しては、国の政治を担う権利を奉還するだけではなく、それを実際に行い得る力を持たぬよう、可能なかぎり多くの土地を放棄するよう要求したとのことだった。彼らの計算では、譜代大名と多くの旗本のものを除いても、徳川家には二百五十万石の土地が残されるとのことだった。徳川はこれを拒否したが、八十万石の土地ならば放棄に合意すると述べ、また皇帝の朝廷に対する資金提供も継続すると告げた。慶喜は、京都を離れるころには親皇帝派によって求められた要求を呑むことに同意したのだが、この決断は会津と桑名の強い反発を招いた。その後、越前と尾張が大坂にやってきて、彼を京都へと呼び戻してこれらの取り決めを公式なものにしようとした。だが、彼らの意図に反して会津と桑名が彼の供となってしまい、開戦に至ってしまったというわけである。

東久世の一行との会談が行われたときには、箱根より西の大名たちのほとんどは、帝に対して忠誠を誓うか、屈服させられたか、今にも武力で服従させられるかという状況に陥っていた。そのため、親徳川派の八百万石の土地のうち、七百万石は帝の手中に収まっていた。もしこの段階で徳川が降伏すれば、まだ没収されていない所有物は手をつけられずに残されたであろう。だが、慶喜が失ったものを取り返しにくるかもしれないとも懸念されており、その場合には帝の一派は徹底抗戦をするつもりだった。その場合、北東の街道（越前と加賀を通過する）、信州を通過する中央の街道、そして東海道の三つの幹線道路に兵を放つという手筈になっていた。

彦根の井伊掃部頭（カモンノカミ）と、京都の一派に後から追従した者たちは、その忠実さを試されるために皇帝の軍勢の先鋒を務めさせられた。北部の大名たちは特に徳川に義理だてする理由もなかったので、彼らを支持する理由がなかった。阿波は降伏し、兵庫に駐在していた部隊に増援を送っていた。京都における最近の戦いで捕虜になった者は、日本の内戦時の古い慣習に則って処刑にするのではなく、平和が戻ったときに故郷に返されることになった。

帝の一派は、諸外国に厳正中立を求めているということを、我々は理解した。

その後、私の旧友であった、薩摩屋敷の南部弥八郎と柴山良介が死んだという情報が出回った。前者は磔にされ、後者は斬首されたのだという。西洋人である以上、捕虜の命を奪うという行為には激しい怒りを駆り立てられるので、彼らの仇を討ってやりたいと思った。
肥前の元大名で、誰からも日和見主義者と目されていた松平閑叟（カンソー）が、近々京都にやってくるという話も聞いた。また、長崎の長官も町を離れ、町は薩摩、芸州、そして土佐によって占領され、肥前が砲台を掌握したとのことだった。
壱岐守からサー・ハリーに宛てた、外交文書の書式に則った書簡が、二月十三日に到着した。それには、慶喜が京都に入ることができなかったのは、すべて薩摩の妨害のせいであると記されており、また戦闘において親皇帝派が一時的に成功したからと言って、自分たちと長期にわたって築いてきた関係を断絶させないよう要請してきた。ロコックは、帝が諸外国の代表たちに使者を送った場合はどう対応すればいいのかと質問していたのだが、これに対して壱岐守は何の返答もしなかった。本国からの報告によると、向山（ムコーヤマ）*4がイギリス外務省に対して、サー・ハリーが大君に対して「マジェスティ」ではなく「ハイネス」という敬称を用いたことに抗議したとのことであった。これに対してスタンレー卿[5]は、日本においては「殿下」よりもさらに格が高い称号があるということなので、最上位の敬称である「マジェスティ」を「殿下」の訳として使用するわけにはいかないと述べた。また、壱岐守の書簡においても「陛下」（これが「マジェスティ」と同義の言葉となる）という称号は女王に使用され、「殿下」は大君に使用されていた。最近の言いまわしでいうならば、ぼろが出たということである。[6]
五代と寺島が訪ねてきて、公使と政治について長い時間談義した。彼らは公使に、三週間、あるいは一ヵ月もすれば政治的状況も進展し、政府は諸外国と友好関係を樹立するために各国の公使を京都に招くことができるようになるだろうと述べた。また、彼らは京都における負傷兵の治療のため、外科医を一人貸してほしいとも要請した。公使は、苦しんでいる人を助けることができるのであればそのようにしたいし、公使館の医者は会津の男たちの治療を行っているので、可能なかぎりそのとおりにしたいと述べた。だが、残念ながら備前の一件に対する返答次第ではこれを拒否しなければならないとも告げた。公使館員の大坂帰還に関しても議論され、我々が使用していた城の裏の建物が破壊されて居住不可能になってしまっていたので、代わりの仏寺を提供してもらうことになった。もっとも、我々はここに一時的にしか滞在しないであろうから、あまり重要なことではなかったのだが。

五代と寺島は、私が単独で大坂を訪問することを熱望していた（実を言えば、私は自分が希望さえすれば、どこにでも行けると思っていた）。五代は、江戸を攻撃するために京都に行くことも不可能ではないと思っていた。たとえば、次の日に京都に行くことも不可能ではないと思っていた。彼らがイギリスの軍艦が売りに出されていると思っていたことを、非常に興味深く感じたものである。彼らには、諸外国に対して中立を要請する通達をただちに送るべきだと私は忠告した。そうすれば、軍艦ストーンウォール・ジャクソン号が徳川の者たちに引き渡されないよう、アメリカ公使に依頼することができ、フランスから届く予定の甲鉄艦二隻

＊一八六七年のフランスでの万国博覧会に参加するためヨーロッパに派遣された、隼人正（ハヤトノショー）のこと。

も差し止めることができるから、と。[7]五代はさらに、出羽の州の大名である上杉と佐竹が会津の懲罰を任せてほしいと申し出たので、それが認められたということも教えてくれた。

翌日彼らは、東久世が記した書簡と、伊達伊予守（宇和島）と三条実美（サネヨシ）（流刑になった宮廷貴族の一人）から彼に出された指示が記された文書を持ってきた。それには、東久世は帝の政府の名代として、諸外国が提示した備前事件を決着させるための条件に同意すると記されていた。我々の要求とは、外国人に対して発砲を命じた士官の処刑と、事件に対する謝罪であった。この帝の使者は、すでに延長されていた返答期限の二十四時間前によこされたので、公使たちは期限内に対応されたことを喜んだ上で、三、四日後に謝罪文を送付し、処刑執行に関する詳細を決定してほしいと求めた。五代と寺島は、もし備前が士官の引き渡しを拒めば、帝の兵士を用いて従わせると述べた。また彼らは仁和寺宮の手紙を持ってきて、それには、条約やそのほかのすべての取り決めは帝の名前で承認されたこと、そして仁和寺宮が外交担当機構の長になったことが記されていた。伊達、三条、そして東久世が彼の補佐官を務めるとも記されていた。加えてもう一つ手紙があって、それにはイギリス政府とその国民に厳正中立を要請する旨が記されており、同様の手紙は他国の公使たちにも送られていた。帝が条約国に対して出した知らせの写しも、それをまだ受け取っていない公使に配られた。戦傷兵の治療のためにウィリスを派遣してほしいという要請は受諾され、私が彼に同行するという提案もただちに受け入れられた。

その日、長崎長官の河津伊豆守が七日の夜にひっそりと任地を離れたということと、八日に現地にいた十三の大名の代理人たちによって臨時政庁が樹立されたことが伝えられた。長官は当地の行政方針を肥前と筑前の長官に譲渡したのだが、彼らは他の氏族の協力なくそのような責任を担うことを拒否した。港の行政が一日たりとも滞らないよう、配下の税関官吏と通訳、そして長崎の防衛のために訓練された五百人の兵士たちは、みな臨時政府の管理下におかれた。火事が何件か発生したが、すぐに消し止められた。

第二十七章　京都初訪問

翌日は、京都を訪問するに先立って二週間分の備蓄を購入するなどといった準備に一日を費やした。この最中、宇和島の西園寺雪江(ユキイエ)が訪ねてきた。ウィリスと私は、京都への道程の出発点となる大坂(オーザカ)までは軍艦に乗って行く予定になっていたが、彼にも乗って行かないかと申し出た。そしてその後、以前江戸で会ったことがある薩摩の大山弥助*という人物がやってきて、護衛部隊の指揮者を務めることを告げられた。

実家に保存されていた私からの手紙によると、日本の外科医は銃創をすべて縫い上げて対処していて、そのせいで死んでしまう患者もいたようなので、戦傷者の治療のためにヨーロッパの外科技術が切望されていたのであった。一八五九年に日本の開港が達成された後でも、外国人が厳しく締め出されていた都を訪問できる機会に恵まれたということを、私は喜んだ。しかもそれは、かつて大君の官吏たちが、我々を常に都から遠ざけようとしている一派と表現した連中からの招待によって可能になったのだから、なおさらのことであった。

サー・ハリーは気持ちが高揚しており、機嫌もよかった。彼は日本人の官吏との対談において強い語句を用いたため、その言葉を翻訳することは非常につらい仕事だったのだが、その後博愛に満ちた言葉を用いるようになったので、ありがたかった。成功は人を優しくさせるものであり、そしてサー・ハリーは間違いなく成功者であった。フランスの公使が去った後、サー・ハリーが外交使節たちの中での最重要人物として認められるようになっており、他国の公使たちもみな彼の方針が正しかったことを理解して追従しはじめた。彼に促されて、公使たちは共同で帝と大君の間の戦いから中立を宣言した。これによってさまざまな影響が出たが、その最たるものは、日本人が購入したアメリカの甲鉄艦ストーンウォール・ジャクソン号の受け渡しが阻止されたことであろう。中立宣言は、ロッシュ氏が秘書官のブラン男爵にフランス公使館を任せて横浜に去った後に出されたものであった。

二月十六日の朝九時、野口、私の生徒で少年であったテツ、私の日本人護衛兵の一人であった松下、そしてウィリスの忠実な給仕であったサヘイとともに、軍艦コックシェイファー号に乗船して出発した。大坂の砂州を越えようとしたころ、薩摩の汽船キャンスー号[1]ともう一隻の船が大勢の兵士を上陸させているところを目撃した。町に降りると、焼け落ちた薩摩屋敷の近くにある、タカマツという名前の仏寺が我々の宿舎としてあてがわれたことを知った。その寺に腰を下ろしたのとほぼ同時に、木場伝内の秘書官が使者としてやってきて、発熱によって体調を崩している者が数人いるのでウィリスに診てほしいのだが、我々が川を上るために必要な小舟が手配できていないので、大坂に二、三日滞在してほしいと告げられた。ウィリスは傷の手当てのための道具しか持ってきていないので、発熱の病状を示してい

＊後年、一九〇四―〇五年の日露戦争において、満州の総司令官を務めた大山〔巌〕元帥のことである。

る患者を診ることはできないと返答した。また、最近上流で起こった戦闘で小舟が大量に使用されていたはずだから、それを手配することに時間がかかる理由が理解できない、岩下と寺島に、我々が予定していた日よりも一日早く出発するよう促されたから今ここにいるのに、と言った。これを聞いた秘書官は飛び出していき、弥助もこれについていった。一時間経っても帰ってこなかったので、京都訪問の許可は撤回されたのではないかと判断し、だとしたら大坂で時間を無駄に費やすよりも神戸に戻ったほうがいいのではないかと考えた。四時になると大山が、体が湾曲していた伊地知正治（イジチショージ）といううみにくい老人を連れてきた。彼は、どうやら薩摩の将軍の一人のようだった。彼は、さんざん社交辞令を述べた後、舞踏病者のように体を揺らしながら木場の書記官が述べたのと同じ言い訳を告げた。これに対して我々も、前と同じ返答を返した上で、もしまだ我々を京都に迎える準備ができていないのであれば、今すぐ神戸に戻るとも言った。

このように断固たる態度をとったので、伊地知はただちに小舟を準備するように命令し、それを見て安心した我々は、その合間に城の焼け跡を確認しに行った。正門には、薩摩と長州に属する者以外は入城を禁ずるという触れ書きが貼られていたが、我々には薩摩の者が同行していたので、問題なく入城することができた。門を通った先には、破壊の跡が広がっていた。白塗りの塔と内堀の壁はなくなっていた。南方の外壁沿いにあった兵舎や塔も同様で、門の右方向にあった礎石が残っているのみだった。巨大な岩の塊で囲まれた通路を通って、そして城のキープに相当する本丸（ホンマル）へと入った。岩は、大きいものは縦四十二フィートと横十六フィート、もしくは縦三十五フィートと横十八フィートはあった。石造りの部分しか残っておらず、ギリシャのティリンスにある古代遺跡に残っているサイクロプスの城壁を思い起こさせた。

壮大な城は、なくなってしまった。それがかつて建っていた場所にわずかに残されていたのは、土台の上に散らばる、半分焼け焦げたタイルのみだった。天守（テンシ）と呼ばれる、中心部の棟への通路には被害がなかったので、我々はその頂点へと上りにいった。棟の壁からはがされて散らばっていた石膏が、火事の様子を物語っていた。もっとも、この棟を囲う漆喰の壁は、延焼を避けることができただけでなく、階下で起こった大爆発から逃れることができたようだったが。この壁にあった四つの扉から外側の通路へと出ることができ、そこから町をうねりながら流れて海へと出る川と、それにかかる三つの大きな橋、そして湾の向こうにある丘を眺めることができた。このとき見た景色は、私が今まで見たいかなるものよりも美しかった。反対側を見ると、川が伏見からの平原をぬうように伸びていた。

城の内側は、風上にあったがゆえに火の手を逃れることができたいくつかの倉庫を除いては、すべて破壊されていたが、そこから見下した光景は、バベルの塔もかくやと思わせるものだった。三つの石積みの壁は残っており、そのうちの一つの上に我々はいた。また、我々は、「黄金水（オーゴンスイ）」といわれた金色の水を引き出すことができると知られていた井戸を検分し、その深さが百四十フィートあることを確認した。天守（テンシ）の下にある玄関に戻ると、焼失を逃れた倉庫に焼けこげた鎧や兜が積み上げられていることを発見した。その一部は強烈な熱気によって溶かされ、いびつな形の鉄の塊と化していた。また、火縄銃の銃弾数千発も積まれており、小銃も数丁あった。我々の公使館が一時的に居を構えた建物がどうなったかということも知りたかったので、我々は破壊された玉造門から外に出た。ミットフォードと私が居住していた建物を除いては全壊しており、地面にはがれきが散乱していてとてもではないが修復することはできないように思われた。何とも憂鬱にさせられる光景だった。

宿舎に戻ると、五代がいた。彼は何度も丁寧に詫びを言いながら、より人間の住処らしい建物へと案内してくれた。五代が言うことには、明朝までは我々を京都に招くことはできないとのことであった。彼の話を聞くかぎりでは、皇帝の宮廷からの許可が出ることが遅れているのは、予想外にも京都に直接戻った仁和寺宮の影響であるようだが、五代が使者を送ったので、翌日の夜には伏見で通行許可証を受け取れる手筈になっているとのことだった。これに満足の意を表明すると、酒と酒の供が運びこまれ、六人の少女の歌い手たちもやってきて、時が経つのを忘れて過ごした。

二月十七日の朝十時、我々は薩摩屋敷の焼け跡から延びる階段の下から、少し大きい舟に乗って出発した。一行は合計七人で、朗らかな友人大山と、我々の護衛のための部隊を率いていたもう一人の士官もいた。先ほど朝食をとったばかりだったが、すぐに酒とつまみが準備され、その日は一日を通じてほぼ絶えることなくさまざまな娯楽が提供された。よく晴れた朝で、ウィリス、ワーグマン、そして私が同じ川を上った五月のときと同じくらい景色がきれいだった。

誰が促すというわけでもなく、最近の戦いについてのことが話題に上った。戦いのあった日、徳川の兵士たちは四時まで一日中、鳥羽街道において突破口をこじ開けようと薩摩の部隊を攻撃し続けていたとのことであった。この進撃に対して、通路の中央（通路という言葉を用いるのは、一般的に道路と呼ばれるものは、これよりもう少し幅があるからである）と左手側の三つの箇所に設置された野戦砲を放って抗戦し、また茂みの中に隠れていた兵士たちもマスケット銃を斉射した。予想外の反撃を受けた徳川の軍勢は混乱状態に陥り、死傷者を見捨てて、みなばらばらに撤退していった。鳥羽の方向から銃声が聞こえたことから、そこから約一マイル離れた伏見の親皇帝派の軍勢は、現地の長官の公邸の外に陣取っていた大君の兵士たちを攻撃し、戦いが夜中まで続いた。大君側の士官たちは、逃亡者の典型例のような様相で逃げ出し、部下たちもたまらず同じように行動したため、したがって戦闘は一方的なものになった。大坂への道中では、淀を過ぎると戦いは起こらなかった。枚方においては、訓練を受けた歩兵たちがすでに逃げ出した町人の倉庫に押し入り、見つけられるかぎり最も高級な服をまとって自分たちが町人であることを装った。だが、ほかの町人がこれらの不届き者どもを追跡し、そのうち六人を殺害した。

我々は枚方を四時に通過したが、伏見の宿に到着したのは深夜になってからだった。藤堂が山崎に昔からあった関所を管理しており、加賀が橋本の関所を管理していた。宿では、旧友吉井が出迎えてくれた。服装もきれいで顔もそっていたので、ここしばらくの中でいちばんきれいな格好をしていた。酒が運びこまれ、二時すぎまで会話を続けた。夜遅くまで起きていたが、十時には出発できるよう準備を整え、八十八人の護衛とともに出発した。「パウロニアの木のさおがついた」という意味の、桐棒駕籠（キリボーカゴ）という位が高い者のみが使用を許される大きな乗り物が用意されたのだが、ウィリスは六フィート三インチの大男でその身を収めることができず、歩くことを選択した。しばらく伏見の町中を進み、十五フィートの幅があった竹田街道に出て、川の治水のために設けられた堤防に上り、橋を渡って京都の町に入った。

道沿いにあった寺で、伏見から我々についてきていた小松と落ち合い、皇帝の宮殿の裏にある薩摩屋敷の近くにあった相国寺（ソーコクジ）という仏寺に一時前に到着した。薩摩の領主であった修理大夫が、彼の個人的な顧問であった西郷とともに我々の到着を歓迎するべくやってきた。我々二人と握手をした後、入口の近く、机の端に置かれた椅子に座り、我々は上座側に配置された椅子に座った。彼の従者は、みな床に座った。いくつか社交辞令を述べた後に彼は帰り、我々は玄関まで同行した。相国寺の敷地は広く、木が生い茂っており、寺の建物は木造建築の模範のようなものであり、国が使用する建物は美しい金色の紙にインド風の墨絵が描かれた屏風で仕切られており、格天井の高さは十五フィートほどだった。西洋人の便宜のため、テーブルと椅子が用意され、領主が帰って間もなく壮大な宴がはじまった。

午後になると、ウィリスは負傷者の治療のために出かけ、私は護衛を引き連れて三条通りにある書店を散策した。民衆は、三条通りに到着するまで私が外国人であると気づかなかったようで、小さな男児が一人、私は琉球（ルーチュー）の者かと尋ねてきた。徳川の二条城は、今まで見たことのある小さな譜代大名の城塞と比べると、見栄えしない印象を受けた。このとき、城には尾張の兵士たちが陣取っていた。かつて京都の軍事を取り仕切っていた会津が本部として使用していた屋敷には、土佐の兵士数人が居を構えていた。いっしょに町を歩いた男たちとは、夕食もともにし、彼らは努めて行儀よくあろうとしていた。彼らが、格式のみを重んじる日本の旧来の社会的慣習にとらわれず、開明的な考え方、彼らの言葉でいうところの「ヒラケタ」考え方を体現しようとしていることは明白だった。

　翌日、私は備前事件の顛末について尋ねるため、西郷の下へと出かけた。彼の言うことには、事件当時乗り物に乗っていた家老の日置帯刀（ヒキタテワキ）は、おとがめなしというわけにはいかず、帝の政府の中心的役割を担っていた三つの氏族が彼を投獄するだろうとのことだった。そして、馬上にいた士官は処刑されるとも告げられた。処刑の場には帝の監査人（検使（ケンシ））も出席し、判決を宣言し、その内容を記した書類の写しも諸外国の代表に手渡される。その後、国中の人に情報を提供し、また注意を喚起するため、判決の内容と処刑執行の様子を記したお触書が国中に放たれるとのことであった。西郷は、帝の政府は日本全土の治安を維持し、今後法を犯した者を外国人たちが自ら裁かなければならないことはないようにしたいと言った。私からは、サー・ハリーも同じように考えていると返答した。備前事件に関しては、彼は帝から使者が派遣されることを確信していたので、他国の公使たちに西宮にいる備前の軍隊に対して兵隊を仕向けるべきだと進言されても、決してそのようにはしなかった。事態の収拾を帝に任せたのである。

この後西郷は、帝の宣言に含まれていた、条約を遵守すること、そして「悪習を改める」ということの意味を説明した。後者は、新政府は条約の改正を求めたいということだった。これに対して私は、たしかに変更されるべき箇所が三点あると返答した。それは、まず諸外国の公使館は江戸に置かれるべきであるという決まりの撤廃（今後この国の政府は京都に置かれるであろうと誰もが推測していたからである）で、次に、外国人は条約港の半径十里（二四・五マイル）[2]より外に出てはいけないという決まりを改めること、そして最後に、国内に広く外国の貨幣を流通させるようにしなければならないという条項であった。十里の遊歩規定を排除する代わりに、今後は条約港の外に出る人物はみな、公使または領事が署名し、出発地の港の日本人長官の許可も記されたパスポートを常に所有しなければならないことにするべきだとも提案した。最後の提案は、実はもともと日本人たちが言い出したことであった。

昼過ぎに、我々は先日の訪問の答礼のため薩摩の領主の下へと出かけた。昨日と同様に、彼はほとんどその唇を動かさなかったのだが、ウィリスの言うところによるとサー・ハリーが一八六六年に鹿児島を訪ねたときも似たような感じだったとのことで、あるいは不用意に発言して恥をさらすことのないよう側近たちに言われていたのかもしれない。あり得ることだが、何とも格好の悪い話である。午後には、町を散策した。一八六四年に長州が皇帝の宮殿を襲撃した際に延焼したこの町は、半分ほど再建された状態だった。

翌日私は吉井とともに後藤の下へと出かけ、備前事件について話し合った。彼が告げたことは、西郷が伝えてくれた内容とほとんど同じだったが、西郷と比べて少し確信が持てないようだった。事件当日、斉射が始まる前に槍を使って襲いかかった男も処刑すると言った。その後、彼はコンスティテューションについても言及し、大衆は常に愚かで間違った方向へと導かれるものなので、議会政治の先行きに対しては悲観していると告げた。私は、それでも試してみるべきだと忠告した。もし議会の構成員たちが石の壁にぶつかれば、その痛みで目を覚ますだろうから、と。彼は、君主として国を任せられるような英雄的な人物がいない以上、筆頭大臣と有能な人材たちによって構成される臨時軍事政権によって国を統治するべきだと思っているようだった。もちろん、彼はその「有能な人物（人傑）」の中に自分も含めていた。

　このことについて話す前に、後藤は吉井と、このとき後藤を訪ねていた宇和島の西園寺に席を外すよう命じたため、吉井は後藤が自分を信用していないことに対して不満を述べた。私は、我々は備前事件について話し合っていただけにすぎないと告げ、彼をなだめた。彼らが再び会話に加わった後、とりとめのない会話を続け、それを通じて、新政府はまだ誰がどの要職を務めるか定まっておらず、また諸氏族の長は互いに対して疑念を抱き、特に薩摩に強い猜疑心を抱いているので、協力することができていないのだと悟った。私は、条約改正を望むのであれば、外国人と日本人とのあいだで争議が起こった場合、被告人の国の法律で裁くのではなく、外国人と日本人の判事が同居する裁判所を設けるということを提案してはどうかとほのめかした。

私は、桂（木戸）にも面会を打診したのだが、会うことができたのは翌日のことだった。彼は、長州の海軍士官でありながら長いこと薩摩出身といつわって京都で生活していた、品川という男を連れて、我々の宿舎へとやってきた。吉井もやってきて、ウィリスが病院から戻ってくるまでだらだらと会話を続け、昼食時には日本人と外国人とのあいだで騒動が起こらないようにするにはどうしたらいいかという点について、白熱した議論を繰り広げた。以前、桂と私は、日本の政府は問題が起こったときの提議の手順を諸外国の代表と定めるべきだと合意していた。それに加えて、日本人は行列の行進を妨げることを重罪だとみなすということを外国人に理解させる必要があり、また日本人も違反者に対して武器をふるうのではなく、捕らえて当局の者に手渡すべきだという点にも同意した。さらに、大名の行列が通過する際には、道を空けておくために西洋人と日本人による混成の巡査部隊を配置するべきだとも言った。ウィリスはこれに異議を唱え、外国人のごろつきと日本人の乱暴者のあいだで問題が起こらないようにするためには、彼らを隔離するよりほかなく、神戸の裏側に迂回のための街道を作るべきだと主張して聞かなかった。私は、道路を作れば異なる国民同士のすれ違いをかえって促進する結果になり、数人の外国人が殺される程度の話ではすまなくなるだろうと反論した。また、今までも日本人は、外国人と小競り合いを起こすたびにいろいろと学んで賢くなり、その結果それ以前よりもいい友人になることができたではないかと主張し、桂もこれに同意した。実のところ我々は、問題が出てくるたびにいちいち対処するよりも、問題の根源を一挙に断つことができるような手段を用いたほうがいいと考えていたのだ。合意に至ることはできなかったが、私は日本側の見解をノートに記した。

夕方には、薩摩の家老で内政担当機関の委員だった大久保一蔵を訪ねた。前年、彼と私は贈り物を交換したが、直接会うことはなかったので、直接彼に面会したいと考えていたのだ。我々の会話は社交辞令にとどまらず、非常に興味深いことについても議論した。彼は、現在七千人ほどの歩兵が箱根へと向かっており、五千人ほどが中山道を通過しているということを教えてくれた。薩摩と長州は、断固として戦争を遂行する覚悟であり、この点について参与（サンヨ）（委員）たちのあいだに意見の相違はまったくなかった。当初は武力行使を好んでいなかった越前と肥後でさえ、今では他の氏族に協力していた。最近まで徳川派だった大垣の大名も、このときには新政府の財政担当機関の委員を務めており、江戸への軍事遠征がすぐにでも始まることを所望していた。帝も軍隊に同行すると思われており、そうなれば反乱軍は大いに弱体化するであろう。大久保は、ロッシュ氏がフランスに戻ったことによって大君は唯一の軍事的なよりどころを失ってしまったので、彼の降伏を促すかもしれないと考えていた。もし彼が降伏すれば、彼は一命をとりとめることができるだろうが、会津と桑名は処刑されるであろうとのことだった。

大坂において、慶喜の個人的顧問の日誌が発見され、それには、徳川派は先月末に、間違った希望を抱いて京都へと兵を向けたのだということが明確に記されていたとのことだった。また、他の氏族は薩摩の態度にうんざりしており、長州も主戦派と和平派に分裂していて、さらに将軍と講和したがっている後藤象二郎を、皇帝は京都に呼び戻したいと考えていると、徳川派が分析していたことも明らかになった。だが、慶喜は事を進めるにあたって性急すぎたため、今や状況は一変してしまったと大久保は言った。当時まだ態度を決めかねていた者たちは、みな幕府が弱体化していることを悟り、今やみな徳川に最初の一撃を見舞わせてやりたいと意気込んでいるのだ、と。そして大久保の求めに応じて、私は議会制における行政部門の運営のしかたや、政党の存在、そして下院議員の選挙制度について可能なかぎり説明した。彼が言うには、備前事件に関してはほとんど片づいており、彼が伝えてくれた内容は西郷や後藤が教えてくれたものとほとんど一致していた。

しかしながら、翌日になると公使から、備前事件の解決に向けて事が進んでいないことと、諸外国の代表を大坂に迎えいれる準備ができておらず、将来的にそれが可能になるかも疑わしいことに対して不満を述べる手紙を受け取った。その手紙は、ウィリスと私に、遅くとも二十四日までに彼の下に合流するよう命令して締めくくられていた。つまり私はあと一日しか京都にいられなくなったわけだが、ウィリスはあと一週間滞在するつもりだったので、この命令は彼の計画を大いに乱すことになった。

先日の訪問の返礼として、大久保が吉井を引き連れて私の下を訪ねてきたので、私はこの機会に備前事件の速やかな解決を強く促した。彼らは、自分たちはこの事件を担当する部局に属していないが、後藤と東久世に伝えると約束した。私は出発しなければならなかったが、ウィリスは残し、追って指示を待つよう告げた。二十三日に西郷が別れを告げにやってきて、赤と白の縮緬を二反と、金のブロケードを二つ贈呈してくれた。また、残念ながら私が出発するまでに備前事件に関する最終決断が下されることはないだろうと彼は述べた。だが、彼が去った後吉井が入ってきて、サー・ハリーは決断が遅れている理由を理解し、この件に関しては一週間待つと同意したと言った。東久世から彼への手紙でもこの件について触れられたが、恐らく彼から私に送られた手紙と行き違いになったのだろう。最終判決の内容は、恐らく明日か明後日には届くだろうと告げられた。伊達（宇和島）と後藤は翌日大坂へと下り、その次の日には東久世も、備前事件についての判決文ができ次第出発するとのことだった。西郷と吉井は、ウィリスがもう五、六日滞在を延長してくれるよう懇願してきた。

内戦については、桑名の町と土地は皇帝が派遣した使者の下に収められたが、桑名の臣下たちはみな、慶喜に従って江戸へと向かった領主の代わりに最終的な決断を下すことはできないとも言ったという報告を受けていた。西部の者たちはみな「戦功を得たがっていた」ので、京都にいた者たちは江戸の慶喜が降伏せず、抵抗することを選んでほしいと思っていた。

午後三時、私は一人で出発した。歩きがてら観光も楽しんだので、町の中を通って五条大橋に到着するまでずいぶんと時間がかかり、伏見に到着したのはあたりが暗くなってからだった。するとそこで、当地における薩摩の代表（留守居（ルスイ））を務めていた大山の兄に会った。私の護衛部隊の隊長を務めた野津が言うことには、もう一日二日もすれば、江戸へと兵を向けよという命令が発されるであろうとのことであった。九時に我々は舟に乗って大坂へと向かった。舟は五十石ほど、底が平らで、長くて細く、かやを編んだマットを棹で吊るして簡易的な屋根にしており、人が多いと特に乗り心地が悪かった。翌朝六時半に目的地に到着し、そこから軍艦に乗って兵庫へと向かった。野津は、最近起こった戦いで戦場から逃げることができなかった負傷者はみな首を切断されていた、と教えてくれたのだが、これは捕虜の命は奪ってはならないという命令に反していた。もちろん、負傷者を苦しみから解放するためにそうしたというのであれば、話は別だが。

私の日記によれば、二月二十九日に伊達が大坂からやってきたということである。到着してすぐ、彼は公使の招待を受けて領事館へと向かい、そこで彼と昼食をともにした。また、帝に三月十三日ごろに大坂まで来てもらうので、諸外国の代表と面会することはできるかという話もした。しかしながら我々は、他国の公使たちを訪ねなければならなかったので、この興味深い会話の途中で中座しなければならなかった。その日の夜、私は伊達を再度訪ね、その場で彼は、ロッシュ氏が西郷、大久保、小松、後藤も京都の指導的役割とみなしていたようであり、彼らに面会したいと要請してきたということを教えてくれた。そのような形で無視されたことを快く思わなかったこの老人は、このような申し出を受けたことに強い苛立ちを覚え、ロッシュとその通訳が嫌いであると吐き捨てた。ロッシュは翌朝訪問すると言ったようで、私はサー・ハリーの招待に応じてイギリス軍艦オーシャン号へと向かうのではなく、ロッシュの訪問を受けたほうがいいと、苦労しながらも何とか説得した。その日私は井上聞多にも会い、長崎におけるフランスの領事が長崎の地方臨時政府に関税を支払うことを拒否し、特に薩摩や長州に対して戦争をほのめかしたということを教えてもらった。我々は、から威張りするフランスに対して、大笑いした。

第二十八章　腹切（ハラキリ）、そして帝に謁見するための交渉

翌日、伊達は諸外国の代表たちに、澤主水正（モンドノカミ）を紹介した。彼は一八六四年に流刑処分を受けた宮廷貴族の一人で、護衛を任された大村の大名とともに長崎の長官として現地に向かう途中であった。澤は、悪人のような顔つきというほどではなかったが、人を寄せつけないような風貌をしていた。それでも彼は好人物であり、一、二年後に彼が外務担当大臣になったときには、我々はとても彼を好んだものだった。

大村の大名は、官職名もつけると大村丹後守と呼ばれており、病弱な印象を受ける人物だった。対談の際に一言も発さず、外国人と話すことを恐れていたようにも見えた。澤の息子も同行していたが、彼はまるで道楽者のようないでたちの若者で、女性のように青白かった。社交辞令を交わした後、この三人が部屋の外に退くと、伊達は我々に、備前事件は責任者である士官の斬首をもって処分するということを告げた。その日の早朝公使は私に、刑の執行を要求したほうがいいか、それとも寛大にこれを赦したほうがいいか聞いてきた。すでにミットフォードはフォン・ブラントから、他国の公使たちは恩赦を与えるべきだと考えていることを聞かされており、オランダの政治的代表であるポルスブルックもそう働きかけているようであった。だが、ミットフォードと私はすでに、情けをかけるべきではないという

ことで同意しており、サー・ハリーにもそのように伝えた。

その夜、公使は伊達と澤を夕食に招待した。彼は、今回の会食は他国の公使には秘密であると言ったが、実際には伊達と澤が招待を受諾した瞬間にこの話は公然のものとなってい た。この後、深夜まで長いあいだ対談を行い、その中で最も重要な話題は、日本の政府内で検討されていた、帝に大坂を訪問させるという案についてであった。この訪問の主な目的は、若い帝に外界を見せ、彼の考え方を開化させることであり、またイングランドの巨大な軍艦も見せてやりたいとのことであった。また、もしそのときに諸外国の外交官たちがその場にいれば、もちろん対談の機会を設けると告げられた。外交官たちとは個々にではなく一度に全員まとめて面会するのがいいだろうと公使は述べた。パークスはすでに本国に新しい信任状を要請しており、合同で謁見すれば他国の公使たちより好意的に見てもらえるかもしれないと思ったのである。

伊達は、京都は山に囲まれ、物資を川で運ばなければならず不便なので、首都を大坂に移すことも検討していると述べた。私は、薩摩と長州は帝を手中に収めて、徳川討伐のための軍隊を率いさせたいのだと推測しており、帝の居場所を大坂に、つまりいつであってもどこにでも自由に行動できる海沿いに移したいのだと見ていた。その後、帝が自ら軍隊を率いると宣言したことで、私の推測は確信に変わった。元大君はどうなるのか、という質問に対して伊達は、すべては状況次第であり、そして状況がどう変遷するかは誰にも予想できないと答えた。大坂の人々は先代の帝と長州が以前執っていた排外的な方針を知っており、宮廷と長州が結託したことをうとんじた外国人が事を起こすかもしれないと考えたようであった。彼らが各国の公使館を襲撃したのも、徳川が明らかに彼らを守るための力を有していないことを知っていたからであった。あるいは、備前の人々も同じような動機によって動かされていたのかもしれない。そしてそれを聞いて、我々はなおのこと責任者の処刑を取り下げるわけにはいかなくなった。

このときには、ロッシュ氏は神戸に戻っていた。彼は、当地において出し抜かれないよう自分の書記官を臨時代理公使として神戸に残しながら、江戸においてはフランス公使としてふるまうという姑息なまねをしたので、他国の公使たちはみな彼を嫌っていた。

翌日の午後、日置帯刀（ヒキタテワキ）の臣下で、外国人に斉射を命じた罪で腹切（ハラキリ）を命じられた滝善三郎（タキゼンザブロー）の助命を嘆願するため五代と伊藤がやってきたことは、我々、つまりミットフォードと私を驚かせなかった。諸外国の公使たちは、約三時間も長いこと議論を行い、サー・ハリーは赦免することを提案したが、過半数の公使たちは判決どおりの処置を行うべきだと述べた。夜の八時半に五代と伊藤は部屋に呼び戻され、我々は短く、法的処分は順守されなければならないということを告げた。

その後、ミットフォードと私は、各国の公使館から一人ずつ選ばれた代表たちとともに、九時ごろに出発した。我々は、兵庫にある永福寺（セイフクジ）という仏寺に案内され、十時ごろに到着した。中庭と控室は、厳重に警備されていた。寺の一室に案内され、マットの敷かれた床に座って四十五分ほど待った。そのあいだ、日本の者たちは我々に、罪人に対して聞きたいことがあるかと尋ね、また我々の名前を教えてほしいと言ってきた。十時半になると、寺の本堂へと案内され、祭壇の右側にある高座に座るよう指示された。そして、日本側の検分役の伊藤、中島作太郎、薩摩の歩兵隊長二人、長州の部隊長二人、そして備前の御目付の七人が、それぞれ所定の場所についた。

　その場に十分ほど静かに座っていると、ベランダからこちらへと近づいてくる足音が聞こえてきた。罪人は、紳士然とした風貌の長身の男で、最善の者[1]という意味の介錯（カイシャク）と呼ばれる人物たちと、恐らく彼らの同僚と思われる者をもう二人従えて、左側から入ってきた。滝は裃（カミシモ）と呼ばれる青い麻の服を着ており、介錯たちは軍用の外套（陣羽織（ジンバオリ））をまとっていた。彼らはみな検分役の前で地面に頭をつけ、それを受けて彼らも礼を返し、同様のやり取りを我々とも行った。それが終わると、罪人は祭壇の前にある高台の赤いフェルトの敷物の上へと導かれた。彼はこの上に座り、遠くへ向かって一回、そして祭壇に向かって一回、合計二回礼をした。彼は極めて落ち着いた様子で、前に崩れ落ちるのに適した場所を選んで座りなおした。この後、黒い服の上に薄いグレーの外套を着た男が、無地の木の台に載せられ紙に包まれた短剣を持ってきて、礼をして彼の前にそれを置いた。罪人はこれを両手で取り、額まで持ち上げた後、一礼すると同時にそれを自分の前に置いた。これは日本において、贈り物に対して感謝するときに取られるしぐさである。そして彼はただたどしくもはっきりとした声で、二月四日に兵を率いて撤退している際、神戸においておろかにも外国人に向けて発砲させた責任は自分のみにあると宣言し、そのため自ら腹を切るので、この場にいる者すべてにこれを見届けてほしいと述べた。彼の声がたどたどしくなったのは、恐怖や激情によるものではなく、自分の罪を認めたくなかったからそうなったように見えた。

続いて彼は、腕をそでから引き抜いて上半身をさらけ出し、後ろに倒れることを避けるために服を床にしいてその上に座った。そのため、へその下までほぼ完全に裸だった。そして、右手で短剣を取り、刃に近いところを握り、胸・腹のあたりにできるだけ深く切っ先をさしこんで、一気に右側へと引っ張った。胴回りに衣服が結わえつけられていたので、傷口は隠れていた。罪人が二列に並んだ検分役たちの列に向かって挨拶をした際に、彼のかたわらにいた介錯の者は、この儀式が行われているあいだずっと力強く剣を宙に向けながら罪人の左後方に控えていた。そして彼は突然立ち上がり、まるで雷のような音をさせて剣を振り下ろした。頭がマットの上に落ち、胴体もよろめいた後まるで土下座のような姿勢で転がり、落ちた頭の上にかぶさった。動脈からふき出る血が、水たまりのようになっていた。

血が流れ切ったとき、この儀式はようやく終わりとなった。小さな木の台と短剣が持ち去られた。伊藤が一礼したのち前に進んできて、刑の執行を確かに見届けただろうかと問うたので、間違いないと答えた。彼の次に一礼して出てきたのは中島だった。数分後、そろそろ退室してもいいだろうかと尋ねられた。我々は立ち上がって出発し、その際に遺体と日本人の検分役の列の前を通った。領事館に戻ったときにはすでに十二時になっていたが、そこではサー・ハリーが我々の報告を待っていた。

この腹切の一件と、この後堺において十一人の土佐の男たちが同じように処分されたことは、いずれも極めて歪曲された新聞記事を通じてイングランドでも報道された。いずれの記事においても、世論を誤った方向に誘導したのは「ジャパン・タイムズ」のオーナー兼編集者のチャールズ・リカビーである。彼は、一連の出来事に関するミットフォードと私による証言を捏造し、処刑はキリスト教徒が到底看過してはならない形で行われたと主張して、日本人たちがこのような「法に則った殺人」に対して復讐する気になった場合、その対象となるのは間違いなく諸外国の公使館の紳士たちであろうと主張した。

私は「野蛮な腹切」の場にいたことを恥じるどころか、自ら希望した処罰が執行されることから目を背けなかったことを誇りに思っている。それは野蛮ではなく、格式と厳かさに満ちた儀式であり、むしろ我が国民がニューゲート監獄の前で行っている見世物よりもはるかに尊厳に満ちたものであった。備前の男たちは、今回の判決を正当かつ公正なものであると認めていた。堺における土佐の男たちの処分に関しても、これ以上なく公正な処罰が執り行われた。この日本人たちは、武器も持たずおとなしく舟を漕いでいただけのフランス人乗組員たちを、何の挑発もされていないにもかかわらず虐殺したのである。二十人に死刑判決が下ったのだが、十一人が処刑された後、デュ・プティ・トゥアール大佐がこれを止めるように指示したのは残念だった。判決を受けた二十人全員はみな同罪であるにもかかわらず、十一人にしか刑を執行しなかったのは、殺害された十一人のフランス人の仇討ちをしたように思えて、公正な法の裁きを下したとはいえないように感じられたのである。

数日後、諸外国の公使たちはみな大坂に戻った。我々は、スタンホープ大佐が指揮するイギリス軍艦オーシャン号に乗船した。この船は四千トンの甲鉄艦で、ウリッジ製前装式ライフル砲二十六門を搭載しており、東アジアに碇泊していたいかなる船をもこなごなにすることができた。伊達とポルスブルックも我々に同行し、輸送艦アドベンチャー号が荷物を運んだ。我々が公使館として一時的に使用していた建物は焼けてしまったので、中寺町にある寺院に宿泊し、そこでは幸運にも一月に避難してから暴徒によって盗み出された家具の一部を見つけることができた。市井の人々は、我々を見て「先日逃げた外国人たち」だということがわかったようだが、彼らは乱暴なことはせず、元大君が町から退去する直前のときのように無礼に怒鳴りつけるようなことはしなかった。江戸からの報告によると、徳川派の内部では、親皇帝派に近付くために、元大君に腹切（ハラキリ）をしてもらい、彼の筆頭大臣たちも斬首に処する必要があると考えている者も多いようだとのことだった。一時は大坂で戦うと信じさせておきながら、その後速やかに撤退した元大君に対して、我々は怒りを覚えながらも、同時に若干の同情の念も禁じえなかった。薩摩と長州とは友好的な関係にあったので、もし彼が本当の腹づもりを事前に伝えてくれていれば、何の問題もなく大坂に残ることができたであろう。

我々はオーシャン号の汽艇を使って外国人居留地に上陸し、第九連隊第二大隊の護衛とともに町を進み、我々に新たにあてがわれた建物へと向かった。帝に大坂まで下ってもらい、汽船を見せたり諸外国の公使が謁見したりという計画が話題に上っていたが、私はこれが実現しないことを願っていた。陛下に謁見するときの場所は、京都でなければその価値が半分失われてしまうからである。午後、伊予守と小松がサー・ハリーの下を友好的に訪ねてきた。サー・ラザフォード・オールコックが一八六四年に召還されて以来、失われていた我々の外交的優位性が取り戻されつつあったことは明白だった。伊達と東久世が翌日諸外国の公使たち全員を訪ねてきたときも、我々にとって都合のいいことに、彼らは最後にやってきてくれた。

サー・ハリーは、話題に上っていた謁見について質問した。彼らは、大坂よりも京都で行ったほうがいろいろと都合がいいということは認めたものの、その場で確約してはくれなかった。日本人たちは、謁見を行うために諸外国の公使たちを大坂にとどめておきたいと考えていたので、先日アメリカ、プロイセン、そしてイタリアの代表たちが三日以内に当地を離れたいと伊達に告げたことは、彼らを少なからず動揺させた。私の上官も伊達と東久世に対して、帝が日本の汽船を観閲するついでに公使たちの謁見を行おうというのであれば、当地を離れたいと言っている三人の代表をとどめることはできないだろうと告げ、彼らも公使が言わんとしたことはよくわかっていた。帝が別の用事をすませるついでに謁見を行ったとあっては、諸外国の代表たちの威厳が損なわれてしまうのである。サー・ハリーの言葉を受けた日本人たちが、公使たちを京都に招く決断をすることを、私も強く期待していた。それは、親皇帝派の理屈や思惑にそったことでもあった。フォン・ブラントは、私的な場においては招待されてもそれを受けることはないと述べたが、公的な場においては一転してそれを受諾する旨を表明し、アメリカ公使も同様の考えを示した。サー・ハリーは、各国の公使たちが帝に直接信任状を提示することができるようになるまでは、彼らに別々に謁見するのではなく、全員同時に謁見することがいいだろうと提案し、これは日本側にも受け入れられた。

三月七日、諸外国の代表たちと、日本の高官たちのあいだで、重要な会議が行われた。日本側の参加者は、伊達、東久世、宮廷貴族で大坂の長官に任命された醍醐大納言（ダイゴダイナゴン）[2]、そして尾張、越前、薩摩、長州、土佐、芸州、肥前、肥後、因州の家老たちだった。つまり、西部の有力諸侯たちの代表はほとんどが一堂に会していたのである。越前、備前、そして因州の領主は元をたどれば徳川の子孫であったが、今や彼らも徳川と敵対しているということは、非常に感慨深いことであった。

会議は、西本願寺（ニシホングワンジ）という仏寺の大広間で行われた。日本の大臣たちが、日本と諸外国との友好的な交流を促進したいという帝の方針を大名たちはみな支持していることを告げた。その後、公使たちが帝に謁見するために京都へと上る件、日本における外貨為替の件、そして大坂と兵庫（神戸）の土地の売買に関する件について話し合った。一、二日経てば、謁見の日にちを定めた手紙が京都から届くので、公使たちは京都へ向かうのに一日、謁見に一日、そして大坂に下るのに一日費やせばよく、大坂を離れるのは合計で三日だけですむと伝えられた。

当然ながら、ロッシュ氏はそのような申し出を強く拒絶した。アメリカのヴァン・ヴォルケンバーグ、フォン・ブラント、そしてイタリアのデ・ラ・トゥールも、まだ完全に親皇帝派の側に深入りすることを躊躇しているようだった。私の上官は招待を受けたいと考えていたが、それをできるだけ表に出さないように努め、ポルスブルックも無関心を装った。ロッシュは、日本の大臣たちの提案を絶対的に拒絶しようとしたが、私が彼の通訳である塩田に目を光らせていたので失敗に終わり、京都からの書簡を待つことになった。土佐の旧領主であった山内容堂が京都において非常に重い病にかかり、ウィリスに診てもらうことの要請があった。公使はこれをただちに認め、ウィリスはその夜ミットフォードとともに出発した。

私と阿波の氏族との関係は長いこと親密だったので、かつて江戸における阿波の代理人であった速水助右衛門（ハヤミズ）が三月八日にやってきたときも、特に驚きはしなかった。彼は、阿波守に砲術に関する書物を献上してくれたクロスマン少佐への返礼として、絹の贈り物を持ってきてくれた。このとき、朗らかで親切だったかの老人が残念ながら一月三十日に他界したということも教えてもらった。後継者である息子は、喪が明けるまで故郷にとどまっていたが、そろそろ京都へ向かうつもりで、その途中大坂にも立ち寄るということだった。速水は、江戸からさまざまな情報をもたらしてくれたが、そのほとんどは単なる噂話の域を出なかった。たとえば、板倉が他の大臣たちとの見解の相違から腹切（ハラキリ）したということや、譜代大名や旗本たちが慶喜に自害を促すことを検討しているということ、あるいは会津と桑名の一族を救うために家長が斬首されるというたぐいの話だった。彼が言うところでは、慶喜が公職から退くこと（隠居）が許されたとは聞いておらず、現在の状況を考えればそれは到底認められないだろうとも言った。彼の行いの悪さを考えると、そのようなことが許されるとは思えない、と。慶喜に対して、自分も殉ずるので腹切をするべきだと勧告していた堀内蔵頭が、説得に失敗した後、二月七日に一人で自害したという噂も流れた。江戸の者はみな内蔵頭を称賛し、慶喜も同様にするべきだと言っていた。私の友人が言うには、幕府は戦う意志を有していないとのことだった。阿波の氏族は今や帝を支持しており、徳川征伐の軍事遠征に参加していて、他の氏族が諸外国の代表たちに行ったものと同じような宣言をしたがっていた。

午後、私は伊達を訪ね、公使たちを京都に招く件について新しい情報があるかと質問した。彼は、公使たちに対しては十一日に出発するよう要請するだろうが、謁見の日程が定まっておらず、現段階では招待状を送ることができないと答えた。私からは、各国の公使を一人ずつ呼んで、公使たちが京都に到着した翌々日に謁見を行うように定めたほうがいいと進言した。伊達と東久世が、謁見が行われるよう京都に書簡を送っていたので、これが実現されるであろうことは疑っていなかった。私の進言を受けて彼はただちに出発し、まずフランス公使の下へと向かった。彼らは夕食をともにしたが、フランス公使は帝が優位性を確立した確固たる証拠が提示されないのであれば、京都には行かないと断った。これに対して伊達は、たとえ幕府がその勢力を持ちなおすことに成功しても、帝が日本の元首であり、将軍はあくまで彼の筆頭家臣にすぎないのだから、帝の招待に応じても失うものはなにもないと告げた。フランス公使の次は、イタリア、プロイセン、アメリカ、そしてオランダの代表たちを訪ねた。最初の三人は、横浜において喫緊の用事があるということから招待を謝絶したが、最後の者はイギリス公使と同じ行動をとると述べた。そして、伊予守がやってきたとき、公使は招待を受諾したのであった。

第二十九章　堺でのフランス人水夫の虐殺

我々が政府から京都への招待を受けたちょうどそのとき、痛ましいことに、小舟に乗って堺の近くを進んでいたフランスの人々が、土佐の兵士たちに虐殺されたという知らせが届いた。これによって、我々が京都に赴き帝に謁見するという話は立ち消えになってしまった。報告されたところによると、二人は即死で、七人が行方不明、そして七人が負傷したが、五人は無傷で難を逃れることができたとのことだった。伊達がフランス公使館から離れる直前に受けた報告では、殺されたのは一人だけだったとのことだったのだが。備前の士官の処刑が、警告としての効果をもたらしていないことは、誰が見ても明らかだった。日本と諸外国のあいだで友好的な関係が樹立できるかもしれないという希望は、それが成就する直前に崩れ去ってしまい、混乱と絶望がその場にいた者たちを支配した。

翌日も、伊達と東久世から満足のいくような情報はもたらされず、行方不明の水夫たちも見つからなかった。諸外国の公使たちは大坂を離れる準備をはじめ、公使館施設に掲揚されていた国旗を降ろした。二人の大臣は、心からの遺憾の意を表明するためにフランス公使を訪ねたが、彼は面会を拒否し、翌朝八時までに行方不明になっている男たちを引き渡すよう要求した。フランス、イタリア、プロイセン、そしてアメリカの代表たちは、船に乗った。

我が国とオランダの政治的代表だけしか残らなかった。もっとも、イギリスの旗も十日の朝に降ろされ、サー・ハリーはラッセル・ロバートソンと私を副領事館に残し、その護衛を任された第九連隊第二大隊のブラッドショー中尉と六人の兵士以外の者はオーシャン号に乗船した。

その後、行方不明になった七人のフランス人水夫の遺体が発見されたので、伊達と東久世はこのことをロッシュ氏に知らせるため、フランスの旗艦ヴェヌス号へと向かった。だが、遺体の入った棺が不思議な手違いでイギリスの輸送船アドベンチャー号へと運ばれてしまった。どうやら我々の公使館の収集品が入った箱と間違えられてしまったらしく、どうやって間違いが明らかになったのかはわからないが、ともかくも棺は午後になるまでフランスの旗艦に到着しなかった。私は、フランスの旗艦から戻る途上にあった伊達と話をすることができ、そのとき彼は、この件に関してフランス公使の態度が軟化していると言い、心から安堵していた。

翌日、サー・ハリーが上陸し、ブラッドショーと彼の配下を連れて行った。彼は私に、我々諸外国の代表は、被害者の葬儀の後に賠償について帝の政府と協議したいという旨を伊達に告げるよう指示した。また、賠償については、諸外国の代表全員が合意したものを連名で提示したほうが、要求が正当なものであることを日本人たちはより強く理解するだろうと付け加えた。そうすれば、日本人たちは速やかに要求を受諾するべきだと判断するであろう、と。ただサー・ハリーは、もしロッシュ氏が法外な要求をすれば、他国の公使たちは彼を支持しないだろうし、また日本の政府もフランス政府や他国に対して抗議するであろう、との見解も示した。サー・ハリーは、個人的には多くの土佐の男たちが処刑されなければならず、金銭での賠償で解決されるべきではないと考えているとのことであった。私に指示を伝えた後、彼は合計十一人のフランス人の葬式に出席するため、兵庫へと向かった。

ロバートソンと私は、長官の指示を伝えるため伊達と面会し、その任務を遂行した後、小松と中井も携えて、いつもどおり宴を行おうと日本のレストランへと向かった。七時ごろに宿舎に戻ったが、まだ夜も浅かったのでさらなる娯楽を求め、ランタンを持った案内人とともに盛り場へと向かった。外国人を以前迎え入れたことがある店のことも知っていたが、そこは土佐の者もよく利用するところだった。訪ねた先の店主は、外国人を招き入れることで自分たちの商売が損なわれることを懸念しており、地元の当局者の許可を取ってほしいと言ってきた。そのとき、上階から土佐の男たちが下りてきて、我々を見るや否や剣を持ってくるように求めたのだが、店の者はそれを拒否し、店の外へと導いた。店主が我々を受け入れることを拒否していたのは土佐の客がいたからだとは、想像もつかなかった。とにかく我々は町の役場へと向かって、店の者が求めた許可を得て戻ってきたのだが、彼らはそれでも渋り続けた。

話を続けていると、土佐の者が剣を片手に降りてきて、物々しい雰囲気を醸し出しながら我々の前に座り、我々が誰なのか、そしてここで何をしているのかを言うように要求した。自分たちはイングランドの公人であることを伝え、その後自分たちが何を求めているのか説明しようとしたが、男は私をさえぎって、お前たちはここにいるべきではないと言った。騒ぎを聞きつけた彼の同伴者が降りてきて、彼を上階へと抱えていき、女性が彼の剣を取って隠した。その後、温厚な男性がやってきて我々に詫びたのだが、その最中に怒れる男が再度降りてきた。ロバートソンが言うところでは、抜身の武器を持っていたとのことだった。だが、彼の友人たちが駆けつけて彼を止め、階段のところで取っ組み合っている合間に我々は入口へと駆け出して通りへ出た。我々の案内役がどこかへ行ってしまったので、店主の老人がランタンを持ってやってきて、我々を家へと送り届けることになった。

ミットフォードとウィリスは、十二日に京都から戻ってきた。彼らに滞在延長の許可を与えたサー・ハリーの手紙は、入れ違いになって彼らの手元に届かなかった。ウィリスが再度京都に戻れるよう手筈を整えてから、我々は公使に会いにアドベンチャー号に乗船したが、そこにいるとき伊達と小松がやってきてフランス公使の要求の内容を教えてくれた。その要求とは、まず虐殺に関与したすべての人物を処刑すること（彼らが言うところによると、それは土佐の男二十名ほどと、火かき棒で武装した市井の者二十人ほどとのことであった）、次に、殺害されたものの家族に対して十五万ドルを支払うこと、そして、大坂に滞在している外交担当筆頭大臣（これは、皇族の山階宮（ヤマシナノミヤ）のことであった）が謝罪すること、さらに、土佐の大名である山内土佐守が須崎（土佐の港）においてフランスの軍艦に乗船し、謝罪すること、最後に、武装した土佐の男たちをすべての条約港と町から排除すること、以上の五点であった。これらに関しては、すでに日本側も合意ずみであるとのことであった。これを聞いた後、我々は陸に戻り、ウィリスが京都に向けて再度出発するのを見送った。

翌日我々は、イギリス軍艦アドベンチャー号に乗って兵庫に戻った。諸外国の代表たちはみな日本の政府に向けて、フランスの要求に応えることを勧告する覚書を提出した。フランス公使に哀悼の意を表明する書簡を届ける使者として、帝は宮廷貴族の長谷三位（ハセサンミ）を派遣してきた。その後、彼はサー・ハリーと面会し、この事件がかたづいたら一刻も早く京都で帝に謁見してほしいと要請した。ロッシュ氏は虐殺事件の処分について期日を設けていなかったが、日本の当局者たちは十六日までに処理が終わると踏んでいた。ロッシュ氏は、諸外国の代表のうち一人が単独で京都へ行くというのは認められないと主張していた。小松から聞いたところではロッシュ氏は長谷（ハセ）にもそのように伝えたようで、どうやらサー・ハリーを牽制しようとしているようだとのことだった。だが、ポルスブルックも日本人に対して、土佐の一件が一段落したら彼もただちに京都に向かいたいと申し入れていた。

翌日、六時に伊達が小松を引きつれてやってきて、ロッシュの要求を受け入れるということを記した覚書を彼の下へ届けるためにフランスの旗艦に乗り込んだ。五番目の要求は、土佐の兵士が条約港や町の護衛にあてがわれてはいけないということだけではなく、土佐の侍階級に所属しているすべての者が条約港に入ることを禁じるという内容だった。これは厳しすぎるように感じたので、我々も内容の変更を求めた。ロッシュとの対談が終わった後、伊達はサー・ハリーの下を訪れ、合意の内容を教えてくれた。二人の士官と十八人の兵士は翌日二時に堺において腹切（ハラキリ）を行い、山階宮がロッシュに謝罪文を送ると同時に彼を京都に招待するとのことだった。そのさらに次の日の同じ時間に、この皇族はサー・ハリーの下を訪れ、神戸にてイギリス軍艦オーシャン号に乗船するとのことだった。そして十九日に神戸を出発して大坂へ向かい、伏見で二十日の夜を過ごし、翌日京都に入る。我々は二十二日に訪問者たちと面会し、二十三日に皇帝に謁見する手筈になっているとのことだった。この時点ではこれは伊達との非公式で内密な話にすぎず、山階宮が招待したときにはじめて公式なものになるとのことだった。

　この取り決めどおり、帝のいとこで、かつて皇室から遠ざけられたことがあるこの皇族の者は、サー・ハリーとポルスブルックに会うために十八日に神戸にやってきた。我々は彼から、ロッシュが二十人の罪人のうち九人を赦し、殺害されたフランス人と同じ数のみを処刑することを指示したことを知った。*2 また、サー・ハリーが京都への招待を受けたことを伊達から知ったロッシュは、彼もそこへ行くことを宣言したとのことだった。宮は、宮廷貴族の標準的な衣装をまとっていた。紫色の絹のローブ（狩衣（カリギヌ））と、しわが入り、黒い漆塗りの小さな帽子が頭の上に止められていた。年齢は五十歳ほどで、顎鬚と短い口髭を携えていた。歯は、かつて黒く塗られていたことを示す痕があった。彼に随行していたのは、東久世とその息子、そして毛利淡路守の息子である毛利平九郎であった。毛利平九郎は、三条実美（サネヨシ）と中御門（ナカミカド）[3]の息子たちとともにイングランドへと行くことになる。彼らが言うことには、帝は月末ごろに大坂に下り、江戸での軍事作戦が終わるまではそこに滞在するつもりであると告げた。慶喜は、彼の親戚である越前を通じて謝罪を伝えていたが、謝罪が十分ではないとみなされたので、軍事作戦は継続されるとのことだった。

*この記述は正確ではない。我々も真実を後に知ることになるのだが、これは本当はフランスの海軍上級将校の命で処刑を見届けるために部下たちとともに派遣されたデュプレックス号艦長デュ・プティ・トゥアール大佐の判断だった。彼は、処刑が長引けば彼の部下が夜を丘の上で過ごすことになると判断したため、それを避けるために十一人目の人物が自らの命を手にかけたところで手を挙げたのだった。後に聞いたところによると、死を逃れた九人の人物たちはいたく傷ついたとのことであった。日本の侍の精神を考えれば、それもまた当然であろう。極刑に処された男たちの、愛国心に満ちた辞世の句は、事件の後民衆のあいだで広まった。以下に、その一部の翻訳を記す。[2]

この身が露となり風に散ることに悔いはないが　この国の行く末が気がかりである
神の国の種の一つである自分は　今日のこの日に来世への素晴らしい思い出を作る
自分の国のために命を犠牲にすることで　死の瞬間にもすがすがしい気分でいられる
不肖の身ではあるが　自分はすべての日本人が主君に負う忠義の道からそれたことはない
私は罰を受けるが　自分の戦士の心を看過できる者はその意思も理解するだろう
人々の精神が暗闇に包まれている今　ここで自分は清らかなる心の道を示す
取るに足らないこの命を捨てることで　自分の名声が後世まで語り継がれてほしい
桜の花にも咲く季節と散る季節があるのに　日本の魂が死を恐れる理由がどこにあろうか
この場で自分は魂を残し　日本人の勇敢さを世界に示す

第三十章　京都にて帝に謁見

三月十九日、公使館員はみな、イギリス軍艦アドベンチャー号に乗って大坂に上陸した。私についていた日本人の護衛たちは徳川の家臣だったため、京都においては邪魔になるであろうことが予想され、また京都では常に命の危険にさらされることになるであろうことから、連れていかなかった。我々は副領事館で一夜を過ごし、小松と二人の肥前の士官に護衛されて、翌日伏見へと馬で向かった。肥前の士官の一人は中牟田（ナカムタ）という名前で、最近鍋島が購入した汽船ユジェニー号の船長であった。騎乗の一行は、サー・ハリー、ブラッドショー中尉、そして私で、それに公使館の騎兵護衛部隊が随行した。道路の状態が比較的よかったので、我々は道中ほとんどを常足（なみあし）で進むことができたが、最近の戦闘の最中に淀の橋が焼け落ちていたので、木津川を渡るのに少し難儀した。

六時ごろ伏見に到着すると、とても快適な仏寺の一室が宿舎として用意されており、肥前の官吏たち数人が我々の世話をしてくれた。公使館員の他の者たちは、護衛の第九連隊第二大隊の歩兵たちと午後三時ごろに出発して、夜通し川を舟で上ってくることになっていた。彼らは翌朝、少しずつ伏見へと到着したので、我々も十時ごろに京都に向けて出発することができた。道中の前半は肥前の男たちが我々を護衛し、その後は尾張の兵士たちと交代したのだが、このとき後藤と我々の愉快な友人である中井が挨拶しにきた。道は野次馬でいっぱいだったが、秩序が乱れるようなことはまったくなかった。

京都での我々の宿舎には、東山のふもとにある美しい知恩院という仏寺があてがわれ、肥後、阿波、そして尾張の兵士たちが護衛を務めた。尾張の者たちは外国人の面倒を見ることに慣れておらず、その習慣もよくわかっていなかったので、かなり手際が悪かった。我々にあてがわれた部屋は、前年徳島において目の当たりにした封建領主の城のものと同じような様式で装飾されており、壮観であった。島津大隅守（薩摩の領主の父親）がはじめて京都を訪れた際に、この建物をしばらく使用したとのことであった。腰を落ち着けて間もなく、豪勢な日本風のごちそうが運びこまれてきたのだが、一行の中の多くは未だに日本食に慣れていなかったので、コックや調理道具を伴っていた。ウィリスが診ていた土佐の容堂老人は、病気から回復しつつあり、危険な状態を脱したとのことだった。

三月二十二日には、公使がさまざまな人の下を訪問した。尾張の連中が乗り物や担ぎ手を手配するのに、三時間もの時間がかかった。我々がまず訪ねたのは、山階宮であった。彼は愛想がよくて快活な人物であり、汚らしかったひげもそり落とされていて、歯もちゃんと黒く染められていた。彼は直衣（ノーシ）と呼ばれる服装をまとい、前と同様に黒塗りの帽子をかぶっていた。彼は、イギリスの公使を京都に招くことができてうれしいと述べた。皇子の館を離れた直後、仁和寺宮が通るということで、我々は道を空けるように指示された。彼は馬に乗っていて、頑健で、肌が浅黒く、唇の厚い若い男であり、最近まで仏僧だったので髪の毛は辛うじて生えているといった感じであった。

次に訪問したのは、直前に大納言としての地位を回復した三条であった。体が小さく、肌が女性のように青白い、三十三歳の男だった。彼はうやうやしく、京都において諸外国の公使たちに会えることを宮廷の者たちはみな喜んでいると言った。そこから、九門（ナインゲーツ）と呼ばれる囲いの中を通って、皇帝の宮殿を通り過ぎた。宮殿は、美しいしっくい塗りがほどこされた、根元の厚さが四フィートの塀に囲まれていて、仏寺のものと似たような門がつけられていたが、上の部分にこけら板がきれいにしかれていた。

続いて面会した岩倉は、宮殿の西側にある公卿門（クゲモン）のちょうど内側に対面する位置に仮の住居を設けていた。表情の険しい老けた男だったが、話してみるとざっくばらんな人だった。彼は公使に、帝と宮廷貴族たちがこれまで外国人たちを忌み嫌っていたことは事実で、幕府が「開国」を唱えていた中で彼らは「蛮族排斥（攘夷（ジョーイ））」を求めていたのだと説明した。だが今や、状況は完全に変わった、と説明した。彼らは、帝を真っ先に元首として承認したイングランドに特に感謝したいと告げた。この後伊藤から聞いた話によると、我々が去った後岩倉は、かつての宮廷における外国人に対する態度をあまりにも正直に話したので、公使たちの気を害してしまったかもしれないと懸念していたそうだ。

その後、我々は肥前の屋敷へと向かった。領主は、二十四歳くらいの秀麗な若者だった。彼は外交担当機関の要職についたが、公務に対して熱意を持っているようには見えなかった。幸運なことに、我々が訪問したときに伊達と東久世はいなかった。我々は、長州の若領主である長門守も訪ねた。彼は、キング提督が長州を訪問した際に撮影した写真とそっくりだったので、すぐにわかった。他の館においては椅子が用意されていたのだが、ここで我々は日本人がやるように床に座らなければならなかったので、辞去する際に立ち上がったとき、膝の関節を伸ばすのに随分と難儀した。領主とは、長らく友好的な関係が続いていることを互いに感謝し、祝福しあった。

知恩院に戻ると、伊達と後藤がそこにおり、明日行われる予定であった謁見の詳細について話をした。彼らは、帝がスピーチに失敗するのではないかと不安を抱いていると言っていた。帝は今まで宮廷の者としか話をしたことがなく、その姿を大名たちにはじめて見せたのもわずか十日前だったのだ。そこで、帝は話す内容を記した原稿を読むことに最大限努め、それを山階宮に手渡し、彼が代わりにそれを読んで、さらに翻訳のために伊藤に与えればいいと取り決めた。原稿は、最終的にはサー・ハリーにも渡されることになった。そしてサー・ハリーは、伊藤を通訳として直接帝に返答する、ということになった。公使館員の中でイングランドの宮廷での謁見を行ったことがあったのはミットフォードだけだったので、彼のみが謁見に同行できることになった。山階宮が彼を紹介し、帝は彼に対して、おおむね「会えてうれしい」という意味である「苦労(クロー)」と述べて敬意を表するとのことだった。彼らが言うには、謁見が行われる紫宸殿(シシンデン)は、奥行き二十八ヤード、幅三十六ヤードの大広間で、床は板張り、帝のための高座と天蓋があり、謁見のときだけ公使たちには帝より少し低い位置に別の高座を準備すると告げられた。その場に招かれる大名たちは、床にひざまずかされるとのことだった。ロッシュ、サー・ハリー、そしてポルスブルックの三人の外交代表たちは別の部屋で待機し、その後、帝のもとに案内されるとのことであった。

この後、我々は狂信的愛国者の攻撃を受けた。それまで我々は常々主権国家の権利を求めていたが、このときは何の保護も得られなかった。

我々は、三月二十三日の一時に知恩院を出発し、宮殿に向かうことになった。一行は、騎兵護衛部隊に先導され、その次にピーコック警部と中井が、次いでサー・ハリーと後藤が進むことになった。その後ろから自分とブラッドショー中尉に率いられた第九連隊第二大隊が続き、そのさらに後ろからウィリス、J・J・エンスリーとミットフォードが（騎馬が許されなかったので）乗り物に乗って追い、最後に我々に同行していた五人の海軍士官が進むとのことだった。知恩院の正門の前に延びていた縄手という通りを下ったのだが、騎兵護衛部隊の最後尾の兵士たちが角を右に曲がるや否や、二人の男が通りの反対側からとびかかってきて剣を抜き、男や馬を襲い、隊列の横をいったりきたりしながら錯乱したかのように叩いてきた。

これを見た中井は小型馬から降りて右手側にいた男と交戦したのだが、これがなかなかに見ごたえのある戦いだった。取っ組みあっているうちに、彼は自分の長くてゆるいズボンを踏んで後ろに転んでしまった。敵は彼の頭を切り取ろうとしたが、中井はその一撃をかわしたので、かすり傷を負うだけでそれを避けることができ、同時に剣の切っ先で男の胸元を突いた。これは敵をひるませ、中井に背を向けたので、そのすきに後藤が剣を背中に振り下ろした。男は地面に倒れ、中井は飛び上がって頭を剣で叩いた。その間、左手側に控えていた兵士たちが振り返り、通りを駆けて逃げ出した他の悪漢たちを追撃した。その通りには、まだサー・ハリーも私も到達していなかった。

私が到着したのは、一連の出来事が終わった後だった。そのとき私はぼうっとしており、自分を守るためにとった行動は、男がこちらに向かってきたときに小型馬の向きを変えて攻撃を避けることぐらいだった。後から気づいたことだが、馬の鼻先にわずかな傷があり、また私の膝の二インチほど前にあった馬の肩にも負傷の跡があったので、実は危機一髪だった。集中力を取り戻した後、私は行列の最前列へと向かった。そこには、使節用の壮麗な礼服を着たサー・ハリー・パークスがおり、交差点の中心で落ち着いた様子で馬に乗っていた。近くにはピーコック警部が同じく騎乗した状態でたたずんでおり、その周辺には日本人の見物人も群れをなしていた。我々を先導していた肥後の三百人の歩兵たちと、出発時にしんがりを務めていた日本人の兵士たちは、みないなくなってしまった。だが、日本人の馬丁たちは冷静かつ勇敢に、我々と行動をともにしてくれた。

私の背後には、第九連隊第二大隊の歩兵部隊がおり、彼らは左手側を向いていた。そこに悪漢は襲い掛かり、兵士一人に頭に向かって切りかかり深手を負わせたが、襲撃者ができたこともここまでで、別の兵士が足で襲撃者をつまずかせ、他の者たちが銃剣を彼に突きつけた。だが、それにもかかわらず彼はこの状態から抜け出して隊列の最後尾まで逃げ出し、ミットフォードの乗り物に行く手を阻まれると、そこから剣を捨てて建物の中庭へと逃走した。ブラッドショーがこの男を見つけると、頭部に拳銃を突き付けて発砲したが、弾丸は下あごの関節に当たったので、骨を貫通しなかった。これを受けて彼は庭に倒れ、ほとんど意識を失ってしまった。

我々の中にもけが人が多く、彼らを連れて宮廷へと行くわけにはいかなかった。護衛兵が九人、第九連隊第二大隊の兵士が一人負傷し、これに加えて中井と、サー・ハリーの馬丁も傷を負っていた。乗り物の担ぎ手たちが恐れをなして逃げ出したので、我々は新たな担ぎ手を確保して、これ以上問題が起こる前に宿泊先に戻った。出血は多かったが、致命傷を負わされた者は一人もいなかった。最も重傷だったのは、膝に傷を負った男と、手首がほぼ完全に切断された状態にあった男の二人だった。極めて経験豊富な外科医であるウィリスが同行していたことは、我々にとって幸運だった。

捕縛された下手人は剃髪していたので、仏僧であるように見えた。三条の家臣の助けも借りて、我々はこの男を尋問した。彼は自分の行動を懺悔し、自分の罪を日本国中に知らしめるため断頭してその首をさらしてほしいと言った。ウィリスが彼の傷を治療し、彼の身柄は兵舎において厳重に管理された。中井は、別の男の頭を持って戻ってきて、戦利品として桶に入れて自分の手元から離さなかった。それは、おぞましい光景であった。頭蓋骨の左側には三角形の傷があり、そこから脳が見えた。右のあごにも、恐らく護衛兵の一人の剣でつけられたものと思われる傷がついていた。

私の日記には、この後五月の中旬まで何も記載されておらず、京都で起こったこの事件について言及した両親への手紙も保管されていなかった。詳細についてミットフォードが彼の父親に語った手紙は「タイムズ」に伝えられ、また三月二十五日に長官がこの一件について報告した公文書は、一般に公表されてはいないものの、『機密文書集』に加えられている。リーズデイル卿の備忘録、第二巻四四九項[1]も参照されたい。公文書をもとに作られた、より簡潔な概説はF・O・アダムズの『日本の歴史』の第二巻に記されている。京都にいるあいだ、私は長官と日本の高官のあいだで交わされた文書を翻訳することで忙しく、日記をつけているひまもなかった。記録されていない五十年も前の出来事についてこの章で語ることができるほど、私の記憶は完全ではない。

イギリス公使に対するこの凶行が親皇帝派の者によって起こされたという情報は、宮廷に午後四時ごろにもたらされ、それは言うまでもなくそこにいた者たちの心をかき乱した。フランスの公使とオランダの政治的代表は時間どおりに宮殿に到着しており、イギリス公使が到着するまで待つように指示されていた。彼が到着することができなかったため、二人の挨拶は非常に簡潔に行われ、謁見の間を去る際に彼らは事件の詳細について告げたサー・ハリーからの覚書を受け取った。夜六時ごろ、宮廷から徳大寺[2]、越前宰相（サイショー）、東久世、伊達、そして肥前の領主が急の使いとしてやってきて、帝が心から申し訳ないと思っていることを告げた。公使は、この事件の処理は帝の政府に一任すると返答した。そして、今回の下手人は自分よりもむしろ帝に対して無礼を働いたと考えているとも述べ、このたびの元首に対する不敬行為をどのように処罰すべきか、政府がよく理解していることを確信しているとも告げた。帝の政府の者たちは強い憂慮と懸念を表明したため、公使も改めて彼らを叱責し事の重大さを理解させる必要性を感じなかったのだ。彼らは、安全に対する準備が不十分だったことを認め、諸外国の代表たち、特に帝に招待されて京都に来ていた客人たちに狼藉が働かれたことを悔やんだ。

公使は、そうはいっても当然書面での謝罪は要求するとも付け加えた。また、以前述べたとおり、外国人の命を狙った侍にはすべて、堺でフランスの水夫を殺害した十一人の男たちと同じように、自分の手で自らの命を絶つ名誉を与えるのではなく、不名誉な死によって罰するべきだとも言った。加えて彼は、陛下が諸外国と友好的な関係を築き上げようとしているということを、帝の政府は公に宣言するべきだと提言した。日本人の多くは、外国人を襲うことで帝の意志をかなえられると信じており、そのような悪意のせいですでに多くの犠牲者がでているので、それを解消するための努力をすることは彼らの義務である、と。このときに告げられたとおり、翌日書面での謝罪文が届けられた。それには、下手人は侍の地位を剝奪されて斬首されるという判決文の写しも添えられていた。三条、岩倉、徳大寺、東久世、そしてそのほかの高官たちが、今回の事件について申し訳なく思うという旨を伝えにやってきて、諸外国との友好的な関係を望むという帝の宣言を、すべての町や村の掲示板に張り出すとも約束した。さらに彼らは、もし我々のけが人が死亡したり、今後仕事に不自由したりするようなことになれば、相応な補償を行うとも言ってくれた。

この事件が満足のいく形で片づいた後、公使は改めて帝に謁見することになり、それは三月二十六日に行われた。当然のことながら騎馬護衛兵の多くが重傷を負っており、当初の予定であった二十三日に行うことができなくなったためである。また、公使館一行が通りを通過する際には、その安全について細心の注意が払われた。以前の取り決めどおり、公使以外の職員の中でミットフォードのみが謁見の場にいることを許された。公使と彼は紫宸殿の北の階段を上がっていき、南の入口から入り、謁見が終わった後そこから出てきて南側の階段から降りてきた。ウィリスや私を含むその他一同は、中庭を突っ切って謁見の間の前を通り、下ってくる彼らと合流した。謁見では最初に帝がスピーチを行い、その内容は以下のようなものであった。

> 貴国の元首は健康であられるか。我らの国同士の交流は、今後より親密に、そしてより恒常的なものになるであろうことを確信している。二十三日に貴君らが宮廷へと向かっている際、不幸な事件に見舞われ、謁見の儀式が遅れたことをいたましく思う。そのため、本日貴君らと会うことができ、心から喜んでいる。[3]

これに対して、公使は以下のように返答した。

陛下

我が女王陛下は健康にあらせられます。皇帝陛下のお言葉と親睦の保証を本国政府に報告できますことは、大変喜ばしく存じます。一国の外交関係は、その国の内政的安定と新進性に影響されることが多く、したがって陛下がその領地において強い中央集権的な政権を確立しようとされ、諸外国がみな準拠しております国際法を採用しましたことは、最善の判断であると確信しております。また、二十三日に起こりました事件についてお悔やみのお言葉を陛下から頂戴できましたことは、極めて喜ばしく、また心動かされるものであり、この不幸な出来事に対する陛下の大臣たちのご厚意にも御礼申し上げます。陛下が寛大にもこの日謁見の機会を与えて下さいましたことは、よき記憶として今後も私の中に残るでしょう。[4]

諸外国の代表は、翌日京都を去った。二十三日に捕らえられた三枝蓊(サエグサシゲル)は、我々が去った日の朝に処刑された。この襲撃を幇助したとして三人の者が流罪となったが、その処分について腑に落ちないところがあった。もし罪状が本当であれば、三枝と同じ処分を受けるべきだったと思うのだが。もっとも、公使はこの件について深く追及する気はなかった。

サー・ハリーは、宮廷との連絡手段を残すために私を大坂に残したいと思っていたのだが、私は、ミットフォードのほうが適任だと説得した。それには、二つ理由があった。まず、江戸で手に入れた新居に戻りたかったということ。そして、特に後藤象二郎のような京都の侍の指導者たちのあいだで関心の高かったイングランドの議会制度については、私よりもミットフォードのほうがはるかに詳しかったことであった。彼らは、日本に代議制の新しい政府を作りたいと考えていたのだ。

第三十一章　江戸への帰還、そして大坂での公使の新しい信任状の奉呈

三月三十一日、私は公使とともに横浜に帰還し、四月一日に江戸へと上って当地の状況を探索した。野口と、私の個人的な日本人護衛六人も連れて行った。護衛たちは、私の家の門前にあった小屋に寝泊まりした。主な情報源は、徳川の海軍の長官を務めていた勝安房守（アワノカミ）だった。衆目を集めないよう、常に日が暮れてから彼の下を訪ねた。親皇帝派の軍隊はすでに江戸の郊外に大挙して押し寄せており、最前線の軍営は品川、新宿、そして板橋に設けられていた。甲州街道と木曾街道において、解散させられた江戸の部隊の残党と小競り合いが起こったため、親皇帝派の軍隊の到着が一、二日ほど遅れた。薩摩と長州の小部隊がいくつも、特に襲撃を受けることもなく町中を闊歩しており、三月七日には数人の薩摩の兵士たちが我々の公使館の近くにあった薩摩の小さいほうの屋敷を再度使用しはじめた。総司令官の有栖川宮は、まだ箱根の山頂から西に半日ほどの位置にある沼津にいるとのことだった。慶喜（ケイキ）は上野にある徳川の霊廟に自ら閉じ籠もっており、お触れを出したり武装した警官を用いたりして、自らの家臣たちに帝に対して恭順を促すべくできるかぎりのことをしていた。前将軍は三月四日の時点ですでに、帝の命令を全面的に受け入れ、親皇帝派の軍勢にも抵抗しないという宣言をしていた。会津とその氏族はみな、江戸における自らの施設をすべ

て放棄し、奥州にある故郷若松へと退却していた。最近まで江戸にいた大名たちのほとんどは、帝への忠誠を示すために自らの領地に帰還したか、京都へと向かっていた。大名よりも位の低い、徳川の家臣である旗本たちの中にも、そのようにする者が日に日に増えていった。町の民衆は、親皇帝派が慶喜に対して出した要求のことを知らなかったが、十二月に薩摩の屋敷が襲撃されたときに被った損害のことをまだ覚えていたので、全体的に穏やかではない雰囲気を感じ取って気をもんでいた。もっとも、家財を運び出している者も数人いたが、まだ町中の店の多くは営業を続けており、江戸が完全なパニックになっているわけではなかった。

江戸湾の砲台は大砲を外された後、四月四日に親皇帝派に明け渡された。これを知らされたのは、八日のことだった。十二日に私は、町に三日間滞在するために再度訪問したが、親皇帝派の慶喜に対する要求は穏当なものなのではないかという憶測が広まっていたため、以前訪問したときより町は静かだった。このとき、徳川の総司令官を務めていた勝は、交渉を任されているのは大久保一翁であると教えてくれた。一方親皇帝派は、総司令官である有栖川宮がまだ駿府にいたので、西郷がその代理を務めていた。

慶喜に対する要求は、所有している武器と兵器、および軍艦を含めるすべての汽船を一切放棄すること、江戸城を明け渡すこと、そして伏見での攻撃を主導した士官をみな処刑することであった。これらの要求が受け入れられれば、帝は前将軍に対して寛大な処遇を約束する、と。「寛大な処遇」とは具体的にはどのようなことか、ということが、品川の一室で行われた勝と西郷の交渉における焦点となった。勝は、主君の命が救われ、また彼の膨大な家臣団を養うだけの予算が確保されれば、どのような条件も受諾するつもりだった。だが彼は同時に、徳川にとってこれ以上に不利な条件を提示されれば、武力をもって抵抗するかもしれないということも西郷にほのめかした。また、慶喜は汽船や兵器を保持することを希望しており、この件に関しては帝に宛てた嘆願書も提示した。西郷はこの嘆願書と勝が口頭で述べた内容を携えて、駿府の有栖川の下へと向かった。そこから彼はさらに京都へと戻ったが、十八日には戻ってくることができるとの見込みだった。勝は、慶喜の命を守るために戦う覚悟はできているが、西郷が帝にとって不名誉となりかねないような決断をして、内戦を長引かせるようなことはないだろうと確信しているとも告げた。

彼は、サー・ハリー・パークスも帝の政府がそのような判断をしないよう影響力を行使してほしいとも懇願してきた。公使はこれまで同様の忠告を何度も帝の政府に対して行っており、特に四月二十八日に横浜において西郷が彼を訪ねてきたときには、慶喜とその支持者たちに過酷すぎる処分・処罰を行えば、西洋諸国のあいだで新政府に対する信頼が失われるであろうと強調していた。西郷は、前将軍の命を要求することはないと告げ、また彼に京都へと進軍するようそそのかした将校も同様に赦されることを望んでいると述べた。慶喜は上野の寺院にいたが、彼が将軍だったときに相談役を務めた人物たちの一部は、公的な活動を絶対に避ける（謹慎(キンシン)）よう命じられていたにもかかわらず、密かに逃げ出していた。勝が言うには、逃げ出した者の中には、以前の外交担当部局の筆頭大臣だった小笠原、我々がかつて

「古狐」と呼んでいた平山、我々に好かれていた官吏である塚原、そして財政担当大臣だった小栗上野介（オグリコーズケノスケ）なども含まれているとのことだった。

　勝の話の中でいちばん興味深かったのは、二月に行われた前将軍の大臣たちとロッシュ氏の対談についてであった。このときロッシュ氏は、徹底抗戦を呼びかけていたらしく、フランス人軍事顧問も、箱根路に砦を作るなどといった手段を講じるべきだと繰り返し主張していたようである。勝は、彼と大久保一翁は自らの派閥の中にいる主戦派に命を狙われているものの、彼らの手にかかることさえなければ、この件に関して満足のいく合意を取り付けることができると思っているようだった。

　このときには、親皇帝派の海軍の先鋒部隊が到着しており、陸路を通って進軍してきた陸軍と共同で作戦を実行する準備はできていた。戦闘が起こりそうな雰囲気ではなかったが、江戸の町にとっては平和的な解決がなったとしてもそれはいいことではなかった。この町の需要の大部分を担っていた大名たちと、彼らに物資を供給していた商人たちが一斉に地元に帰ってしまったので、町の人口が減ってしまったのである。極東の中で最も美しい町の一つであった江戸が衰退すれば、それはとても悲しいことであった。目をひくような壮大な建物があったわけではないが、海岸線に近く、郊外には大名たちが余暇を過ごすための庭園が連なっていた。そびえたつような城の周辺に大きな堀があって、そのさらに外側を松の木が取り囲んでおり、町の郊外にあった興味深い場所の数々も、みなこの町の景観を秀麗なものに仕立て上げていた。よく舗装された広い通りを挟んで、大きな城や公邸が軒を連ねていたため、町の面積は広かった。もっとも、商業区画は大坂のものより小さかったのだが。

京都や江戸においては、新聞も発行されるようになっていた。その内容は実質的には官報に近いものだったのだが、その中には興味深い政治的文書も組み込まれていたので、私はそれを公使のために翻訳した。これまでは、そのような文書は大名の屋敷にいた友人たちから入手するしかなかったので、数が限られていたのである。また、入手した資料が信頼できるかということも疑わしかった。政治的な動乱の最中にある国であればどこでもそうだが、上奏文、宣言書、往復書簡などが改竄されることがよくあったのである。このころ首都が京都から大坂に移転されるという噂も流れていた。京都は内陸にあって物資の補給が難しく、また冬の寒さと夏の暑さが厳しいことからそこに公使館を設けることは避けたかったので、移転は歓迎できるものであった。海に近い大坂でも、七月、八月になると耐えられなくなるほど暑くなったのだが。もっとも、周知のとおり、政府の中心に選ばれたのは江戸で、名前も東京に改められた。

この時期私は、時間の半分ほどを江戸での情報収集に費やし、もう半分は横浜で翻訳や報告書の作成に費やした。江戸ではパンと牛肉が入手できず、ヨーロッパ風の食事をすることができなかったので、家の近所にある高名な日本のレストランから食事を取り寄せ、なかなか気に入ったのでそれを習慣的に食べるようにした。

一八六七年十一月の末にはすでに、サー・ハリーはスタンレー卿に対して、帝に宛てた信任状を送るよう申請していた。それは間もなく公信に添えられて送られ、一八六八年の三月末に届いたのだが、五月半ばまで横浜の状況が落ち着かず、その場を離れることができなかった。そのころにはシドニー・ロコックが家族とともに本国へと出発しており、後任にはフランシス・オッティウェル・アダムズが就いていた。五月十五日に、サー・ハリー、アダムズ、上級通訳生のJ・J・クインと私は、提督の小型帆船であるサラミス号に乗船して横浜を出発した。翌日の昼、我々は紀伊の最南端沖にある大島という島の港に投錨した。その島の外れには、極めて汚く、悪臭がして雑然としていた小さな村があった。その村は林に覆われたこぎれいな丘に囲まれており、散歩をしたときに数羽のキジが驚いて逃げて行った。

夕暮れどきに錨を上げ、翌朝九時に兵庫に到着すると、港にはすでにイギリス軍艦オーシャン号とゼブラ号が碇泊していた。紀伊海峡を通過する際にはサー・ハリー・ケッペルの旗艦であるイギリス軍艦ロドニー号ともすれ違った。これらの船は、このたびヨーロッパの元首がはじめて正当な日本の元首に対して書簡を送るということで、公使一行の威厳を高めるために集められたのである。大坂の砂州には正午ごろに到着し、その後アダムズ、クインと私は荷物を持って上陸した。公使は、十八日に日本側が礼砲を放つまで上陸しなかった。

その後、公使がその部下と多数の海軍士官たちの代表として、信任状を奉呈する式典が行われるので、その取り決めについての交渉に忙殺された。砂州の外に碇泊している艦隊との連絡が取りやすいよう、我々は副領事館に滞在した。式典は、二十二日に行われることに決まった。だがこの後も、信任状を日本語に翻訳し、式典に参列できる人数を決定するという作業が残されていた。私も参加しなければならなくなったのだが、外交の場における正装を持っていなかったので、非常にわずらわしく感じた。公使は、前に留め具のある青い生地のコートと、両側に金色のひもがついたズボンを公使館員の制服として貸してくれたのだが、私はそれらを台所の棚に放って、普通のイブニングで宮殿へと向かった。

サー・ハリーが上陸してまもなく、三月二十三日に京都で我々のために戦ってくれた日本人二人のうちの一人である後藤が、伊達と一緒に訪ねてきた。後者とは、最近新政府が発布したキリスト教に対する勅命について話し合った。それは、大昔から続けられてきた禁教を、以前ほど厳格にではなかったが再度宣言するものであった。伊達は、勅命で用いられた語句が一部不適切であったことを認め、またこれらを大坂や兵庫の町の掲示板に張り出すことはしないと告げた。彼は、そのような表現（「邪悪な」もしくは「有害な」教えという表現が用いられていた）を変更すると言ってくれたが、キリスト教の信教を制限する勅命を完全になかったことにするのは不可能であると言った。これに対してサー・ハリーは、日本が文明国であることを証明したいのであれば、信教に対する寛容さを示す必要があると告げ、またこの場で内密に女王からの親書を提示した。そしてこの後私は、中井とこの件に関して長い間議論を交わし、キリスト教のみを対象にするのではなく「有害な教え」全般を禁止するという内容にしてはどうかと提案した。すでに長崎においてはカトリックの宣教師たちが熱心に改宗者たちを獲得しようと動いており、日本の政府も彼らを野放しにするつもりはなかったので、この勅許を全面的に撤回することはないというのは明白だった。私と中井は、翌日サー・ハリーと三条、伊達、後藤、そして木戸とのあいだでこの案件について話し合いの場を設けるということに合意したが、中井はたとえ政府の筆頭責任者たち（総裁《ソーサイ》）であっても、この件に関して我々の要求に対して満足のいく確証を与えることはできないだろうと忠告した。彼らもまた、絶対権力者ではなかったのだ。

十九日、我々は西本願寺においてまとまりのない長話をした。その場には、すでに述べた者たちに加えて数人と、外交担当機関の長官である山階宮もいた。彼らが言うには、民衆のキリスト教徒に対する敵意は強く、多くの人はまだそれを魔術や妖術のたぐいであると信じているとのことだった。私も、それが事実であることを知っていた。私はある日本人から、自分が留守のあいだ妻が何をしているか知りたいので、「キリスタン」を教えてほしいと頼まれたことがあったのだ。彼らは、キリスト教を有害な教えと表現したことは間違いだったと認め、勅命の語句に変更を加えることを約束してくれた。だが、この件に関して何もお触れを出さないことは、信教を認めること、つまり日本人が言うところの「黙認《サイレント・アプルーバル》」と同じことになるので、それはできないとも告げられた。

二十四日、上と同じ大臣たちに加えて岩倉が参加した対談で、サー・ハリーは再度この議題について言及した。肥前の侍である大隈八太郎という人物とは、このときはじめて会ったのだが、私の記憶が正しければ、たしかこのとき彼は、自分は聖書と「プレアリー・ブック」[2]を読んだことがあるので、このことについてはよく知っていると述べたと記憶している。彼はどうやら長崎のアメリカ人宣教師フルベッキ博士の生徒だったようだ。サー・ハリーは、最近スタンレー卿から受け取った公文書の写しと日本語訳文を彼らに手渡した。他国の外交官たちも同じようにしたが、合同の抗議はまったく効果がなく、キリスト教を信仰する四千人ほどの日本人（ほとんどは長崎の近くにある浦上という村の住人）は、性別や年齢にかかわらず情け容赦なく流刑に処された。

公使の信任状奉呈の儀式は、二十二日に行われた。ケッペル提督は、ヘニエジ旗艦艦長とオーシャン号のスタンホープ大佐、それぞれ軍艦の艦長を務めていたポラード中佐とカー大尉、サラミス号のプージー艦長とその秘書官ウィリアム・リスク、そしてまた別の士官であったガーニエとともに、その日の朝に上陸し、副領事館において我々と合流した。公使館からは、公使、アダムズ、この直前に第二書記官に昇進したミットフォード、そして私が参加した。イギリス軍艦ロドニー号とオーシャン号から、それぞれ百人の海兵が隊列に加わり、我々が乗っても快適に足を伸ばしていられるような乗り物が十二個用意された。公使館の護衛のうち四人も加わり、さらに日本人の兵士たちが隊列の先導としんがりを務めた。儀式が行われる西本願寺には、時間どおり一時に到着した。

この仏寺は、皇帝が滞在する場所としては不適切なように感じられたが、皇帝は徳川の反乱軍の長を討伐する軍隊を指揮するためという名目で京都から大坂に滞在していることになっていたので、この際やむをえないとされた。我々は控室に通されたのだが、控室といっても謁見の間の一部を屏風で分けて急ごしらえで作っただけの場所だった。部屋の中央には、金色の布で覆われた長机があり、それは何もない部屋の中で唯一見栄えのするものといってもよかった。机の片側に我々が座り、反対側に日本の外交担当機関の大臣たちが腰かけた。待っているあいだ、お茶と木の皿に載せられた甘味がふるまわれ、三十分ほど待った後、外交担当部局の長官が入ってきて、その場にふさわしい丁寧なスピーチを行った。数分後、謁見を行う準備が整ったと告げられたので、外交担当部局の第二と第三の大臣が皇帝のいる場所へと案内してくれた。

広間はかなり大きく、屋根を支える柱が両側に列をなしていた。黒漆の柱に支えられた天蓋が台座を覆っており、そのいちばん端に帝が座っていて、すだれは可能なかぎり高い位置にまで上げられていた。我々は、二列になって部屋の中央まで進んだ。右側は提督に先導された海軍士官たちの列で、左側は公使以下の公使館職員によって構成された。全員が、まず部屋の中央に進んだときにおじぎをし、続いて台座の前で一礼し、最後に台座に乗った後にも頭を下げたので、合計三回礼をした。台座は、我々全員が乗ることができるくらい大きかった。我々が礼をしはじめたとき、帝は天蓋の下で立ち上がった。このとき、玉座の両側に控えていた、外交担当機関の筆頭大臣ともう一人の重要人物がひざまずいた。

玉座の両側には、獅子の木像が置かれていた。非常に古いものであり、また獅子の飾り物は日本においては大変貴重なものだとみなされていた。玉座の背後には、黒い小さな帽子をかぶり、金襴のついたさまざまな色合いのローブをまとっていた従者たちがたくさんいた。帝が立ち上がったとき、目を含めた頭の上半分が隠れてしまったが、彼が次に動いたときにその全身を見ることができた。顔色は白く、あるいは化粧をしてわざとそうしていたのかもしれなかった。口の周辺の形がいびつで、医者が言うところの突顎という症状が見てとれたが、全体的には顔の形が整っていた。眉毛がそり落とされていたが、もとあった箇所の一インチ上に墨で描かれていた。帝がまとっていた長くて緩い黒色のケープは後方にぶら下がっており、白い上着・外套と巨大な紫色のズボンも着ていた。

このあと、儀式は以下のようにして進行した。まず、公使が帝の右側に立ち、その後ろに公使館職員が地位の高い順に並び、左手側には提督とその使用人たちと、その他の海軍士官たちが列を作った。その次に、サー・ハリーが、この日のために暗記してきたスピーチを読み上げた。ようやく帝と対面することができたわけだが、その様子はどこか居心地が悪そうだった。そして、この場で通訳を務めた伊藤が翻訳を読み上げ、我々はみな一礼した。サー・ハリーは女王の親書を帝に手渡そうとしたのだが、緊張からか動きがぎこちなくなり、帝からの親書をサー・ハリーに手渡すために、帝のかたわらに控えていた山階宮に助けてもらわなければならなかった。帝も、サー・ハリーに対するスピーチの内容を失念してしまい、彼の左側に控えていた人物がささやいた言葉を聞いてようやく言葉を発することができ、それを聞くや否や伊藤が、事前に準備されていた帝のスピーチの内容の訳文を読み上げた。続いて、サー・ハリーは公使館員全員と提督を紹介し、その後提督は彼の部下の士官たちを引き合わせた。帝は、提督の艦隊の隊員たちが健康であることを願うと告げ、その後我々は礼をしながら控室へと退いた。我々は、すべてつつがなく進められたことを互いに祝福した。

その日の夜は、伊達が晩餐会に招いてくれた。彼は、可能なかぎりヨーロッパのものに近い食事を準備してくれた。翌日我々は、そろそろ女王の誕生日であることからそれを祝う祝砲を放ち、その後多くの日本の貴人たちがロドニー号に乗船して提督と昼食をとった。山階宮が女王の健康を願って乾杯しようと言うと、その場にいた者はみな威勢よくそれに応じた。客人のほとんどは知的で礼儀正しかったが、私の隣に座りたがっていた長州の領主は大きな赤子のようにふるまい、彼が耐えられる量以上のシャンパンを飲んでしまった。もっとも、日本の領主たちが自らを律することができなかったのも、彼らが育てられた環境を考えれば致し方ないところであったのだが。帝の母方の叔父は、ヨーロッパの猫を見たいと切望しており、また別の貴人は黒人を一目見てみたいと言い、我々は彼らの望みを満たすことに大変難儀した。我々は、外交辞令として外交担当機関の筆頭大臣に礼砲を放たなければならなかったのだが、彼は、爆音が大きすぎると耳が痛くなるので、可能なかぎり火薬の量は少なくしてほしいと要請してきた。ロドニー号においていちばん注目を集めたものの一つは軍楽隊で、提督の客人のために大きな音でいくつもの曲を演奏し、またオーシャン号の楽長は行進曲と日本の国民に捧げる曲を演奏して拍手喝采を浴びた。

翌日（日曜日）、大坂において会議が開催された。この場においては、キリスト教徒に関する問題を含むいくつもの議題が挙げられた結果、会議が六時間にもわたったので、私は六時間ものあいだ英語を日本語に、日本語を英語に翻訳し続けなければならなかった。二十五日に横浜に戻るためにサラミス号に再度乗船したときには、かなりほっとしたものだった。帝は、前大君が降伏したから、ということを理由に、二十八日に大坂を離れ京都へと戻った。

第三十二章　雑件、および水戸の政治

アダムズと私は横浜の一等書記官邸で共同生活をしていたのだが、江戸にあった日本風の屋敷を手放したわけではなく、そこでも多くの時間を過ごしながら状況の動静を見守った。書面を送ったり、時々横浜に戻ったりして、公使に報告していたのである。京都で刊行されはじめた官報や、江戸において発刊されはじめたいくつかの大衆紙の翻訳作業で、常に忙しかった。その中で最も興味深かった文書は、四月二十七日に慶喜（ケイキ）に対して通達された公文書であった。これを受諾したことで、彼は五月三日に水戸に退くことになり、また亀之助（田安）[1]が徳川一族の臨時的な家長となった。親皇帝派の軍が江戸城を占領し、薩摩、長州その他の兵士たちは町を自由に闊歩していた。

六月二十三日にアダムズとともに江戸へと向かい、三日過ごした。当地で発行されていた新聞の中には興味深いことを言っているものもあったが、恐らく真実ではなかった。その中には、三月にイギリス公使館員たちが居を構えた知恩院の宮の家臣を自称する者が書いたものがあった。その人物は、外国人の排除は難しいかもしれないが、それでも軍隊をしっかりと整備して外国人をおとなしくさせ、服従させる必要があると主張していた。また彼は、帝が諸外国の代表たちに謁見の機会を与えたことを快く思っていなかった。長州の「非正規軍」たちの代表を称する人物が書いた別の記事もあり、それによると、彼らはいずれ「蛮族排斥」を決行する際に帝がそれを心から支持することができなくなるから、謁見が認められたことに反対しているとのことであった。

これらの出版物について私の友人であった勝に問い質したとき、彼は、五月末に宮廷貴族と封建領主たち（公家と大名）による会議が開催され、その場において宮廷貴族たちが今こそこの国から外国人を排斥する好機であると述べたとのことだった。外国人が長崎でキリスト教を広めようとしているからというのが、その理由らしいとのことだった。大名たちは何も言わず、帝も意見を求められたが特に何の反応も示さなかったそうである。勝も正確な情報をつかんでいたわけではなかったが、五月十四日に政府の主要な人物と大名たちが大坂の本願寺において陛下の眼前に集い、その場で長崎の近くにある浦上においてキリスト教が広められているという報告を受けたらしかった。帝はこの案件にどう対応するべきかを尋ね、新政府の要人たちは政府の官報を通じて公表すると答えたそうである。この会議は、外国人排斥政策を再度採用するかどうか議論するために開かれたという噂が広まっていたが、これに関しては伊達がミットフォードとの対談において否定した。我々は正確な情報をつかむことに難儀していたが、勝や伊達と同じ立場にあったすべての日本人も恐らく同様だったと推測される。もっとも、これらの提案が記された文書が日の目を見たことはなく、内容を考慮しても黙殺されてしかるべきものであった。

わずか六歳の少年であった亀之助が正式に徳川の家長になったのは六月十九日のことであ

り、徳川家の重臣たちは翌朝彼を出迎えて祝いの言葉を告げた。このときには、氏族に対する処罰の内容や、彼らにどれだけの土地が残されるかということはまだ決められていなかった。勝によると、十三日に江戸に到着した三条が、南部や西部から兵士が到着するのを待ってから、この件に関する最終決定を発表するつもりだとのことだった。勝は、大君の政府の予算の統計を私に見せ、少なくともこの財産が帝の政府に没収されることはありえないと満足げに告げた。また、帝の政府が財政難により崩壊する可能性もあるとも述べた。

このときには東久世も江戸におり、徳川に残される財産の総額を決めるのは、未だに帝に抵抗する彼らの氏族の一部を完全に降伏させてからになると言った。戦争は、越後・新潟と会津の近辺において激戦が繰り広げられていた。六月二十五日にはかなりの数の南部の兵士たちが江戸に入ったことを私自身もこの目で確認し、これによって徳川派の者たちが抱いていた、親皇帝派が弱まっているのではないかという希望は完全に打ち砕かれた。徳川派は、肥後をはじめとする西部の氏族たちが、積極的ではなくともある程度は支援してくれるだろうと期待していたが、それは楽観的にすぎるように思われた。

六月二十三日、ロッシュ氏がとうとう横浜を離れ、後任者のウトレ氏がやってきた。ロッシュ氏は、離任する際に大坂と長崎に立ち寄る予定だとのことだった。将軍が帝と戦うことを支持するという彼の方針は、完全に失敗に終わった。もっとも、彼はフランス人技師を雇用させて横須賀において兵器工場を造らせ、またフランス人軍事顧問を採用させることには成功した。これらの人物は、新政府が設立された後もしばらく雇用され続けたのである。

野口には弟がおり、彼は慶喜が水戸に退いた後に上野の霊廟に集結した、徳川の支持者たちに加わった。彼らは夜な夜な町に繰り出し、時折親皇帝派の兵士たちを殺害した。とうとう彼らは親皇帝派の拠点を襲撃することを決意し、七月四日の朝にこれを決行した。この攻撃により、江戸城の外堀と上野の正門のあいだにある市街地の大部分、そしてその中央部にあった大きな寺院が焼失した。歴代将軍が埋葬されている場所は、損害を被らなかったが。その寺院に修道士のように隠匿していた皇族の輪王寺宮(リンノージノミヤ)[2]は、その日の夜に徳川派の生存者によって連れ出された。徳川の残党は、彼を帝に擁立するということも話し合っていたのである。戦いは、朝八時に始まり午後五時には終わった。私は、六月末に最後に江戸を訪れて以来横浜におり、以上の出来事が起こっていたあいだもそこにいた。

その月の頭には、ウィリスと私はともに江戸で数日を過ごし、ウィリスは薩摩だけでなく、土佐、戸田(トダ)[3]、長州、そして備前といった他の氏族の戦傷者たちを治療した。備前は、かつてイギリス公使館として使用していた東禅寺に居を構えており、ウィリスは備前の人々から大変丁寧にもてなされたと報告した。彼らは外国人に対してまったく敵意は抱いておらず、滝善三郎の死も二月に神戸で起こった外国人襲撃事件に対する正当な処罰だとみなしていた。当時日本には経験豊富な外科医がおらず、銃創をまるで素人医療のように処置したため、戦傷者たちの置かれた状況はひどいものだった。剣で切られた傷は、ほとんどなかった。また、急を要する者は、ウィリスが提案したようにみな横浜へと運ばれ、江戸で軍事病院として使用された建物には七月末までに百七十六人もの患者が収容されていた。その建物は、かつての政府が倒れる前は、中国の古典を勉強する学校として使用されていた。負傷者の三分の二は薩摩の者で、四分の一は長州および土佐の者だった。最近起こった上野での戦いで四十人ほどが負傷し、その他の者は江戸の北、会津への遠征で負傷していた。ウィリスの存在はよほど大きかったらしく、十月には越後で戦っている兵士たちのために彼を貸してほしいと公使に直接要請があったほどだった。このころにはウィリスは江戸の副領事に任命されることが決まっていたのだが、江戸に外国人居留地を設立して町を貿易のために開放することが遅れたため、その代わりに新政府が雇用するという申し出がなされたのである。そして、J・B・シドール博士が一月の初めに公使館付きの医官として赴任したこともあって、ウィリスは公使館での仕事から解放された。

七月二十九日、私はアダムズとともに江戸へとむかい、そこで四日過ごし、大隈、勝、そして小松を訪問した。このとき、私が翻訳した数々のキリスト教排斥を唱えるパンフレットや、各種政治的文書は残っているものの、どういうわけか私が公使に送ったはずの、三人の重要人物との対談に関する報告書は、紛失されてしまったようである。再度江戸に行ったのは八月十七日のことで、翌日大隈を訪ねたときにはベッドの中にいて非常に体調が悪そうだった。彼は、十三日に日光の近くにある今市で戦闘が起こったということを教えてくれた。親皇帝派が勝利し、七十五マイル先にある会津へと進軍しているとのことだった。越後を八日に出発した伝言役によると、その時点ではまだ新潟は会津の手によって保持されているとのことだった。長岡が親皇帝派の軍によって陥落させられた後、さらに戦いが続き、双方に相当な数の死傷者が出たとも伝えられた。親皇帝派は踏みとどまっており、増援が送られれば会津の首都である若松まで進軍することができるであろうとのことだった。白河と秋田からも、部隊が送られる予定とのことだった。大隈の主君であった肥前の領主は、下野の今市に派遣されていた自分の兵士たちから陣頭に立って指揮してほしいと要請されていたのだが、彼の家臣たち（家老）が思いとどまらせたためそれはかなわなかった。

その年の頭から、新しい政府のコンスティテューションについていくつもの提案がなされており、六月にはその最新のものを翻訳する機会を得ることができた。それはアメリカの政治理念が色濃く反映されており、フルベッキ博士の生徒である大隈と、彼と同じ氏族に属する副島がその大部分を執筆したということは明らかだった。その中には、「太政官（政府のこと）の力と権限は、立法、行政、司法に三分される」と記されていた。また別の箇所には、「すべての公人は四年ごとに交代させられなければならない。彼らが任命されるためには、多数決で過半数から信任をえられなければならない。公務がとどこおらないよう、公人の交代の時期でも彼らのうち半分は次の二年間任期を継続させる」とも記されていた。その内容には、「猟官制度」の響きがあった。また大隈は、この中で述べた「行政府」とは「大統領とその顧問官たち」によるアメリカの行政府を念頭においているとのことだったが、実際には神道、財政、軍部、そして外交部門の長官たちによるものを想定していた。言うまでもなく、この公文書は何年も前、一八八九年の伊藤の憲法によって退けられた。

この後、私は勝を訪問した。彼は、二日前に正式に駿府（現在は静岡と呼ばれている）が徳川家に与えられたことを教えてくれた。駿府はもともと徳川家の土地だったのだが。その後彼は、さまざまな氏族において特に有能な人物たちの名前を書き記した覚書を棚から取り出した。その中の多くはすでに死んでいた。薩摩と長州出身の者がいちばん多く、徳川の氏族に属する者の名前は少なかった。その中で生存している者の中には、薩摩や長州の我々の友人たちがすべて含まれていた。勝のもとにいたとき、数ヵ月前に私を夕食に誘ってくれた妻木中務（ツマギナカツカサ）がやってきた。彼は数日前に慶喜から暇をもらい、水戸から戻ってきたばかりで、今の政府に招かれる見込みがないと思っていたので趣味の詩作をして日々を過ごしていたという。その自己評価は、彼が本心で言っていたとしたら、とんだ見当違いだったのだが。

　妻木は、友人の勝と話をするためにやってきて、私の前で話をあまりしたくない様子だったが、単に徳川の過激派に命を狙われているので気をつけるように、と勝に告げたかっただけのようだった。妻木は、水戸からは五百人ほどの者が会津に加勢するために当地へと向かったと言った。彼と勝はひととおり話をした後、現時点では特に重大な心配のもとはないと結論付けた。徳川の一派は勝に亀之助の下で要職についてほしいと思っていたようだが、彼はそれを望んではいなかった。私は勝に、民衆のあいだにイングランド人を忌み嫌う感情があるだろうかと尋ねた。彼は、それはサー・ハリーが将軍の大臣たちに対して、長州を攻撃することを止めるよう忠告したころの、昔の話だと答えた。そのような感情が広まったのは、ロッシュ氏のせいだった。彼は将軍の政府に対して、海軍顧問を雇いたいとイギリス政府に要請しないかぎり、彼らは大名たちの側につくだろうと告げ、大名たちと信頼関係を樹立したいがためにオランダとグラバー商会を通じてイングランドで作られた軍艦開陽丸（カイヨーマル）を肥後の領主に引き渡したのだと述べた。その後この船は、親皇帝派の手に渡ることになる。

この開陽丸に乗って八月五、六日ごろに平潟（ヒラカタ）に上陸した親皇帝派の兵士たちが、仙台の男たちと徳川の浪人たちによって構成された部隊を破ったということを、以前小松と中井が教えてくれた。この話は、妻木も真実であると教えてくれた。十九日、私は日本橋まで足を延ばし、徳川政府が作った外国人居留地に建っていた、外国人の滞在のために作られた巨大なホテルのある場所まで向かった。ちなみに日本橋は町の中央にあり、すべての道路の長さはここからの距離で測られていた。商業地区は活気があり、道路は人であふれ、特に親皇帝派の部隊に所属する侍たちがたくさんいた。だが、城の下にある大名屋敷の近辺の町は死んだようだった。

二十日、かつての外交担当部局の委員であった川勝近江が訪問してきた。彼は、駿府の城は廃墟よりは少しましなだけのひどい状況にあり、城下にも徳川の家臣たちを受け入れられるような家屋はないと言った。彼は帝の家臣（朝臣（チョーシン））になりたいと言い、自分の一族はそもそも昔からの徳川の家臣ではなく、自分の家系は彼らのものよりも歴史が長いのにとぼやいた。彼は、条例制定関連部局の官職につければ満足したのであろう。かつて横浜の長官を務めた水野若狭（ワカサ）[4]や、もう一人の徳川の家臣であった杉浦武三郎は、皇帝の政府によって江戸の外国人居留地に関する仕事を任される見込みだった。慶喜の弟の民部大輔はまだフランスにおり、慶喜が水戸に退いて間もなく亡くなった水戸の領主の地位を引き継ぐため近いうちに呼び戻される予定だった。

二月には、百三十人ほどの旗本が京都へと向かい、その身を帝に委ねたため、彼らがそれまで所有していた土地をそのまま保持することを許された。川勝は、同じことをしなかったことですべてを失ってしまったと後悔していた。徳川家は七十万石を保持することを許され、これによって多くの家臣を養い続けることが可能になったが、それでもその氏族に属していた三万人の御家人全員を食べさせることはできなかった。私の個人的な護衛たちは、三百人全員が引き続き公使館での任務を続けることになっていたが、公使館に配属される以前は別手組に所属していたこの者たちはみな、帝へと鞍替えしたがっていた。

二十一日、小松と中井が私を訪ねてきた。彼らによると、平潟を経由して奥州の棚倉（タナクラ）へと派遣された部隊は完全勝利をおさめ、別の場所に派遣された部隊もすぐに同じ成果を手にするだろうとのことだった。話をしているあいだにも、薩摩の兵士五百人が我々のいた建物横の大通りを通過し、海沿いに北へと向かって行った。江戸での状況を報告するために京都へ向かった木戸も、そろそろ戻ってくる見込みだった。彼らは、非常に保守的な京都の宮廷を説得して、帝を江戸に連れてくるためには、相当な圧力が必要だと感じていた。その日の昼間には、大隈を訪ねた。まだ体調が悪く、他の肥前の者たちと同様に、あまり会話をしたがらなかった。

その後、私は中井の下へと行き、彼は十月の前政府転覆につながった、後藤が記した文書の草文を見せてくれた。それは、公表されたものとは若干内容が異なっており、フランス語と英語の教官を雇うこと、イングランドから軍事顧問を招聘すること、大君を廃位すること、そして徳川を他の氏族と同じ地位にまで格下げすることが提案されていた。これらの提案は、後藤とその仲間たちは外国人に友好的すぎるという印象を与え、また譜代や旗本の敵意をあおりかねないとして、削除されたのだ。

また、中井は東久世から三条に宛てた手紙の草文も持っていた。それにはいくつかのことが記されていたが、その中の一つに新潟に入港した外国船が反乱軍に武器を提供し、親皇帝派に対する会津の抵抗に加担しているという情報があった。そして東久世によると、このことを諸外国の代表たちに通達したところ、彼らはこれを止めさせるように働きかけると返答したとのことであった。

私は中井に、何かの間違いではないかと言った。公使たちはすでに中立を宣言しており、日本の当局者はそれに基づいて行動することができる。[5]もしこの流通に歯止めをかけたいのであれば、諸外国の公使たちに新潟の港の封鎖を宣言し、彼らの軍艦を用いて外国船が入港することを阻止すればいい、と伝えたのである。中井はなぜこのようなことが認められるのか理解に苦しんだようだが、当時の日本ではまだ国際法に対する理解が浅かったのだ。そして、彼は小松が京都に送った、長崎における日本人キリスト教徒の処遇に関する書簡を見せてくれた。それには、サー・ハリーが告げた内容を考えて、より穏当な対応をするべきだと記されていた。

翌日、再び中井を訪れると、彼の下には井上石見（イワミ）という非常に魅力的な薩摩の男がおり、彼は蝦夷の資源を開発することに強い興味を示していた。彼は、日本からの開拓のための構想をいくつも持っており、またゲルトナーというドイツ人を顧問としてヨーロッパ風の農業を導入しようと考えていた。清水谷[6]という、二十五歳くらいの宮廷貴族を箱館の長官に擁立し、彼に英語を勉強させようとも考えていた。この場で、かなりざっくばらんに人事について話をした。私は、東久世は確かに位の高い人物だが、ヨーロッパの全権大使としては適切ではないと述べた。伊達、岩倉、もしくは肥前の閑叟（カンソー）のほうがいいだろう、とも。彼は、岩倉を日本から離れさせるわけにはいかないと返答した。彼が言ったことの中で最も興味深かったことは、北方で抵抗を続ける氏族との戦いを統率するためには、帝を江戸へと移してそこを首都にする以外にないということだった。彼と小松が後から川沿いのレストランで我々に合流し、私が提案した新潟の海上封鎖について同意した。

二十三日、私は小松と中井に同伴されて、この年の頭にはすでに京都から大坂への遷都を主張していた大久保と夕食を一緒にとった。政府が首都を江戸へと移し、「東の首都」を意味する東京（トーキョー）に改称させたのは、彼の功績であったと私は疑っていない。だが、彼はとにかく口が堅く、唯一聞き出せた情報は、伊達家の家長が大名を務めていた仙台に伊達宗城を派遣し、会津に関して手を引くよう説得させるつもりだということだった。小松は、前政権によって雇われていたイングランド人の海軍顧問に関してずいぶん長々と話をした。彼らは明らかにその顧問を解任したがっており、イギリスが中立を宣言した以上、内戦が続いているあいだ彼らに仕事を続けさせることは公平ではないと思ったので、私も解任したほうがいいと提案した。小松は、士官は残すつもりだが下士官と水夫たちはイングランドに送り返すつもりだと返答した。

この二ヵ月ほど前、肥後の男たちが訪ねてきて、これから北の津軽へと向かうと告げた。彼らは、封建制度以外の政治体制は日本には不可能だと言った。それから二ヵ月経ったとき私が聞いたのは、肥後の氏族が若松に極秘で使者を送り、会津に西部の諸大名と和解することを促したが、これに対して会津は事態が進みすぎているので、もはや剣を交えることでしか解決することはできないと返答したという。このとき使者が言ったとされることが、私が会った肥後の男たちの言っていたことに似ていたので、彼らは同一人物だったのではないだろうか。

三月に発表されたコンスティテューションに取って代わる形で、六月に新しいものが発表されたのだが、この翻訳はかなり大変だった。この中で言及されていた第二の機関という組織を英語でどう表現すればいいのか、ということに難儀したのである。それは、御前評議会（インペリアル・カウンシル）とも、枢密院（プライビー・カウンシル）とも、内閣（キャビネット）とも訳し得るものだった。この機関の官吏たちは、単に二人の筆頭大臣の秘書官にすぎず、行政上の権限は何ら持っていないように見えた。そして、政府はこの有名無実な機関の下に位置されたその他四つの機関に分けられていた。大久保の説明によるとそういうことだった。もっとも、この内容にはさらなる改善が必要なように見えたので、これが最終盤のコンスティテューションになるとは思えなかった。現状では、高貴な生まれの傀儡たちが要職を独占しており、実務はその配下たちによって担われていた。

もはや太古からの地位や先例は実質的に何の意味もなしておらず、宮廷貴族や諸侯たち（公家と大名）は官吏の名簿から消し去られなければならないと私は思っていた。彼らの中で、要職に値するほど有能な人物は一人としていなかったにもかかわらず、彼らのみがそれにつくことを許され、平民は認められていなかった。

八月二十五日のほとんどは、十月一日に行われる予定だった外国人に対する江戸の開放について、中井と話し合うことに費やされた。私は公使の命にしたがい、江戸に向かう人物は通行許可証が必要であるというばかげた決まりを廃止させることと、日本の人々が海峡に浮標を設置するために必要な海軍顧問の手配について話し合った。前大君の政府は、外国人の客人が宿泊するために巨大なホテルを建造する計画を立てており、それを外国人に貸し出すことを検討していたのだが、外国人がそのような計画に投資するとは考えられなかった。そのため私は、所有者の下で管理運営を担う人物を横浜から雇い入れ、宿泊客に対する請求書や必要なワインなどの物資を購入する役割を担わせるべきだと提案した。

親皇帝派が戦力を結集させて会津への攻撃に備えていることは明白だった。今の兵力で会津をつぶすことができないのであれば、親皇帝派が内戦で勝利することはできないだろうと中井が言っていたが、実際そう思ってしかるべき勢力をそろえていた。親皇帝派は、平潟へと兵士を輸送するために、デスパッチ号というアメリカ船籍のバークを三千ドルで借りた。八月二十五日、私は品川を経由して二百人ほどの兵士たちが北へと行進しているところを目撃した。二十二日には長州の男たちが大挙して上陸し、四十七人の忠実な浪人たちが埋葬されている泉岳寺という寺に入った。中原猶介（ナオスケ）という薩摩の男——提督だと誤解されることが多いが、実際のところは砲兵隊の士官だった——は、四個中隊を率いて越後へと派遣され、多くの戦果を挙げることを期待されていた。

八月二十六日、私は勝を訪ねた。前日小松が彼の下を訪ねており、そのときの会話の内容がよかったようで、かなり緊張が解けたような面持ちだった。勝は、駿府城は徳川家の家長に明け渡されたものの、彼に与えられた土地をそれまで支配していた者たちを立ち退かせることに難儀しており、まだ全員がその地を離れたわけではないので、徳川家が実質的に支配しているのは八万石に満たないと告げた。彼は、亀之助、あるいはこの六歳の子供の保護者たちが、家臣たちの普請や生活のために多くの費用を使うようなことはしないでほしいと願っていた。徳川の艦隊を率いていた榎本和泉[7]が、旗艦開陽丸を使って徳川の氏族のための物資を運んでいた。榎本は、E・カマジローとしても知られており、オランダで訓練を受けた海軍士官だった。

私は勝に、水戸の前領主の息子は死んだのか、それとも民部大輔が彼の地位に取って代わったのかと尋ねた。これを聞いた勝は、長年外国人を混乱させ続けていた水戸の政治に関して次のように説明してくれた。

「水戸の老公」として知られる斉昭（ノリアキラ）は、治紀（ハルトシ）の嫡男ではない子供で、子供のときの名前（俗名（ゾクミョー））を敬三郎と言った。嫡男は彼の兄斉修（ナリノブ）で、弟が得ることができたのはわずか二百石であった。耳が遠かったこともあり、彼はあまり社交的ではない人間に育ち、国内を放浪して各地の実情を把握することに努めた。彼が後に質素な倹約家として知られるようになるのは、このときの経験からであろう。治紀が死ぬと、兄が後を継いだが、彼もまもなく死んだため、領主の座が空席となった。このころには、水戸において二つの派閥ができあがっていた。一つは、『大日本史』の著者が主張したとおり、京都にいる太古からの元首を支持するべきであるとする者たちで、もう一方の派閥は敬三郎を恐れていたため、賢明な水野越前守[8]——最近まで御老中《ゴロージュー》（国の評議会のこと）の一員だった和泉守の父親——が当時主導的立場を担っていた、江戸の政権に接近した。後者の派閥は、敬三郎を退けようとして将軍家から養子を迎えることを試みた。だが、前領主の遺言が発見され、その中には水戸家の血筋が尊重されるべきであるということが記されていたので、敬三郎が後継者となることが決定した。これは、一大勢力となっていた天狗連《テングレン》という党派によって支持され、敬三郎は水戸の領主となった。一八三四年、彼が三十歳のときだった。

　新しい領主にとって当時の世相は極めて奢侈なものに映ったため、それを改めるためにいくつかの改革を実施する必要があると判断した。この目的を達成するために、水戸家の当主は江戸に在住しなければならないという制約を緩和してもらうことに成功した。彼は、派手で豪華な格好をしている御老中の前に質素な服装で現れて、暗に彼らを批判するようなところがあり、不遜な態度がうとまれていたため、思ったよりも簡単にこの許可を得ることができた。表向きには自らの氏族を自ら統治したいという理由からこの許可を求めたのだが、本当は当時まだ水戸でしか導入されていない方法で軍隊を訓練することに没頭していたのである。

斉昭は、この国における最高権力者は帝であると公言してはばからず、また西洋と交流するべきではないとも提唱していた（勤皇攘夷（キンノージョーイ））が、その裏では蘭学者を可能なかぎり集め、ヨーロッパの科学についての知識を可能なかぎり得た。並々ならぬ努力の果てに、彼は古いオランダからの書物の絵だけを頼りにフリゲートを建設することに成功した。斉昭はその後、この船は解体されたと信じていたようだが、実は長いあいだ外国人の保護のために横浜に停留させられていたのである。このことは当然江戸にも知られることとなり、兵士の訓練と軍艦建設は従来から水戸が採用していた方針を遂行するために行われており、領主は反乱を企てていると御老中に報告された。一八四四年、彼は外界から閉ざされた場所に隠遁することを強制され、当時まだ少年だった息子が後を継いだ。

一八五一年にオランダの軍艦が長崎に現れたことは、江戸において物議のもとになった。長崎のオランダ人が反抗的になっているだとか、彼らの後にはイングランド人がやってくるといった噂が飛びかった。当時イングランドは、ありとあらゆる形の暴力を好む海賊国家であるというとんでもない悪評の下で日本の人々に知られていたのである。その後起こった一連の出来事を通じて、将軍の政府はヨーロッパ諸国と強制的に国交を結ばされる危険があることが明らかになった。この危機感は、ペリー提督とその艦隊がやってくるとより現実味を増して語られるようになり、将軍の政府はどのような方針を採用するべきか世間一般の意見を聞くことにし、また水戸の老公を江戸に招いて彼らの評議会に再度呼び寄せた。

一八五八年に将軍家定が死に、水戸の老公は、一橋（シトツバシ）家の養子となり将軍の継承権を得ていた自らの七男を後継者に擁立しようとした。井伊掃部頭（カモンノカミ）が権力の座に上り詰めたのはまさにこのときであり、紀州家と事前に何かしらの取り決めがあったのかは定かではないが、少なくとも紀州家は後継者候補を用意することに同意するだろうと確信していた。そして彼は、水戸の老公を二度目の公職からの引退に追いやり、彼を支持した越前、土佐、そして宇和島の領主たちに大名の座を息子たちに譲るよう強制することができる程度には強い影響力を持っていた。数年後、井伊掃部頭が水戸の男たちに暗殺された背景には、このような事情があったのである。

江戸のほかに日本の西部においても水戸の老公の影響力は発揮されていた。京都の朝廷をあおぎ外国人を排斥するべきであるという方針は、薩摩や長州において好意的に受け止められた。そのため、彼らと水戸の天狗連のあいだに協力関係が樹立した。天狗連は、京都において内戦が勃発したと聞くや否や領主の城へと赴き、今こそ水戸の氏族が支持し続けてきた方針を実行するべきであると訴えた一派である。これに失敗すると、彼らは常陸の筑波山で反乱を起こし、将軍の兵士たちが激戦の末にこれを退けた。加賀の山中における彼らの最期は、あまりにも有名である。その場の成り行きで彼らに加担することになった武田耕雲斎（コーウンサイ）は、数百人の同志とともに敦賀で斬首された。天狗連の残党は京都へと逃亡し、当時はまだ一橋という名前だった前将軍の庇護下に入った。彼らの故郷は耕雲斎の孫である武田金次郎をはじめとする政敵に指導されていて、天狗連は奸党（カントー）（反逆者たち、という意味）と呼ばれていた。だが、先の一月の革命によって状況は一変し、このたび帰郷することができたのである。天狗連は親皇帝派の敗残者であり、故郷において少数派として危険な状況に置かれることは明白だったので、五百人ほどの者が越後へと逃亡した。天狗連は庇護者に対する恩に報いようと、一橋の弟である民部大輔が領主の座を継ぐことを支持したため、パリに使者が派遣されて彼は呼び戻されたのである。

その日、肥後の弟である長岡[9]が多数の家臣とともに海路で到着し、二十九日には阿波の領主が六百人ほどの盛大な随行団とともに町を行進した。二十八日には、私は小松、井上石見、そして宇和島の松根の息子とともに豪勢な食事の会を設けた。このうち一人はあまりにも多くの酒（サケ）を飲んでしまったため、床に寝転がって眠ってしまった。半時間ほど過ぎると彼はしらふになって起き上がり、もう一度同じことを繰り返した。

蝦夷の北岸をロシアが占領したという情報が入ったことから、九月八日から十月十七日にかけて、アダムズと私はあてのない捜索の旅に出かけねばならなかった。その過程で、我々が乗っていたイギリス軍艦ラトラー号が宗谷湾にて座礁した。だが、この事件は日本における一連の政治的運動とは無関係なので、この場でこれについて長々と述べることは差し控える。我々は、デュ・プティ・トゥアール大佐が指揮するフランスのコルベット艦デュプレックス号によって救助された。

第三十三章　若松占領、および帝の江戸入城

十一月六日には、帝の誕生日を祝う宴が盛大に行われた。このとき横浜では、第十〔九か〕連隊第二大隊の視察が行われ、サー・ハリーは右大臣の地位にまで昇格した三条をまねいた。諸外国の軍艦も、神奈川の砲台とともに貴人に対して礼砲を放ち、彼の一行はそれを、私の家の上階にある、湾が一望できるベランダからながめた。三条のほかには、長岡良之助、東久世、そして万里小路（マデノコージ）がいた。その後、公使公邸において昼食会がもよおされ、三月二十三日に後藤と中井が見せた勇敢な行為に敬意を示すため、イングランドから彼らに剣が贈呈された。中井はただちにこれを腰に差し、金色のひもがついた帽子を被りながら得意そうに闊歩したため、我々も大変愉快に思ったものである。

この日は、横浜で行われていた競馬の二日目だったため、我々はこの場をお開きにして競馬場へと向かうことを提案した。三条と東久世は白い前垂（マエダレ）と黒く漆塗りされた紙の帽子をかぶっていたため、この申し出を謝絶した。私は万里小路と長岡とともに馬に乗ってそこへ向かい、彼らはとても楽しそうだった。その後、中井とともに家に戻り、彼にお茶をふるまった。この返礼として、彼は親皇帝派の軍が若松城の外郭を占領し、現在守備側の勢力が所有しているのは、内城とその周辺の城塞だけだということを教えてくれた。また、十一月二十

七日に帝が江戸に到着するということも教えてくれた。

翌日私は三条、東久世、長岡、そして中井とともに、横須賀の兵器工場が所有する汽船に乗って江戸へと向かった。中井の手違いにより、私は一行を一時間ほど税関局で待たせてしまい、彼らが使いの馬を放つまでそれに気づかなった。急いでそこへ向かうと、彼らは落ち着いた様子で座りながら、たばこを吸っていた。彼らは、謝る必要はないとも言った。一部のヨーロッパ人とは大違いである！

八日、ミットフォードと私は勝を訪ねた。彼の妻は駿府へと出発していたが、彼自身は所属していた氏族のために「入れ物の泥を洗う仕事（味噌摺(ミソズリ)[2]）」を行うべく残っていた。彼は、土地と収入を失ってしまった家臣たちのために、十一万石に相当する清水の土地を獲得したいと考えていた。当初は奥州の土地が与えられると約束されていたが、その後三河の一部や遠州全域が譲与されることになった。だが、それらの土地の大名たちが明け渡しを拒んでいた。慶喜(ケイキ)は、亀之助に先立って駿府に入っていた。

勝は、フランス軍事顧問団の一員であるブリュネが、十月四日の夜に徳川の艦隊が江戸を出発した際、開陽丸に乗って同行したらしいとも教えてくれた。我々は、彼がフランス軍において最近昇格したことを知っていたので、この情報の信憑性を疑った。だが、これが真実であったということを後に知ることになった。カサヌーヴという名前の士官と、ほか数名のフランス人が、彼に同行した。

中井の下も訪れ、ホテルで一級の夕食をごちそうしてくれた。また、若松の内城が十月二十九日に占領されたとも教えてくれた。また彼は、帝が江戸に入ることはもはや疑いようのない確定事項であると告げる手紙を、木戸から受け取っていた。そして、陛下の到着に先立って道路を再整備したり、橋をかけなおしたり、道路沿いに今までなかった大きな門を作ったりといった大々的な準備が行われているところを見ながら、帰路についた。

私の別手（ベッテ）の一人であるサノイクノスケがやってきて、江戸において外国人の護衛を続けるよう宮廷から命令があったことを報告し、改めて挨拶をしにきた。私の個人的な護衛を務めていた十六人すべてがこの任務にあたることになった。彼は、清水の領地は、勝が述べたことと同じ理由から暫定的に徳川に与えられることになったと言った。徳川の男たちが帝に奉仕することを希望するのであれば、この日（十一月九日）までにその旨を伝えなければならなかった。その中には、以前よりも収入が半分になる者もいたようだが、ほとんどの人は以前よりも多くをもらうことができた。俸給はお金ではなく米の支給という形で、相場よりも低価格で手に入れられたためである。

その夜、私とミットフォードは長岡とともに、白金の公使館のすぐ近くにあった肥後の屋敷で食事をとった。東久世と中井も一緒だった。ヨーロッパ風の夕食で、二階建ての巨大なホテルが庭園の中に作られており、湾の方向に伸びていた長屋を一望することができた。庭園には壮麗な木々が植えられており、隅にはきれいに影が落ちていた。そこには、肥後の領主である細川もいた。彼はとてもふくよかで朗らかな人物であり、目が小さく、よくハエを追うようなしぐさをする人だった。私は十日に横浜に戻った。

十一月十六日に行われた、諸外国の代表と東久世、寺島による面談において、日本の大臣たちは十一月六日に若松城が親皇帝派の軍勢に投降したことを告げた。領主父子は儀式用のローブをまとい、「投降（降伏）」という字が書かれていたのぼりをかかげた家臣たちが彼らを先導して、領主父子の後ろには同様のローブをまとって剃髪した兵士たちが歩き、占領者たちの本陣へと出頭したとのことであった。城と武器はすべて明け渡され、領主父子は町の寺院において隠遁して外界とのかかわりを自ら厳しく遮断（謹慎）したらしい。総司令官（軍監）の中村半次郎[3]は、城とその中にあったものをとりおさえるために入城した際、泣いていたという。その場には、会津が激しい抵抗を見せて親皇帝派の軍勢を破り、イギリス公使館がとった方針が失敗することを願っている者もいたので、彼らの顔色が悪くなっていくのを見るのは痛快だった。

　これをもって動乱も落ち着き、北部の他の氏族もまもなく投降するであろうと確信を持って言える状況になった。肥前の氏族が作成した十一月十六日付の詳細な報告書が、「京都の官報」に掲載された。これによると、守備側には侍階級出身の兵士七六四人、下等階級出身の兵士一六〇九人、負傷者五七〇人、他の領地からのならず者（浪人）四六二人、女子供六三九人、文官一九九人、民間人六四六人、領主の個人的な侍従四二人、そして門番四二人がいたそうである。守備側の死者の数は記録が残っていなかった。

　十一月十九日、私はスタンホープ大佐、絵師のチャールズ・ワーグマン、そしてシドール医師とともに、デュプレックス号艦上でデュ・プティ・トゥアールと朝食をとった後、江戸へと向かった。アダムズとウィリアム・マーシャルは陸路で向かった。我々が到着すると、まもなくタケダシンゲンという医者がシドールに同行を願い出て、下谷（シタヤ）にある藤堂屋敷に建てられた軍事病院へと連れていかれた。二十一日、アダムズ、ミットフォード、マーシャル、そしてワーグマンは吉原へと向かい、金瓶楼（キンペイロー）というところで盛大な宴会を開いた。そこは、建物の一部が西洋風の様式を好む日本人に合わせて改築されていた。最近まで江戸のこの区画には、ヨーロッパ人が入りこまないように厳重に管理されていたのだが、我々との友好的な関係が始まったことを祝して、その門は快く開放された。

　翌日の夜、私は自宅で盛大な宴を開催した。神明前（シンメイマエ）から芸者を三人、太鼓持（タイコモチ）（道化、の意味）を二人呼び寄せた。真夜中まで大騒ぎを続けた。道化たちは、外国人とその随行者が江戸に向かう途中川崎の船着き場に到着し、護衛の人たちと必ずひと悶着起こす様子をおもしろおかしく再現した。私の個人的な護衛たちも同じように余興として道化を演じ、その精度には彼ら自身も満足したようであった。みな大変楽しんだので、ほうびとして上階に行くことを許した。

　公使から、帝の行列が見られるように（彼は二十七日に江戸に入る予定だった）公使館の向かいにある泉岳寺の前に台がほしいとの手紙が届いた。東久世と私に、二十四日に彼の下に来るように、とも言われた。それに対して、日本人の礼儀作法からして台を作るということはありえないことであり、またシドールを通訳もなく江戸に一人で残しておくわけにもいかないと返答した。そして翌日ワーグマンとともにシドールを訪ねたのだが、そこで藤堂屋敷が総合病院に変貌していることを知ったのである。ここでは、明るい薩摩の老医師で、老シーボルト男爵と日本人の母親のあいだに生まれた娘と結婚した、石神[4]という人物と会った。昼食をとった後、彼とそのほか大勢の日本人医師とともに上野へと向かい、七月四日の戦いの現場検証をしようと思ったのだが、門は我々の目の前で閉ざされた。辛抱強く一時間抗議したのだが、衛兵を説得することはできなかった。日本人の同行者たちのほうが、我々よりもいらだっていたように思えた。門には銃弾の痕が多数ついており、七月にはかなり激しい戦いが繰り広げられたことが見てとれた。

その夜は病院に泊まり、石神と山下という名前のもう一人の医者と楽しい時間を過ごした。翌朝はとても寒かったが、医者たちと病院内を巡回した。藤堂の大名の邸宅（御殿（ゴテン））においで公用で使用されていた部屋はすべて病室に改装され、鉄製の寝台と羽毛の敷布団が置かれていた。そこには、恐らく太鼓叩きを務めたのだと思われる小さいながらも勇敢な土佐の少年がおり、足を切断されていた。その後我々の注目は、長州出身の貴族のようないでたちの小柄な外科医に集まり、彼は袖を華奢な手首の上に丁寧にたくし上げていた。正午には、ワーグマンと私の下に七左衛門と七次の野津兄弟がやってきて、中井と一緒にいるのではなく吉原にくりだそうと説得されてしまった。シドールにミストゥラ・ヴィニ・ガリチ[5]を提供してもらった後、我々は探索の旅に出発した。

とても寒い日で、雪を帯びた浅間山をはじめとする信州の山から北西の風が平原に向けて吹き下りていた。吉原は田んぼのど真ん中にあり、敷地はかなり広かった。長い目抜き通りの端にある、狭い門を通って中に入ると、少しさびれた家の上階に通された。この建物は、どうやら薩摩がよく利用していたようであった。もちろん、芸者も呼ばれ、楽しい雰囲気の中で酒の器が回された。夜が落ちはじめると、誰かが金瓶楼（キンペイロー）に行こうと言い出した。それは、ヨーロッパ風に建築されたと喧伝されていた、みにくい建物だった。そこには数分しか滞在せず、すぐに最初の建物に戻った。ここで我々はさらに飲み、踊り、「なんこ遊び」をした。この遊戯を行う際には、まず木の箸を六つに割って、参加者はそれぞれ三つずつ握る。そして箸の破片をいくつか両手に分配し、自分の片手と他の者の片手の中にある破片を足した数を想像するのだ。その者が正解すると、彼を欺くことができなかった者たちはアルコールを飲まなければならず、その後今度はその者が予想する。どうやらこれは、手っ取り早く酔うために作られた遊びのようだった。我々は、またしらふの状態から飲み直そうと誘う石神からの手紙を受け取るまでその場所にいた。その後、我々は彼を探しに川沿いにある有明楼（ユーメイロー）というレストランに向かい、そこでさらに歌い、踊り、飲み、「なんこ遊び」をした。ようやくそれに飽きると、三人の芸者にともなわれて、小舟に乗って病院へと戻った。

　翌朝、絵師のワーグマンと私はシドールに別れを告げ、歩いて中井の下を訪ねたが、不在だったのでホテルへと向かい、庭園で椅子に腰かけた。だが、建物があまりにもみにくかったので憂鬱になった。この店はお茶五杯とマニラ製の葉巻一本のために一ドルを請求したので、我々に金額を伝えなければならなかった日本人の給仕はおののいていた。彼は、法外な値段だと思ったようだった。葉巻は恐らく二十セントほどだと推測できたので、お茶は一杯十六セントということになる。高輪の自宅に戻ると、「ジャパン・タイムズ」の経営者で編集長でもあるリカビーが、翌日行われる儀式を見るためにちょうど横浜から到着したばかりだった。

一八六八年十一月二十六日。品川で一夜を過ごした帝が、朝十時ごろ江戸を通過した。ミットフォード、絵師のワーグマン、リカビー、そして私は、かつてサー・ハリー・パークスの公使公邸で、このときは外務省のような機関になっていた場所に作られた新しい門の前にあった空き地から、行列を見守った。行列に同行していた東洋風の服装の従者たちに混ざって、ぼさぼさの髪の毛と西洋の粗悪な模倣品のような服を着た汚らしい兵士たちがいたので、一行の見た目は秀麗なものとは言えなかった。帝は黒漆の乗り物（鳳輦（ホーレン））に乗っており、今まで見たことがないものだったので、興味深かった。また、それが通過する際、群衆が沈黙していたことも強く印象に残っている。伊達老は、乗り物と、帝が実際に座っていた椅子のあいだを馬に乗って進み、我々の姿を見て友好的にうなずいた。

数日後、リカビーは一連の儀式について大変優れた新聞記事を「ジャパン・タイムズ」紙上に掲載した。午後、彼と私は、楓の並木で有名な、品川の海晏寺（カイアンジ）という仏教の宗教施設へと向かった。そこから我々は、近くにあった川崎屋という娯楽を提供してくれる店へと移動し、酒を飲みながら、この店の少女たちに昨夜ここに宿泊した備前の領主についての冗談を言いながら時を過ごした。店は、西部からの兵士たちでいっぱいだったが、彼らはほとんど我々のことを気にもとめず、往来ですれ違った人たちもみな我々を無視していた。私が江戸の町に繰り出したときには、会津の侍である野口と、別手組出身の私の個人的な護衛が四人から六人ほど必ず付き添った。

二十八日、サー・ハリーと香港ヴィクトリア司教のオルフォード博士が江戸にやってきて、新たに作られた外交担当機関庁舎において、伊達と東久世によるヨーロッパ風の接待を受けた。町田[6]と森[7]という名前の薩摩の若者もいあわせた。彼らは二人ともイングランドに滞在したことがあり、英語を話すことができた。後者は二十一歳くらいでしかなかったが、特に堪能だった。

翌日、ミットフォードと私は中井を訪ねた。そこには、町田と、肥前の侍であった山口範蔵[8]、そして彼が連れてきた、つい最近庄内から戻ってきた人物がいた。彼は、庄内は四日に降伏し、箱館在住の二人の人物が見物していたと告げた。一人はアメリカ人で、もう一人はイングランド人だったとのことだった。中井は、このときには江戸から東京府（トーケイフ）と改称された町の自治に携わっていたが、現地の長官が彼と彼の同僚たちを信頼せず、彼らが決めたことを数人のいやしい商人たちの抗議によって撤回させるようなまねをしたので、辞任を申し出ていた。

三十日、ワーグマンと私は横浜まで向かうため、遠く生麦村（一八六二年にリチャードソンが殺害された場所）まで足を延ばし、そこから小舟に乗って外国人居留地へと向かった。品川の川崎屋では、先日吉原を訪問したときに同行してくれた、薩摩の野津七左衛門と伊集院、黒羽（クロハネ）の男たち二人、そして宇都宮の男一人と鉢合わせした。薩摩の男たちは、ふるさとに帰るところだった。酒と日本料理が大量に消費され、田舎なまりの日本語が飛びかった。その後、梅屋敷——最近では、江戸から川崎の船着き場までの道中半ばにあるこの大変居心地のいい休憩地を、梅林（バイリン）というのがはやりだそうだが——において、大山と出くわした。彼もまた、内戦がほぼ終わりかけている中で、多くの同郷の人々と同じように鹿児島に帰るところだった。惜別の杯をいくつも交わし、彼が滞在していた川崎のホテルまで見送った。

道路は故郷へと帰る薩摩の男たちと、駿府へと向かう徳川の人たちであふれ返っていた。このころ、薩摩と肥後のあいだで一悶着生じているという報告があり、後者は有馬と筑前と結託して今や一大氏族となりつつある薩摩に挑戦するかもしれないということだった。兵士たちがみな急いで故郷に戻っているのも、彼らの攻撃を未然に防ぐためだ、と。また、会津が降伏したのは、薩摩が国の東北部から兵を引き、帝を江戸にまねくという条件をのんだからだという噂も流れていたが、これは恐らくフランス公使館が広めたものだろう。だが、薩摩以外の氏族の兵士たちも地元に帰っていたことを見て、この噂に根拠がないことはすぐに明確になった。

十二月三日、私は江戸に戻った。神奈川から道中半分ほどまでは駕籠（カゴ）（一般に利用されている乗り物）に乗り、川崎からは歩いた。梅林において、水野千波（チナミ）に遭遇した。イギリス軍艦マニラ号で下田まで送られてきたところで、そこから急いで江戸に戻る途中とのことだった。横浜の長官であった彼は、去年は大勢のお供に随行されながら公人用の乗り物（長棒（ナガボー））に乗り、従者たちが道行く人たちに対して「ひざまずけ」という意味の「シタニロ」という言葉を発する中で進行することができたのだが、今や彼には一人の従者もおらず、古くておんぼろの簡素な駕籠に乗っていた。だが、そのような状況にもかかわらず彼は朗らかだった。

この時期、私は英日口語辞典の編集か、日本語の小説を読みながら時間を過ごすことが多かった。四日、病院に行ったが、越後からの負傷者が到着しはじめていたので、その手当てでシドールは手一杯だった。ウィリスは会津の負傷兵の手当てのために越後から若松へと向かっており、降伏したときには六百人ほどが城内にいた。フシミと名づけた私の新しい小型馬は、勝が江戸を離れる前に彼からの贈り物としてもらったものだったのだが、とてもいい馬だった。道路に群がる親皇帝派の者たちは、私がかぶっていた黒いシルクハットをうらやましそうにしているという印象を受けた。五日、私は再度病院へと向かい、そこで石神と山下とともに一夜を過ごした。彼らは、病院長に任命された前田杏斎(キョーサイ)に対する不満をぶちまけ、彼が仕事をせずに江戸の町を乗り物に乗っての散策にかまけていたことに怒りを抱いた患者の一人が、彼の首をかき切ってやりたいと言ったと暴露した。牝豚の耳から絹の財布はできず、ヨーロッパにおいて医師が享受している社会的地位を、教育の十分でない日本人の薬剤師に与えてはならないと思った。

十二月九日、私は町田と食事をとるためにホテルへ向かった。かけがえのない友人である中井がそこにおり、大久保と吉井もいた。後者は、十二月一日に若松を出発したとのことであった。一説には負傷者の数は会津だけでも千人にも及ぶと言われており、ウィリスはその治療に携わっていた。越後と会津は、すっかり雪深くなっていた。反皇帝派の外交官や商人にとっては不快なことに、庄内はほぼ平定されており、領地のすべてにおいて平和がもどったと言っても差し支えなかった。一八六七年八月に起こったイギリス軍艦イカルス号の水兵二人が殺害された事件の犯人が明らかになったという情報も得た。それによると、犯人は筑前出身で、犯人は九人いたとのことであった。これは、もちろん土佐の人々にとっては喜ばしい知らせだった。一月にキング提督をとても親切にもてなした筑前の家臣たちが、このような衝動的な事件を起こしたことが、不思議でならなかった。

新しく発行された「金札（キンサツ）」という紙幣のことは人々のあいだで話題になっており、活発な議論が交わされていた。この数日前に会った、金杉の町長（名主（ナヌシ））であった内田は、現在これが流通することを妨げている唯一の要因は、これらを税金の支払いに使用することが認められていないことであると言っていた。中井は、これで税金を支払うことができないという話の内容を否定したが、銀行制度を整備し、三井のような大企業に権限を与えて金貨および金塊を貯蔵させ、それを基に紙幣を発行させる必要があるかもしれないと言った。徳川がほとんど財産をもっていなかったことを知った親皇帝派の政府にとって、このことは非常に重要な問題であった。将軍の大臣たちも、帝に対して多くの予算を与えていなかったので、財政的に苦しかったのである。

第三十四章　榎本と徳川の逃亡艦隊、蝦夷を占領する

十二月十一日、町田が私の下を訪ねてきて、徳川の海賊たち——降伏を拒否して十月四日に江戸湾から逃亡した者たちはこう呼ばれていた——が開陽丸（カイヨーマル）などの船で箱館に上陸したという報告が入ったと教えてくれた。反乱兵たちは、一八六六年に派遣されたフランスの軍事顧問団の一人に率いられており、彼は江戸湾を出発した一行に同行していた。フランス公使館からすれば、彼らと友好的な関係を保っていた日本の元首に反抗する勢力にこの士官がくみし、公使の中立宣言を犯したことは、非常にわずらわしかっただろう。箱館の近くで戦闘が起こり、多くの親皇帝派の兵士が死傷した。横浜の外国語新聞は、港から十五マイルほどのところで起こった戦闘で勝利したのは、帝の軍勢だったと報道した。だが、箱館の領事によると反乱軍のほうが今のところ優勢であるとのことだった。外国人居留者たちは、大変な緊張状態にあった。領事は「敵が近づいてくれれば、我々は丘へ退避しなければならない。さらに接近されれば丘の上へ、そしてさらに追い込まれれば、この地方で最も力のある勢力に身を任せるよりほかないだろう」と報告した。

十三日、中井がやってきて、新しい紙幣について、特にそれが外国人に対してどのような面倒を生じさせるかということを話し合った。トム・グラバー[1]は紙幣の流通に賛成の立場を

表明していたものの、同時に、我々商人がこの件に関して関心を寄せるのは当然だが、自分たちは通貨の専門家ではないということも強調していた。この紙幣は兵士たちに手渡され、幹線道路の店の主や行商人たちに代金としてこれを受け取るよう強制した。だが、紙幣が民間で使用されていなかったので、これが広く流通しているとは思えなかった。

その後、我々は現在の外交について話し合った。中井は、日本人のあいだにはいまだに外国人に対する根強い不信感が存在するということを認めた。諸外国の代表を住まわせておくことは必要悪であり、我慢する必要はあるが、深く関わり合うべきではないという考えが根強い、と。帝の政府にとって、外交官たちが現在江戸ではなく横浜に住んでいるということはこれ以上なく喜ばしいことであり、いかなる案件に関してもその意見を聞くことは現在まったく検討されていないとも言った。諸外国の代表たちは大名たちの代理人（留守居(ルスイ)）と同じものだと思われており、問題が生じた際に帝からの指示を受け取るべく、各国政府が日本に派遣した者たちだと思われていた。こう思われてしまったことには、代表たちの態度にもある程度責任があったのだが。横浜において享受できる快適な住居と生活、そして安全は、粗末な住居が多く生活環境も危険な江戸よりもはるかにましだったが、横浜は外の世界から完全に隔離されており、外国人居留者が自らを取り巻く国際環境について知っていた、もしくは知りえたことはほとんどなく、その点においては香港の住人と同じだった。

その後、金杉の町長と三、四人の官吏たちとともに、能と狂言を見るために飯倉町(イイグラチョー)の金剛太夫(コンゴーダユー)という伝統芸能の劇場で過ごした。観客の中には、南寅次郎(ミナミトラジロー)もいた。彼は四月に、同郷の広沢(ヒロザワ)とともに私を訪ねてきた会津の若い侍で、このとき私は後者とともに日本の政治、特に我々の公使館が関与したものに関して激論を交わした。外国人がこのような舞台の場に現れるのは、はじめてのことだった。能とは悲劇もしくは史劇、狂言はたわいない喜劇のようなものである。背景の演出はなく、衣装はすべて伝統的なものにそろえられていた。舞台は二十四平方フィートほどで、左手側に楽屋へと延びる長い通路があり、ここから役者たちが出てくる。謡(ウタイ)と呼ばれる能の演目の台本は二百あり、とても高価である。せりふは、横笛と小さな太鼓によって奏でられる、不協和音の連綿といっていいような音楽に合わせて、ゆっくりと伝えられた。楽団も役者と同様に古代の衣装をまとい、舞台の後ろで折り畳み式の座椅子に座っていた。

私が最も楽しめたのは狂言だった。演目は、モーゼス・プリムローズ[2]のような人物が扇子を買うために京都に使いに出され、商人に騙されて五百両の傘を買うことになる「末広がり」というものと、金持ちだが意地の悪い伯母に酒を恵んでもらえるよう頼み込んで失敗し、あげくの果てには悪魔の面を被って彼女を恐怖で服従させ、酒蔵へと進んで酔っ払うという筋書きの「伯母ヶ酒」というものだった。男が伯母に、こちらを見たら食べてやると言うと、彼女は「ああ、恐ろしすぎて直視できない。どうかこの弱き者の命をお助けあれ」と叫ぶ。酔っ払って眠る悪魔が、こにくらしい甥っ子であることを知ったときにこの女が怒り狂うさまは、傑作である。

能に関しては、隣に座る女性に台本を借りるまで何をやっているのかわからなかったが、それを読むことでようやくせりふを追うことができた。このときの演目は「鉢木」だった。領地を失った佐野源左衛門という人物の下に、仏僧が一晩の宿を求める。提供できる食べ物も、暖をとるためのたきぎもないので、彼はお気に入りの梅の植木と桜、そして松の木を切り、それを燃やして火を作る。僧は返礼として、源左衛門が失った土地を取り戻せるよう鎌倉の太守に請願するという筋書きである。このとき他に、観世太夫、宝生太夫、金春太夫という、三人の能役者がいた。観客はすべて侍階級出身だった。

会津の領主父子は、十二月十五日に江戸の郊外にある千住に連れてこられた。松平肥後（他の反乱者と同様に、このとき彼は「守」の称号を剥奪されていた）は因州が、松平若狭は筑前が監視することになった。越後と奥州で親皇帝派の総司令官を務めていた仁和寺宮は、十七日に江戸に到着する予定だった。そして、十六日ごろには、諸外国の代表たちに内戦の終結を正式に宣言するつもりだった。以前宗谷でイギリス軍艦ラトラー号が座礁し、フランス軍艦デュプレックス号によって救助された際には、積んでいた兵器や物資を船ごとすべて放棄せざるを得なかったのだが、そのとき宗谷に残してきたものを回収する気があるのなら、それらをすべて帝の政府に提供すると言い、彼らはそれを受け入れた。これは、十六日に中井の下で大久保と吉井から聞いた話だった。

箱館に在住するイギリス人およびフランス人の保護のため、サテライト号とヴェヌス号が十四日に派遣され、前者には我々の公使館書記官であるアダムズも同乗した。このとき彼が目撃し、また行ったことは、彼が書いた『日本の歴史』第二巻に記載されている。だが、五日の時点ではまだ当地は徳川の逃走艦隊によっておびやかされてはいなかった。

私が以前日本語の書き方を教わった手塚が訪ねてきて、彼が所属している氏族に関して次のような情報を伝えてくれた。長の名前は仙石讃岐守[3]で、三万石の領地を統治している。領地が実際に生産しているのは米一万六千石ほどで、このうち八千石は家臣に与えられた領地から生産されている。大名個人とその配下の生活のために四千石が必要とされ、同じだけの額が領地の行政のために必要とされた。行政に必要なものとは、官吏の給与、江戸に向かう経費、兵士や武器の費用などである。氏族に所属していた侍の家族は、六十に満たなかった。氏族は家老や用人などから構成されており、この点は他と変わらなかった。京都の官報第五号において、官職を世伝によって継承する旧習を廃止し、今後人材は能力を基準に登用するということが公表された。手塚は、これを実現させるには、家臣たちの先祖代々の領地が平等になるよう再分配される必要があると言っていた。

十八日に横浜に帰ると、私の予想どおり、降伏をこばんだ徳川の艦隊が箱館を占領し、清水谷とその部下たちが逃走したという情報が出まわっていた。当然のことながら、領事は強い危機感を抱いた。だが、軍艦サテライト号が現地に派遣されていたので、重大な事件が起こるとは考えにくかった。

十二月二十一日、イギリス公使、伊達、東久世、小松、木戸、町田、そして池辺五位[4]（九州柳川出身）が横浜の公使館に集結し、重要な会議が開かれた。まず日本人たちは、反乱軍との交渉のために山口範蔵を派遣したいので、イギリスの軍艦に乗せて箱館まで連れて行ってほしいと依頼してきた。公使は、これを認めれば皇帝の政府に対して肩入れしすぎているという印象を一般に与えかねないと懸念したようで、書簡をしたため青森の海峡の先に使者を送るべきだと返答した。彼らはサー・ハリーが要望を受け入れるつもりがないということを悟りうなずいたが、本気でそうしようと考えているのかは疑わしい態度だった。

その後、キリスト教徒に関して長い議論が交わされた。日本の人々は非常に理性的に話をし、サー・ハリーも最初は同様だったのだが、木戸の意見を聞いたとたんに我を失い、私が再現したくないほど乱暴な言葉を用いた。最終的に彼らは、改宗者を恩赦する旨を伝える帝の覚書を諸外国の代表に渡すということに同意した。翌日、池辺がやってきて皇帝の政府が発行する紙幣について説明したが、私には彼が言っていることが理解できなかったので、キリスト教徒のことなど他の話題に変わっていった。この老人は、その教義に共感しているだけでなく、もはや自分は信徒であるとまで言った。

午後、私は公使とともに、先日の伊達の訪問に対する返礼のために、横浜郊外の戸部にある、以前現地の長官の公邸だった建物まで出向いた。長時間にわたって議論が交わされ、特にキリスト教徒と代議士制度が議題にのぼり、またサー・ハリーは将来の首都について強い口調で問い詰めた。この件に関しては、この年の頭に大久保が書いたものを読んでいたので、首都が京都になるのか、大坂（オーザカ）になるのか、それとも江戸（トウケイ、もしくはトーキョー）になるのか知りたがった。老貴人は、先日サー・ハリーが用いた暴力的な言葉遣いについて大変丁寧な「蒸し返し」を行った。いわく、会話が白熱するとそれを見ている者は議論が交わされていると思いがちだが、実際のところは単に我を失っているだけなのだ、もちろんこの世のすべての人間が自分の意見を述べたいと考えていることは理解しているが、と。公使は、あのような態度を取ったのは、日本の人々が自分たちのためにならないことをしているのが、とても残念に思ったからだと答えた。これに対して伊達は、時折叱っていただける（ハラヲタッテモラウ）のは悪いことではないと返した。

この会話のあと、公使も「お考えに」なるところがあったようで、帰路馬車に同乗している際「もし私が少々強い口調を用いなければ、彼らは他の国の代表たちに対してキリスト教徒のことについて決して話はしなかったと思う」と述べた。これに対して私は「たしかにそうかもしれませんが、木戸の心はいたく傷ついたと思います。彼は硬い表情で黙り込んでしまいました」と返した。P（パークス）は「そう思うかね」と聞き、私は「残念ながら、彼は侮辱されたと思ったでしょう」と返答した。そして「包み隠さず申し上げますと、このあいだのようなやり方がうまくいくこともあるかとは思いますが、日本人たちはあなたと対談することを忌避するようになるでしょう」と付け加えた。これを聞いた公使は、明日木戸を朝食に誘いたいので、できるだけ丁寧な招待状をしたためてほしいと言ってきた。

第三十五章　一八六九年、江戸において帝に謁見

一月二日、私は江戸に戻った（多くのイングランド人と同様に変化を好まない傾向があった我々は、東の首都をこう呼び続けた）。一日にこの町における外国人の通商と居住が認められ、長年の友人であるウィリアム・ウィリスが女王陛下の副領事に任命された。彼は越後と会津において負傷兵の手当てをしてから十二月二十九日に戻ってきており、同日アダムズも箱館から帰還した。

一月五日、我々は帝に謁見した。このときサー・ハリーは、イギリス海軍大佐でオーシャン号の艦長を務めたスタンホープ、そして第九連隊第二大隊指揮官だったノーマン大佐の他にも海陸両軍の士官を多く連れて行きたいと要請した。当初作成された参列者のリストには十二人の名前が記されていたのだが、そのような事情からその数は倍に増えた。公使は、いつもどおり不手際ばかりで、話の詳細を部下たちに任せようとせず、自分ですべてやろうとした結果、参列者の名前を覚えることもできなかったのだ。艦隊からは、海兵百人が護衛として派遣された。参加者、特に公使館や領事館の職員の服装は、各自ばらばらだった。とても寒い日で雪が降っており、それは後にみぞれになり、城に到着するまでに雨に変わった。さらに悪いことに、我々は馬車ではなく馬に乗って城に向かわなければならなかったのであ

る。

謁見は、桜田門のすぐ内側にある西の丸の宮殿で行われた。我々は、最初の橋を越えるまでは騎乗を許され、馬から降りるよう指示する「下馬（ゲバ）」と書かれた紙が貼ってある場所の先まで進み、第二の橋の架台があるところで馬から降りた。ここで町田が我々を出迎え、彼に中庭まで案内され、そこから控室へとのぼっていった。阿波の領主、三条、東久世、中山大納言[1]、そして大久保が入室して、社交辞令を交わした。そして我々は帝のいる暗い部屋へと案内された。彼が座っている場所の上にかかっている天蓋は、大坂で見たものより大きいように感じられた。とても暗かったので彼の服装を認識することはできなかったが、人工的に白塗りされた顔は、周囲がよく見えない中でまぶしく光っていた。筆頭大臣が帝の足下の右側に立った後、陛下は女王の健康について尋ね、また長官に対して、江戸において公使を続けることを祝福する言葉をつぶやいた。その後、筆頭大臣は帝の言葉を代弁した。これに対して、サー・ハリーもとても丁寧に返答した。

謁見は五分もかからず、終わった後は、以前我々の公使館がありこのときには日本の外交担当機関庁舎別館になっていた、高輪の建物へとぞろぞろと向かった。この場所において盛大な宴が開かれ、まず大変優れた日本風の余興が供され、その後ホテルから遅めの昼食が運び込まれた。我々のいた部屋には、阿波と東久世がいた。アメリカ公使と北ドイツの臨時代理公使もいた。東久世は女王、大統領、そしてプロイセン国王全員の健康を同時に願って乾杯し、我々は帝の健康を願うことでそれに応じた。

勝は江戸に戻ってきており、一月の初旬に箱館における徳川の逃亡艦隊についての交渉の下準備を行うため、再度駿府へと向かう予定になっていた。八日、我々と特に親しかった阿波の領主と、彼に同行していた若い宮廷貴族数人に対する余興として、横浜駐屯地のイングランド兵士の視察を行った。彼らは特に政治的に重要な人物ではなく、その後再び彼らについて聞くことはなかった。スナイドル銃から素早く弾丸が放たれる様子は、すべての観客を驚かせた。

九日の朝、私は公使とともに浜御殿（ハマゴテン）という、歴代将軍が所有していた海沿いの宮殿において、岩倉と大事な会談があったので、馬に乗って江戸まで向かった。木戸、東久世、そして町田もいた。サー・ハリーには社交辞令がいくつも述べられ、特にイギリスが帝の政府を承認してくれたことに関して強い感謝の気持ちを表明していた。それから、より内密な話題に転じた。帝はこのあと、婚礼と、亡くなった父親の葬礼のために一度京都に戻る予定だとのことだった。これが終われば彼は再度東の首都へと戻り、帝国のための一大会議を開催するつもりだが、日にちは決まっておらず、日本の暦での一月になるかもしれないし、三月になるかもしれないとも告げられた。サー・ハリーは岩倉に、このことは諸外国の代表たちに通達したほうがいいと助言した。

その次に、箱館の状況と、現地の外国人の局外中立の件に話題が転じた。岩倉は、一部の公使たちが、帝を元首として承認してくれているにもかかわらず、箱館の海賊たちを交戦勢力として認識していることを、極めて雄弁に非難した。サー・ハリーは、彼とフランス公使ウトレは、榎本とその仲間たちを交戦勢力として認めていないので、中立宣言が必要な状況は発生していないと認識していると告げ、この点は、ファン・ポルスブルックも同じ考えだった。これを受けて岩倉は「なぜアメリカの公使は、局外中立を根拠に日本の正当な政府に対して軍艦ストーンウォール・ジャクソン号を手渡すことを拒否するのか」と聞いた。サー・ハリーは、甲鉄艦の受注に関して注文書に署名したのは榎本だったため、諸外国が中立宣言をしていなければこれは恐らく彼の手に渡っていただろう。そのため、我々のそうした宣言は帝の政府に対して大変利のあることだったのだ、と言い返した。事実そのとおりであった。ホテルにおいて大変おいしい昼食がふるまわれ、日が暮れたころに我々を招待してくれた人々と別れた。双方とも、互いの態度には満足していた。

一月十日、シドールを訪ねるため、町の反対側にあった病院を訪ねた。そこで、ウィリスと鉢合わせした。彼は、外国人居留地のある築地から病院へと向かっており、その途中でたちの悪そうな輩にからまれたと言っていた。我々は、日本の政府が総合病院を建てる手助けを必要としていたことを知っていたので、その役割のためにウィリスを一年間雇用するよう促すにはどうしたらいいかを話しあった。その後我々は、シドールを公使館に呼び戻さなければならなくなったと石神に告げ、東久世が協力者を求めているのであればウィリスに依頼するべきだと言った。帝は、日本人の負傷兵を治療してくれたウィリスに感謝の意味をこめて美しい金襴を七反贈り、東久世も私の同僚に対して丁寧な手紙を送った。

一月十二日、開陽丸が、舵を船尾にくくりつけた状態で箱館を出発したという情報がもたらされた。船は戦闘が続いている江差に向かっているとのことであった。また、海賊たちは戦費と食料が欠乏しているとも伝えられていた。海賊たちに抵抗するため、アイノ〔アイヌ〕たちも松前の者たちに加勢しているとの情報もあった。

十三日、私は池辺五位を訪ね、そこで興味深い会話をかわすことができた。彼の滞在先で、私は柳川の氏族の評議会の一員であった吉田孫一郎と出会った。我々はキリスト教について話し、池辺は、聖書にいう山上の垂訓[2]は今まで読んだ仏教や儒教の賢者の書物よりもすばらしいものだったと述べた。私は、キリスト教は中国の「おのれの欲せざるところを人にほどこすことなかれ[3]」という格言とは真逆のことを説いているのだと述べた。これを聞いて彼は、片方のほほを叩かれたらもう片方を差し出せという教えについても言及した。その後、彼は会議におけるサー・ハリーの暴言についてふれ、「彼が怒り狂っているとき、もう片方のほほを差し出すどころか、彼を部屋から蹴とばしたくなる」と言った。池辺は、帝は一月の十七、八日ごろに京都へと向かうと教えてくれた。十二月の初旬にはすでに、彼が出発して春に帰ってくる予定であるということが告知されていたらしい。

十五日の朝、公使に呼び出され、岩倉と諸外国の公使たちのあいだで行われる会談に参加するため急いで横浜へと向かった。フシミという名の私の小型馬は、二十マイルの道程を一度も休まず二時間半で踏破し、会議がまさに始まろうとしているときに公使館に到着した。この場で岩倉が言ったことは、九日に浜御殿で告げたこととほとんど同じだった。それを聞いた公使たちはいくつか質問を投げかけ、またこの件は非常に重要なので返答する前に熟慮する必要があるとも述べた。

その後岩倉は、現在の政治的状況に至るまでの背景について次のように説明した――現在の帝は、この国を二千年支配し続けてきた元首の家系の子孫であり、それと比べると幕府（ショーグネイト）はわずか七百年前にできた組織にすぎない。だが実権がその手中にあり、国がその支配下にあった一八五三年にアメリカがこの国にやってきた。賢明な将軍の配下たちは、諸外国と国交を開く必要性とその利を理解したが、帝の宮廷と国の大部分は排外政策を支持した。そのために国内は乱れ、将軍は権威を維持することができなくなった。そして、帝と将軍が同時に亡くなり、後者の聡明な後継者は帝の下に政府を樹立することが絶対的に必要だということを悟った。そのことを信じて疑っていなかったこの人物は、実権をすべて帝に譲渡した。現在の政争をおさめるには、そうするほかないと理解していたのである。そして、帝の政府は外国人に対する方針を改め、条約締結国と正式に国交を開くことにした。このようなことは、前元首の治世においては考えられないことだった。これまで、日本と諸外国の間の関係は商業的なものに限られていたが、政府は今後これを改善させ、ヨーロッパや他の文明国同士の関係と同じようなものにしたいと考えている、と言われたので、諸外国の公使たちはこの岩倉の説明に対して、本国政府に請訓しできるだけ早く返答すると告げた。

サー・ハリーは、前日に他国の公使たちと行った局外中立に関する会議の結果を岩倉に伝えるため、十九日に横浜からやってきた。我々は浜御殿で彼と会う予定だったのだが、門が閉まっており、我々を受け入れるよう命令もされていなかったので、入ることはできなかった。公使館への帰路につくと、森が急いで我々のもとへとやってきて、公使に戻るよう懇願したが、彼はこれを拒否して岩倉が自分たちを訪ねるべきだと言った。森はこの伝言の意味を勘違いし、さらに段取りが遅れることになったが、最終的にはすべて手配され、岩倉は東久世とともに七時半に公使館にやってきた。岩倉は、森を通じて私に江戸に来てほしいと要請したが、私はこれを、公使に対する招待、もしくは十九日の会談の通訳の要請だということにして、とりあわなかった。

岩倉はサー・ハリーに、諸外国の公使の会議の結果を尋ねたが、公使は残念ながら会議はまとまらなかったと答えた。他国の公使たちは内戦の終結を宣言すること自体に問題はなさそうだったが、依然としてストーンウォール・ジャクソン号を手渡したくないと考えているようで、そのため中立宣言の撤回をこばんでいるようだった。我々には、これはきわめて理不尽に見えた。岩倉は、帝の政府はストーンウォール号を用いて榎本を攻撃しようとしているどころか、彼らに対してできるだけ穏便な処分を下すつもりである、と繰り返すと、サー・ハリーは、個人的な意見として内戦はすでに終了しており、局外中立状態もそれにともない終わっていると認識していると述べた。必要であれば、この点は書簡で明言して提出してもいいとも加えた。

岩倉が言うには、帝が公使たちの返答を知りたがっており、そのため岩倉に五日間とどまってこの件を解決したあと、東海道の港町である清水で落ち合うよう指示したと述べた。帝への土産としていい報告を伝えたいので、サー・ハリーの返答を内密に教えてほしいとも言った。さらに岩倉は、かつて日本においては戦争が十二年続くこともめずらしくなかったが、そんな中で帝の政府は奥州と出羽を六ヵ月で平定できたので、帝の政府の力を非常に有効的に示すことができたと述べた。また、人道的に事を収めたいと思っているので、駿府と水戸の二つの領地にいる徳川の者たちに反乱軍の残党の掃討を命じ、これに成功すれば慶喜を恩赦し名誉の回復を認めると告げたということであった。岩倉は勝にも会っており、処罰を穏当なものにすれば徳川は服従するだろうと勝は述べたという。だが岩倉は同時に、帝の政府は、武器や軍艦をすべて明け渡さないかぎりは降伏したとは認めない、もし反乱軍が頑迷な態度を取り続ければ、武力によって服従させるしかない、と告げたとのことであった。この包み隠さない物言いをサー・ハリーは気に入り、好意的な態度で応じた。

また、岩倉はロシアの動向も警戒している様子で、彼らが榎本と同盟を結ぶことはないだろうかと聞いた。サー・ハリーは、それは考えにくいと答えた。対談は三時間におよび、終わったとき岩倉は何度も礼を述べ、また浜御殿でサー・ハリーを待たせてしまったことを詫びた。公使は、他国の公使たちを自分の考えに同調させ、二十五日にまで返答させるようできるかぎりのことをすると返答した。そして彼は、自身の見解をその日の「ジャパン・ヘラルド」紙に掲載するため準備をはじめた。それは、意思表示をする上でこれ以上なく有効なやり方だった。私も、彼が腹を決めたことに対して、大いに満足していた。

帝は京都に戻るために翌朝八時ごろに高輪を通過した。彼の行列は、江戸に到着したときよりも小さくなっているように思えた。開陽丸が江差で座礁し、そこに残しておくしかない状況になったとの報告が、一月二十一日に箱館から届いた。大砲はすべて取り外され、海に打ち捨てられたとのことだった。

会津と仙台に対する処罰の内容は、他の北方の大名たち、そして最後まで抵抗を続けたそのほか何人かの大名たちに対するものと合わせて、二十一日に公表された。会津の領主父子は助命されることになったが、領地はすべて没収された。仙台は、六十二万五千石から二十八万石に領地を減らされた。現在の領主は引退を強いられ、我々の旧友である宇和島の伊達がその後を継ぐことになった。

二十二日、公使たちのあいだで再度会議が行われ、中立撤回について議論された。二十三日に江戸に到着したこざかしいイタリア公使が、これを撤回するつもりがあるのはサー・ハリーとポルスブルックのみであり、他の者たちはそうするつもりはないと告げた。サー・ハリーからの手紙によると、公使たちはみな内戦が終結したことを告げる合同宣言書をしたためることに合意しているが、これを全員同時に提出できるよう、少し時間がほしいと言っているとのことだった。もう一通、アダムズとモンテベッロ（フランス公使館書記官）が岩倉と対談できるように取り計らってほしいと記された手紙も届いた。箱館にいる徳川の反乱軍が嘆願書を作成し、ウトレ氏とサー・ハリーに対してこれを帝に渡してほしいと要請していたためである。この書簡の翻訳をただちに作り、送信した。

二時に対談を行うことができると東久世から返答が送られてきたので、その後ミットフォードと私は、中立宣言の撤回に関する合同宣言書の写しを持って木戸を訪ねた。彼からは、他国の公使たちが「若干の遅れ」を求めたことに対して不満を示したが、彼らに中立の撤回をさせるにはある程度の譲歩が必要だったのだと説明した。たとえ若干の遅れがあったとしても、帝の政府にとっては、すべての公使が内戦の終結を宣言したほうが、たった二人の公使がそれを宣言し残りの四人が中立を保つ状態が続くよりはいいことだろう、と。アダムズが書いた、最終的な合意に関する覚書が届き、政府は内戦と諸外国の中立状態の終結を官報の記事で公表するのがいいだろうと提案した。

この後、私はアダムズ、モンテベッロ、そしてデュブスケ*に会うために東久世の下へと向かった。最後の人物は、二時十五分ごろにその場に到着した。会談は、ウトレの書いた合同宣言書の写しをモンテベッロが手渡して始まった。岩倉はただちに、イングランドとフランスの公使の公文書にある「若干の遅れ」とはどういう意味かと問い質した。アダムズとモンテベッロは、この点に関して説明する権限はないと告げたが、中立の撤回を宣言する具体的な日にちを提示してほしいという岩倉の要請に対しては、英仏両公使に可能なかぎり働きかけると約束した。また、私は山口範蔵に、木戸はこの妥協案が提示された背景を理解していることを岩倉に伝えてほしいと耳打ちした。

それから、徳川の反乱軍から嘆願書を帝の政府に手渡してほしいと要請されたことについて話し合った。岩倉に対しては、公使たちはこの手紙を届けるにあたって自分たちがその内容について意見を述べるつもりはなく、彼らの弁護を試みるつもりはないという点が強調された。だが、東久世が逃亡者たちの意思と思惑を可能なかぎり知りたいということだったので、その手助けをする一環としてこの案件を提示するのだ、と説明した。

岩倉は、この者たちは逆賊と認定されており、水戸と駿府の氏族に討伐を命じたと返答した。そのため、反乱軍が嘆願書を提出したいのであれば、それらの氏族の長に手渡すべきであるとも述べた。彼はこの場では書簡をざっとしか見ることができなかったが、この書簡を記した者たちが少なくともある程度の恭順の意思があるということを示したことには安心していた（もっとも、パークスとウトレに宛てられた嘆願書に用いられた極めてぶしつけな言葉遣いに気づいていれば、そうは思わなかったかもしれないが）。公使たちに感謝の念を表明し、またこの件に関して干渉しないという態度が明確にされたことにも満足の意を示した。しかし、嘆願書を公使たちの手から受け取ることはできないというのが岩倉の返答であった。そして岩倉はさらに、この嘆願書は徳川の氏族を介して提出するよう反乱軍に伝えてほしいと依頼してきた。

アダムズとモンテベッロは、徳川の氏族に接触するつもりは一切ないと言ってこの申し出を断り、フランス側の押し問答がしばらく続いた後、岩倉は嘆願書を一時的に預かり明日までに返事をよこすと言った。これが終わると我々は帰り、アダムズは公使に報告書を送った。翌日（二十五日）の午後に、公使からアダムズに新たな指示が届いた。嘆願書の受領を拒否されたことは両国の公使にとって意外であった旨と、合同宣言書に記されている中立宣

＊フランスの軍事顧問団の一員で、日本語の勉強に専心した士官であり、最終的にはフランス公使館の通訳官となった。

言撤回に関する「若干の遅れ」という文言は、書簡に記されているままの意味であることを、岩倉に伝えるようにという訓示であった。

モンテベッロと相談した後、二十六日の朝十時に岩倉と面談したいということを記した書簡を、東久世に送った。その返答が届く前に、山口範蔵が岩倉の指示を受けて手紙を送ってきた。そこには、嘆願書を受け取ることはできないということ、諸国の公使たちと中立の件について話し合うため岩倉が明日横浜に向かうので、そのときに英仏両国公使と他の案件についても話す機会があるだろうと記されていた。だがその後、東久世からの返信が届き、岩倉は横浜への出発を一日遅らせることにしたので、こちらが提案した時間に面会することができると告げられた。

二十六日は、体調が悪かったので、代わりにミットフォードがアダムズの通訳を務めた。岩倉は前言を撤回し、嘆願書を受け取ってもいいと述べたが、内容を見ることなく徳川の逃亡者たちに返すつもりだとも言った。また、公使たちには、「若干の遅れ」という語句が意味するところを明確にするよう要求するつもりだとも告げられた。そして岩倉は、サー・ハリーとウトレ氏に対して、嘆願書を自分たちの下に届けてくれたことに対する感謝状をしためた。嘆願書を受け取らないのは、その内容がぶしつけだからであるとのことだった。これは、両公使にとって寝耳に水の話だった。反乱軍は嘆願書に、自分たちは蝦夷（エゾ）を平和的に統治するつもりであり、これを認められなければ、帝の政府に戦いを挑むことになると記されており、このような内容の嘆願書を手渡してしまったのは少し体面が悪いことだった。また、サー・ハリーは、ウトレが岩倉に対してこの嘆願書を受け取るよう説得することに成功し、手柄をたてるのを恐れていた。だが、ウトレの小さなたくらみは岩倉の幸運、もしくは洞察力によって失敗に終わった。

翌日私は、岩倉と諸外国の代表たちの会議に出席するため、急いで横浜へと向かわなければならなかった。岩倉は、「若干の遅れ」とはどういうことかと聞いてきた。彼は、公使たちには十分時間があったはずだと感じていた。帝の政府が内戦の勃発を宣言したとき、彼らは当初、ただちに中立を宣言したのに、なぜここにきてこうも躊躇するのか、と詰問した。公使たちは、質問に対して少し反論した後、回答を相談するため別室へと退いた。戻ってきたとき彼らは、中立の撤回を十四日以内に宣言すると告げた。岩倉はこれで満足するよりほかなかった。サー・ハリーは論戦に勝利し、それを喜んだ。岩倉は、同日午後に汽船キャンスー号*に乗って志摩の鳥羽へと出発した。

東久世は公使たちに、帝は翌年の日本の暦における新年の時期に戻ってくるが、そのとき江戸を首都とするつもりであると告げた。もっとも、このことはまだ民衆に公表するつもりはないが、とも言っていた。彼は町の地図を広げ、金杉橋からホテルまでの水辺で、外交担当部局庁舎のある尾張屋敷を除くすべての土地を、公使館を建設する土地として用意するつもりだと告げた。サー・ハリー以外のすべての公使は、このような場所を公使館用の土地として

＊この船は、もともとはH・N・レイ指揮下の中国艦隊に所属していた、シェラード・オズボーン大佐の旗艦で、その後薩摩に売却された。

することに難色を示した。サー・ハリーは、日本人の言うことはすべてうそだと思い込む悪い癖があったが、それを払拭しはじめているように私には感じられた。

第三十六章　東京での最後の日々、そして本国へ出発

横浜での会議の一週間前、岩倉は、さまざまな場で彼のために翻訳の業務を行ったことに対する返礼として、私に美しい漆塗りの用箪笥を贈呈してくれた。一月二十八日に江戸に戻ると、鮫島誠蔵（サメシマセイゾー）[1]からの手紙が届いており、彼自身に加えて薩摩の領主、大久保、そして吉井からの贈り物も添えられていた。手紙には「薩摩の領主は、貴君の厚意と仕事に対して感謝の念を述べるよう私におおせつけた。領主は、二つの箱を贈呈する。そのほかのものは、わずかながらではあるが、大久保、吉井、そして私からの感謝の念を伝えたく贈るものである。我々が過ごした日々を記憶に留めるものとして、どうか受け取ってほしい」と記されていた。領主の贈呈品は、黒漆の台に載せられた、くじゃくの形をした銀の船（「宝船（タカラブネ）」と呼ばれる）の工芸品と、白い絹の織物が二反。さらに吉井が、清水（キヨミズ）の陶磁器を二つ、他の者はそれぞれサテンの金襴を二反ずつ贈ってくれた。吉井の名前はIoxyと、昔のポルトガル語風の日本名表記で記されていたので、この手紙は元々英語で書かれたのだと推測できた。

北方の大名たちに対する処罰の内容を私が翻訳したものが、一月三十日に「ジャパン・ヘラルド」に掲載された。この公文書は、日本人たちに尊幕家（ソンバッカ）と呼ばれた、幕府（ショーグネイト）をできるかぎり支持するという方針をとっていた一部の外国公使たちを完全に狼狽させた。

二月十一日が日本の正月であり、私はこの日を江戸で迎えた。作法に則って、米のケーキ(餅（モチ）)にミカンとシダを添えたものを準備し、乾燥させた葉っぱを私の書斎のくぼみ(床間（トコノマ）)からぶら下げた。訪ねてきた人と一緒に雑煮（ゾーニ）を食べるときに座るため、絹の座布団を用意した。雑煮とは、あげた餅をひたすスープである。新年の一日目には餅を一個、二日目には二個、そして三日目には三個食べる。屠蘇（トソ）と呼ばれる、新年にふるまわれる飲み物も提供した。これは、甘い酒に香辛料を混ぜたものである。上から下に徐々に狭まっていく、陶磁器のコップを台に載せ、それにそそぐ。家の使用人たちが代わる代わる訪ねてきて、新年を祝い、御歳暮（オセーボ）をもらったことを感謝した。これは、年末に使用人の地位に応じて与えた贈り物のことである。

あくる日の夜、私の個人的な護衛を招き、宴を開いた。公使館筆記役の小野清五郎と、ミットフォードの教師であった長沢（ナガザワ）、そして私の使用人たちも招待した。ミットフォードと私は、部屋の先端にしかれた白い金襴の座布団に座り、我々のあいだには大きな漆塗りの火鉢をおいた。日本の客人たちは、部屋の両側と下座に並んだ。本来であれば宴会の主催者は座布団に座るべきではないのだが、膝が痛いので申し訳ないが了承してほしいと謝った。最初はずいぶんとまじめな話をしたが、それも酒が運び込まれ、レストランの女中が夕食を運び、芸者たち、野口の妻、そして横浜の大変賢い少女が現れるまでのことだった。我々はおどけて踊り、言葉あて遊びをし、歌い、新年に行われる踊りの一種である萬歳（マンザイ）もやった。とてつもない量の酒が飲み干され、十二時には各自大変満足した様子で去っていった。

最近まで民部大輔とフランスにいたアレクサンダー・シーボルトがようやく日本に戻ってきたので、私はようやく休暇を申請することができた。本来であれば規定により二年前に申請することができるはずだったのだが、私の代わりを務められる人物がいなかったのである。二月十四日、彼と私は、幕府（ショーグネイト）の崩壊以後、我々にとって極めて重要な政治情報源であった勝を訪ねた。勝は、箱館の徳川の反乱軍は降伏するだろうと見ていた。彼から脇差（ワキザシ）（短剣）を贈られ、我々は何度も惜別の念を告げながら別れた。

勝の住まいである紀州屋敷の離れには、紀州家家臣の竹内（タケノウチ）老人も同居していた。彼は大名屋敷のあいだで回覧されていた報道や書簡の写しを我々に提供してくれた人物である。彼にも惜別の言葉を告げる必要があったので、彼の部屋でお茶を飲んだ。我々は、そこで紀州の高名な官吏だった伊達五郎[2]にも会ったので、彼にも別れを告げた。

家に帰っても、すぐにまた出かけなければならなかった。東久世が、送別会としてホテルで夕食の場を設けてくれたのである。ミットフォード、シーボルト、そして私のほかに、備前の領主、[3]大原侍従（オーハラジジュー）[4]という名の宮廷貴族、木戸、町田、森（のちに森有礼（アリノリ）として知られるようになる）、語学学校の教師で最近江戸において刊行された新聞の編集長を務める神田孝平（コーヘイ）[5]、そして宇和島の都築荘蔵[6]が招待されていた。とても心地よい宴だった。備前の若い領主は大変丁寧に挨拶し、私についてはよく聞いていたのだが、これまで会う機会がなかったので、この送別会をきっかけにお見知りおき願いたいと述べた。私は、名誉なことに東久世の左側にいることを許された。

夕食の後、彼らは私の健康を祈って大量のシャンパンを飲み干し、航海が快適なものであるよう祈ってくれた。みな、私に贈り物をしたがった。日本の政府は、金の鎖がついた時計を六つくれた。都築荘蔵は伊達の老公の名義でしたためられた惜別の手紙を私に手渡し、またハーツレットの条約集[7]を一部手配できないかと聞いてきた。薩摩の領主、大久保、吉井、そして鮫島から惜別の品をもらったが、それ以外にも町田、私の個人的な護衛たち、そして木戸などさまざまな人からも手渡された。夕食の後、木戸は内密に、朝鮮の港を開くことが日本にどのような影響をもたらすか、ということについて話してきた。実利は少ないだろうが、朝鮮の人々の目を国外に向けさせるということに人道的なメリットはあるだろう、と。彼と森は、日本のキリスト教徒についてどうしたらいいか、私の考えを聞いてきた。この件に関して私は、彼らを穏便に服従させることがいいだろうと説く、長い文書を過去に何度かしたためた。議会制度を導入することで、日本の人々に寛容の精神を植えつけるべきであるという考えもあったが、これは決して簡単なことではないだろうと私は思っており、最近までのスペインにおけるプロテスタントの苦難について彼らに教えた。だが、森が提唱した、キリスト教徒に蝦夷の土地を与えて信教の自由を与えるということは、いい考えだとは思わなかった。都築は極めて内密に、土倉（トクラ）[8]という名前の若い備前の家老をイングランドに派遣するという考えがあることを教えてくれた。夕食をとるためにずいぶん遠くまで行かなければならなかったが、総じて極めて楽しい夜だった。

翌日、私は江戸に長い別れを告げた。公使館の護衛を務めたロンドンの騎馬警官たちの宿舎の前を通ると、ピーコック警部とその部下たちが出てきて、快適な旅路を祈ってくれた。野口、ミットフォードの教師長沢、そして私の個人的な護衛を務めた日本人四人は梅屋敷（ウメヤシキ）まで一緒に来てくれて、そこで別れの杯を交わした。東久世は私の出発を惜しむ書簡をよこし、それによると、帝も円滑な外交関係を樹立する上での私の功績に感謝しているので、大きな漆塗りの用簞笥を贈呈したいと述べているとのことだった。木戸も私に手紙をよこし、ヨーロッパで日本について聞くことがあれば何でもいいから教えてほしいと依頼された。また彼は、手紙をくれれば必ず返信するとも約束し、快適な船旅とイングランドに無事に到着することを祈ってくれた。

　二月二十四日、Ｐ＆Ｏ社が所有するエドモンド船長の八百十四トンの汽船オタワ号に乗船して、横浜から出港した。パークス夫人もイングランドに帰国するので同乗しており、イングランド人社会の厚意で楽団が「ホーム・スイート・ホーム」を演奏している中、錨が上げられた。涙が目にあふれるのを感じた。これが、好きな音楽を聴いたからなのか、それとも六年半もの間とても楽しく過ごすことができた国を離れることが惜しかったからなのかは、よくわからなかった。かたわらには、私の忠実な会津の侍、野口富蔵がいた。

訳注

訳者まえがき

1 楠家重敏『アーネスト・サトウの読書ノート　イギリス外交官の見た明治維新の舞台裏』(雄松堂出版、二〇〇九年)、一一頁。

2 『維新日本外交秘録　英使サトウ滞日見聞記』維新史料編纂事務局訳編(維新史料編纂事務局、一九三八年);『幕末維新回想記』塩尻清市訳(日本評論社、一九四三年)。

3 『一外交官の見た明治維新』上下　坂田精一訳(岩波書店、一九六〇年)。

4 Satow Papers, The National Archives(サトウ文書、イギリス国立公文書館所蔵)、目録番号PRO 30/33。

5 Oxford University Press による復刻版が一九六八年に、AMS Press によるものが一九七三年に、Tuttle によるものが一九八三年に、Ganesha/Synapse によるものが一九九八年に、Stone Bridge/IBC によるものが二〇〇六年に刊行されている。

6 萩原延壽『遠い崖　アーネスト・サトウ日記抄』全十四巻(朝日新聞社、一九八〇年、一九九八―二〇〇一年)。

7 注1の文献のほか、『アーネスト・サトウ公使日記』長岡祥三訳、全二巻(新人物往来社、一九八九年);B・M・アレン『アーネスト・サトウ伝』庄田元男訳(平凡社、一九九九年);イアン・C・ラックストン『アーネスト・サトウの生涯　その日記と手紙より』長岡祥三、関口英男訳(雄松堂出版、二〇〇三年)ほか多数。

8 *Collected Works of Ernest Mason Satow* 全十二巻(Ganesha/Synapse, 一九九八―二〇〇一年)。

序　文

1　アルジャーノン・ミットフォード（Algernon Mitford）のこと。一九〇二年に爵位を得てリーズデイル男爵（Baron Redesdale）となった。一八六六年から一八七〇年まで在日本イギリス公使館で勤務し、日本語に堪能な外交官として重宝された人物であった。

第一章

1　チャールズ・ミューディー（Charles Mudie）が創業した、十九世紀中盤のイギリスにおいて非常に広く知られていた貸本屋。

2　エルギン卿使節団とは、一八五七年から五九年にかけて東アジアに派遣されたイギリス外交使節団である。その代表を務めた第八代エルギン伯爵ジェームズ・ブルース（James Bruce, 8th Earl of Elgin）は中国で起こったアロー号事件の事後処理を任されると同時に日本との通商条約の締結も命じられ、一八五八年八月二十六日に日英修好通商条約を締結した。ローレンス・オリファント（Lawrence Oliphant）はエルギンの秘書を務めた人物であり、その後一八六一年から在日本イギリス公使館に赴任したが、着任後まもなく第一次東禅寺事件で負傷した。

3　ヴィクトリア司教とは、イングランド国教会及び聖公会の中国・日本における最高権力者のことである。十九世紀中葉以後、香港や中国の条約港に進出した信者の信仰を管理することを目的として、一八四九年に、中国にヴィクトリア教区が制定され、以降その責任者としてヴィクトリア司教が任命された。条約締結後は、日本の信者も管轄下におかれた。

4　原文ではSummer Palaceで、清漪園（せいいえん）のことである。これは北京北西部の昆明湖のほとりにあり、清国皇帝の夏の離宮と当時の西洋人に理解されていたことから、夏宮という呼称が定着した。現在でも英文ではこのような呼び方が一般的である。なお、清漪園は一八六〇年のアロー戦争のとき英仏連合軍に破壊されたが、西太后によって復旧され、一八八八年に頤和園（いわえん）と名前が改められた。

5 原文 Chinese Secretary。この役職の詳しい説明については、第二章注8を参照。

6 原文 Vries Island。伊豆大島のこと。フリース島という呼称は、十七世紀にこの島を訪れたオランダ人航海士マルチン・フリース（Maerten Vries）にちなむ。当時の西洋の人々は、日本の地名については日本名ではなく、西洋の人々が初めて上陸・調査した際につけた呼称で認識することも多かった。

7 一スクエアは約九・二九平方メートルなので、四スクエアは約三七・一六平方メートル。

8 根岸湾のこと。原文では、当時の西洋の海図に倣って Mississippi Bay となっている。

9 本牧鼻のこと。原文では Treaty Point。

第二章

1 原文では peggi, sarampan。いずれも「だめ」「破談」「打ち捨て」といった意味。最近ではあまり使われなくなったが、これらの単語は昭和期ごろまで日本語で使用されることも多く、広辞苑にも記載がある。

2 原文では「Tycoon」。この訳書では、以後もこの単語は同様に「大君」と訳する。徳川幕府の将軍のことを、当時外国人はこのように表現することが多かった。

3 原文では Yoshiwara となっているが、浅草にあった吉原が横浜から見えたとは考えにくい。恐らく居留地の近くにあった遊郭のことを「ヨシワラ」と表現しているのだと思われる。

4 サー・R・オールコックはイギリス公使、デ・フラーフ・ファン・ポルスブルック（原著では以下ファン・ポルスブルックと略される）はオランダ公使、デュシェーン・ド・ベルクール（以下ド・ベルクールと略される）はフランス公使、ハリスはアメリカ公使。

5 原文でも The English Legation となっている。イングランドはイギリスを構成する国の一つなので、イギリス公使館をイングランド公使館と表記することは厳密には正しくないが、当時は慣習的にイギリスのことをイングランドと呼ぶことが多かった。

6 ニールの陸軍における最終階級は中佐であるが、サトウは公文書を引用した部分を除いて大佐と記している。本書では、原文のままとする。

7　原文では *History of Japan* となっている。フランシス・オッティウェル・アダムズ（Francis Ottiwell Adams）著、*The History of Japan from the Earliest Period to the Present Time*, 全二巻（Henry S. King & Co. 社により一八七四―七五年出版、邦訳なし）のこと。

8　原文 Japanese Secretary。通訳官の運用監督や育成を担当して、日本の当局者から届いた書簡を翻訳し、またイギリス公使館から日本側に提出する日本語の書簡の準備を任された。北京公使館におかれた中国語書記官がもとになっており、同様の役職が日本にも導入されたものである。サトウが東京にやってきたときは公使館が開設されてまだ間もなく、日英翻訳ができる人物がいなかったため、サトウは当時の日本語書記官は「日本語の知識もまったくなかった」と記しているが、その後は日本語が理解できる人物がこの役職を務めるようになった。この役職は、訳者・研究者によって「日本係書記官」などさまざまな訳語が用いられるが、近年では「日本語書記官」と表記されることが多い。楠家重敏『アーネスト・サトウの読書ノート　イギリス外交官の見た明治維新の舞台裏』（雄松堂出版、二〇〇九年）二四―二五頁：桑田優『近代における駐日英国外交官』（敏馬［みるめ］書房、二〇〇三年）など。

9　一度も掃除されたことがなく、汚れきっていたオージーアス王の牛小屋をヘラクレスは一日で掃除し、その見返りに牛の十分の一を譲ってもらう約束をしたという古代ギリシャ神話の一節をもとにした言いまわしである。

第三章

1　原文では Annales des Dairi となっている。本文の内容から判断して、林鵞峰『日本王代一覧』（一六五二年刊行）のことかと思われる。十八世紀後半に出島のオランダ商館長を務めたイサーク・ティチングが、蘭学者の協力を得てこの書物を翻訳し、彼の死後一八三四年に東洋学者のユリウス・ハインリヒ・クラプロートによって出版された。西洋では Nipon o daï itsi ran（副題 Annales des empereurs du Japon）として知られる。

2　フィリップ・フランツ・フォン・シーボルト著 *Nippon* 全七巻（一八三二年から一八五二年までに刊

行。雄松堂書店による邦訳あり）。ホフマンとは、ヨハン・ヨーゼフ・ホフマン（Johann Joseph Hoffmann）のこと。日本語の辞典をいくつか著したほか、シーボルトの協力者として『日本』の編纂にも関与した。

3 原文ではフランス語で「宮宰」を意味する maires du palais（メール・デュ・パレ）と記載されている。中世ヨーロッパのフランク王国やその分国において王の筆頭補佐官を務めた人物がこう呼ばれた。王よりも宮宰のほうが強い権限を掌握することが少なくなかったため、サトウは関白・太閤となり朝廷内から天下人として権勢をふるった豊臣秀吉を宮宰に例えてヨーロッパの読者に説明している。

4 ハイランドとは、スコットランド北部の地方を指す。中世から近世にかけてのスコットランドにおいては、クラン（clan）と呼ばれる集団をもとにした社会体制が築き上げられており、それぞれのクランはスコットランド国王を宗主と認識しつつも各々の領地においては大幅な自治を認められていた。当時のイギリス人には徳川期の幕藩体制がクラン制度に似ているように思えたことから、英語では藩のことをクランと表記することが最近まで一般的だった。クランはしばしば血縁関係に基づく社会体制であると思われがちで、日本語でも「氏族」と訳されるが、実際には共通の主君を仰ぐ人々による組織体系であり、必ずしも血縁関係が重要な要素というわけではない。

第四章

1 ベトナム南部（現在のホーチミン市周辺）の地域のこと。

2 「水戸の旧領主」とは、水戸徳川家の徳川斉昭のこと。ペリー来航のときには藩主の座を息子に譲っており、隠居の身であった。徳川御三家の中で、紀伊家と尾張家は将軍が跡継ぎのないまま死んだ場合に後継者を輩出するという重要な役割を担ったが、水戸家はその役割を任されなかった。その代わり、藩主は江戸に常駐することを義務付けられ、御三家の中でも特に将軍に接することが多かったため、一般的には将軍の補佐役としての役割を担った家系と考えられることが多い。

3 ペリーが来航した際に旗艦に搭乗して密航を企てた、吉田松陰と金子重之輔のこと。

4　大老のこと。原文ではPrime Ministerと表記されている。

第五章

1　幕末期薩摩藩の事実上の最高権力者であった、島津久光のこと。

2　正しくは大佐。以降の記述でも大佐となっている。

3　リギンズ（John Liggins）は、一八五九年に長崎に来航したアメリカ聖公会の宣教師。メドハーストの著書は、一八三〇年に刊行された『An English and Japanese, and Japanese and English vocabulary』のことで、一八五七年には和訳もされている。ちなみに、彼の名前は「ウォルター（Walter Henry Medhurst）」であり、「ウィリアム」はサトウの誤記。ロドリゲス（João Rodrigues）の辞典とは、一六〇四年に刊行された「Arte da Lingoa de Iapam」のことで、一八二五年にランドレス（M. C. Landresse）によってフランス語訳された。クルティウス（Donker Curtius）とホフマンの著書とは、『Proeve eener Japansche Spraakkunst』のことで、クルティウスは、日本とオランダが条約を締結する前の最後の出島のオランダ商館長で、ホフマンについては第三章注2を参照。パジェス（Léon Pagès）は、一八四七年から一八五一年に北京に駐在したフランス人外交官、ロニー（Léon de Rosny）はフランスで日本語の研究に従事した人物で、ともに日本関連の著書や翻訳がいくつかあるが、日本を訪れたことはない。

4　徳川後期の石門心学者、柴田鳩翁（きゅうおう）の道話を養子の遊翁が筆録したもの。石門心学とは、身近な例を用いてわかりやすく道徳・倫理などを一般庶民に説くことを目的とした教えであり、徳川中期に始まり徐々に盛んになった。『鳩翁道話』も口語体でつづられていたことから人気があったようで、石門心学は徳川末期には武士や公家などにも浸透していたようである。

5　ロジャー・アスカム（Roger Ascham）は、十六世紀にイングランド王族の家庭教師を務めた学者。ジョージ・ロング（George Long）は、十九世紀の古典学者で、キケロ『老年論』の校訂を行った。

第六章

1 「大名・官吏の公式名簿」とは、徳川期に出回っていた『武鑑』という書物のことかと思われる。江戸に住んでいた武家の役職録のようなもので、在住地、家格、石高、役職などが記されていた。

2 原文ではHundred Laws of Iyéyasuとなっている。内容から察するに、『御遺状百箇条』のことかと思われる。

3 幕末期に幕府の通詞として活躍した、森山栄之助のこと。

4 当時の外務大臣ラッセル伯爵（Earl Russell）。一八六一年に爵位を得るまでは、ジョン・ラッセル卿（Lord John Russell）の敬称で呼ばれていたので、本書でも両方の表記が見られる。

5 原文ではson of a gun。「ろくでなし」を意味する。

6 原文zij sloopen alle weg。

第七章

1 アヘン戦争が勃発する直前、イギリスの商人たちは、彼らが所有していた商品（アヘン）が戦争で破損されないよう当局者に渡していたものの、結局それらは清国の当局者に没収・廃棄されてしまった。これがきっかけで戦争が勃発し、最終的にイギリスは勝利したが、この損失は商人たちに補償されなかったようである。サトウは、横浜の商人たちは同じような事態を避けようとしたのだと言いたいのであろう。

2 外交担当委員（原文Commissioners for Foreign Affairs）とは、外国奉行のこと。竹本甲斐守とは竹本正雅（まさつね）、竹本隼人正とは竹本正明のことである。

3 旧約聖書において、イスラエル人がエジプトを脱出したときに行ったとされる行為。出エジプト記の第三章第二十二節と第十二章第三十六節に記述がある。

4 原文thousand days。「百日間」の誤記と思われる。あるいは「事実上の無期限」という文意か。

5 文久遣欧使節にも加わり、幕末期に外国奉行も務めた旗本の柴田剛中（たけなか）のこと。後の章では

「柴田日向守」と記される。

6 幕末期に外国奉行を務めた旗本の菊池隆吉のこと。

7 肥前唐津藩の小笠原長行（ながみち）のこと。公的には藩主の世嗣という立場だったが、老中として幕府の外交に携わった。図書頭、壱岐守としても知られる。

8 この原文は、「癸亥五月九日　今本邦ノ外国ト交通スルハ頗ル国内ノ輿情ニ戻ルヲ以テ更ニ諸港ヲ鎖ザシ居留ノ外人ヲ引上シメントス此旨朝廷ヨリ将軍ヘ命ゼラレ将軍余ニ命ジテ之ヲ貴下等ニ告ゲシム請フ之ヲ領セヨ何レ後刻面晤ノ上委曲可申述候也　文久三亥年五月九日　小笠原図書頭　各国公使宛」となっている。外務省外交史料館所蔵『英国往復書翰五（文久三年）』続通信全覧編年之部118、一〇頁を参照。国立公文書館アジア歴史資料センターのホームページ（https://www.jacar.go.jp/）からも閲覧が可能である（レファレンスコード：B13090060600）。

9 原文Monsieur le Charge d'Affaires。

10 原文assurance of high consideration。

11 原文Bluebook。イギリス外務省が外交方針を説明するために刊行する書物で、表紙が青いことからそう呼ばれた。その中で、サトウが述べている文書が引用されたと思われる。

12 当時の当局者がこの書簡を日本語に翻訳したものも、上述の『英国往復書翰五』一三—一四頁に残っている。原文は以下のとおり。

Lieutenant-Colonel Neale to the Japanese Minister for Foreign Affairs.

Yokohama, June 24, 1863.

The undersigned, Her Britannic Majesty's Chargé d'Affaires, has received, in common with his colleagues, and with extreme amazement, the extraordinary announcement which, under instructions from the Tycoon, His Excellency has addressed to him.

Apart from the audacious nature of this announcement, which is unaccompanied by any explanations whatever, the Undersigned is bound to believe that both the Spiritual and Temporal sovereigns of this country are totally ignorant of the disastrous consequences which must arise to Japan by their determinations thus conveyed through you to close the opened ports, and to remove therefrom the subjects of the Treaty Powers.

For himself, as Representative of Her Britannic Majesty, the Undersigned has to observe, in the first instance, that the Rulers of this country may perhaps still have it in their power to modify and soften the severe and irresistible measures which will, without the least doubt, be adopted by Great Britain most effectually to maintain and enforce its Treaty obligations with this country, and, more than this, to place them on a far more satisfactory and solid footing than heretofore, by speedily making known and developing any rational and acceptable plans directed to this end, which may be at present concealed by His Majesty the Tycoon or the Mikado, or by both, to the great and imminent peril of Japan.

It is therefore the duty of the Undersigned solemnly to warn the Rulers of this country that when the decision of Her Majesty's Government, consequent upon the receipt of Your Excellency's announcement, shall have in due course been taken, the development of all ulterior determinations now kept back will be of no avail.

The Undersigned has in the meantime to inform Your Excellency, with a view that you my bring the same to the knowledge of His Majesty the Tycoon, who will doubtless make the same known to the Mikado, that the indiscreet communication now made through Your Excellency is unparalleled the history of all nations, civilized or uncivilized; that it is, in fact, a declaration of war by Japan itself against the whole of the Treaty Powers, and the consequences of which, if not at once arrested, it will have to expiate by the severest and most merited chastisement.

With Respect and Consideration.

EDWD. ST. JOHN NEALE

13　原文ママ。「第二、四、そして五段落」の誤り。

第八章

1　幕末維新期に薩摩藩の軍略家として活躍した人物。廃藩置県後に明治政府に出仕し、伯爵の爵位を得た。

2　大崎ノ鼻のこと。

3　幕末維新期の薩摩の有力者として知られた、五代友厚のこと。

4　三条実美は、幕末期は討幕派公卿として活動し、維新後も新政府の中枢にい続けた人物である。一八八五年まで太政大臣を務め、一八八九年には短いあいだではあったが臨時総理大臣を務めた。名前は、一般的には「さねとみ」と読まれることが多い。東久世と澤とは、同じく討幕派公卿の東久世道禧（みちとみ）と澤宣嘉（のぶよし）のことで、三条とともに八月十八日の政変の際に長州への「七卿落ち」を経験している。東久世は維新後外国事務総督を務め、その後一九一二年に亡くなるまで要職を歴任。澤も維新後に外務卿を務めたが、一八七三年に三十九歳で亡くなった。澤は、第二十八章では主水正（モンドノカミ）とも記されている。

第九章

1　佐多岬のこと。

2　伊藤博文と井上馨の通称。

第十章

1　大砲を防御するための、円塔型の装甲のこと。

2　当時下関海峡の九州側の土地を支配していた、豊前小倉藩小笠原家のこと。

第十一章

1　フランスにおいては、カトリックの聖職者を「アベ（abbé）」と呼ぶことが多い。

2　宍戸刑馬とは高杉晋作がこのとき用いた偽名。宍戸備前（長州藩毛利家一門筆頭の宍戸親基［ちかもと］のこと）の養子という地位も偽称である。杉徳輔は、杉孫七郎の通称。幕末の長州藩士で、維新後は主に宮内での仕事に従事し、一九二〇年まで生きた長命な人物だった。渡辺内蔵太は一八六五年の第一次長州征伐の際に長州藩佐幕派によって処刑された。

3　鏈（れん）は、原文ではcable's length。航海で利用される距離の単位。イギリスでは一鏈は十分の一海里（約百八十五メートル）と定義される。

4　彦島の北西部にある海岸に、西洋諸国が便宜的につけた名称。

5　毛利出雲は、幕末の長州藩士、毛利登人（のぼる）のこと。藩主毛利家の家系出身でありながら、勤皇派の志士と交流が深く、渡辺内蔵太らとともに第一次長州征伐の際に処刑された。山田宇右衛門は幕末期に長州藩の要職を務めたが、一八六七年に病没。波多野金吾は、後に広沢兵助、広沢真臣と改名した幕末期に活躍した長州藩士だったが、一八七一年に何者かによって暗殺された。磯谷謙蔵と原田隼二は、正確には長府藩の支流にあたる清末藩の藩士だった。

6　「京都の長官」とは、一橋慶喜のこと。

7　井原主計は、井原親章（ちかあき）のこと。幕末期に長州藩の家老を務め、一八六六年に没した。楢崎弥七郎も長州藩士で、第一次長州征伐の際に処刑された。

8　ランスフィールド号とは長州が保有していた壬戌丸（じんじゅつまる）のことで、もう一隻の帆船も庚申丸のこと。本文の記述のとおり、両方とも下関戦争の際にアメリカ軍艦ワイオミング号によって沈没させられている。壬戌丸はもともとイギリス船籍の民間蒸気船で、一八六二年に長州藩が購入する前はランスフィールド号と呼ばれていた。

9　山県半蔵の別名。この後に宍戸璣（たまき）と改名する。

第十二章

1　第二の評議会とは、若年寄のこと。このときの幕府全権を務めたのは越前敦賀藩主の酒井忠毗（ただます）。

2　この辞世の句は、岡田章雄『鎌倉英人殺害一件』（有隣堂、一九七七年）、一六八頁；楠家重敏『アーネスト・サトウの読書ノート　イギリス外交官の見た明治維新の舞台裏』（雄松堂出版、二〇〇九年）、二四頁などの先行研究によると「とらはれて死ぬる命はをしからず　えみしをはらふやまとごころに」というものだとされているが、いずれも根拠史料が明確ではない。

第十三章

1　下関戦争の賠償金問題に関しては、長州が下関を開港することに同意してくれれば、その見返りとして減額するということを西洋諸国が提案していた。

2　筆頭評議会とは老中のこと。水野和泉守は天保の改革を行った水野忠邦の息子で、出羽山形藩主の水野忠精（ただきよ）のこと。酒井飛騨守は、第十二章でも「第二の評議会の一員」と言及された酒井忠毗のこと。

3　幕末期にパリ外国宣教会（イエズス会所属というのはサトウの誤記）の宣教師として来日したウジェーヌ・エマニュエル・メルメ・ド・カション（Eugène-Emmanuel Mermet de Cachon）のこと。以後本文において「メルメ」と省略される。日本語に堪能だったことからフランス公使館の通訳も任された。

4　小笠原壱岐守は第七章注7の小笠原長行のこと。第八章で降格されたことが記されているが、すぐに老中に再任されている。阿部豊後守は、同じく老中の阿部正外（まさと）のこと。

5　明治維新後に海軍整備に努め、海軍卿も務めた川村純義のことか。一八五五年に長崎海軍伝習所一期生となっており、薩摩藩出身ということもあって、この時期の神戸港で薩摩の船に乗っていた可能性はある。

6 陸奥下手渡藩主で若年寄の立花種恭（たねゆき）のこと。
7 肥後熊本藩細川家のこと。細川藩と呼ばれることもある。
8 丹後宮津藩主の老中・松平宗秀のこと。
9 日本語には、英語にある「the」や「a」と言った冠詞がない、ということを言わんとしている。これらの表現のニュアンスを日本語に訳すと、「the treaties are sanctioned」は「それらの条約は承認された」で、「treaties are sanctioned」は「条約は承認された」となる。

第十四章

1 当時の外務大臣だった、クラレンドン伯爵（Earl of Clarendon）のこと。
2 前装（先込め）式の銃に、銃口・砲身から銃弾を込めるために使用された棒のこと。
3 石橋とは、オランダ通詞の石橋政方のこと。
4 原文では His Majesty。
5 原文では Highness。

第十五章

1 吐噶喇（とから）列島のこと。十六世紀から十七世紀初頭のオランダのアジア貿易に携わった、ヤン・ハイフェン・ファン・リンスホーテン（Jan Huyghen van Linschoten）にちなむ。
2 井関盛艮（もりとめ）のこと。幕末維新期の宇和島藩士で、明治維新後は神奈川、名古屋、島根の知事、権・県令を務めた後に実業家に転じた。
3 島津図書は薩摩藩主島津家一門で、幕末維新期に家老を務めた島津久治のこと。新納刑部は同時期の家老・新納中三のこと。島津伊勢は家老の諏訪甚六。
4 このときの伊予宇和島藩主は伊達宗徳（むねえ）。本文中で「旧領主」「隠居」として出てくる人物は先代藩主で宗徳の養父である伊達宗城（むねなり）のことである。宗城は幕末期から賢君として評判が高く、

5　王政復古後もしばらく新政府で重用された。

6　明治維新後に安保（あぼ）清康と改名し、明治期の海軍発展に寄与した。

7　原文ではInouye Shinzaemonとなっているが、当時の薩摩の海軍関係者には井上新右衛門という人物がいた。新左衛門はサトウの誤記か。

8　幕末維新期に薩摩藩士として活動した人物で、諱は小松清廉（きよかど）。新政府でも重用されたが、一八七〇年に病没した。

9　幕末の薩摩藩士・吉井友実（ともざね）のこと。明治維新後は十年ほど政府の官職を歴任した後、一八八二年から一八八六年まで日本鉄道会社社長を務め、その後は一八九一年に亡くなるまで宮内次官や枢密顧問官となった。

10　備中松山藩主で老中首座の板倉勝静（かつきよ）のこと。以降は伊賀守とも記される。

一橋慶喜の弟の徳川昭武のこと。第十四代将軍徳川家茂の死後に水戸徳川家から清水徳川家に招かれて家督を相続し、一八六七年行われたパリ万国博覧会に幕府が派遣した一団の代表も務めた。ヨーロッパ諸国を歴訪し、パリで留学生活を送ったが、大政奉還後に生家の水戸徳川家を継ぐため帰国した。

第十六章

1　当時の英語圏で使用されていた距離の単位で、一リーグは三マイル（約四・八キロ）に相当する。

2　いずれも会津藩士。河原は戊辰戦争で会津にて戦死。他の三名は戊辰戦争後、斗南藩知藩事となった松平容大（容保の子）に従い、当地に移住した。

3　イギリスが幕府と対立していた薩長を支持したこと、そしてその過程で幕府を支持していた会津と敵対関係になったことを指しているのだと思われる。実際にはイギリス政府は幕末の政変に対して厳正中立を保ち、どちらかの勢力に肩入れすることを避けたのだが、サトウはイギリス政府は薩長を支持していたと考えていたようで、そしてそのことが会津側の心証を害したのではないかと心配したのかもしれない。

第十七章

1 当時江戸にあった料亭、万清楼のこと。

2 原文ではEothen。一八四四年に出版されたアレクサンダー・ウィリアム・キングレーク（Alexander William Kinglake）による中東旅行記で、出版当時イギリスにおいて人気があった。

3 幕末期に外国奉行として政局に関与した川勝広道のこと。明治維新後は大阪兵学寮の校長も務めた。

第十八章

1 正確には、『大君の都（The Capital of the Tycoon）』。

2 当時イギリスにあった出版社John Murray（ジョン・マレー）のこと。マレーの旅行者用ハンドブック（Murray's Handbooks for Travellers）というシリーズで有名だった。

3 桐のこと。

4 近江膳所藩主の本多康穣（やすしげ）のこと。

5 現在の滋賀県野洲市にある三上山のこと。藤原秀郷が大百足を退治したという伝承があり、そのため「百足山」とも呼ばれる。

6 中世西洋の城砦が一般的に、城壁の内側に備えていた塔のような建造物のこと。有事の際の最後の砦として設けられ、平時には住居として使用されることも多かった。キープとも呼ばれる。ここでは天守のことを指す。

7 遠江浜松藩主の井上正直のこと。

8 「セイシ」とは先触れを出す役人のことで、民衆の往来を制止させることが役目だったため、サトウはそれを職名と勘違いしたのだと思われる。

第十九章

1　幕末期の旗本、小出秀実（ほずみ）のこと。
2　白石千別（ちわき）のこと。神奈川奉行、外国奉行を歴任したのち、このときには新潟奉行を務めていた。維新後は新聞編集者に転じた。

第二十章

1　井伊直憲（なおのり）のこと。直弼の子。
2　塚原但馬守は、旗本の塚原昌義のこと。ペリー来航後に外交業務担当に抜擢され、大政奉還の前には外国総奉行や若年寄も務めた人物だった。鳥羽・伏見の戦いの後にアメリカに亡命し、一八七〇年に帰国。その後しばらくして新政府に出仕し、一八八二年まで要職を歴任したが、没年は不明である。
3　高畠五郎は蘭学者で、当時は幕府に出仕していた。米田桂次郎は、別名長野桂次郎もしくは立石斧次郎。幕末期は旗本の身分で、オランダ語や英語の通詞として勤めた。明治維新後はしばらく金沢で教師として働いた後、新政府に出仕した。
4　幕臣の平山敬忠（よしただ）のこと。明治期には神道家として活動し、平山省斎（せいさい）という号でも知られる。

第二十一章

1　原文では shiro-in。白書院（しろしょいん）のことか。
2　肥前佐賀藩の第十代藩主であった鍋島直正のこと（このときにはすでに隠居）。佐賀藩主は松平姓を下賜されたので、このときには松平閑叟と紹介されたのだと思われる。
3　この書簡の日本語原本は、『大西郷全集』第一巻（大西郷全集刊行会、一九二六年）八八〇―八九二頁などに収められている。本文に記載されているサトウの記述は原史料と内容が一致しない部分もある。例えば、本文中でサトウは、西郷が本来「土佐」とするべきところを「長崎」と誤って記していると注記しているが、原史料を見ると該当する箇所は「土州」となっている。原文は以下のとおり。

昨朝二ツ時分着坂仕英人ノ旅宿相尋候処当春参居候節罷在候寺エ宿イタシ居候趣相分候付早速薩道（サトウ）エ懸合イタシ今日何時ニ参候テ可宜哉尋遣候処七時ニ可参旨申来候付右刻限差越候処只今寝覚候処ニテ御座候故二階エ伴行候付ミニストル着坂ノ段御承知被遊態ト使者ヲ以テ時候安否御尋トシテ被差遣候段一ト通挨拶申入候処今日ハ本国エ飛脚差立候付十時迄ニ相仕舞十一時半頃ヨリ登城ノ由承候付格別要事有之儀ニテハ無之只着坂ノ祝儀旁見舞ノ為ニ参候事故多忙中却テ煩敷候間面会ハ不致候付宜敷ミニストルエ申入呉候様申述候処ミニストルニハ是非面会イタシ度候得共至極取込居候間今日ハ御断可申入トノ事ニ御座候今両三日ハ滞坂ノツモリト申聞候処是非逢度トノ事ニ御座候間両三日中ニハ面会可致モ不被計候来月二日ニハ爰許出帆イタシ江戸ノ様罷帰ツモリト被相聞申候扨薩道（サトウ）エ逢取見候処全已前通ノ訳ニテ格別何モ相替候向トハ相見得不申依然タル次第ニテ柴山ノ疑惑トハ大ニ違ヒ申候故先日ヨリ御話申上居候通大坂商社仏人ト取結大ニ利ヲ計候趣委敷申聞仏人ノツカワレモノト御話ノ通急掛些腹ヲ立サセテ見度ツモリニ御座候故仏ニ憤激イタシ候様説込候処大ニ能ク参リ思ヒ通ニ為被発候処段々意底ヲ咄出シ申候間左ノ通御座候

一　仏人ヨリ日本の形勢ヲ論ジ試度申掛候付随分議論イタシ度薩道（サトウ）ヨリ返答ニ及申候処仏人中ニハイヅレ日本モ西洋各国ノ通政府一般ノモノニ相成大名ノ威権ヲ不除候テハ不相済候付第一長薩ノ二国ヲ打亡シ度候付倶ニ打平候方宜敷ハ有之間敷哉ト申掛タルヨシ其節薩道（サトウ）ヨリ相答候ニハ先度ノ再討ノ次第ヲ以可見纔ノ長州一国サヘ打テザル政府ニテ諸大名ノ権ヲ除抔ト申儀ハ顕然不相叶事ニ御座候左様ノ弱キモノヲ如何シテ助ラル、モノニ候哉ト申述候処一言モナクソレナリ論ハ不出来ト相咄居申候右等ノ論ヲ公然ト仕出ス事候間必政府ヲ相助候テ諸侯ヲ打ノ策ヲ廻シ候儀ハ相違無之両三年ノ内金ヲ集メ機械ヲ備仏ノ応援ヲ頼ミ戦ヲ始メ候所存ト被相伺申候間其節ハ必仏モ軍兵ヲ発シ応援可致候間イヅレ相対スル所ノ大国ヲ応援ニ不備置候テハ危キ事ニ成行候ハン其節ハ英国ニオヒテ同シク軍兵ヲ押出シ守護可致ト申触レ候ヘバ仏ノ援兵ハ決テ動カシ候儀ハ不相叶候間前以能々相結候処肝要ト相咄事ニ御座候第一英国ノ所存ハ日本国王政柄ヲ握ラセラレ其下ニ諸侯ヲ置テ国体ノ立方英国ニヒトシキ制度ニ相成候儀専一ニ願居候訳ニテ此度モ英国王ヨリ日本国王エノ書翰ヲ幕府エ差出候由右ハ全体先帝崩御ノ儀承候テ御悔状差出候趣ト相聞レ申候是モイヅレ帝王エ幕府ヨリ被差上右ノ御返輸無之候テハ不相済事候ヘ共イマダ返輸モ無之ト申居候夫程日本皇帝ノ処主張イタシ候得共京都ニテハ其思召ハ更ニ無之京地ニ異人ヲ入レ候テハ汚レ候抔トノ説ノミノヨシ右等ノモノニテハ不相済候付万国エ被対確乎タル政体ヲ以交際ノ処モ普通ノモノニ不相成候テハ相済間敷ト申居候何ゾ英国エ御相談被成度儀モ御座候ハヾ承知イタシ度ト申掛応援相頼候ハヾ引受可申トノ口気ニテ御座候故日本政体変革ノ処ハイヅレ共我々尽力可致筋ニテ外国ノ人ニ対シ面皮モナキ訳ト返答イタシ置申候。

一　仏人横浜ニオヒテモ利ヲ貪リ自分勝手ニ取組候始末一円不承知ト相聞レ申候全英国ハ商法ヲ以相立候国柄ニテ此商法ノ妨ヲイタシ候儀ハドコ迄モ不承知ト至極憤激ノ体ニ御座候

一　長崎ニオヒテ英人船頭ヲ両人殺シ候モノ有之イマダ相手不相知候由全土州人ノ仕業ト申触シ候趣ニ被相聞申候余程土州人ヲ悪シク申含候向ニ被相聞申候薩道（サトウ）抔越前ヨリ陸行ノ節モ伏見辺エ土州人待伏居候抔其外京師ニテ乱妨イタス抔シ又ハ博徒ヲ集候抔トノ説余程言込候向ニ被相聞申候長崎ノ異人殺シ土州人共ニテ御座候ト大ニ害ヲ成ス事ト苦察イタシ居申候

一　越前エ参候節ハ誰人モ出迎無之田舎ニテハ郡奉行抔出会イタシタル由御座候ヘ共城下ニテハ全誰モ不出候テ酒肴抔ノ馳走ハ余程イタシ候由薩道（サトウ）不合点ト相見得居申候

右ノ通要用迄荒々如此御座候明日ハ十時ヨリ薩道（サトウ）此方エ参トノ事ニ御座候間尚又咄モ可有之ト相考居申候今両三日ハ滞在可仕候間佐様御含可被下候至極薩道（サトウ）ノ口気ハ幕府ヲ罵居申候委敷義ハ御直話ト申残候恐々謹言

七月二十七日　　　　　　　　西郷吉之助

大久保一蔵様

4　原文 constitution (or national polity)。この単語は「憲法」と訳されることが圧倒的に多いが、本来は「組織・体系」といった意味が根本にあり、「国家体系の根本にかかわる法律」の意から憲法という意味に転じたという経緯がある。この文脈では、constitution という単語の後にかっこ書きで「または国の政治体制」と記されているので、憲法のことではなく国の政治体制について議論したのだと考えられる。

5　サトウのこと。
6　紀淡海峡のこと。
7　原文 tongue-officer の直訳。
8　このときの阿波徳島藩の藩主は蜂須賀斉裕（なりひろ）で、息子の淡路守というのは蜂須賀茂韶（もちあき）のことである。斉裕は鳥羽・伏見の戦いの最中に急死したため、廃藩置県が実行されるまで茂韶が最後の徳島藩主を務めた。以後はイギリスに留学したあと、駐フランス公使となり、その後東京府知事、貴族院議長、文部大臣を務めた。
9　実際の曲名は「三人片輪」。

第二十二章

1　戸川は、戸川安愛のこと。名前の読みは、「やすちか」もしくは「やすなる」。このときの戸川の役職が大目付だったので、本文に記載されている「戸川と大目付がやってきた」という表記はサトウの誤りか。
2　原文 constitution。前章注4で述べたとおり、この単語は「憲法」と訳されることが圧倒的に多いが、本来この単語は「組織・体系」といった意味が根本にある。そのため、このとき後藤が述べたのは「イングランドのものを基にした国家体系を日本に確立する」ことである可能性がある。「憲法」とすると法律としてのイメージに限定されやすいので、本書では「コンスティテューション」と記す。
3　以前松根と伊予守のあいだでこのような話題が挙がったのだということを言いたいのだと思われる。
4　フランスの皇帝ナポレオン三世がルクセンブルクを購入しようとしたことを発端に起こった外交危機。ヨーロッパ列強の干渉の結果、一八六七年にルクセンブルクの中立を確約するロンドン条約が締結された。
5　原文では Shooeyleen で、土佐の藩船夕顔丸のこと。土佐藩に購入される前はこの名前で呼ばれていた。
6　幕末に薩摩藩士として活動し、明治維新後にも要職を歴任した岩下方平（まさひら）のこと。パリでの万国博覧会には、第十五章に登場した民部大輔（徳川昭武）以下の代表団が幕府から派遣されたが、薩摩藩もそれとは別に「日本薩摩琉球国太守政府」として代表団を派遣していた。

7　修理大夫とは、薩摩藩主の島津忠義のことで、以前の章で登場した島津久光（本文では三郎および大隅守とも表記される）の息子。島津図書は忠義の弟の島津久治のことで、「前領主であった薩摩守」とは島津斉彬のことである。

8　今井栄は幕末の久留米藩士、ナガタチューヘイは不明、田中久重（ひさしげ）は幕末維新期の発明家である。恐らくサトウは「久重」という名前を音読みして「タナカコノエ」という名前だと思ったのでは。

9　明治期に要職を歴任した、長岡護美（もりよし）のこと。熊本藩主細川斉護の六男で、細川良之助とは幼名。子供のころに喜連川藩に養子に出されたが、幕末期には実家に戻っていた。

第二十三章

1　兵庫奉行の石川利政のこと。

2　註釈にあるJ・H・ガビンズの著書とは、ジョン・ハリントン・ガビンズ（John Harington Gubbins）著、*The Progress of Japan, 1853-1871*（Clarendon Press 社より一九一一年出版、邦訳なし）のこと。

3　縫頭とは縫殿頭（ぬいどのかみ）のことで、三河奥殿藩主の松平乗謨（のりかた）のことを指す。このときにはまだ幕府の要職についていたが、戊辰戦争の際に新政府に協力したため新政府でも官職や貴族院議員を務めた。明治維新後は大給恒（おぎゅうゆずる）と名乗り、日本赤十字社の前身である博愛社の設立に貢献した人物としても知られる。兵部大輔は、安房館山藩主の稲葉正巳のことで、この時期は老中格であると同時に陸軍奉行と海軍総裁も務めた。

4　長州藩主の毛利敬親のこと。

5　幕末維新期に外交において活躍した中井弘のこと。一八八四年から滋賀県令、貴族院議員、錦鶏間祗候、京都府知事を歴任した。

6　稲葉兵部大輔と松平縫頭は、先述の稲葉正巳と松平乗謨のこと。永井肥前守は美濃加納藩主の永井尚服（なおこと）のこと（彼の官職も肥前守だが、本文の他の部分で「肥前」と表記されている場合は彼のことではなく、肥前佐賀藩を指す）。川勝備後守は、戊辰戦争の際に若年寄を務めた川勝広運（ひろかず）

のこと（広一と表記されることも）。広運は第十七章で登場した川勝広道の本家筋にあたる。

7 毛利元功（もといさ）のこと。周防徳山藩主の毛利元蕃（もとみつ）の養嗣子で、長州藩主の家系の分家筋にあたる。

8 旗本の糟屋義明のこと。当時は外国奉行並であり、新潟奉行も兼任していた。

9 長州藩家老で、藩主の家系の分家筋となる右田毛利家当主の毛利親信のこと。

10 旗本の永井尚志（なおゆき）のこと。名前は「なおむね」と読む史料もある。幕臣として新政府に抵抗、箱館で降伏し入獄したが、一八七二年赦免後新政府に出仕した。

第二十四章

1 第十一代将軍徳川家斉の享年は、実際には六十九。二条関白とは、二条斉敬（なりゆき）のこと。徳川家斉の甥であるという記述は誤りで、徳川期の二条家当主が代々将軍からの偏諱を受けていたことをサトウが誤解したのだと思われる。また、王政復古が宣言された際に関白職も廃止されたので、サトウが記述している噂のように近衛家もしくは九条家の者が関白になったという事実はない。

2 上総大多喜藩主で若年寄の松平正質のこと。鳥羽・伏見の戦いで旧幕府軍を率いたものの、敗れてからは新政府に恭順した。版籍奉還後は大河内正質と名前を改め、兵部省・宮内省・陸軍省に出仕した。その後、麴町区長や貴族院議員も務める。

3 いずれも幕末から明治初期にかけて活動した皇族・公卿。有栖川宮熾仁（たるひと）親王（王政復古により新政府の総裁を務め、戊辰戦争では東征大総督。以後も様々な形で新政府や陸軍に関与し続けた）、山階宮晃親王、正親町三条実愛（おおぎまちさんじょうさねなる）（維新後には嵯峨と改姓する）、岩倉具視のこと。正親町三条と岩倉は、実際には総裁ではなく議定であった。

4 公卿の大原重徳（しげとみ）のこと。

5 この文章は原文ママ。このとき伊藤博文は大坂にはおらず、ここで出てくる「伊藤」が別人なのか、それともサトウの誤記なのかは不明。

6　常陸笠間藩主の牧野貞明のこと。別名貞利。明治期になってまもなく隠居し、貞直と名を改めた。鳥羽・伏見の戦いのときの官職は越中守で、備中守というのはサトウの誤記。大垣は美濃大垣藩主の戸田氏共（うじたか）のこと。鳥羽・伏見の戦いで敗れてから新政府に恭順の意を表明して新政府軍に加わった。版籍奉還後は大垣藩知事、文部省御用掛、オーストリア・ハンガリー公使などを務めたのち宮内省に出仕。一九三六年まで生きた（享年八十三）長命な人物だった。

7　旗本で目付の妻木頼矩（よりのり）のこと。

8　黒田嘉右衛門（清綱）のことか。

9　尾張と越前は以後も本文でたびたび登場するが、それぞれ当時尾張藩主だった徳川慶勝と、越前福井藩の前藩主であった松平春嶽（慶永）のことである。

第二十五章

1　旗本で若年寄及び陸軍奉行を務めた竹中重固のこと。戊辰戦争では終盤まで新政府軍に抵抗したが、箱館戦争終結前に投降し、明治期には北海道の殖産事業に携わった。

2　郡山は大和郡山藩のことで、九州の大名というのはサトウの誤記。

第二十六章

1　仁和寺宮嘉彰親王のこと。一八七〇年に宮号を東伏見宮に、一八八二年に小松宮に改める。明治初期を通じて様々な形で新政府や陸軍に携わった。

2　幕末長州藩で奇兵隊の参謀として活躍した片野十郎のこと。山本保助の変名も用いた。戊辰戦争にも参加し、明治維新後は交野瑜（かたのさとる）と改名。東京府に勤めたのち陸軍将校となった。

3　この書簡の原文は、太政官編『復古記』第一冊（内外書籍、一九三〇年）、五〇七頁二百七十二に残されている。その内容は：

日本国天皇、告各国帝王及其臣人、嚮者将軍徳川慶喜請帰政権、制允之、内外政事親裁之、乃曰、従前条約雖用大君名称、自今而後当換以天皇称、而各国交際之職、専命有司等、各国公使諒知斯旨。
慶応四年
戊辰正月十日　睦仁　大日本国璽

4 幕臣の向山黄村のこと。一八六六年に幕府によって初代駐フランス公使に任命され、パリ万国博覧会の幕府代表団に随行する形でフランスに渡った。

5 当時のイギリス外務大臣。一八六九年以降は、生家の爵位を継いでダービー伯爵（Earl of Derby）となるが、それまではスタンレー卿（Lord Stanley）という儀礼称号で呼ばれていた。

6 原文では、As modern slang would have it, this was giving away the whole show となっている。this was giving away the whole show というのは、二十世紀に入ってから使われるようになった言いまわしなのだと思われ、そのためサトウは「最近の言いまわしでいうならば」と言っているのであろう（この本は、一九二一年に出版された）。

7 国際法には、ある地域において発生した戦争・内戦に対して第三国が中立を宣言した場合、その国が交戦勢力に加担することを禁じる原則がある。サトウが言わんとしているのは、その原則を踏まえたもので、諸外国が日本の内戦に中立を宣言すれば、幕府軍に兵器・軍艦を供与することができなくなるので、ぜひそれを促すべきだということである。

第二十七章

1 一八六七年に薩摩藩が購入した、春日丸のこと。もともと清国がイギリスに注文した船で、当初はKeangsoo（漢字表記では江蘇号）と命名されていた。最終的には清国が受け取りを拒否したため、代わりに薩摩藩が購入し、そのときに春日丸と改名された。維新後は新政府に譲渡された。

第二十八章

2 原文は二百四十五マイルだが、誤記と思われる。

1 原文は best man で花婿の付添人の意。
2 維新後に参与となり、大阪裁判所総督などを務めた公卿・醍醐忠順（ただおき）のこと。

第二十九章

1 討幕派の公卿で、維新後要職を歴任した長谷信篤のこと。姓の読みは「ながたに」が正しいが、長谷という漢字表記を見てサトウが「はせ」だと判断したのだと思われる。
2 この辞世の句は『殉難後草拾遺』に残されており、国立国会図書館デジタルコレクションでオンライン閲覧できる。コマ番号四六から四八。

風に散る露となる身はいとはねど　こころにかかる国のゆくすゑ
我もまた神の御国の種なれば　なをいさぎよき　けふの思ひ出
皇国の御為となりて　身命を捨つるいまはの　胸の涼しき
かけまくも　君の御為と一すぢに　思ひまよはぬ　敷島のみち
塵泥（ちりひぢ）のよしかかるとも　武士（もののふ）の　そこのこころは　くむ人ぞくむ
人こころ曇りがちなる世の中に　きよきこころの　みちひらきせん
身命はかくなるものとうちすてて　とどめほしきは名のみなりけり
時ありて咲ちるとてもさくら花　なにかおしまん　やまとたましゐ
魂をここにとどめて日の本の　たけきこころを四方（よも）に示さむ

3 討幕派の公卿、中御門経之の三男で、一八六八年にイギリスの海軍を視察しに派遣された中御門経隆のこと。

第三十章

1 Lord Redesdale, *Memoirs* 全二巻（Hutchinson 社より一九一五年出版）のこと。一九一五年にはリーズデイル男爵となっていたミットフォードの回顧録だが、日本に関連する部分は『英国外交官の見た幕末維

新　リーズデイル卿回想録』長岡祥三訳（講談社学術文庫、一九九八年）として翻訳されている。本文で言及されている箇所については、訳書の一五七―一五八頁を参照。

2　公卿の徳大寺実則（さねつね）のこと。明治期には宮中で長く出仕した人物である。

3　原文は、『日本外交文書』第一巻第一冊、四六九頁及び四九八頁に以下のように記録されている。「貴国帝王安全ナルヤ朕之ヲ喜悦ス自今両国之交際益親睦永久不変ヲ希望ス……（中略）去ル三十日貴公使参朝途中不慮之儀出来礼式延引遺憾之至ニ候今日改テ参朝満足ニ存候」

4　この謁見に関する日本側の記録も、『日本外交文書』第一巻第一冊、四九八―四九九頁に残っている。英語原文は以下のとおり。

Sire,

Her Majesty the Queen is in the enjoyment of good health. I shall have great pleasure in reporting to my government Your Majesty's inquiries and assurances of friendship. The condition of the foreign relations of a state must ever be dependent upon its internal stability and progress, and Your Majesty is taking the best measures to place the foreign relations of Japan upon a permanent footing by establishing a strong general government throughout Your Majesty's dominions, and by adopting the system of international law universally recognized by other states. I am deeply sensible of the manner in which Your Majesty has been pleased to notice the attack made upon me on the 23rd instant, and I appreciate the exertions of Your Majesty's ministers on that unfortunate occasion. The memory of it will be effaced by the gracious reception which Your Majesty has given me this day.

第三十一章

1　幕臣。阿部正弘により目付兼海防掛として登用された。安政の大獄で幕政から追われたが、文久元年に復職し、蕃書調所頭取、外国奉行などを務める。明治元年に会計総裁、若年寄となり、新政府では静岡県知事、東京府知事、元老院議官等を歴任した。

2 原文Prairie Book。恐らくこの場で大隈は「祈禱書」を意味するPrayer Book(プレイヤー・ブック)と言ったのだと思われるが、その発音がひどかったことを皮肉っているのであろう。なおこの大隈八太郎とは、明治・大正期に政治・行政・教育・経済において幅広く活躍した、大隈重信のことである。

第三十二章

1 徳川慶喜の後に徳川宗家の当主となった、徳川家達(いえさと)の幼名。

2 輪王寺宮能久親王のこと。戊辰戦争中は奥羽越列藩同盟の中に身を置いたが、敗戦後は生家である伏見宮家に戻り、一八七二年に北白川宮家を相続した。明治期は主に陸軍に携わった。

3 原文はToda。文脈上、大垣藩戸田氏ではなく土佐が正しいと思われる。

4 幕臣の水野良之のこと。神奈川奉行や外国奉行を歴任した。

5 第二十六章注8で述べたとおり、国際法には、ある地域において発生した戦争・内戦に対して第三国が中立を宣言した場合、その国が交戦勢力に加担することを禁じる原則がある。そのため、中立国の国民が敵対勢力の戦力向上につながり得る物資を運び込んでいるとみなされる場合は、交戦勢力がそれを拿捕する権利がある。このときサトウは、「イギリスはすでに中立を宣言しているので、イギリスの商人が敵に物資を運び込んでいるのであれば、それを拿捕・没収する権利が官軍にあり、その結果損害を被ってもそれは商人たちの自己責任である」ということを言わんとしている。

6 箱館戦争に参加し、明治政府ではしばらく開拓使事業に従事した、清水谷公考(しみずだにきんなる)のこと。

7 戊辰戦争において旧幕府軍の海軍副総裁を務め、明治政府では外交官・大臣として政府要職についた榎本武揚のこと。

8 水野越前守は、天保の改革を主導したことで知られる水野忠邦のことであり、和泉守はその子、水野忠精

（ただきよ）のこと。

9　第二十二章で言及された長岡護美のこと。

第三十三章

1　万里小路道房（までのこうじみちふさ）のこと。幕末期に公家として官軍に従軍し、明治初期は新政府の官職を歴任。その後、貴族院議員として大正期まで活動し、昭和期まで生きた長命な人物だった。

2　雑用係のこと。

3　幕末期に薩摩藩士として倒幕活動に加わった人物で、維新後は桐野利秋と改名する。戊辰戦争後は陸軍に入るものの、明治六年の政変で下野。西南戦争で政府軍と戦い、戦死した。

4　薩摩に石神良策という人物がいたが、彼がシーボルトと日本人妻の娘と結婚したという事実は確認できておらず、サトウの勘違いである可能性が高い。シーボルトの日本人妻は、長崎の遊女楠本滝が有名だが、その娘楠本イネには娘高子（タダ子）がいたものの、生涯独身だった（高子がイネから知らされたことによると、師匠の石井宗謙に強姦されてできた娘だったという。その石井宗謙は一八六一年に亡くなっている）。シーボルトに滝以外の日本人妻がいた、あるいはイネに姉妹がいたということを示す史料は、現時点では確認されていない。

5　原文では mistura vini gallici。ブランデーにシナモン、砂糖、卵などを混ぜた飲み物で、当時は滋養強壮や薬用の酒としてよく飲まれていた。

6　町田久成のこと。一八六五年から六七年までイギリスに留学し、維新後は新政府の官職を得た。その経験を生かして一八六九年にイギリスの王子が来日したときの接待役を務め、博物館設立事業に積極的に関与し、明治期にウィーン、フィラデルフィア、シカゴで行われた万国博覧会の出展計画にもかかわった。

7　原文は Môri となっており、そのまま読めば「モーリ」となるが、毛利は当然長州であり、薩摩の若者ではない。町田と同じく一八六五年にイギリスに留学し、維新後は外交や教育事業に関与して文部大臣も務めた、森有礼のことで間違いないだろう。

8　山口尚芳のこと。幕末に佐賀藩士として活動し、維新後は新政府の官職についた。

第三十四章

1　トーマス・グラバーのこと。
2　オリバー・ゴールドスミス（Oliver Goldsmith）による小説 The Vicar of Wakefield（ザ・ビカー・オブ・ウェイクフィールド／ウェイクフィールドの牧師）の登場人物。
3　但馬出石藩主の仙石久利のこと。
4　筑後柳川藩士の池辺藤左衛門（節松［ふしまつ］）のこと。大政奉還後もしばらく藩政に携わり、その後新政府に出仕した。

第三十五章

1　主に幕末維新期に政局に関与した公家の中山忠能（ただやす）のこと。
2　新約聖書『マタイによる福音書』と『ルカによる福音書』の一節。
3　原文では Do not unto others as ye would not that others should do unto you。キリスト教の教えには Do unto others as you would have them do unto you という教えがあり、「おのれの欲するところを人にほどこせ」と訳されるが、サトウはこのことについて述べている。彼は、東洋の考え方とは真逆かもしれないが、キリスト教にはこのような教えがあるのだということを池辺に伝えたのである。

第三十六章

1　一八六五年に町田久成や森有礼などとイギリスに留学し、維新後は外交官として活動した鮫島尚信のこと。
2　紀州藩士伊達宗興のこと。
3　備前岡山藩主池田章政のこと。

4 幕末維新期に活動した公家、大原重実のこと。第二十四章に登場した重徳の子。

5 幕府が設置した、蕃書調所（ばんしょしらべしょ）という洋学校の教授を務めた人物。名前の読みは、本来は「たかひら」だが、「こうへい」と名乗ることもあったようである。

6 宇和島藩士都築温（あつし）のこと。

7 イギリス外務省の書簡庫・図書館司書を務めた、ルイスとエドワードのハーツレット親子（Lewis and Edward Hertslet）によって編集・刊行された、イギリスがそれまでさまざまな国と締結した条約を集めた資料のこと。

8 幕末期の備前岡山藩家老土倉正彦のこと。維新後にアメリカに留学したが、帰国後まもなく病没した。

訳者解説　「世界の果ての果て」の外交官たち

「幕末動乱期においては、フランス政府が徳川幕府を支持し、イギリス政府はそれに対抗する勢力を支持した」

幕末期における西洋列強の対日政策は、右のようなものであったと認識している人は非常に多い。日本と最初に条約を締結したのはアメリカだが、外交的な面で日本により積極的に関与したのは当時世界中に帝国を展開していたイギリスとフランスであり、一八六〇年代の日本において両国の利権争いが顕在化した。日本国内で対立する勢力を英仏両国がそれぞれ支援し、そして日本の政局もそれによって少なからず影響された、という見方である。

そしてこの通説は、本書『一外交官の見た明治維新』の内容と重なる部分も少なくない。この回顧録の中でアーネスト・サトウは、特に幕府とその対抗勢力の対立が激化した一八六〇年代中盤以降、西南諸藩が「我々（イギリス）と友好的な関係にあった」のに対し、「フランス公使館は我々とは逆に大君を支持していた」と主張している（本書第十五章）。そして、同様の理解に基づいた叙述は本書全体を通じて見受けられる。

本書の内容が、幕末日本の国際関係に関する通説と重なる部分が多い以上、その通説が確立した過程にサトウの回顧録が少なくともある程度は影響したと考えるのが自然であろう。「訳者まえがき」で述べたとおり、本書は一九二一年に刊行された後、戦前戦中の段階で和訳されている。第二次世界大戦前は、歴史研究者が政府関係省庁関連の公文書にアクセスする上での制限が現在よりも厳しかったため、研究者が過去の事件について考察する上で依拠できる史料も限られていた。そのため、それらの出来事に関与した人物の回顧録が貴重な史料とみなされ、その内容が通説の形成に影響を及ぼしたとしても不思議ではない。

近代史の当事者たちが語ることの信憑性を、研究者が本格的に再検討することができるようになったのは、第二次世界大戦後になってからだった。大戦後、世界各国において議会や内閣、政府関係省庁などが所蔵している公文書を公開する機運が生まれたのである。その流れの中で、幕末期の日本の当局者や、日本に赴任した諸外国の外交官や軍人、そして本国政府大臣及び関係省庁官僚らのあいだで交わされた書簡や報告書、訓令などに、研究者がより容易にアクセスできるようになった。その結果、今日までに膨大な数の先行研究が蓄積されることとなり、当時の日本がおかれていた国際環境についての理解が少なからず深まってきた。国際関係に関する通説についても、多種類の史料と照らし合わせて検証することが可能になったのである。

通説と本書の内容がかなり重なっている以上、通説が再検討されたということは、サトウの主張が批判的に検証されたと言うに等しいことでもある。だが、サトウの回顧録の周辺に少なからぬ先行研究が蓄積されていったという事実は、幕末日本の国際関係の研究における、本書の影響力の高さを物語っているとも言えるだろう。

本解説では、幕末日本の国際関係に関する通説がいかに（批判的に）検証されたか、これまでの研究蓄積を紹介したい。そのことによって、通説と重なる部分が多い本書『一外交官の見た明治維新』をより深く理解できる有用な視座を得られるだろう。

幕末日本の国際環境

すでに述べたとおり、第二次世界大戦前は日本だけでなく世界各国において公文書の公開体制が整っていなかった。そのため、過去の事件について考察するにあたり、それらの出来事に関与した人物の回顧録は史料として重宝されることが多かった。だが、回顧録とは本来さまざまな欠点を内包している史料である。[1] やはり、一つの出来事が起こってからしばらく経った後にそれを振り返ると、どうしても記憶違いはよく起こる。そうでなくても、出来事の背景にあったいくつもの要因のうち、ある部分を誇張し、逆に他の要因を過小評価したりと、正確でない叙述になってしまうことは多い。そのような問題があるため、その内容は簡単にはうのみにせず、他の史料と照らし合わせて確認しながら検証されるべきである。

本書の内容を検討するにあたっては、幕末期の日本の当局者や、日本に赴任したイギリスやフランスの外交官や軍人、そしてロンドンやパリの本国政府大臣及び関係省庁官僚らのあいだで交わされた書簡や報告書、訓令などの史料が非常に有用である。もちろん、当時の大臣や高級官僚、外交官たちも、さまざまな理由から自らの本音を隠すということは少なからずあっただろうから、これらの史料の内容が必ずしも真実を語っているという保証はない。ただ、それでも幕末当時に作成された史料は、少なくとも当時の政争の顚末を知った上で記されていないという意味で、見落とされがちな部分に光を当ててくれることが多い。明治期以後に書かれた回顧録は、ペリー来航以後の日本における政争は最終的に徳川幕府の瓦解と新政府樹立という結末を迎えたことを知った上で記されているため、どうしてもバイアスがかかってしまう。一八五〇年代から一八六〇年代を生きていた人々には当然そのような未来を予知する能力はなく、その上でさまざまな判断を下さなければならなかった。幕末期に作成された文書はそんな彼らの感覚を回顧録よりも率直に伝えてくれるのである。

幕末期日本の国際関係については、一九五〇年代から六〇年代にかけて石井孝氏と大塚武松氏らが日英仏三ヵ国の史料を幅広く調査してた研究を発表しており、特に石井氏の研究はこの分野における古典的名著として今なお評価が高い。[2] そしてその中で石井氏は、「幕末期にフランスは幕府を支持し、イギリスはその対抗勢力を支持して対立した」という通説は当時の両国の対日政策を単純化しすぎていると批判している。安政条約を締結した五ヵ国に横浜、長崎、箱館が開港された一八五九年当初、西洋諸国の日本における基盤は脆弱だった。日本での貿易の規模は極めて小さく、競争力にとぼしかった上に、数少ない西洋人商人は常に排外的な日本人による暴力行為の危険にさらされていた。そのため、日本に滞在していた外交官たちにはこの国から自分たちが追い出されてしまうのではないかという不安が常につきまとっていた。外交官たちのあいだには見解の違いもあったが、日本における足がかりを保つためには協力しなければならないという意識は強く、実際下関戦争のときには英仏米蘭四ヵ国が一緒に艦隊を動員している。また、イギリスは下関戦争の前には生麦事件を起こした薩摩藩に対して軍事行動も行っており、必ずしも西南雄藩に対して好意的だったわけではなかった。

一八六四年にロッシュが日本に到着すると、まもなく彼は幕府に接近し、また翌年パークスが着任したころからイギリス公使館員が西南雄藩と接触を始めた。そのため、このころからサトウの主張した、幕府と対抗勢力をそれぞれ支持した英仏対立の構図ができあがったように見えるかもしれないが、石井氏の研究はその認識も正確ではないということを指摘している。西南雄藩との接触を始めたパークスも、その目的はあくまで情報収集であり、支援は行わなかった。また、西南雄藩が日本の政局において看過しえない影響力を持ちはじめていたとはいえ、日本において政権を担っているのは依然幕府であり、幕府が日本の中で最も重要な勢力であるという認識はパークスの中では揺らいでいなかった。彼は、フランスがロッシュの主導の下で西洋諸国と幕府のあいだの取引を独占しようとしているのではないかと徐々に不信感を強めていくが、パークス自身も幕府の地位を疑うつもりはなかったという意味ではロッシュと同じだったのだから、両者の対立関係を過大に評価するべきではない、と石井氏は指摘する。そして、フランス政府も日本においてイギリスと決定的に対立するつもりはまったくなく、パークスとロッシュの相互不信が危険水域にまで到達した一八六七年五月には、フランス外務省はロッシュに対して過度にパークスの猜疑心をあおりかねないような方針をとることは控えるように訓令し、同年夏にこれが届いてからはロッシュもそれに従わざるを得なくなった。近年における幕末期日本の国際関係研究の第一人者である鵜飼政志氏も、幕末期に英仏が決定的な対立関係に陥ってはいなかったと主張している。[3] 石井氏、鵜飼氏、大塚氏らの研究は、幕末期の日本における政争が日本国内にいた西洋人の存在や行動によってどう影響されたのか、という点に主眼が置かれているが、この分野においては英文の研究も多く発表されている。十九世紀の大臣、高級官僚、外交官、軍人らの公人らは、公文書だけでなく私的な手紙を通じて同僚や上司、部下らと政策・方針に関する意見交換を行うことも多かった(「私文書」と呼ばれ、その性質は「半公信」といえるものである)が、幕末政治外交史の分野で外国の公人の私文書に注目している日本の研究者は数が少ない。[4] 英文の研究は、日本語の研究であまり使用されていないこれらの史料を駆使して、西洋諸国の対日方針が決定・実行された詳しい過程や背景を深く掘り下げることに重点を置き、日本語の研究とは異なる視座を提供している。二〇一六年には、英仏両国の公文書・私文書の幅広い史料調査に基づいたスコット・ギルフィラン氏による研究が発表された。[5]

そしてそれらはいずれも、イギリスやフランスの対日政策を理解する上で最も重要なこととして、当時の両国政府にとって日本は「世界の果ての果て」にある地域であり、重要な利権だと思われていなかったことを強調する。西洋諸国は他に優先しなければいけない内政や外交的課題がたくさんあり、日本に多くの関心や予算を割くことは難しく、日本に対して行使できる影響力は非常に限られていた。そのような状況下で日本に赴任していた外交官たちが自国の利益を追求するためには、他の国と協力して事にあたることが不可欠であり、対立関係に陥るわけにはいかなかった。また、行使できる影響力や軍事力が少ない状況で日本の内乱に首を突っ込むという行為は危険極まりないことでもあり、英仏両国の政府は日本駐在の外交官たちに、日本の内政には干渉しないよう厳命している。彼らもまた、日本語の研究とは違う視点から、「幕末期にフランスは幕府を支持し、イギリスはそれに対抗する勢力を支持した」という通説には根拠がないということを実証したのである。

以上のことを踏まえた上で、本書でサトウが語っている内容を検証していこう。[6]

幕末期の英仏対日方針の背景

十九世紀は、ヨーロッパにルーツを持つ西洋人の非西洋世界への進出が、それ以前よりはるかに活発になった世紀であった。単に人的・経済的交流が促進されただけでなく、文化・思想・知識・技術、あるいは内政及び外交に関する法制度や組織などが、かつてない勢いで非西洋世界へと広がっていったのである。そしてその結果、西洋人と非西洋人との交流のあり方も、十八世紀以前のものと同じではいられなかった。西洋人の世界進出が進む中、多くの場合その旗手を務めたのは、当時世界屈指の海洋大国・経済大国であったイギリスであり、その流れが東アジアに到達したときにも重要な役割を果たした。[7]

十九世紀のイギリスの世界進出を促した大きな要因の一つは、「自由貿易（フリー・トレード）」という概念である。[8]これは、それ以前に商業の形として一般的であった重商主義に対する批判として提唱されたもので、一八三〇年代ごろにはイギリス社会全般において広く浸透していた。貿易を勅許会社だけが独占している状況を改め、国民誰もが富を増やす機会を得られるように政府は最大限努力すべきであるという考え方である。十八世紀末から欧米で産業革命が始まったこともあり、一八三〇年ごろには、特許会社に所属せずに活動するイギリス人商人はかなりの数に上っていた。そしてこの流れの中で、中国における貿易の自由化を促すべきであるという声が、イギリス国内で強まっていくことになる。東インド会社による中国貿易独占権は一八三三年に廃止されるが、中国現地における貿易管理体制も問題視された。当時西洋の商人は広東（現在の広州）以外の港で貿易することは認められておらず、しかも取引は「公行」と呼ばれた中国側の仲買商を通じて行わなければならなかった。このような規制は自由な貿易の促進を阻害していると不満が募るようになり、イギリスの外交担当者も中国清王朝の当局者に対して規制の緩和を求めるようになっていく。[9]

もっとも、その目的を達成する上で戦争や領土獲得といった手段には極力頼りたくないという思いは、イギリス政府内の政策決定担当者たちのあいだでは強く共有されていた。十九世紀になって国外に進出していくイギリス人の数が増えていったとはいえ、ヨーロッパやアメリカ大陸、インドなどへと向かった人と比べると東アジアへと出ていった人の数ははるかに少なかった。したがってこの地域に対するイギリス本国政府の関心は弱く、イギリス政府の人員、予算、物資が優先的に投下されたのは、東アジア以外の地域だったのである。主に十九世紀東アジア史に関連する英文の著書・論文の多くで強調されているように、イギリスをはじめとする西洋諸国にとって東アジアが重要な地域だとみなされていなかったという点こそが、西洋諸国の対東アジア方針が決定・実行される過程に最も強く影響した要因だった。関心が低かったがゆえにこの地域に対して行使できる影響力には多くの制限がつきまとい、その中で少なからぬ予算や人員、物資が必要となる軍事行動や領土獲得などの行動をとることは難しかったのである。

また、東アジアでの軍事行動や領土獲得に伴うリスクも無視できなかった。戦争とは、ひとたび始まればどのように展開するか予想することが非常に難しいもので、また仮に勝利できたとしても、その過程で戦争が長期化して多くの資源・人命が失われるという危険を常にはらんでいる。また、それまで敵対関係になかった国に対して戦争をしかけるという決断は、どれだけ政権が正当化したところで、国内でまったく無批判に受け入れられるということはありえない。ましてやイギリスは議会内閣制の国であり、政府の最高責任者である大臣たちは選挙で選ばれた政治家である。戦争を決行することは、野党が政権を批判する格好のネタを提供することにほかならず、それに影響された世論の支持が与党から離れれば彼らの基盤が揺らいでしまう。インドのようにイギリスにとって重要な地域における利権を守るためであれば、このようなコストやリスクをおして戦争や領土獲得といった手段に踏み切ってもいいと思えたかもしれない。だが、東アジアはイギリス政府にとってそのような重要性を見出せず、アフリカのように本国とインドのあいだにあった帝国交通の要衝というわけでもない「世界の端っこ」であり、リスクやコストに見合う見返りが得られるとは思われていなかった。

だがそれにもかかわらず、最終的に中国においては、戦争を通じて自由貿易主義に基づく交流の体制を確立させた。イギリス国内で自由貿易主義が浸透したことから、重要ではない東アジアであっても貿易に関する規制の緩和を求める声が強まっており、イギリス政府もこれを無視できなかったのである。そして、中国から遠く離れたイギリスにおいて貿易に対する考え方が変化していることを清朝の当局者は当然察知できず、また当時インドからもたらされていたアヘンが中国で社会問題を起こしていたこともあり、規制緩和には及び腰だった。このすれ違いが清朝側と中国在住のイギリス人の相互不信を強め、一八三九年に清朝がアヘン貿易の本格的な取り締まりを決行したことをきっかけに爆発した。東アジアには一八六〇年代末まで電報が通っておらず、それ以前は片道二ヵ月半の船便を通じてやり取りするしかなかった。通信に半年近い時間がかかる状況下では、本国政府は出先の外交官に基本的な方向性を示しつつも、ある程度彼らの裁量にゆだねなければ外交がなりたたなかったのだが、その分出先の外交官や艦隊司令官に対する統制が緩むことも多く、そしてこのときには彼らが問題を悪化させてしまった。

出先の公人たちが衝突のきっかけを作る中、イギリス本国ではホイッグ党（のちの自由党）政権外務大臣のパーマストン子爵が、この機に清朝に対して強硬な態度を示すことで自身が自由貿易主義の熱心な推進者であることを国内に喧伝できると考え、一八四〇年に政府はアヘン戦争へと踏み切った。これに勝利したイギリスは、講和条約として一八四二年に締結された南京条約を通じて、広東以外にも福州、厦門、寧波、上海において公行を介さない形で貿易を行うことを許可され、また香港を自国の領土として獲得した。また、翌年には英清両国のあいだで虎門寨条約が締結され、追加でいくつかの権益を獲得した。条約港における貿易には英清両国の協議のうえで合意された関税を課すること（協定関税）、中国在住のイギリス人はイギリスの領事裁判権の下に置かれ、訴訟問題が発生した場合には清朝の法制度ではなく現地のイギリス領事館に設けられた裁判所によって裁かれること（領事裁判権）、そして、今後清朝がイギリスに与えていない権利を他国に与えた場合はイギリスもそれを享受する権利を有すること（最恵国待遇）が定められた。一八四四年にはフランスとアメリカも清朝と条約を締結し、条約港において自由に貿易をすることができるようになり、協定関税、領事裁判権、最恵国待遇などの権利も享受した。[10]

　アヘン戦争は、最終的にはイギリス本国政府も政治的判断から開戦を後押ししたので、中国在住のイギリス人が事態を収拾不可能なところまで悪化させ、政府が渋々それを承認せざるを得なくなった、という説明で収まるほどその開戦過程は単純ではない。だがそれでも、やはりそのきっかけを作ったのは中国在住のイギリス人であり、本国政府ではなかった。そして、この戦争に伴ったさまざまな苦難もまた、政府にとっては好ましいものではなかった。中国社会に大きな悪影響を及ぼしていたアヘンの貿易が直接的な開戦理由になったこともあって、やはり国内や議会で激しい政権批判が起こり、この経験は以後東アジアに対する方針を決定・実行する上で教訓となった。イギリス政府が利己的に世界中でその利権を追求する中、彼らにとって決して重要ではない東アジアにおいて軍事行動を起こすということは、さまざまな意味で不都合が多かった。

中国における貿易で最大のシェアを占めていたイギリスでさえ、東アジアは重要な地域とみなしておらず、それゆえにこの地域に対して行使できた影響力には多くの制限が付きまとった。イギリスより商業や海軍による影響力が小さかった他の西洋諸国は、この傾向がより顕著だった。本書の内容により強く関係するフランスも、同様である。[11] ナポレオン戦争の講和会議として一八一五年に招集されたウィーン会議では、最終的にはフランスによるヨーロッパ再支配阻止を念頭に置いた、周辺諸国の協力体制が樹立された。この体制は一八四八年革命を機に崩壊したものの、十九世紀を通じてフランスは周辺諸国との外交関係で苦労することが多く、また政治体制の転覆を伴う内乱が頻繁に起こるなど内政的にも不安定だった。ヨーロッパにおける課題が多い中、フランス政府がその関心や有限な資源をその外に向けるということは、地中海をはさんで反対側にあった北アフリカを除いては非常に難しかった。それゆえに非西洋地域に対するフランスの影響力は、十九世紀末期に入るまでは、それらの地域に進出していった個人の性格や能力に依拠する部分が強かったのだが、その数も少なく、本国政府の無関心さゆえにその方針には一貫性がなかった。十九世紀を通じて東南アジアで改宗者を多く獲得することに成功したパリ外国宣教会のような団体もあったが、これはやや例外的で、十九世紀末に入るまで一つの地域でフランスが継続的に強い影響力を発揮することはほとんどなかった。

ただその一方で、さまざまな方向から強い圧力にさらされる過酷な環境の中で生き延びるためには、国内外に対して弱みを見せるわけにはいかないという意識がフランス政府内で強かったことも、さまざまな研究を通じて指摘されている。[12] 他の西洋列強が非西洋世界に向けてより積極的に進出している中、これに出遅れればその威厳が保てないのではないかという懸念はあり、イギリスが南京条約と虎門寨条約を締結した直後にフランス政府が全権を中国に派遣したのも、そのような思いが背景にはあった。

もっとも、イギリス以上に東アジアに対する関心も影響力も小さかった中、新たに中国で獲得した足がかりを単独で守るだけの力は当然フランスになかったため、そのためには他の国との協力関係は不可欠だった。それは他の国も同様であったため、中国においては諸外国が協力して条約港における外国人や貿易を保護するという体制が確立されたのである。その中でリーダーシップをとったのは、西洋諸国の中で東アジアにおいて最大の影響力を有していたイギリスであり、その影響力の恩恵を受けるためにも、他の西洋諸国はリーダーシップを争うのではなく協力することがほとんどだった。そしてイギリスも東アジアに行使できる影響力に制限があったため、他国の協力を必要としていた。そしてそれ以前に、東アジアの利権は、他の国と争って独占しなければならないほど価値のあるものだと思われていなかった。一八四〇年代から五〇年代にかけて、条約港体制は西洋諸国間の協力の下で成り立ち、他の西洋諸国が清朝と条約を締結してこの体制に加わることで発展していった。そして、一八五〇年代になると徳川幕府と条約が締結されたことで、日本にもこの制度が導入された。

条約締結と英仏

西洋諸国にとっての日本とは、東アジアという重要ではない地域においてさらに優先度の低い「世界の果ての果て」だった。[13] ただでさえ西洋人の東アジアに対する関心が低い中で、その注目が集中したのは中国であり、南京・虎門寨条約が締結されたあとも、焦点となったのはこれを足がかりに日本に進出するということではなく、中国の条約港体制に基づく西洋諸国の基盤を固めることだった。清朝と条約が締結された直後の一八四五年に、香港在住の有力者たちによって日本との条約締結を提唱する声も出たが、イギリス本国政府の反応は薄かった。アヘン戦争の経験から、東アジアの国に対して旧来の貿易体制の変容を迫れば現地の人々の強い反発を招きかねないということを痛感していたイギリス政府は、中国以上に関心が低い日本に対して大きなリスクが伴う行動を起こす理由を見いだせなかったのである。

そのためイギリス政府は、他の国が日本との条約の交渉・締結を先導することに対して、何の不満も抱かなかった。[14] いくつかの要因が重なり、アメリカがその役割を担うことになるのだが、一八五〇年代を通じてアメリカに従う形で徳川幕府と条約交渉を行い、日本における条約港制度の導入にこぎつけた。一八五八年の日米修好通商条約の内容に対しては、アヘン貿易に対する規制が厳しかったことに中国在住のイギリス人社会から抗議があったが、イギリスの本国政府はそれを問題とは思わず、それとほぼ同じ内容の条約を幕府と締結した。

せっかく戦争に陥ることなく日本と条約が締結できそうな中で、交渉決裂の可能性を高めかねない議論を引き起こしたくなかったのである。これは他の西洋諸国も同様で、オランダ、ロシアが幕府と条約を締結したあと、イギリスとフランスが江戸へ向かった。一方で、イギリス以上に東アジアに対して行使できる影響力が小さかったアメリカ側からしても、日本において自由貿易主義を確立するためには他の国の協力は不可欠だった。

一八五九年に横浜、長崎、箱館が開港されてからは、日本に在住する西洋人の中でイギリス人が多数を占めたこと、そして日本に最も多くの軍艦を派遣できたのがイギリスだったことから、主導権がアメリカからイギリスに移ったが、条約港体制の維持のためには西洋諸国が協力しなければならないという状況は変わらなかった。開港後、日本に移住してきた西洋人の数は少なく、商業的な競争力にもとぼしかった。[15]そしてまた、開港地周辺においては西洋人と現地の人々のあいだでさまざまな軋轢も生じた。それは、日本人の排外精神に基づく部分もあった一方で、開港地の西洋人の素行の悪さに起因するところもあったが、まもなく日本においては外国人に対する殺傷事件が頻発するようになる。そのため開港地の住人はこのままでは日本から完全に追い出されてしまうのではないかという危機感が強く、西洋人同士が対立しあうべきではないという意識も共有されていた。中国や日本において独自に動くことが多かったロシアはやや例外的で、クリミア戦争を戦ったばかりだったということもあってイギリスとの相互不信が強く、一八六一年には対馬の海港を占領したロシア軍艦ポサドニック号に対して、イギリスの艦隊が退去を求めて示威行動を起こすという事件も起こっている。[16] だが、それでも日露修好通商条約の内容は一八五八年に英仏米蘭四ヵ国と締結されたものとほとんど同じで、日本におけるルールは一致しており、何よりも日本という重要でない地域のために対立する必要性は感じられず、実際ポサドニック号もイギリス側の抗議を受けて対馬から立ち去っている。

そのような基本的理解の下で、幕末期日本における英仏関係も展開された。一八五〇年代から六〇年代は、一八五二年にフランスに誕生した第二帝政がヨーロッパ国際関係に大きな影響を及ぼしていた時期でもあった。[17] クーデターを通じて第二共和政を倒壊させたナポレオン三世が皇帝として君臨すると、ヨーロッパの君主制諸国を中心に巻き起こっていた革命やナショナリズム運動を支持することで、フランスを包囲していたウィーン体制の弱体化を図っていったのである。十八世紀末から十九世紀初頭にかけてヨーロッパで猛威を振るったナポレオン・ボナパルトの甥がパリで戴冠したことに強い懸念を抱いた人は多かったが、一方でイギリスにおいては、ナポレオン三世の登場をある程度の期待をもって見守る人もいた。新皇帝の政治基盤は教会などの保守層が中心であり、皇妃ウジェニーが熱心なカトリックだったこともあって、急進的な自由主義でもなく、かといって専制的な君主政治とも違う、穏健な政治体制がフランスに確立されるのではないかという期待が、ナポレオン三世の戴冠直後にはあったのである。

実際、一八五三年に勃発したクリミア戦争では、イギリスとフランスはともにロシアと戦って勝利しており、それが終結して間もなく中国で勃発した第二次アヘン戦争にも共同で軍隊を派遣した。一八五八年に修好通商条約を締結するために日本にやってきた英仏全権のエルギン伯爵とグロ男爵も、もともとは第二次アヘン戦争の発端となったアロー号事件の事後処理のために英仏両国政府によってともに派遣されていて、それが終わったら日本に向かうよう指示されていたのである。

そして何よりも、ただでさえ日本において行使できる影響力に制限がある中で、同国における足がかりが脅かされている現状に直面したとき、事態の収拾を図るために両国が協力することは半ば必然だった。

薩英戦争、下関戦争と英仏

一八五九年六月から駐日総領事（十二月に公使に昇格）に着任したラザフォード・オールコックは、着任して間もなく日本において西洋人に対する排外的暴力が相次ぐ状況を目の当たりにし、日本人は西洋人を国外に追い出そうとしているのではないかと危惧し始めた。何かしらの強い対抗手段が必要ではないかと報告したオールコックに対し、本国外務省は、強硬手段ではなく他国の外交官たちと協力し幕府との交渉を通じて状況の改善に努めるよう返信する。[18]やはり日本という重要ではない国で、軍隊動員を必要とする問題には巻き込まれたくない、という政府の気持ちは強かった。

また、当時のオールコックを取り巻く状況も、彼の選択肢を制限した。日本における基盤を守る上でお互いに対立するわけにはいかないという基本的な共通理解はあったものの、開港以後オールコックが西洋諸国外交団の中心的人物に台頭したことを快く思わなかったタウンゼント・ハリス駐日アメリカ公使のような人物もおり、一枚岩というわけでもなかった。[19]一方、イギリス東インド・中国方面艦隊司令官のジェームズ・ホープ少将が、日本にまとまった数の軍艦を派遣することを拒否し続けたことも、強硬手段の決行を難しくした。[20]一八六〇年の段階でのオールコックは、行使できる影響力が少ない中で、ギュスターヴ・デュシェーン・ド・ベルクール駐日フランス公使らのようにイギリスに協力的な公使らとともに、幕府に対して安政五ヵ国条約に基づき日本在住の西洋人の権利と安全を尊重するよう交渉するくらいしかできなかった。

もっとも、これが何の成果も生まなかったわけでもなかった。[21]一八六四年に離任するまでベルクールがほぼ一貫してオールコックの先導に従う姿勢を貫いたことが、ある程度の交渉力の向上につながったのである。ベルクールの姿勢は、フランス政府の日本に対する基本的な姿勢に沿うものだった。イギリス以上に日本に対する関心が薄く、そのような地域で軍事行動を必要とするような問題は起こしてほしくないため、積極的な行動は控え基本的には他の公使たちの総意に従うようにと命じられていたのである。

そして、一八六二年六月六日にはロンドン覚書が調印された。この合意は幕府がヨーロッパに派遣した使節団がイギリス外務省と交わしたもので、この中でイギリス政府は、排外感情が強まっていた当時の日本の社会的状況を考慮して、安政条約で約束されていた新潟と兵庫の開港と、江戸と大坂における外国人の居住を許可することは危険極まりないので、これを一八六八年一月一日まで延期してほしいという幕府側の申し出を認めた。[22] その代わり幕府側も、修好通商条約の内容に基づき条約港に居住するイギリス人の身体と財産の安全を守るために全力を尽くすということを約束した。使節団は他のヨーロッパ諸国も訪ねて同様の内容の合意を取り付けた後、一八六三年一月に日本に帰着した。

ロンドン覚書は、幕府に西洋人を日本から追い出す意思はないということを実質的に明言させたので、状況は一歩進展したとイギリス政府は評価した。だが、それが締結された一八六二年六月以後も、イギリス公使館として使用されていた東禅寺が襲撃され、同年九月にはイギリス人チャールズ・リチャードソン以下四名が東海道上の生麦村周辺で薩摩藩の島津久光以下に殺傷されるなど、日本では引き続き西洋人に対する暴力事件が起こり続けた。特に生麦事件は、イギリスの日本政策の長期的潮流の中では分水嶺だった。[23] 度重なる排外的暴力の危険にさらされ緊張状態にあった横浜の外国人社会は、リチャードソン殺害の一報を受けて暴発寸前の状況に陥り、イギリスのエドワード・セントジョン・ニール臨時代理公使がこれを必死で抑え込んだ（本書第五章）。そしてこの事件を受けて、ここまで一貫してまとまった数の軍艦を日本に派遣することに否定的だったホープがその必要性を認めるようになり、一八六三年から彼の後任を務めたアウグスタス・キューパー少将もその姿勢を踏襲した。

中国において二度アヘン戦争が勃発したときと同様に、東アジアにおける西洋人と現地の人々のあいだの緊張感が高まっていた。[24] そして、九月中旬に公使館襲撃の報告が、そして十一月末に生麦事件の報告がイギリス本国の外務省に届くと、エドモンド・ハモンド外務次官は、ロンドン覚書の交渉にも携わっていただけにいらだちを隠せなかった[25]。これは自由貿易主義に対する日本側の挑戦であるととらえられ、極東での出来事であっても、それは看過されるべきではないと考えられたのである。また、この時期には、一八六二年初頭から賜暇を与えられていたオールコックがイギリスに滞在しており、その折に日本で事件が起こったことを受けて上司から助言を求められた。そして彼は強硬な態度で賠償と謝罪を求めるべきだと進言した。幕府は自分たちが思っていたよりもはるかに国内の秩序を保つ力の弱い政権なようで、もし幕府が条約を履行するだけの能力がないのであれば、西洋諸国が自らの力でこれを実行するしかない。そしてそのためには、条約に反して西洋人に危害を加えながら、十分な賠償や謝罪、責任者の処罰を行わなかった場合には、深刻な結果を招くということを幕府と薩摩の双方に強硬に示す必要があると述べたのである。

一八六二年十二月二十四日、外務省はニールに、幕府に対しては外国人の安全を提供できなかったことに対する謝罪と、そのことに関する賠償金十万ポンドを要求し、事件を起こした薩摩藩にも犯人の処罰と二万五千ポンドの賠償金を要求するよう訓令した[26]。さらに、もし幕府が応じない場合は報復または海上封鎖を決行し、薩摩が応じなければ鹿児島湾の封鎖か藩主の居城への砲撃を行うことを許可している。薩摩に対しては状況次第で「砲撃」を許可しているのに対し、幕府に対しては「報復」というあいまいな表現にとどめているところから見ても、イギリス外務省は幕府に対してはより慎重に行動するようニールに促しているが、この訓令は閣議での決定に基づいて出されたものだった。それまでは日本の条約港で日常的に起こる案件は外務省と公使館を中心に対処され、大臣たちが関与することはあまりなかったのだが、さすがに軍事行動が決行されかねない状況には政府の最高責任者たちも無関心ではいられなかったのである。海軍大臣のサマセット公爵が外務大臣ジョン・ラッセル卿に宛てて出した私文書によると、日本における軍事行動を最小限にとどめるためには、幕府ではなく薩摩を攻撃するべきだと提議されたようで、手紙の余白にはパーマストンや、ウィリアム・グラッドストン大蔵大臣が賛成の意向を示している。[27]また、この文書には、事態がエスカレートする前に薩摩を屈服させることは決して難しくない、と進言している香港駐屯軍からの意見書が添えられていた。

幕府に対して軍事行動を起こせば日本全体との戦争にエスカレートする危険性も高まるが、薩摩に行えば日本の一地方領主に対する攻撃に留めることができ、より速やかに終わらせることもできるだろうという内閣大臣たちの考えが、十二月二十四日の訓令が出された背景にあった。さらには、軍事行動を起こすのであれば、他の西洋諸国の協力を得ることが望ましいとオールコックが進言したこともあったため、この旨をフランス政府に打診した。日本での軍事行動に及び腰だったフランス政府は、生麦事件でフランス人の被害者がいなかったこともあり、軍事行動への参加は断ったが、イギリスが軍事行動を起こしているあいだ、フランスの軍艦が日本の条約港を警備できるよう現地の艦隊に訓令を送ると約束した。イギリス政府も、強硬策を決行する覚悟を決めたとはいえ、その決断に伴うリスクを極力減らすためにさまざまな思惑を巡らせていることがみてとれる。

訓令を受け取ったニールは、まずは幕府と一八六三年の春に賠償金と謝罪を求める交渉を始めた。交渉は決裂寸前になるほど難航したが、最後通牒の応答期日直前に賠償金の支払いに応じたため、イギリス政府が極力避けようとしていた幕府との開戦は避けることができた。これを受けてニールは艦隊とともに鹿児島へと向かい、交渉が不首尾に終わると八月十五日から十七日まで城下町を攻撃した（本書第八章）。準備不足で、しかも悪天候の中で戦ったこともあってイギリス艦隊も少なからぬ被害を出し、薩摩側が謝罪と賠償金の支払いを約束する前に撤退したが、最終的には十一月に横浜に交渉者を派遣して賠償金の支払いに応じ、十二月にそれを支払ったことで、この事件は一応の決着をみた。

だが、日本人が西洋人を追い出そうとしているのではないかという強い不安は、オールコックの中に依然として強く残った。[28] オールコックは、軍事行動は西洋諸国が団結して行ってこそ意味があると外務省に強く訴えていたため、薩摩との戦闘の際にはフランスの後方支援しか得られなかったことには強い不満を抱いていた。日本側の排斥運動には決して屈しないという意思を強く示すための行動だったにもかかわらず、苦戦を強いられ、賠償交渉の決着にも時間がかかってしまったので、望んだような効果は得られなかったのではないかと思ったのである。実際、一八六三年初頭に朝廷から幕府に対して六月二十五日までに攘夷決行を求める勅命が下されるなど、日本における排外感情は引き続き根強く、鹿児島に艦隊を派遣する直前の幕府との交渉が決裂寸前まで難航したのは、幕府がこのような事情に配慮しなければならなかったからであった。

最終的に幕府は折れたものの、攘夷の勅命の期日であった六月二十五日から長州藩が下関を通過する外国船への砲撃を開始した。これを受けてアメリカとフランスの軍艦合計三隻が下関に向かい報復したが、長州の砲台を無力化することはできず、引き続き外国船の下関海峡通過は妨害された。この状況下では幕府も外国人の安全を保障できないので、状況が落ち着くまで横浜の西洋人に退去してほしいと申し出たが、この横浜閉鎖要求に対して西洋諸国の外交的代表たちは条約の内容に違反するとして一律に拒否した。それにもかかわらず、この件を交渉するために幕府は一八六三年末に再度ヨーロッパに使節団を派遣しており、これらの出来事はオールコックの疑念を強める結果となった。オールコックの姿勢はキューパーによって全面的に支持され、また香港駐屯軍も日本遠征を行うのであればどうしたらいいか、ということを検討し始めた。休暇を終えたオールコックが日本に帰任した後の一八六四年九月五日から七日にかけて、英仏米蘭四ヵ国の艦隊が合同で遠征し、戦闘の後に長州は降伏した。長州は、外国船の下関の通行を認め、砲台を撤去すること、外国船に対して補給物資の提供を認め、悪天候時には避難のための上陸を許可すること、そして賠償金三百万ドルを支払うことを条件に講和した（本書第九・十章）。

薩摩への軍事行動のあとに下関戦争が起こったことから、イギリス政府が他に事態解決の手段がなければ日本の諸勢力への軍事行動もやむをえないと告げた一八六二年十二月二十四日の訓令は一八六四年にもまだ有効で、オールコックはこれを根拠に長州にも軍事行動を行ったという印象を与えがちである。だが、一八六二年十二月二十四日の訓令は、幕府と薩摩に対しての軍事行動に限定して許可した訓令であり、その背景にはイギリス本国政府内においてできるだけ限定的な軍事行動のみで事態を収拾したいという強い希望があった。薩摩への軍事行動に関するニールの報告がイギリス外務省に届いた後は、内閣においても時局の推移を見守るべきだという見解で一致していた。[29]イギリス本国においては、薩摩に対する軍事行動が「抵抗するすべを持たない人々に対する虐殺行為」と報道されて議会でも問題になった。[30]改めて東アジアでの軍事行動に伴う政治的リスクを痛感した政策決定担当者たちは、日本における軍事行動の決行に及び腰になった。

オールコックは一八六三年十二月末に休暇を終えて日本に戻るのだが、彼の出発に先立ち外務省はラッセルの名前で四通の訓令を江戸に発信している。その最初の訓令には、以下のように記されている。

日本において先行きが見通しづらい状況が続く中、私は女王陛下の名代として基本的な方針を提供することしかできない。（中略）いずれにしても、貴君は条約における義務を履行することを大君と大名たちに要求しなければならない。日本を訪れる提督や他の軍人と、横浜における我々の基盤を固めるための方針を協議しなければならない。長崎が攻撃された場合、我々の商船や商人の恒久的な安全を確保することができるよう最善を尽くさなければならない。香港に向かって、横浜の防衛のために必要な歩兵連隊を派遺してくれるよう働きかけなければいけない。現地の勢力が敵対的な意図をもって我々の商船の通行を妨害するために砲台を設けていることが明確な場合、必要と感じられれば提督は貴君の承認を得て、海兵を上陸させ砲台を破壊し、大砲を使用不能にすることを許可する。だが、彼らの敵対的な意思が敵対的な行動によって明確に示されなければ貴君はそれを提案してはならず、提督もそのような行動をとることは認められない。女王陛下の政府は、提督が武装せず平和に生活している人々の町を攻撃しないと信じる。だが、女王陛下の軍艦が攻撃された場合は、断固たる決意を以て速やかに砲火によってそれに応じなければならない。[31]

日本における状況が予断を許さず、突然の襲撃を受けて自衛のために軍隊を用いる必要性もでてくるかもしれない、ということを外務省が理解した上で書かれているので、一見するとイギリス政府が長州への軍事行動を承認しているようにも見える。だが、この訓令を注意深く見ると、日本の条約港における外国人社会の安全を提供するためにイギリスの軍事的存在感を増強することは認めていても、それを日本に対して行使することは、日本側が「敵対的な意思を明確に」示したときを除いて許可されていない。そして、四通の訓令の中で最後に送られた書簡はオールコックに対して、外交的な手段を通じて問題の解決が不可能な場合に限って軍隊の司令官の助力を要請することを認めるものの、実際に軍事行動を起こすことができるか、そしてその場合どのような形で作戦を遂行するべきかという判断は軍官に一任されており、その最終判断を下す権限は公使にはないと明言した[32]。最初の訓令よりも強く、オールコックの権限を限定しているのである。

オールコックは一八六四年三月に江戸に帰任すると、数回幕府と対談したが、もはや強硬な手段に訴えなければ西洋諸国の基盤を保つことはできないという結論に至り、五月六日、二十一日、二十五日付の本国への報告書でこの旨を主張した[33]。それらはいずれも、日本の諸勢力は未だに西洋人を追い出そうとしており、強硬な手段に訴えなければ西洋諸国の日本における基盤は消滅の危険に瀕すると警告している。交渉を重ねても状況は改善されておらず、仏米蘭の公使・総領事も共同で軍事行動を起こすことに賛成していることからも、それが必要であることは客観的な事実だということを、非常に長い三通の報告書を通じて伝えている。これほどの手間をかけて自己弁護を図っていること自体が、自身が本国の意向とは反対の行動をとっていることを自覚している証左であろう。アヘン戦争や薩摩での戦闘のときと違い、下関での軍事行動は本国政府による承認がなく、オールコックもそれを理解していながら独断で決行したのである。そして、これらの書簡が届いたとき外務大臣、外務次官、そして外務省政務官はいずれも駐日公使の越権行為を憤り、オールコックの召還を命じた（本書第十二章）[34]。

そして、一八六四年に着任したフランスのロッシュ新公使も四ヵ国共同での下関遠征へのフランスの参加を許可したが、この決断は彼にとっては難しいものだった[35]。着任前、彼は日本において積極的に行動することを本国から固く禁じられており、その参加は訓令違反であった。しかも、フランス東方艦隊のバンジャマン・ジョレス司令官は、日本での軍事行動決行には強く反対していた。だが、四ヵ国による下関攻撃が提議されたとき、オランダとアメリカの外交代表は即座に参加を表明したため、加わらなければ日本の外交官たちの中で孤立して影響力が決定的に下がってしまうと危惧し、さまざまな反対を押し切って何とか参加にこぎつけたのである。

一八六四―六八年の日本における英仏関係

本国政府の承認なく軍事行動に踏み切ったオールコックだったが、この軍事行動で日本における排外活動は弱まったので、西洋諸国側から見ればその意義は大きかった。もちろん、以後も西洋人に対する殺傷事件がなくなったわけではないが、彼らの貿易や基盤を危機的状況に追い込むような規模のものではなくなり、また事件が起こった際には日本側がそれを処分する意思をより強く示すようになった（本書第十二・二十一・二十八・二十九章）。あるいは、日本における自分たちの基盤についてある程度安心していられるようになり、以後どのような方針をとるべきかを考える余裕ができ、その中で英仏の見解の相違も生じるようになる。

下関での軍事作戦以後の英仏両国公使の対日観は、本書においても主眼がおかれているので、その内容を検証することを目的の一つにおいている幕末期日本の国際関係の研究も多く、この時期をかなり詳細に分析している先行研究は多い[36]。それらの研究において主張されているのは、ロッシュが幕府の統治能力を非常に高く評価していたのに対し、イギリス公使たちは幕府が強権を以て政敵を制圧し、日本全土の秩序を保つことができるほどの力があるとは思っておらず、平和的に時局を収束させるには幕府が他の勢力と利害調整を行う必要があるだろうと考えていたことである。このような評価の下に、ロッシュは幕府と接近して日本におけるフランスの影響力と経済的利権を伸ばそうとし、イギリスはパークスが公使に就任した一八六五年以後に、西南雄藩とも接触を試み始めた。

フランスが政府から独立した個人の商人を通じてではなく、在日フランス公使館が先導して幕府から兵器の注文、軍事顧問の招聘、製鉄所開設の支援などを取りつけたことに対しては、自由貿易の精神に反するという反発がイギリス人商人たちから起こり、またパークスもフランスが幕府との経済的取引を独占するつもりではないかという疑念を抱いた。これを根拠にサトウは、この時期フランス政府は幕府を支持し、イギリスは対抗勢力を支持していたと説明している。たしかにパークスとロッシュは時代を下るごとに相互不信を強めていき、一八六七年の春ごろにはそれが臨界点に達するのだが、それでも多くの研究者がサトウの見解は両者の対立関係を誇張しすぎていると指摘している。

まず、フランス政府が幕府を支持した、という見解が正確ではない。ロッシュがフランス政府の意向を反映して幕府に接近したという論説は、一九七〇年代ごろまでに発表された研究では一般的だったが、[37]以後の研究ではフランス側の史料の綿密な調査に基づいて再検証されている。[38]ロッシュは日本に来る前はアフリカで軍人・外交官としての経験を積んだ人物だったが、当時から独断で大胆な行動をとることで知られていた。[39]そのような人物が幕府に対して個人的な思い入れを抱いたことから自身の判断で接近したのであって、日本において積極的な外交方針を取りたくない本国政府が主導したものではなかった。

また、ロッシュの態度を見てイギリスが幕府に対抗する勢力を支持していったとみなすことも正確ではない。下関での軍事行動の後、出先の外交官が本国の承認なしに軍事行動を起こしたことを重く見たイギリス外務省では、外務大臣、次官、政務官の三人によって対日方針が議論されるのだが、やはりその結論は、これ以上日本で軍隊動員を伴う問題に巻き込まれるわけにはいかないということだった。[40]イギリスと日本のさらなる衝突に発展しかねないような挑発行為はもちろん、日本の政争に干渉することも、内戦に巻き込まれる危険があるので厳禁された。イギリス政府は、内政不干渉を方針として、軍事行動に頼らない形で貿易の拡大を促すことを基本方針とした。[41]

パークスの人物像については、サトウは本文を見てのとおり、多くの武勇伝を通じてその気難しい性格をほのめかしているが、それでもロッシュとは違い本国の訓令に対しては忠実で、外交官としても非凡だった。[42]幕府に対して下関戦争の賠償金支払いの期限延期や金額減免をちらつかせながら、見返りに安政条約に対する天皇の勅許を取りつけた。また一八六六年六月に締結された改税約書を通じて、貿易にかかる関税を自国にとって有利なものに改め、加えてそれまで認められていなかった諸藩と外国との貿易に対する制限を撤廃させ、貿易の規模拡大を図った。その一方で、内政不干渉・中立の訓令は厳守した。西南雄藩と接触したのも、基本的には情報収集が目的であり、またその際には日本の政争は日本人が解決すべき問題であるという表現を通じて、イギリスが関与するつもりはないと明言している。そして、中立であった以上、イギリスは幕府と対立していたわけでもなかった。[43]強権的な手段で国内を安定させることができるほど強くはないとはいえ、それでも条約を締結した徳川幕府をイギリス政府もパークスも間違いなく日本の政権として扱っており、また日本の中で最も重要な勢力だと認識していた。[44]サトウは『英国策論』において当時の日本の政治制度は根本的に改められるべきだと主張した（本書第十四章）が、パークスや本国政府がそのような考えに基づいて行動した形跡はない。国内の状況が不安定化すれば貿易も阻害されると懸念していたパークスは、幕府は国内雄藩と利害を調整して国内の安定を図るべきだという見解をもっていたようだが、諸藩と接触した際には言葉の節々でそのことをほのめかす程度に留め、積極的な発議は意図して避けることで内政不干渉を徹底した。厳格な上司だったパークスに、サトウらイギリス公使館員一同は頭が上がらなかったことは本書にほのめかされているとおりであり、彼らが上官の意向に背いて雄藩と接近する勇気を見せたことを示す史料もない。

幕末維新史は長年、幕府は一八五〇年代・六〇年代の日本国内外の環境の急激な変化に正しく対応することができなかったため崩壊し、より近代的な国際環境に適した新体制へと変化していったという通説の下で理解されることが多かった。[45]だがここ二十年ほどでこの通説を見直す研究が多く発表されており、幕末期の幕府当局者たちは極めて難しい環境におかれていたものの、その対応は決して失敗ばかりではなかったと実証されている。そして西洋諸国の公使たちも、大政奉還がなされてからでさえしばらくは、徳川政権と幕藩体制は崩壊必至なほどに弱体ではないと認識しており、それが覆るほどの政変が今後起こることは必然だとも思っていなかった。

このコンセンサスが共有されていたため、パークスとロッシュは一八六七年に入るまでは貿易関連の交渉や、外国人が殺傷された際の事後処理などで行動をともにできることが多かった。[46] そして、それでも単独で行動することの多かったロッシュに対してイギリス側の疑念が徐々につのり、それが危険水域にまで到達したときには日本に無関心なフランス本国政府もさすがに干渉した。[47] ロッシュに批判的な報道をした横浜港の新聞記事の内容がフランス外務省に伝わると、一八六七年五月にはロッシュに対して日本において積極的な行動を慎み他国の公使と協力して行動するようにと叱責し、以後は公使も一八六八年六月に離任するまで目立った行動をとらなくなった。

国際関係の中の幕末日本

ここまで、本書『一外交官の見た明治維新』で示されている、「幕末期日本において、フランスが幕府を支持し、イギリスがその対抗勢力を支持した」というサトウの主張を検証した。幕末期日本の国際関係についての通説的理解と符合する部分が多いこの主張は、史料の公開体制が整った一九五〇年代・六〇年代以降、国内外の研究者によってさまざまな視点から検証されるようになっていった。

そして、それらの研究者たちが異口同音に主張するのは、幕末期においては、この通説が主張するほど日本で英仏両国を対立に導くような要因は強くなかったのではないかということである。イギリスにおいてより本国社会と密接に結びついていたのは、ヨーロッパやアメリカ大陸、インドなどで、東アジアではなかった。しかも、東アジアの中で最も重要視されていた国は中国であり、イギリス本国から見た日本は「世界の果ての果て」だった。そのような国に対するイギリスの経済的・軍事的影響力は非常に限られており、そしてそれ以前に、重要ではない国のために軍事行動に伴う政治的リスクを背負うということは、政権担当者からすればあまりにも割に合わない話だった。英仏両国の本国政府は日本に対しては、問題を起こしたくないという意思が第一にあり、日本国内の政争に対しても、それに巻き込まれるなどもってのほかであるから、干渉することを厳禁した。

本国政府のこの消極性は、出先の外交官たちの選択肢をさらに制限した。確かに、明治維新以前の時期においてはヨーロッパ・東アジア間の通信事情から、出先の外交官や軍人に対する本国政府のコントロールが緩い部分もあり、彼らが現地当局者との緊張関係を悪化させ、戦争の発端を作ることは少なからずあった。だがそれでも、イギリスが軍事行動に踏み切るときには、ほとんどの場合は本国政府の自由貿易主義に基づいた「最後の一押し」が必要で、東アジア駐在の外交官が独断でそれを決行することはかなり難しかった。それを押し切るためには現地における他国の協力が不可欠だったが、西洋諸国は日本において大きく対立することはなかったものの、常に一枚岩というわけでもなかった。

下関での軍事行動の際も、フランス公使が艦隊司令官の合意を取りつけることに難儀し、最終的にはそれに成功したものの、それは薄氷を踏むような思いでなんとか達成させたもので、外交官たちもそう何度もできることではないということは理解していただろう。そして何よりも、外交官はやはり外務省という組織の中で生きる人々なのである。出先である程度の自由が与えられていたとはいえ、それでもやはり本国の基本方針に則って行動するということが大前提で、意思に逆らえば減給・失職のリスクを負った。命令違反を繰り返すことができる外交官はそうはおらず、それゆえに彼らの行動は、基本的には日本に対して強い影響力を行使する手段も意欲も有さなかった本国政府の意向に、多分に制限された。

国内やヨーロッパからの強い圧力にさらされていたフランス政府は、基本的には自国周辺で起こっている出来事に関心、人員、資源、予算を集中させなければならず、イギリス以上に非西洋社会に行使できる影響力は低かった。それゆえにフランス政府はイギリス以上に日本に対して慎重で、公使たちは基本的にはイギリスを含む他国の外交代表たちの総意に従い、あまり積極的に行動しないよう命令された。そしてそのあまりの関心の低さは、フランスの対日方針をひどく一貫性のないものにした。ヨーロッパ周辺での出来事への対処で手いっぱいで、フランス外務省も日本で起こっていることに対しては状況を把握するための時間や意欲すらなく、方針を決定・実行する前にある程度の思考をめぐらせることすらできなかったとしても驚きではない。

その一貫性のなさは、ロッシュが江戸に赴任していた一八六四年から六八年のあいだが特に顕著である。[48] フランス政府とロッシュのあいだには大きな意識の違いがあったが、そもそも問題を起こさないことを優先されるべき日本に、彼のように独断で大胆な行動をとることで知られていた人物が赴任していること自体が矛盾している。また、ロッシュが独自に幕府と接近した当初、貿易が伸びたこともあって、フランス外務省は彼を評価する公文書を送ったにもかかわらず、その後諸外国に批判されはじめると一転して単独外交をとがめ、その変貌ぶりに怒ったロッシュは日本における意欲を失った。また、一八六〇年代を通じて幕府からフランスに派遣された使節団への待遇はどれもかなり冷淡で、幕府との関係改善を促す駐日公使たちとの温度差が極端だった。オールコックとロッシュが、ともに本国からの訓令に違反して下関遠征を決行した際、イギリス公使は召還されたがフランス政府は同様の処分はしておらず、イギリス以上に出先の外交官に対する規律を欠いたことも、フランスの対日方針の一貫性のなさに拍車をかけた。

フランス第二帝政は、一八六〇年代に入るとナポレオン三世の意向によって、ヨーロッパだけでなくメキシコやコーチシナといった地域にも干渉するようになっていた。[49] 設立当初は第二帝政に期待を抱いていたヨーロッパ諸国の人々も、それを見て徐々にフランスに不信感を募らせるようになり、一八六〇年代を下るにつれてフランスは孤立する。それどころかヨーロッパのナショナリズム運動はフランスに対して牙を向けつつあった。ロッシュ赴任時のフランスの対日方針が特に一貫性を欠いた背景には、フランスを取り巻く環境が悪化している中、日本に対して関心を向けている余裕がさらになくなっていたという事情もあったのだろう。そしてこの一貫性のなさは、フランスの影響力をさらに制限する要因となった。日本において積極的に動きたくないフランス政府の意向に反してロッシュは幕府へのさまざまな顧問団派遣を取りつけ、また貿易発展にある程度貢献したため、以後の日本にもある程度の影響力を残したが、それでも借款や貿易会社の創設などといった計画がもろくも破綻したように、やはり行使できる影響力には大きな制限がつきまとった。[50]

だからと言って、日本における英仏両国の行動が幕末政争の展開に何の影響力も及ぼさなかったというわけではない。日本在住の西洋人は国内の諸勢力と一八五〇年代から六〇年代にかけてさまざまな形で交流し、そして英仏両国の行動は、その意図がどのようなものであれ、あるときには幕府にとって有利に働き、そしてまたあるときにはその対抗勢力を利することもあった。[51]自由貿易主義を守るために、西洋諸国が日本において軍事行動を起こしたことは事実である。だがそれでも、ギルフィラン氏が指摘するとおり、当時の英仏両国の姿勢には、何が何でも日本に市場を拡大して利権を獲得したいという強い意欲は見受けられない。そして、その消極性ゆえに、日本に対して行使できた影響力に多大な制限があったということを理解しなければ、幕末日本の国際環境を正しく理解することはできない。英仏の日本に対する影響力は、両国が実際に行使できた力だけでなく、受け手側の日本の諸勢力の状況、思惑、そして日本人の西洋諸国に対するイメージに左右された部分も大きかった。

本書の中でサトウは、フランスが幕府を支持し、イギリスはそれに対抗する勢力を支持していたことが、自著『英国策論』によって日本の人々のあいだに広く伝わっており、それがイギリスと西南雄藩の接近を促した要因になったと述べている(本書第二十一・二十四章など)。だが、実際にはサトウが主張するほどこの匿名の記事は影響力がなかったのではないかと論じる博士論文が二〇一五年に英国キングス・カレッジに提出されている。[52] 本稿でたびたび引用した石井氏も、『英国策論』が日本国内で広く読まれた形跡があることは認めているものの、一方でパークスが薩摩を訪問し会談の場が設けられた際、日本の内政不干渉の立場から薩摩に対して煮え切らない態度をとるイギリス公使に対して、薩摩の有力者たちが不信感を抱いたことを示す史料もあると述べている。[53] 幕末の日本人がイギリスをどう見ていたかという点に関する通説にも、再考の余地があるのかもしれない。

西洋諸国が個々で行使できる影響力が小さい中で日本における自国の利権を守るためには、出先の外交官たちは、基本的にはお互いに協力しながら時局にあたるしかなかった。そしてその中でイギリスとフランスは、幕末期を通じて足並みをそろえられることが多かった。日本における基盤が脆弱な中、日本人による排外的な暴力の危険にさらされ、日本から追い出されてしまうのではないかという不安に常にさらされていた一八六四年以前、ベルクールは常にオールコックのリードに従って行動した。以後、西洋人排斥運動が落ち着き時間が経つにつれて、パークスとロッシュのあいだの確執が強まったが、それでも日本側の当局者との交渉の際に両者が共同で行動することは非常に多かった。そして、両者の相互不信が危険水域にまで到達しようとしたときには、極めて日本に無関心だったフランス外務省もさすがに介入しロッシュを制した。

パークスが一八六五年に江戸に着任すると、イギリス公使館は西南雄藩とも接触するようになるため、サトウはこれを誇張して「イギリスは雄藩を支持し、フランスは幕府を支持した」と主張するのだが、パークス以下駐日イギリス公使館は内政不干渉・中立を貫いていた。諸藩との接触は情報収集のためであり、武力倒幕の支持のためなどでは決してなかったのである。彼はロッシュと同様に、徳川幕府は日本の政権であり、国内で最も重要な勢力であると評価しており、幕府を頂点に抱く幕藩体制が今後必然的に倒壊するとは決して思っていなかった。それは、一八六八年に徳川幕府が倒れて薩長雄藩の有力者たちを中心とした新政府が樹立され、以後日本が西洋化・近代化の道を進むということをまだ知らない時代に生きていた多くの人々と同じ状況認識だった。

過去を振り返って記された本書は、幕末明治期に起こった一連の出来事の結末を知らずに状況判断をしなければならなかった人々の感覚からはズレがあり、リアルタイムに作成された幕末期の史料よりもその信憑性に疑問が残ると言わざるを得ない。回顧録は、たとえ誠実な人物が書いたものであっても史料として多くの問題を内包し、歴史理解を呪縛してしまうことも多い。それゆえ、関連する史料をできるだけ多く調査して、歴史的事象の背景にある多義性や複雑性に光を当てながら、その正否が注意深く検証されなければならないのである。

『一外交官の見た明治維新』の先に

サトウがなぜ本書『一外交官の見た明治維新』のような回顧録を出版したのかという動機について、サトウ文書や日記では詳しくは述べられていない。だが、彼が残した史料の中で幕末期に記されたものから判断して、どうやら彼は本当に幕末期当時から西南雄藩にかなり同情的だったようである。また、サトウの父親はヨーロッパからイギリスに移民してきたソルブ系ドイツ人で、ナポレオン戦争中には戦火を逃れるために各地を流転してかなり苦労したという。加えて彼の両親はルーテル派の信仰心が強く、カトリックに対する不信感が強かったようで、本書の全般を通じて見え隠れするフランスに対する敵意には、このような家庭環境が影響しているのかもしれない。[54]

サトウは、現役のころから文筆活動に熱意を見せ、引退後は外交に関する専門書を出版するなど、その行動には自らの有能さを世に知らしめたいという思惑が透けて見える。[55] だがそれでも、著書の内容から判断して、あることないことを過激に記してでも世間の注目を集めようとしているという印象はうけない。[56] 本書の原著が出版された一九二一年のサトウには年金と上述の出版物で得た収入があり、晩年の生活はそれなりに安定していた。そのためセンセーショナルな内容の本を売って収入を得る必要性は薄く、そのような意図があったことを示す史料もない。序文に記されているように、晩年を迎えた老人が、親戚に促されて純粋に若いころの思い出を語りたいという欲求に駆られ、特に下心もなく当時の自身の感覚を誠実に描いたのではないだろうか。

もっとも、サトウの晩年についてより深く理解したいと思うのであれば、彼に関する研究をさらに深化させる必要があるだろう。「訳者まえがき」で述べたとおり、サトウに関してはすでに多くの先行研究が発表されているが、そのほとんどが彼の幕末維新期の活動に集中しており、その後の人生に注目したものは数が少ない。彼の青年期以外の時期についても詳しくわかるようになれば、本書が刊行された背景もより明らかになるはずである。

幕末期のサトウは在日イギリス公使館の通訳官であった。通訳官のような事務方の職員は、その職務の重要性に反して、残念ながら正規の外交官よりも軽視される傾向がある。しかも「世界の果ての果て」の国の公使館ということもあって、イギリス外交官社会における彼の存在は極めて小さいものであった。また、十九世紀のイギリス外交官社会では本国の有力人物とのつながりがないと出世することが難しかったのだが、サトウは若いうちにヨーロッパから遠く離れた国に赴任したため、あてにできる人脈を構築することもできなかった。[57]そのような非常に不利な立場からスタートしたサトウであったが、在日公使館での地位を少しずつ高めて、やがて外交官としての仕事も任されるようになり、その後いくつかの国の外交使節の責任者を務め、引退した後にもそれなりの地位を得るに至ったのである。その最晩年に『一外交官の見た明治維新』の刊行を決断したサトウという人物、そうした人生の過程によって形成されているのである。

幕末期以後のサトウの外交官としてのキャリアをより詳しく検証することの意義は、彼の人生を理解するだけにとどまらない。十九世紀から二十世紀初頭のイギリス外交官社会において、サトウは比較的珍しいバックグラウンドをもちながら、最終的に半世紀近く外交官としてのキャリアを全うした人物である。そのケーススタディは、当時のイギリス外交官社会の研究をさらに深化させる可能性を秘めている。また、徐々に外交官としての影響力を強めていったサトウが、イギリスの対外方針決定過程にどのような影響力を及ぼすことができたのかということも、興味深いテーマであろう。もちろん、サトウは日本研究者（ジャパノロジスト）として著書・論文も多く残しているので、西洋の人々の日本観を検証するためのケーススタディとして、彼の壮年期の著書に光を当てるということもできるだろう。非常に多岐に及ぶ活動に満ちたサトウの生涯を追うことによって、さまざまな方向において、新しい知見が広がる可能性が秘められているのである。

1　政治外交史の検証方法、及びそのために用いる史料については、鵜飼政志「イギリス関係史料と明治維新史研究の歩み」（明治維新史学会編『明治維新と史料学』吉川弘文館、二〇一〇年）；坂野正高『現代外交の分析　情報・政策決定・外交交渉』（東京大学出版会、一九七一年）、第I章を参照。

2　石井孝『増訂　明治維新の国際的環境』（吉川弘文館、一九六六年：初版は一九五七年刊）；大塚武松『幕末外交史の研究』新訂増補版（宝文館出版、一九六七年：初版は一九五二年刊）。

3　鵜飼政志『明治維新の国際舞台』（有志舎、二〇一四年）。

4　萩原延壽『遠い崖　アーネスト・サトウ日記抄』全十四巻（朝日新聞社、一九八〇、一九九八—二〇〇一年）。

5　Scott W. Gilfillan, 'Enclave Empires: Britain, France and the Treaty-Port System in Japan, 1858-1868,'（二〇一六年九月に英国ロンドン・スクール・オブ・エコノミクスに提出された博士論文、オンラインで閲覧可能）。そのほか、リチャード・シムズ『幕末・明治日仏関係史　１８５４～１８９５年』矢田部厚彦訳（ミネルヴァ書房、二〇一〇年）など。

6　本稿では、幕末期にイギリス外務省と駐日総領事・公使とのあいだで交わされた公文書を適宜引用・参照する。その多くはイギリス国立公文書館（The National Archives）の分類記号FO 46の史料群に保存されているが、その一部は *Irish University Press Area Studies Series, British Parliamentary Papers, Japan*, (Shannon: Irish University Press, 1971)（以後*BPP*と略する）第一巻及び第二巻に収められている。*BPP*はFO 46の史料群に残されているものの中で、議会の情報公開要請に応じて同外務省が提出したものを編纂し刊行したものである。

7　秋田茂『イギリス帝国の歴史　アジアから考える』（中公新書、二〇一二年）；John Darwin, *Unfinished Empire: The Global Expansion of Britain*, (London: Allen Lane, 2012)；Jürgen Osterhammel, *Die Verwandlung der Welt: Eine Geschichte des 19. Jahrhunderts*, München: Beck, 2009 英訳あり）など。

8　ジョン・ギャラハー、ロナルド・ロビンソン「自由貿易帝国主義」（ジョージ・ネーデル、ペリー・カーティス編『帝国主義と植民地主義』川上肇他訳［御茶の水書房、一九八三年］）

9 一八三〇年代からアヘン戦争に至るまでのイギリスの対中国方針に関しては、やはり日本語のものより英文の方が研究は多い。W. C. Costin, *Great Britain and China, 1833-1860*, (London: Oxford University Press, 1937); Harry G. Gelber, *Opium, Soldiers and Evangelicals: Britain's 1840-42 War with China, and its Aftermath*, (Basingstoke, Hampshire: Palgrave Macmillan, 2004); Gerald S. Graham, *The China Station: War and Diplomacy 1830-1860*, (Oxford: Clarendon Press, 1978); Michael Greenberg, *British Trade and Opening of China, 1800-42*, (New York: Monthly Review Press, 1951); Glenn Melancon, *Britain's China Policy and the Opium Crisis: Balancing Drugs, Violence and National Honour, 1833-1840*, (Aldershot, Hampshire and Burlington, VT: Ashgate, 2003)。日本語のものでは、坂野正高『近代中国政治外交史　ヴァスコ・ダ・ガマから五四運動まで』(東京大学出版会、一九七三年）第四・五章など。

10 前掲坂野『近代中国政治外交史』第六章；岡本隆司『近代中国と海関』(名古屋大学出版会、一九九九年)；John K. Fairbank, *Trade and Diplomacy on the China Coast: The Opening of the Treaty Ports 1842-1854*, (Cambridge, MA: Harvard University Press, 1953) など。

11 十九世紀フランスの国際関係と帝国主義の背景に関しては、Jean Baillou ed., *Les affaires étrangères et le corps diplomatique français, Tome I: de l'ancien régime au Second Empire; & Tome II: 1870-1980*, (Paris: Éditions du centre national de la recherche scientifique, 1984); John F. Cady, *The Roots of French Imperialism in Eastern Asia*, (Ithaca, NY: Cornell University Press, 1954); Meron Medzini, *French Policy in Japan During the Closing Years of the Tokugawa Regime*, (Cambridge, MA: Harvard University Asian Center, 1971); Robert Tombs, *France, 1814-1914*, (London: Longman, 1996) など。前掲シムズ『幕末・明治日仏関係史』；前掲 Gilfillan, 'Enclave Empires' も参照。

12 同右。

13 この段落の内容に関しては、注4の文献に加え、前掲 Costin, *Great Britain and China*; 前掲 Graham, *The China Station*; William G. Beasley, *Great Britain and the Opening of Japan, 1834-1858*,

(London: Luzac & Co., 1951); Grace Fox, *Britain and Japan, 1858-1883*, (Oxford: Oxford University Press, 1969) 第一章などを参照。

14　この段落の内容に関しては、前掲シムズ『幕末・明治日仏関係史』第一章；石井孝『日本開国史』（吉川弘文館、一九七二年）；加藤祐三『幕末外交と開国』（講談社、二〇一二年：初版は筑摩書房から二〇〇四年刊）；三谷博『ペリー来航』（吉川弘文館、二〇〇三年）；前掲 Beasley, *Great Britain and the Opening of Japan*; William McOmie, *The Opening of Japan, 1853-1855: A Comparative Study of the American, British, Dutch and Russian Naval Expeditions to Compel the Tokugawa Shogunate to Conclude Treaties and Open Ports to their Ships*, (Folkestone: Global Oriental, 2006) などを参照。

15　石井寛治『近代日本とイギリス資本　ジャーディン＝マセソン商会を中心に』（東京大学出版会、一九八四年）；杉山伸也『明治維新とイギリス商人』（岩波書店、一九九三年）。

16　ポサドニック号事件や、幕末期日本におけるロシアをめぐる動向については、前掲鵜飼『明治維新の国際舞台』九四―九六、二三五―二三八頁；秋月俊幸『日露関係とサハリン島　幕末明治初年の領土問題』（筑摩書房、一九九四年）；禰津正志「文久元年露艦ポサドニックの対馬占拠に就いて」『法と経済』二：二―四（一九三四年）；真鍋重忠『日露関係史　1697－1875』（吉川弘文館、一九七八年）；麓慎一「国際的環境から見た日露間の航路形成」（左近幸村編著『近代東北アジアの誕生　跨境史への試み』北海道大学出版会、二〇〇八年）；Takahiro Yamamoto, 'Balance of Favour: The Emergence of Territorial Boundaries Around Japan, 1861-1875,'（二〇一五年九月に英国ロンドン・スクール・オブ・エコノミクスに提出された博士論文、オンラインで閲覧可能）などを参照。

17　第二帝政期のフランスのヨーロッパ外交及び帝国主義に関しては、注11の先行研究に加えて、Éric Anceau, *Napoléon III: un Saint-Simon à cheval*, (Paris: Éditions Tallandier, 2008); Bernard Brizay, *Le sac du palais d'été: l'expédition Anglo-Française de Chine en 1860 (troisième guerre de l'opium)*, (Monaco: Éditions du Rocher, 2003); William E. Echard, *Napoleon III and the Concert of Europe*, (Baton Rouge, LA: Louisiana State University Press, 1983); James F. McMillan, *Napoleon III*,

(London: Longman, 1991); Pierre Milza, *Napoléon III*, (Paris: Perrin, 2004); Pierre Milza, ed., *Napoléon III: l'homme, le politique*, (Paris: Napoléon III éditions, 2008); Roger Price, *The French Second Empire: An Anatomy of Political Power*, (Cambridge: Cambridge University Press, 2001); Roger Price, *Napoleon III and the Second Empire*, (London: Routledge, 1997) など、及び史料は、前掲シムズ『幕末・明治日仏関係史』；前掲 Gilfillan, 'Enclave Empires' も参照。

18 ラッセルよりオールコック宛公信、イギリス外務省発、一八六〇年二月二十八日。(*BPP* 第一巻、九八頁)。

19 前掲 Gilfillan, 'Enclave Empires,' 一二二—一二三頁。

20 同右。

21 この段落の内容については、前掲石井『明治維新の国際的環境』第一章第八節；前掲鵜飼『明治維新の国際舞台』一〇〇—一〇二頁；前掲シムズ『幕末・明治日仏関係史』二三—三九頁；前掲 Gilfillan, 'Enclave Empires,' 第三・四章を参照。

22 当初、新潟は一八六〇年一月一日に、兵庫は一八六三年一月一日に開港され、江戸は一八六二年一月一日、大坂は一八六三年一月一日に外国人が居住できるようにするという取り決めだった。

23 前掲 Gilfillan, 'Enclave Empires,' 一六二頁。

24 第一次アヘン戦争の開戦過程については注9の文献を参照。第二次アヘン戦争に関しては、前掲坂野『近代中国政治外交史』第七章第三節；J. Y. Wong, *Deadly Dreams: Opium and the Arrow War (1856-1860) in China*, (Cambridge: Cambridge University Press, 2002)。

25 この段落の内容については、前掲鵜飼『明治維新の国際舞台』一〇八頁；前掲 Fox, *Britain and Japan*, 第四章；前掲 Gilfillan, 'Enclave Empires,' 一六一—一六八頁を参照。

26 ラッセルよりニール宛公信、イギリス外務省発、一八六二年十二月二十四日 (*BPP* 第二巻、一三—一四頁)。

27 サマセットよりラッセル宛私信、一八六二年十二月五日（イギリス公文書館所蔵ラッセル文書

PRO30/22/24/59)。前掲 Gilfillan, 'Enclave Empires,' 一六四頁参照。

28　以下二段落の内容については、前掲石井『明治維新の国際的環境』第三章；前掲鵜飼『明治維新の国際舞台』一二二—一二五、一二六—一二九頁；前掲 Fox, *Britain and Japan*, 一二五—一三〇頁；前掲 Gilfillan, 'Enclave Empires,' 一八三—一九六頁を参照。

29　パーマストンよりラッセル宛私信、一八六三年十一月八日（ラッセル文書 PRO/32/22/22）；前掲 Gilfillan, 'Enclave Empires,' 一八三頁参照。

30　前掲 Fox, *Britain and Japan*, 一一六—一一八頁；前掲 Gilfillan, 'Enclave Empires,' 一八九頁。

31　ラッセルよりオールコック宛公信、イギリス外務省発、一八六三年十二月十七日（*BPP* 第二巻、一五九頁）。

32　ラッセルよりオールコック宛公信、イギリス外務省発、一八六三年十二月二十四日（*BPP* 第二巻、一六〇頁）。

33　オールコックよりラッセル宛公信、横浜発、一八六四年五月六日（七月十三日ロンドン着）（*BPP* 第二巻、一九〇—一九四頁）；オールコックよりラッセル宛公信、横浜発、一八六四年五月二十一日（八月二日ロンドン着）（*BPP* 第二巻、二〇三—二〇七頁）；オールコックよりラッセル宛公信、横浜発、一八六四年五月六日（八月二日ロンドン着）（*BPP* 第二巻、二〇七—二〇八頁）。

34　前掲 Gilfillan, 'Enclave Empires,' 一九五—一九八頁。

35　同右一九一—一九二、二〇〇—二〇三頁；前掲シムズ『幕末・明治日仏関係史』四二—四四頁。

36　前掲石井『明治維新の国際的環境』第四・五・六章；前掲鵜飼『明治維新の国際舞台』第五章；前掲大塚『幕末外交史の研究』第七・八・九章；前掲シムズ『幕末・明治日仏関係史』第三章；前掲 Gilfillan, 'Enclave Empires,' 第七・八・九章。

37　前掲石井『明治維新の国際的環境』第六章；前掲大塚『幕末外交史の研究』第八章；前掲 Medzini, *French Policy in Japan During the Closing Years of the Tokugawa Regime*.

38　前掲シムズ『幕末・明治日仏関係史』第三章；前掲 Gilfillan, 'Enclave Empires,' 第七・八・九章。

39 ロッシュについては、Jean-Pierre Lehmann, 'Léon Roches – Diplomat Extraordinary in the Bakumatsu Era: An Assessment of his Personality and Policy', *Modern Asian Studies*, 14:2 (1980) を参照。

40 Gordon Daniels, 'The British Role in the Meiji Restoration: A Re-Interpretive Note', *Modern Asian Studies*, 2: 4 (1968)；前掲 Gilfillan, 'Enclave Empires,' 二二九—二四〇頁；前掲石井『明治維新の国際的環境』第五章。

41 大英図書館（British Library）に所蔵されている、当時の外務省政務官ヘンリー・レイヤードの個人文書（分類記号 Add MS 38953, 38959, 38991 の史料群）に、レイヤード、ラッセル、ハモンドのあいだで一八六五年八月から九月に交わされたやりとりが残っている（前掲 Gilfillan, 'Enclave Empires,' 二二九—二四〇頁参照）。その他、レイヤードよりラッセル宛私信、一八六五年八月十七日（ラッセル文書 PRO30/22/28）；クラレンドンよりパークス宛公信（No. 60）、イギリス外務省発、一八六六年四月九日（FO 46/63、前掲石井『明治維新の国際的環境』五二二—五二三頁参照）。

42 Gordon Daniels, *Sir Harry Parkes: British Representative in Japan 1865-1883*, (Richmond, Surrey: Japan Library, 1996)。

43 注40の文献を参照。

44 ラッセルよりパークス宛公信、外務省発、一八六五年八月二十三日。(*BPP* 第二巻、三六—三七頁)。

45 前掲鵜飼『明治維新の国際舞台』三〇—三三頁。

46 注36の文献を参照。

47 前掲 Gilfillan, 'Enclave Empires,' 三〇六—三〇七頁；前掲石井『明治維新の国際的環境』七〇三—七〇七頁；前掲シムズ『幕末・明治日仏関係史』五八—五九頁。

48 前掲シムズ『幕末・明治日仏関係史』第三章。

49 注14参照。

50 前掲シムズ『幕末・明治日仏関係史』六四—六五頁。

51 前掲石井『明治維新の国際的環境』；前掲鵜飼『明治維新の国際舞台』；前掲大塚『幕末外交史の研究』。

52　Tsuyoshi Sakakibara, 'The Collapse of Tokugawa Japan and the Role of Sir Ernest Satow in the Meiji Restoration, 1853-1869'（二〇一五年十月に英国キングス・カレッジ・ロンドンに提出された博士論文、オンラインで閲覧可能）

53　前掲石井『明治維新の国際的環境』五三五―五三六頁。『英国策論』が当時の日本に与えた影響に関しては、楠家重敏『アーネスト・サトウの読書ノート　イギリス外交官の見た明治維新の舞台裏』（雄松堂出版、二〇〇九年）：序章・第一部；イアン・C・ラックストン『アーネスト・サトウの生涯　その日記と手紙より』長岡祥三、関口英雄訳（雄松堂出版、二〇〇三年）第二章などでも検証されている。

54　前掲萩原『遠い崖』第一巻、八五―九一頁など。

55　同右、六七―六八頁；*A Guide to Diplomatic Practice* (London and New York:, Longmans, Green & Co., 1917)。

56　*Collected Works of Ernest Mason Satow* 12 Vols. (Bristol: Ganesha/Tokyo: Edition Synapse, 1998-2001)。

57　十九世紀末から二十世紀初頭のイギリス外交官社会に関しては、Ray A. Jones, *The Nineteenth-Century Foreign Office: An Administrative History*, (New York: Humanities Press, 1971); T. G. Otte, *The Foreign Office Mind: The Making of British Foreign Policy, 1865-1914*, (Cambridge: Cambridge University Press, 2011); Zara S. Steiner, *The Foreign Office and Foreign Policy, 1898-1914*, (Cambridge: Cambridge University Press, 1969).

訳者あとがき

本書の翻訳作業に携わることになったのは、二〇一八年七月に関西外国語大学の片山慶隆准教授から、講談社学術文庫による『一外交官の見た明治維新』の訳書出版の企画についてうかがったことがきっかけだった。編集担当の青山遊氏を紹介していただいたが、英文原著の和訳と解説の執筆に二年以上の時間がかかってしまった。その間、辛抱強くお付き合いいただいた青山氏には、この場を借りて心より御礼申し上げたい。校閲などの各担当部署の皆様にも心から感謝の念を申し上げる。本書の内容に関連する先行研究や一次資料に触れる機会を得ることができたことは、訳者自身の知見を広げる上で得られるものが多かった。巻末の解説は、言うまでもなくそれらが基となっている。そして、この企画に携わるきっかけを作ってくださった片山准教授にも、改めて御礼申し上げたい。

初めてお話をうかがったとき、訳者はサントリー文化財団から研究助成（鳥井フェローシップ）を受けながら、東京大学先端科学技術研究センターに所属していた。その後肩書と所属先が変わり、この訳書が出版された時点では日本学術振興会特別研究員PDとして京都大学公共政策大学院に所属している。各団体の助成金や、所属先の施設がなければ、この訳書を完成させることは不可能だった。この作業に携わっているあいだ、訳者に充実した研究環境を提供していただいた各団体の皆様にも、心から感謝の念を申し上げたい。

この訳書の作成過程においては、十九世紀中盤の日本の国際関係について詳しい研究者の方々にもご助言をいただいた。神田外語大学の町田明広准教授には、翻訳終了後に内容確認をお願いし、大変詳細なコメントをいただいた。また、解説執筆に際しては、アントニー・ベスト教授（英国ロンドン・スクール・オブ・エコノミクス）、スコット・ギルフィラン博士（同・国際関係史学部博士号）、鈴木祥博士（中央大学文学部兼任講師）に相談させていただいた。訳者が博士課程だったときに指導教官であったベスト教授は、十九世紀以降のイギリスの東アジア政策研究の第一人者であり、解説執筆にあたって最初に相談させていただいた。ギルフィラン博士は一八五〇年代から六〇年代にかけてのイギリスとフランスの対日方針を研究テーマとされている。二〇一六年に提出された博士論文は最新の研究動向を整理し、先行研究において使用されていない史料も数多く調査した上で発表された労作であり、解説執筆の際には特に参考とした。鈴木博士も幕末から明治期の日本の国際関係を専門とされている研究者であり、解説の初稿を読んでいただいた上で非常に多岐にわたるご指摘をいただいた。ご協力いただいた皆様には、この場を借りて改めて心より御礼申し上げたい。

鈴木悠

本書は訳し下ろしです。

監修協力　町田明広（神田外語大学）

アーネスト・メイスン・サトウ

Sir Ernest Mason Satow 1843-1929年。在日イギリス公使館通訳官を務め，後に駐日公使。著作に『アーネスト・サトウの明治日本山岳記』『アーネスト・サトウ公使日記』など。

鈴木　悠（すずき　ゆう）

1985年，東京都生まれ。ロンドン・スクール・オブ・エコノミクス博士課程修了（Ph. D.)。専攻は日英関係史。著書に『Britain, Japan and China, 1876–1895』がある。

講談社学術文庫

定価はカバーに表示してあります。

いちがいこうかん　み　めいじいしん
一外交官の見た明治維新

アーネスト・メイスン・サトウ

すずき　ゆう
鈴木　悠　訳

2021年4月13日　第1刷発行

発行者　鈴木章一
発行所　株式会社講談社
東京都文京区音羽2-12-21 〒112-8001
電話　編集（03）5395-3512
販売（03）5395-4415
業務（03）5395-3615
装　幀　蟹江征治
印　刷　株式会社廣済堂
製　本　株式会社若林製本工場
本文データ制作　講談社デジタル製作

ISBN978-4-06-522776-3

「講談社学術文庫」の刊行に当たって

これは、学術をポケットに入れることをモットーとして生まれた文庫である。学術は少年の心を養い、成年の心を満たす。その学術がポケットにはいる形で、万人のものになることは、生涯教育をうたう現代の理想である。

こうした考え方は、学術を巨大な城のように見る世間の常識に反するかもしれない。また、一部の人たちからは、学術の権威をおとすものと非難されるかもしれない。しかし、それはいずれも学術の新しい在り方を解しないものといわざるをえない。

学術は、まず魔術への挑戦から始まった。やがて、いわゆる常識をつぎつぎに改めていった。学術の権威は、幾百年、幾千年にわたる、苦しい戦いの成果である。こうしてきずきあげられた城が、一見して近づきがたいものにうつるのは、そのためである。しかし、学術の権威を、その形の上だけで判断してはならない。その生成のあとをかえりみれば、その根は常に人々の生活の中にあった。学術が大きな力たりうるのはそのためであって、生活をはなれた学術は、どこにもない。

開かれた社会といわれる現代にとって、これはまったく自明である。生活と学術との間に、もし距離があるとすれば、何をおいてもこれを埋めねばならない。もしこの距離が形の上の迷信からきているとすれば、その迷信をうち破らねばならぬ。

学術文庫は、内外の迷信を打破し、学術のために新しい天地をひらく意図をもって生まれた。文庫という小さい形と、学術という壮大な城とが、完全に両立するためには、なおいくらかの時を必要とするであろう。しかし、学術をポケットにした社会が、人間の生活にとってより豊かな社会であることは、たしかである。そうした社会の実現のために、文庫の世界に新しいジャンルを加えることができれば幸いである。

一九七六年六月　　野間省一

外国人の日本旅行記

ニコライ著／中村健之介訳
ニコライの見た幕末日本
幕末・維新時代、わが国で布教につとめたロシアの宣教師ニコライの日本人論。歴史・宗教・風習を深くさぐり、鋭く分析して、日本人の精神の特質を見事に浮き彫りにした刮目すべき書である。本邦初訳。
393

B・タウト著／森　儁郎（としお）訳（解説・持田季未子）
ニッポン
憧れの日本で、著者は伊勢神宮や桂離宮に清純な美の極致を発見して感動する。他方、日光陽明門の華美を拒みその後の日本文化の評価に大きな影響を与えた。世界的な建築家タウトの手になる最初の日本印象記。
1005

B・タウト著／森　儁郎（としお）訳（解説・佐渡谷重信）
日本文化私観
世界的建築家タウトが、鋭敏な芸術家的直観と秀徹した哲学的瞑想とにより、神道や絵画、彫刻や建築など日本の芸術と文化を考察し、真の日本文化の将来を説く。名著『ニッポン』に続くタウトの日本文化論。
1048

R・フォーチュン著／三宅　馨訳（解説・白幡洋三郎）
幕末日本探訪記　江戸と北京
世界的プラントハンターの幕末日本探訪記。英国生まれの著名な園芸学者が幕末の長崎、江戸、北京を訪問。珍しい植物や風俗を旺盛な好奇心で紹介し、桜田門外の変や生麦事件の見聞も詳細に記した貴重な書。
1308

H・シュリーマン著／石井和子訳
シュリーマン旅行記　清国・日本
シュリーマンが見た興味尽きない幕末日本。世界的に知られるトロイア遺跡の発掘に先立つ世界旅行の途中で、日本を訪れたシュリーマン。執拗なまでの探究心と旺盛な情熱で幕末日本を活写した貴重な見聞記。
1325

A・B・ミットフォード著／長岡祥三訳
英国外交官の見た幕末維新　リーズデイル卿回想録
激動の時代を見たイギリス人の貴重な回想録。アーネスト・サトウと共に江戸の寺で生活をしながら、数々の事件を体験したイギリス公使館員の記録。徳川幕府崩壊の過程を見すえ、様々な要人と交った冒険の物語。
1349

《講談社学術文庫　既刊より》

外国人の日本旅行記

ザビエルの見た日本
ピーター・ミルワード著／松本たま訳
ザビエルの目に映った素晴しき日本と日本人。一五四九年ザビエルは「知識に飢えた異教徒の国」へ勇躍上陸し精力的に布教活動を行った。果して日本人はキリスト教を受け入れるのか。書簡で読むザビエルの心境。
1354

ビゴーが見た日本人 諷刺画に描かれた明治
清水 勲著
在留フランス人画家が描く百年前の日本の姿。文明開化の嵐の中で、急激に変わりゆく社会を戸惑いつつもたくましく生きた明治の人々。愛着と諷刺をこめてビゴーが描いた百点の作品から〈日本人〉の本質を読む。
1499

シドモア日本紀行 明治の人力車ツアー
エリザ・R・シドモア著／外崎克久訳
女性紀行作家が描いた明治中期の日本の姿。ポトマック河畔の桜の植樹の立役者、シドモアは日本各地を人力車で駆け巡り、明治半ばの日本の世相と花を愛する日本人の優しい心を鋭い観察眼で見事に描き出す。
1537

バーナード・リーチ日本絵日記
バーナード・リーチ著／柳 宗悦訳／水尾比呂志補訳
イギリス人陶芸家の興趣溢れる心の旅日記。独自の美の世界を創造したリーチ。日本各地を巡り、また、濱田庄司・棟方志功らと交遊を重ね、自らの日本観や芸術観を盛り込み綴る日記。味のある素描を多数掲載。
1569

江戸幕末滞在記 若き海軍士官の見た日本
エドゥアルド・スエンソン著／長島要一訳
若い海軍士官の好奇心から覗き見た幕末日本。慶喜との謁見の模様や舞台裏も紹介、ロッシュ公使の近辺で貴重な体験をしたデンマーク人の見聞記。旺盛な好奇心、鋭い観察眼が王政復古前の日本を生き生きと描く。
1625

絵で見る幕末日本
A・アンベール著／茂森唯士訳
スイス商人が描く幕末の江戸や長崎の姿。鋭敏な観察力、才能豊かな筆の運び。日本各地、特に、幕末江戸の町を自分の足で歩き、床屋・魚屋・本屋等庶民の生活の様子を生き生きと描く。細密な挿画百四十点掲載。
1673

外国人の日本旅行記

英国人写真家の見た明治日本　この世の楽園・日本
H・G・ポンティング著／長岡祥三訳

明治を愛した写真家の見聞録。写真百枚掲載。日本の美しい風景、精巧な工芸品、優雅な女性への愛情こもる叙述。浅間山噴火や富士登山の迫力満点の描写。スコット南極探検隊の様子を撮影した写真家の日本賛歌。

1710

続・絵で見る幕末日本
A・アンベール著／高橋邦太郎訳

該博な知識、卓越した識見、また人間味豊かなスイス人の目に、幕末の日本はどのように映ったか。大君の居城、江戸の正月、浅草の祭り、江戸の町と生活などなど。好評を博した見聞記の続編。挿画も多数掲載。

1771

ビゴーが見た明治ニッポン
清水　勲著

西欧文化の流入により急激に変化する社会、時代の波にもまれる人びとの生活を、フランス人画家ビゴーは愛情と諷刺を込めて赤裸々に描いた。百点の作品を通して、近代化する日本の活況を明らかにする。

1794

イザベラ・バードの日本紀行（上）（下）
イザベラ・バード著／時岡敬子訳

一八七八年に行われた欧米人未踏の内陸ルートによる東京－函館間の旅の見聞録。大旅行家の冷徹な眼を通じ、維新後間もない北海道・東北の文化・自然等を活写。関西方面への旅も収載した、原典初版本の完訳。

1871・1872

ビゴーが見た明治職業事情
清水　勲著

激動の明治期、人々はどんな仕事をして生活していたのか。洋服屋、鹿鳴館職員など西洋化により登場した職業を始め、超富裕層から庶民まで、仏人画家ビゴーが描いた百点超の作品を紹介、その背景を解説する。

1933

日本その日その日
エドワード・S・モース著／石川欣一訳

大森貝塚の発見者として知られるモースの日本滞在見聞録。科学者の鋭敏な眼差しを通して見た、近代最初期の日本の何気ない日常の営みや風俗を、異文化に触れる驚きや楽しさに満ちたスケッチと日記で伝える。

2178

ベルギー大使の見た戦前日本
バッソンピエール回想録
アルベール・ド・バッソンピエール著／磯見辰典訳

関東大震災、大正の終焉と昭和天皇即位の大礼、満洲事変、相次ぐ要人へのテロ……。駐在して十八年、練達の外交官の目に極東の「日出ずる帝国」とその指導層はどう映じたのか。「戦前」を知る比類なき証言。

2380

アーネスト・サトウの明治日本山岳記
アーネスト・メイスン・サトウ著／庄田元男訳

幕末維新期の活躍で知られる英国の外交官サトウ。彼は日本の「近代登山の幕開け」に大きく寄与した人物でもあった。富士山、日本アルプス、高野山、日光と尾瀬……。数々の名峰を歩いた彼の記述を抜粋、編集。

2382

武士の家訓
桑田忠親著

乱世を生き抜く叡知の結晶、家訓。戦国の雄たちは子孫や家臣に何を伝えたのか。北条重時、毛利元就から、信長・秀吉・家康まで、戦国期の大名二十三人の代表的家訓を現代語訳し、挿話を交えて興味深く語る。

1630

絵で見る幕末日本
A・アンベール著／茂森唯士訳

スイス商人が描く幕末の江戸や長崎の姿。鋭敏な観察力、才能豊かな筆の運び。日本各地、特に、幕末江戸の町を自分の足で歩き、床屋・魚屋・本屋等庶民の生活の様子を生き生きと描く。細密な挿画百四十点掲載。

1673

海舟語録
勝 海舟著／江藤 淳・松浦 玲編

晩年の海舟が奔放自在に語った歴史的証言集。官を辞してなお、陰に陽に政治に関わった勝海舟。ざっくばらんな口調で語った政局評、人物評は、冷徹で手厳しい。海舟の慧眼と人柄を偲ばせる魅力溢れる談話集。

1677

大久保利通
佐々木 克（すぐる）監修

明治維新の立て役者、大久保の実像を語る証言集。明治四十三年十月から新聞に九十六回掲載、好評を博す。強い責任感、冷静沈着で果断な態度、巧みな交渉術など多様で豊かな人間像がゆかりの人々の肉声から蘇る。

1683

中世の非人と遊女
網野善彦著（解説・山本幸司）

専門の技能や芸能で天皇や寺社に奉仕した中世の職人の多様な姿と生命力をえがく。非人も清目を芸能とする職能民と指摘し、遊女、白拍手など遍歴し活躍した女性像を描いた網野史学の名著。

1694

日米戦争と戦後日本
五百旗頭（いおきべ） 真（まこと）著

日本の方向性はいかにして決定づけられたか。現代日本の原型は「戦後」にあるが、その大要は終戦前すでに定められていた。新生日本の針路を規定した米国の占領政策を軸に、開戦前夜から日本の自立までを追う。

1707

日本の歴史・地理

倭寇　海の歴史
田中健夫著（解説・村井章介）

中世の東アジア海域に猛威を振るい、歴史を変革した海民集団＝倭寇。時の政治・外交に介入し、密貿易を調停し、国際社会の動向をも左右したその実像を、国境にとらわれない「海の視点」から、浮き彫りにする。

2093

地図から読む歴史
足利健亮著

地図に記された過去の残片から、かつての景観と人々の営みを大胆に推理する〈歴史地理学〉の楽しみ。信長の城地選定基準、江戸建設と富士山の関係など、通常の歴史学ではアプローチできない日本史の側面。

2108

愚管抄　全現代語訳
慈円著／大隅和雄訳

天皇の歴代、宮廷の動静、源平の盛衰……。摂関家に生まれ、仏教界の中心にあって、政治の世界を対象化する眼を持った慈円だからこそ書きえた稀有な歴史書を、読みやすい訳文と、文中の丁寧な訳注で読む！

2113

幕末外交と開国
加藤祐三著

日米双方の資料から、黒船に揺れた一年間を検証し、無能な幕府が「軍事的圧力」に屈して不平等条約を強いられたという「日本史の常識」を覆す。日米和親条約は、戦争によらない平和的な交渉の成果だった！

2133

新井白石「読史余論」　現代語訳
横井　清訳（解説・藤田　覚）

「正徳の治」で名高い大儒学者による歴史研究の代表作。古代天皇制から、武家の発展を経て江戸幕府成立にいたる過程を実証的に描き、徳川政権の正当性を主張。先駆的な独自の歴史観を読みやすい訳文で。

2140

日本の産業革命　日清・日露戦争から考える
石井寛治著

日本の近代化を支えたものは戦争と侵略だったのか？外貨排除のもとでの民業育成、帝国の利権争い、アジア侵略への道程を解析し、明治の国家目標「殖産興業」が「強兵」へと転換する過程を探る、劃期的な経済史。

2147